新坐标金融系列精品教材

期货与期权投资学

Futures and Options

杨艳军 主编

清华大学出版社
北京

内 容 简 介

本书系统地分析了期货与期权的特点及合约设计、市场机制、交易规则与制度、交易方式与交易策略、结算方法、定价理论、投资分析与风险管理等。本书力求反映最新理论研究和实践成果，深入浅出，贴近实务，注重知识性与可操作性相结合。本书的实践性内容、例题和案例大都取自国内外的第一手资料，有很好的实际参考价值。

本书可以作为高等院校经济管理专业研究生和高年级本科生的教材，也可以作为理论研究和投资领域实践工作者的参考书。

图书在版编目(CIP)数据

期货与期权投资学/杨艳军主编. —北京：清华大学出版社，2013(2017.2 重印)

(新坐标金融系列精品教材)

ISBN 978-7-302-33408-8

Ⅰ. ①期…　Ⅱ. ①杨…　Ⅲ. ①期货交易－高等学校－教材　Ⅳ. ①F830.9

中国版本图书馆 CIP 数据核字(2013)第 180878 号

责任编辑：江　娅
封面设计：王新征
责任校对：王荣静
责任印制：杨　艳

出版发行：清华大学出版社
网　　址：http://www.tup.com.cn，http://www.wqbook.com
地　　址：北京清华大学学研大厦 A 座　　**邮　　编**：100084
社 总 机：010-62770175　　**邮　　购**：010-62786544
投稿与读者服务：010-62776969，c-service@tup.tsinghua.edu.cn
质 量 反 馈：010-62772015，zhiliang@tup.tsinghua.edu.cn
印 刷 者：清华大学印刷厂
装 订 者：北京市密云县京文制本装订厂
经　　销：全国新华书店
开　　本：185mm×230mm　**印　张**：23.75　**插　页**：1　**字　数**：490 千字
版　　次：2013 年 9 月第 1 版　　**印　　次**：2017 年 2 月第4 次印刷
印　　数：7001～9000
定　　价：43.00 元

产品编号：048022-01

前言 FOREWORD

相比于世界期货市场将近150年的历史，我国期货市场刚刚20多年的实践历程显得短暂，但同样不平凡。我们经历了初期的盲目发展和1993年及1996—2000年的两次清理整顿，进入了规范发展阶段，期货法规与风险监控逐步完善。一系列相继出台的法律法规为期货市场的健康发展提供了制度保障。随着我国期货市场创新步伐的加快，期货品种体系日益完善，目前除原油外，其他重要大宗商品都有交易，并在农产品和有色金属类期货品种上具备了国际影响力。加入WTO后，期货交易量实现恢复性增长后连创新高，其中2010年，中国期货市场成交额首次突破300万亿元大关，客户保证金存量首次突破2 000亿元。目前，我国已经是全球最大的商品期货市场之一，商品期货成交量(以交易手数计)近四年排在全球前列。三家商品交易所在全球衍生品交易所排名中处于第10～15名的位置。我国金融期货也已经起步，沪深300指数期货推出才三年，已成为全球交易量排名第5的指数期货合约；国债期货也获准上市。伴随着期货市场的稳步发展，期货中介机构的整体实力和服务水平进一步提升。期货投资咨询业务和资产管理业务的启动，标志着期货行业告别单一的期货经纪业务模式，进入服务于国民经济发展的新阶段。

虽然国内期货市场已经有了长足的发展，但与掌握世界定价权还有距离；金融期货在品种类别和交易量上都还远比不上印度、巴西等新兴市场国家，与我国世界第二大经济体的地位还很不相称。展望未来，市场经济的改革与发展为我国期货市场提供了广阔的发展前景。随着我国人民币在资本项目下可自由兑换提上日程，利率市场化的程度加深及步伐加快，利率期货、外汇期货、期权等新的金融衍生工具指日可待。

随着市场的发展，期货期权的理论研究更加广泛和深入；该领域的实践也向纵深发展，既采用了国际惯例，也形成了一些中国特色的做法。这要求我们在本科生和研究生教学中，既要把握当前理论研究前沿，又要深刻理解实践探索的创新。基于这个想法，作者编著了这本教材，希望给读者提供一本理论紧密结合实际的教材，既培养思考能力和实践能力，又有助于进行开放性和探索性学习。

本书得到了中南大学精品教材建设项目的支持。在写作过程中，中国期货业协会专家胡俞越、刘宏、马钢等人给予了中肯的建议，我的研究生许亦珉、费然、谢佳新、周可欣从事了一些资料收集整理和编校工作，在此一并致谢！

本书在充分借鉴、吸收中外理论研究和教材建设成果的基础上，在内容和体系上形成了自己的特色。本书具有以下特点：

第一，系统全面、内容翔实。系统地阐述分析了期货与期权的特点及合约设计、市场机制、交易规则与制度、交易方式与交易策略、结算方法、定价理论、投资分析与风险管理等。

第二，力求反映最新理论研究和实践成果。编著者所在的中南大学证券与期货研究中心对金融工程与金融创新进行了大量系统、深入的研究，承担了不少期货研究课题。同时，我们将期货与期权投资领域的某些研究成果纳入了此书中。近年来，期货与期权在实践方面的创新速度也非常快。本书对实务操作中新的做法进行了总结分析。比如：对比分析了逐日盯市结算与逐笔对冲结算方式，分析了点价交易和基差交易，探讨了套期保值策略如何优化，分析了股指期货的期现套利策略，对程式化交易、量化交易、组合交易进行了阐述，对国债仿真交易的报价与交割规则及交易策略进行了详尽探讨等。本书中利率期货占了相当大的篇幅，这是为近期国债期货的推出做准备。

第三，力求做到深入浅出，贴近实务。期货与期权的交易机制与原理具有很强的专业性，本书不是纯粹的理论研究，而是强调理论的运用。如在定价理论中，不可避免地要涉及许多数量关系，在讲解重要的理论时都有实例或例题，尽量深入浅出，使理论不至于枯燥，而是变得生动。又如，本书对于期货与期权交易策略与合约设计的分析，都配有实际的案例。为了方便理解与操作，在主要章节还配有预备知识，以便于对内容难点的理解与掌握。

第四，注重知识性与可操作性相结合。本书在分析期货期权基本原理与交易机制的基础上，对于期货与期权的交易程序、交易策略和技巧进行了详尽分析。本书的实践性内容、例题和案例大都取自国内外的第一手资料，有很好的实际参考价值。

全书包括 4 大部分。

第一部分阐述了期货市场与期货交易基础，包括第一至四章。其中第一章阐述了期货交易的基本特征，期货品种与分类，期货市场的产生与发展、功能与作用，我国期货市场的建立与规范；第二章介绍了期货市场的组织结构，阐述了我国期货市场“五位一体”的风险监管体系，探讨了期货风险管理方法；第三章阐述了期货合约及设计依据、主要条款、期货交易基本规则与制度；第四章介绍了期货交易的流程，分析了交易机制与结算机制。

第二部分分析了期货交易策略与技巧，包括第五至七章。其中第五章分析了期货的定价理论，介绍了行情解读方法，阐述了期货价格的主要分析方法——基本分析法和技术分析法;第六章分析了套期保值交易策略和技巧,包括套期保值的基本原则、经济学原理、作用、基本类型及应用、影响套期保值效果的因素、基差风险、基差变动对套期保值结果的影响等方面的知识,并探讨了套期保值的新发展;第七章阐述了投机和套利交易的原理、作用、要领,探讨了价差变化对买入套利和卖出套利的影响,分析了期现套利、跨期套利、跨品种套利、跨市套利的策略与技巧。

第三部分分析了金融期货,包括第八至十章。分别依次探讨了外汇期货、利率期货、股指期货的合约特点、主要交易市场及市场机制、运作原理、套期保值交易、投机及套利交易策略。

第四部分是期权,包括第十一章。探讨了期权合约、期权交易和期权市场的基本知识,分析了期权价格的构成和影响因素,介绍了 Black-Scholes 期权定价模型和二叉树期权定价模型,探讨了期权交易的基本策略、合成期货与合成期权、价差期权与组合期权策略等,另外还介绍了新型期权。

本书最后是用于教学的两个经典案例。尽管是发生概率很小的负面材料,但有助于我们深刻理解期货期权作为衍生品的双刃性。一方面,案例可以帮助我们检讨风险管理体系和制度是否完善,思考如何恰当运用风险度量与管理工具;另一方面,可以帮助我们深刻体会市场的运行及不同交易策略组合的可能结果,从而加深对这些复杂策略的理解与运用能力。

本书既可以作为高等院校经济学类、管理学类学术型和专业型研究生和高年级本科生的教材,也可以作为理论研究和投资领域实践工作者的参考书。

本书虽然是 20 年教学与研究经验的总结,但由于编者时间精力和能力所限,难免有疏漏之处,敬请广大读者批评指正。

杨艳军

2013 年 5 月于岳麓山下 中南大学

CONTENTS

第一部分　期货市场与期货交易基础

第二部分　期货交易策略与技巧

第三部分　金 融 期 货

第四部分　期　　权

第一部分

期货市场与期货交易基础

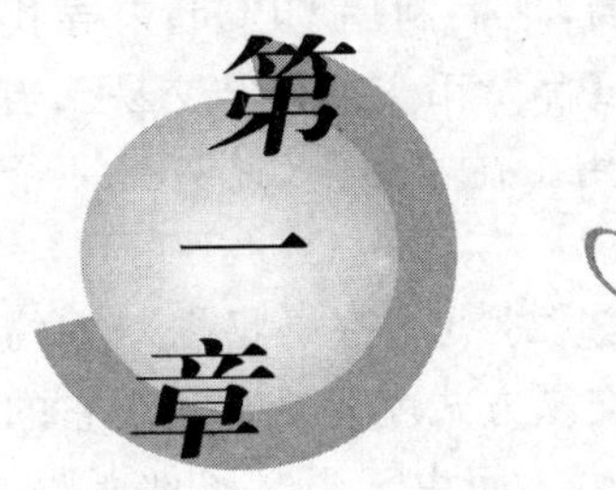

CHAPTER 1

期货市场概述

第一节 期货市场的产生和发展

一、期货市场的产生

16 世纪，英国创建了真正意义上的第一家集中交易的商品市场——伦敦皇家交易所，荷兰的阿姆斯特丹在不久之后也建立了第一家谷物交易所。17 世纪前后，荷兰阿姆斯特丹交易中心形成了交易郁金香的期权市场。在 18 世纪的法国，巴黎也诞生了第一家商品交易所。

现代真正意义上的期货交易产生于 19 世纪美国中西部地区，当时由于美国交通运输的快速发展，火车开始普及，货运价格开始出现大幅度降低，每年丰收之季，许多西部农民把大量粮食运往芝加哥，导致那里的粮食供过于求，价格波动剧烈。然而到了来年春季，粮食短缺，价格又开始上涨。为此，粮食商承担了很大的价格风险，便产生了先签订买卖合约到期后再运来实物的想法和要求。

1848 年 3 月 13 日，82 位美国商人在芝加哥发起组建了 CBOT(Chicago Board of Trade，其意为“芝加哥贸易理事会”，因其后来逐步发展成为期货交易市场，所以我们称之为“芝加哥期货交易所”)。CBOT 在成立之初，旨在改进运输和储存条件，同时为会员提供价格信息等服务，以促成买卖双方达成交易，从而促进芝加哥工商业发展。直到 1851 年，CBOT 才引进了远期合同。这是由于当时粮食运输很不可靠，轮船航班也不定期，从美国东部和欧洲传来的供求消息很长时间才能传到芝加哥，价格波动相当大。在这种情况下，农场主希望利用远期合同保护他们的利益，避免粮运到芝加哥时因价格下跌或需求不足等原因而造成损失。同样，加工商和出口商也可以利用远期合同减少粮食价格上涨的风险。当时交易的参与者主要是生产商、经销商和加工商,他们利用 CBOT 来寻找交易对手,签订远期合同,待合同期满,双方进行实物交割,以商品货币交换了结交易。当时的 CBOT 主要起稳定产销、规避季节性价格波动风险等作用。在本质上,还只是一个集中进行现货交易和现货中远期合约转让的场所。

在这种交易方式中,商品的品质、数量、价格、交货时间、交货地点等都是根据双方的情况协商达成,当出现需转让已签订的合同这种情况时,这种交易方式就开始显现出它的局限性,并且当合同到期需要履约时,拒绝履约的情况时常发生。而由于当时条件所限,全面调查对方的信誉几乎是一件不可能完成的事。有鉴于此,为了进一步规范交易,CBOT 于 1865 年推出了标准化合约,对一张合约所代表的商品品质、数量、交货时间、交货地点等条款进行了统一规定。同年,该交易所又实行了保证金制度(即向合约签订双方收取不超过合约价值 10%的保证金),以消除交易双方由于不能按期履约而产生的诸多矛盾。1882 年,CBOT 允许以对冲合约的方式结束交易,而不必交割实物,这使得投机者开始进入,增加了期货市场流动性。随着期货交易的发展,结算出现了较大的困难。直到 1925 年 CBOT 结算公司(BOTCC)成立以后,CBOT 所有交易都要进入结算公司结算,现代意义上的结算机构初具雏形。随着交易规则和制度的不断健全和完善,交易方式和市场形态发生了质的飞跃,标准化合约、保证金制度、对冲机制和统一结算的实施,标志着现代期货市场的产生。

二、期货的发展

(一) 期货市场品种的发展

国际期货市场的发展,大致经历了由商品期货到金融期货、交易品种不断增加、交易规模不断扩大的过程。

1. 商品期货

商品期货是指标的物为实物商品的期货合约。商品期货历史悠久,种类繁多,主要包括农产品期货、金属期货和能源化工期货等(见图 1-1)。其中大宗商品的期货交易在社会经济生活中产生了广泛影响。

(1) 农产品期货。农产品期货是历史最悠久的期货品种,目前,已推出期货合约的农副产品主要有 20 多种,包括玉米、大豆、小麦、豆粕、稻谷、燕麦、大麦、黑麦、大豆油、油菜籽、菜籽油、菜粕、活猪、活牛、小牛、可可、咖啡、棉花、羊毛、糖、橙汁、木材、天然橡胶等,其中大豆、玉米、小麦期货被称为三大农产品期货。目前,芝加哥期货交易所是全球的农产品期货交易中心。

(2) 金属期货。已推出期货合约的金属产品包括黄金、白银、铜、铝、铅、锌、镍、钯、铂、钢材等。1876 年成立的伦敦金属交易所(LME)最早进行金属期货交易。目前,世界金属期货交易主要集中在伦敦金属交易所和纽约金属交易所。而伦敦金属交易所期货价

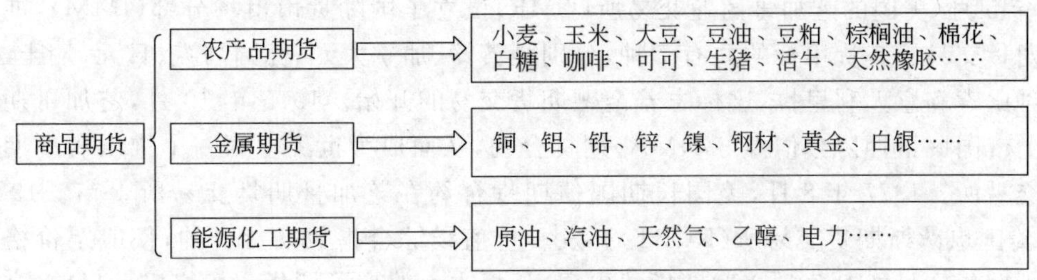

图 1-1　商品期货的种类

格被公认为世界有色金属交易的定价标准。纽约金属交易所(COMEX)成立于 1933 年，交易品种有黄金、白银、铜、铝等，其中 1974 年推出的黄金期货合约在国际市场上有一定影响。

(3) 能源化工期货。能源期货最早于 1978 年开始在纽约商业交易所交易，当时由于石油等能源产品价格剧烈波动，直接导致了石油等能源期货的产生。目前，纽约商业交易所(NYMEX)和洲际交易所(ICE)是世界上最具影响力的能源化工期货交易所，上市品种有原油、汽油、取暖油、乙醇等。

2. 金融期货

金融期货是指以外汇、债券、股票指数等金融工具作为标的物的期货合约(图 1-2)。金融期货交易产生于 20 世纪 70 年代的美国。

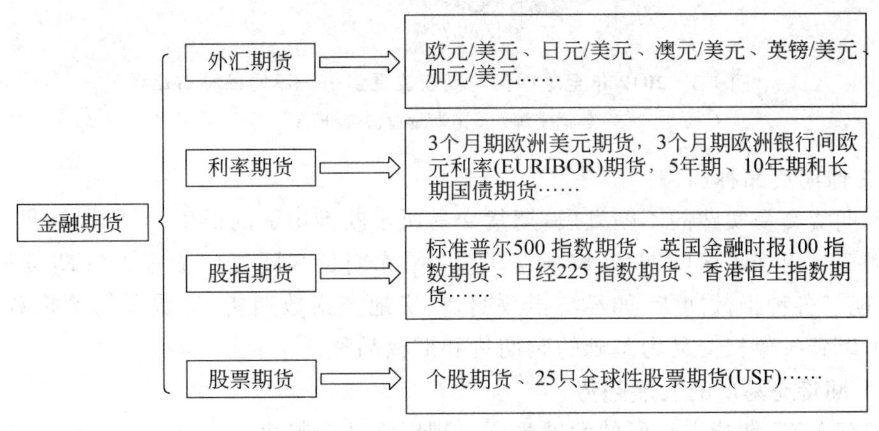

图 1-2　金融期货的种类

20 世纪 70 年代初，世界金融体制发生了重大变化，浮动汇率制取代了固定汇率制，利率管制等金融管制政策逐渐取消。在浮动汇率制下，各国货币之间的汇率直接体现了各国经济发展的不平衡状况。反映在国际金融市场上，就是汇率、利率频繁剧烈波动，市场迫切需要一种便利有效的防范外汇风险的工具。在这一背景下，外汇期货应运而生。

1972 年 5 月，美国的芝加哥商业交易所(CME)设立了国际货币市场分部(IMM)，推出了外汇期货交易。其货币标的共有 7 种，分别是英镑、加拿大元、德国马克、日元、瑞士法郎、墨西哥比索和意大利里拉，这标志着金融期货交易的开始。1975 年 10 月，芝加哥期货交易所上市国民抵押协会债券(GNMA)期货合约，从而成为世界上第一个推出利率期货合约的交易所。1977 年 8 月，美国长期国债期货合约在芝加哥期货交易所上市。1982 年 2 月，美国堪萨斯期货交易所(KCBT)开发了价值线综合指数期货合约，使股票价格指数也成为期货交易的对象。金融期货的出现，从根本上改变了期货市场格局。目前，金融期货已经在国际期货市场上占据了主导地位，对世界经济产生了深远影响(图 1-3)。

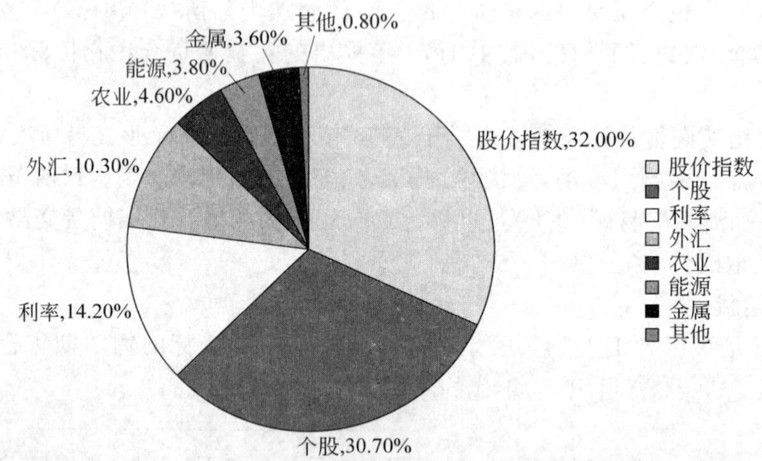

图 1-3　2012 年全球期货与期权交易量——不同品种占比①

数据来源：美国期货业协会(FIA)

3. 其他期货品种

随着期货交易实践的不断发展，期货交易所不断推出新的衍生产品，以满足社会和经济发展需要。出现了温度期货、降雪量期货、霜冻期货和飓风期货等天气期货和期权品种；也出现了各种指数期货，如经济指数期货、房地产指数期货、消费者物价指数期货等；也出现了以碳排放权交易为基础的碳期货和期权品种。

(二) 期货交易所的发展趋势

从国际来看，期货交易所的发展主要呈现以下几个趋势。

1. 交易所的并购与整合不断地深入

随着世界经济的全球化，交易所面临的竞争越来越激烈，为了提高竞争能力，各国期

① 本章图 1-3、图 1-4 和表 1-1 以及第八至十章的全球性统计数据均来自美国期货业协会(FIA)，网址 www.futuresindustry.com。研究者应注意，其统计的交易量以“手”为单位，而不同交易所每手合约代表的数量可能相差很大。

货交易开始通过合并的方式来获得更大的市场规模。

伦敦国际金融期货期权交易所(LIFFE)于1992年兼并了伦敦期权市场,1996年收购了伦敦商品交易所,其1996年的交易量首次超过历史悠久的芝加哥商业交易所,成为仅次于芝加哥期货交易所的世界第二大期货交易所。2002年1月,LIFFE又与总部位于巴黎的泛欧交易所(Euronext)合并,合并后名称变更为Euronext-LIFFE。2006年6月,纽约证券交易所集团(NYSE)和泛欧交易所达成总价约100亿美元的合并协议,组成全球第一家横跨大西洋的纽约证交所—泛欧交易所集团(NYSE Euronext)。成立于2000年5月的美国洲际交易所(Intercontinental Exchange,ICE)于2001年在伦敦收购了国际石油交易所,于2007年与纽约期货交易所合并,于2010年与气候交易所合并,又于2012年12月以82亿美元的价格收购了纽约证交所—泛欧交易所集团。

2007年,CME与CBOT合并组成CME集团,2008年NYMEX和COMEX又加入进来,形成了基本统一的芝加哥期货市场。目前,CME集团已经成为全球最大的衍生品交易所集团。

2000年3月,香港联合交易所、香港期货交易所与香港中央结算有限公司合并,成立香港交易及结算所有限公司(Hong Kong Exchanges and Clearing Limited,HKEx,也称香港交易所或港交所),并于2012年以13.88亿英镑的价格收购英国伦敦金属交易所(LME),表明中国也开始积极介入国际期货市场的兼并浪潮之中。

交易所一方面通过跨洲跨国跨区域性并购,增强了其在全球的竞争力;另一方面,通过对经营不同品种的交易所的并购,使得在同一集团内可提供多样化的金融产品。

2. 交易所股份制改革

早期的期货交易所一般以会员制的形式组成,是由会员所有和管理的非营利性组织。这种模式的优点是会员可以控制交易所的业务,交易所可以严格控制会员结构,同时交易所的业务也受到保护。但这种模式的效率较低。目前,由于国际竞争日趋激烈,为了提升组织运作效率,加强自身的竞争力,各国传统的非营利会员制交易所纷纷改组为以营利为目的的公司制交易所,将股权与交易权分立,开始挂牌上市,如今,公司化已经成为全球交易所发展的一个新方向。1993年,瑞典斯德哥尔摩证券交易所改制成为全球第一家股份制的交易所。香港证券交易所和期货交易所也成为改制上市的成功范例。2000年3月,香港联合交易所与香港期货交易所完成股份化改造,成立不久的香港交易及结算所有限公司于2000年6月以引入形式在香港交易所上市。2000年,芝加哥商业交易所成为美国第一家公司制交易所,并在2002年成功上市。纽约证交所—泛欧交易所集团成为一家完全合并的交易所集团,于2007年4月4日在纽交所和欧交所同时挂牌上市。

出现这一趋势的根本原因是竞争加剧:一是交易所内部竞争加剧,二是场内交易与场外交易竞争加剧,三是交易所之间竞争加剧。

3. 电子化交易方式被广泛地应用

由于电子化交易方式具有降低交易员主观判断的风险、有较好的流动性、可减少错账的发生、有助于维持纪律性及客观性等特点，在20世纪末开始取代了公开喊价的交易方式，成为主流的交易方式。1988年，东京谷物交易所由场内公开喊价转型为电子化交易，成为第一家全面转型的交易所。其后在20世纪90年代初，为了满足欧洲及远东地区投资者在当地时间进行期货交易的需要，芝加哥期货交易所和芝加哥商业交易所与路透社合作，推出了全球期货电子交易系统(GLOBEX)。此后，其他交易所纷纷效仿，并开发出各自的电子交易系统，这些系统不仅具有技术先进、高效快捷、操作方便等特点，而且使全球24小时不间断进行期货交易成为现实。

三、国际期货市场的发展现状

(一) 总体运行情况

从目前全球各区域期货和期权交易量来看，以欧美为代表的西方国家和地区的交易量出现下滑，以巴西、俄罗斯、印度和中国"金砖国家"为代表的新兴市场国家的交易量上升势头显著。从2010年起，亚太地区连续成为全球期货期权成交最为活跃的地区。2012年，亚太地区的期货期权成交量占到35.6%，而北美和欧洲的成交量分别为33.8%和20.9%(见图1-4)。

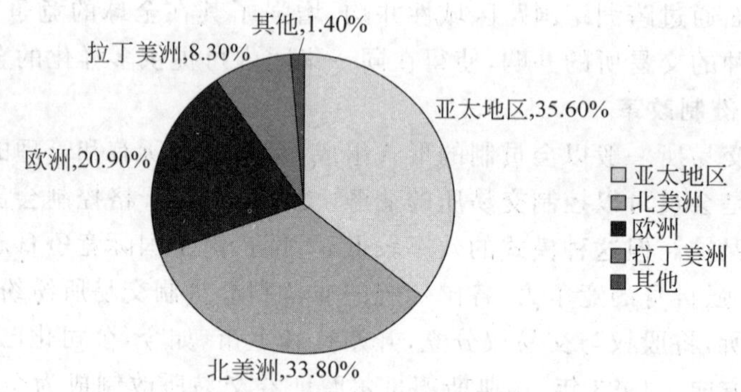

图1-4 全球期货与期权交易量——不同地区占比

数据来源：美国期货业协会(FIA)

从目前全球各主要交易所的交易量来看，欧美交易所继续占据优势，如芝加哥商业交易所集团、欧洲期货交易所、纽约证交所—泛欧期货交易所集团、芝加哥期权交易所集团等都保持了较大的交易量；而新兴市场经济国家交易所成长迅速，如韩国交易所，凭借KOSPI200股指期权连续成为全球交易量名列前茅的交易所，巴西证券期货交易所、印度国家证券交易所、印度大宗商品交易所、俄罗斯Micex-RTS交易所等也排名靠前。我国三家商品交易所处于10～15名的位置，说明我国期货市场已经具备了一定的国际影响力

(见表 1-1)。

表 1-1 2012 年全球排名前 30 位的衍生品交易所

排名	交易所名称
1	芝加哥商业交易所集团(CME Group)
2	韩国证券交易所(Korea Exchange)
3	欧洲期货交易所(Eurex)
4	纽约证交所—泛欧期货交易所集团(NYSE Euronext)
5	印度国家证券交易所(National Stock Exchange of India)
6	巴西证券期货交易所(BM&Fbovespa)
7	芝加哥期权交易所集团(CBOE Group)
8	纳斯达克—OMX 集团(Nasdaq OMX)
9	俄罗斯 Micex-RTS 交易所(Micex-RTS)
10	印度大宗商品交易所(Multi Commodity Exchange of India)
11	美国洲际交易所(Intercontinental Exchange,ICE)
12	大连商品交易所(Dalian Commodity Exchange)
13	上海期货交易所(Shanghai Futures Exchange)
14	澳大利亚证券交易所集团(ASX Group)
15	郑州商品交易所(Zhengzhou Commodity Exchange)
16	多伦多证券交易所集团 (TMX)
17	大阪证券交易所(Osaka Securities Exchange)
18	孟买证券交易所(BSE India)
19	约翰内斯堡证券交易所(JSE South Africa)
20	伦敦金属交易所(London Metal Exchange)
21	台湾期货交易所(Taiwan Futures Exchange)
22	美国 BATS 交易所(BATS)
23	香港交易及结算所有限公司(Hong Kong Exchanges & Clearing)
24	伦敦证券交易所(London Stock Exchange Group)
25	中国金融期货交易所(China Financial Futures Exchange)
26	新加坡交易所(Singapore Exchange)
27	东京金融交易所(Tokyo Financial Exchange)
28	西班牙期货和期权交易所(Mercado Español de Futuros y Opciones Financieros)
29	土耳其衍生品交易所(Turkish Derivatives Exchange)
30	特拉维夫证券交易所(Tel-Aviv Stock Exchange)

数据来源:美国期货业协会(FIA)

(二) 美国期货市场

目前,美国期货市场的交易品种最多、市场规模最大,位居世界前列的期货交易所主要是:

1. 芝加哥期货交易所(CBOT)

该交易所成立于1848年,是历史最长的期货交易所,也是最早上市交易农产品和利率期货的交易所。其交易品种主要有玉米、小麦及大豆类产品,美国政府的中长期国债、股票指数、黄金和白银等期货,以及农产品、金属和金融工具的期权。

2. 芝加哥商业交易所(CME)

该交易所的前身是农产品交易所,由一批农产品经销商于1874年创建。1919年改组为目前的芝加哥商业交易所,是世界最主要的畜产品期货交易中心。1972年组建国际货币市场分部(IMM)上市交易外汇期货,成为世界上最早开展外汇期货交易的交易所。1982年组建指数和期权市场分部。芝加哥商业交易所的交易品种主要有生猪、活牛、木材、化工产品、外汇、标准普尔500股指期货及期权等。

3. 纽约商业交易所(NYMEX)

该交易所成立于1872年,于1994年与纽约金属交易所合并,其交易品种主要有原油、汽油、取暖油、天然气、铂、黄金、铜等。纽约商业交易所是世界最主要的能源和黄金期货交易所之一。

历经多次合并重组,上述三家交易所已发展成为包括CBOT、CME、NYMEX和COMEX在内的CME集团。

4. 堪萨斯期货交易所(KCBT)

该交易所成立于1856年,是世界最主要的硬红冬小麦(面包用主要原料)交易所之一,也是率先上市交易股票指数期货的交易所。

(三) 英国期货市场

英国的有色金属期货交易,在世界期货发展史上占有举足轻重的地位。英国的期货交易所主要集中在伦敦,伦敦金属交易所(LME)、伦敦国际金融交易所(LIFFE)和伦敦国际石油交易所(IPE)共同确立了伦敦国际期货交易中心的地位。

1. 伦敦金属交易所

该交易所成立于1876年,是最早的金属期货交易所。该所国际化程度高,外国公司、与外国公司合资的公司在会员中占有很大比重。其交易品种主要有铜、铝、铅、锌、镍、银的期货和期权,以及LMEX指数期货和期权等。伦敦金属交易所于1987年进行了公司制改组,2012年被香港交易所收购。

2. 伦敦国际金融交易所

该交易所成立于1982年,是欧洲最早建立的金融期货交易所,也是世界最大的金融期货交易所之一。开始时交易限于7个金融期货品种,1985年引入期权交易,1992年与伦敦期权交易所合并。1996年合并伦敦商品交易所,引入农林产品期货交易。1999年改制为公众持股公司,2002年与欧洲联合交易所(EURONEXT)合并,成为EURONEXT集团的下属公司。后经过2006年和2012年两次重组,目前成为洲际交易所(ICE)所属的最大的金融衍生品交易所。其交易品种主要有欧元利率、英镑利率、欧洲美元利率，英镑、瑞士法郎、日元，金融时报股票价格指数以及股票期权等期货和期权合约70余种，其中欧元利率期货的成交量最大。

3. 伦敦国际石油交易所

该交易所成立于1980年，是英国期货市场的后起之秀，其主要交易品种为石油和天然气期货和期权，2001年3月开始上市交易电力期货合约。2001年7月成为洲际交易所(ICE)的全资子公司。目前，伦敦国际石油交易所已发展成为欧洲最大的能源期货市场。

（四）欧元区期货市场

20世纪90年代后期，交易所间联网、合并的浪潮席卷全球，欧洲各国的交易所经过战略整合，形成了两家跨国界的以证券和期货、期权为主要交易品种的交易所联盟——欧洲交易所(EUREX)和欧洲联合交易所(EURONEXT)。

1998年9月，德国法兰克福期货交易所(DTB)与瑞士期权和金融期货交易所(SOFFEX)合并为欧洲交易所。与此同时，法国、荷兰、比利时3国也分别完成了本国证券与期货交易所的合并，并于2000年9月最终合并为欧洲联合交易所这一综合性交易所。欧洲交易所和欧洲联合交易所都是世界主要的衍生品交易所。欧洲交易所的3个月美元期货、欧洲联合交易所的股票期权和股票指数期权的交易都取得了极大的成功。

（五）亚洲国家期货市场

日本是世界上建立期货市场较早的国家。20世纪90年代以来，通过一系列整合，日本的期货交易所从10多家减少到7家，其中国际影响较大的是东京工业品交易所(TOCOM)和东京谷物交易所(TGE)。东京工业品交易所成立于1951年，是日本唯一的综合商品交易所。该交易所以贵金属交易为中心，上市品种有黄金、白金、银、钯、棉纱、毛线等。90年代后期上市交易石油期货，巩固了其日本第一大商品交易所的地位。东京谷物交易所成立于1952年，1985年以前一直是日本第一大商品交易所，上市品种有大豆、小豆、白豆、马铃薯粉等。

韩国证券交易所(KSE)在1996年5月推出KOSPI股票指数期货，1997年10月推出该指数的期权。此后，成交量大幅度增加，以手数计位于世界前列。KOSPI200指数期货和期权成功的关键是合约设计合理，合约金额较小，期权合约金额较之期货更小。另外，韩国互联网的普及和网上交易的低成本，推动了个人投资者的积极参与，在KOSPI200指数期权成交量中个人投资者占60%。2005年，韩国证券交易所(KSE)与韩国期货交易所(KOFEX)及韩国创业板市场(KOSDAQ)合并成立韩国交易所(KRX)，目前是韩国唯一的证券交易所。

新加坡国际金融期货交易所(SIMEX)的期货品种具有典型的离岸金融衍生品的特征，例如日经225指数期货、MSCI台湾指数期货、3个月欧洲美元期货等。1984年新加坡国际金融期货交易所与芝加哥商业交易所通过联网建立起相互对冲机制，扩大了交易品种。1999年新加坡国际金融期货交易所与新加坡证券交易所(SES)合并为新加坡交易所有限公司(SGX),成交量不断扩大。发展离岸金融衍生品和走联合之路,有力地支撑了新加坡国际金融中心地位的巩固。

近年来,印度的期货市场发展迅速。印度的期货交易主要集中在印度国家证券交易所和印度大宗商品交易所。印度国家证券交易所是印度第二大证券交易所,于2000年6月推出了标普CNX Nifty股指期货,目前交易活跃。印度大宗商品交易所(MCX)于2003年11月开业,采用电子化系统,交易多达40多个期货品种,包括贵金属、铁矿石、有色金属、能源、农产品期货等,占了印度衍生品交易量的80%,已经成为亚太地区成交量最大的交易所之一。该交易所的黄金、白银、天然气、原油期货等品种的交易量排名在世界前列。

第二节 期货交易的特征

一、期货交易的基本特征

期货交易的基本特征是合约标准化、集中竞价交易、双向交易、对冲了结、保证金交易、当日无负债结算。

(一) 合约标准化

期货合约是由期货交易所制定的标准化合约,其中对每张合约代表的标的物数量、规格、交割时间和地点等条款进行了规定。这种标准化合约给期货交易带来极大的便利,交易双方不需要事先对交易的具体条款进行协商,从而节约了交易成本、提高了交易效率和市场流动性。

(二) 集中竞价交易

期货交易实行场内(或电子交易系统内)交易,所有买卖指令必须在交易所内(或电子系统内)进行集中竞价成交。只有交易所的会员才有进场(进系统)交易的通道,其他交易者只能委托交易所会员,由其代理进行期货交易。

(三) 双向交易

期货交易采用双向交易方式。交易者既可以先通过买入期货合约开始交易,也可以先通过卖出期货合约开始交易。前者称为“买空”,后者称为“卖空”。双向交易给予投资者双向的投资机会,在期货价格上升时,可通过低买高卖来获利;在期货价格下降时,可通过高卖低买来获利。

(四) 对冲了结

交易者在期货市场买空或卖空后,大多并不是通过交收现货来结束交易,而是通过在合约到期前,做一笔反向的交易来对冲了结,解除履约责任。对冲了结使投资者可以在合约到期前，依据对价格的预测分析多次买卖期货合约，从而提高了期货市场的流动性。

（五）保证金交易

期货交易实行保证金制度。交易者在买卖期货合约时不必缴纳全额资金，而是按合约价值的一定比率缴纳保证金（一般为5%～15%）作为履约保证，即可进行数倍于保证金的交易。这种以小搏大的保证金交易，也被称为“杠杆交易”。期货交易的这一特征使其具有高收益和高风险的特点。保证金比率越低，杠杆效应就越大，高收益和高风险的特点就越明显。

（六）当日无负债结算

期货交易实行当日无负债结算，也称为逐日盯市（marking-to-market），即结算部门在每日交易结束后，按当日结算价对交易者的期货交易账户资金进行结算，从而做到“当日无负债”。当日无负债可以有效地防范风险，保障期货市场的正常运转。

二、期货交易与远期现货交易

（一）期货交易与远期交易的联系

期货交易与远期交易的相似之处是两者均为买卖双方约定于未来一定时期或某特定期间内以约定的价格买入或卖出一定数量商品的交易。远期交易是期货交易的雏形，期货交易是在远期交易的基础上发展起来的。

（二）期货交易与远期交易的区别

1. 交易对象不同

期货交易的对象是交易所统一制定的标准化期货合约，是一种可以反复交易的衍生工具；远期交易的对象是交易双方私下协商达成的非标准化合同，所涉及的商品没有任何限制。远期交易代表两个交易主体的意愿，交易双方通过一对一的谈判，就交易条件达成一致意见而签订远期合同。

2. 功能作用不同

期货交易的功能是规避风险和发现价格。期货交易是众多的买主和卖主根据期货市场的规则，通过公开、公平、公正、集中竞价的方式进行的期货合约的买卖，易于形成一种真实而权威的期货价格，指导企业的生产经营活动，同时又为套期保值者提供了回避、转移价格波动风险的机会。远期交易尽管在一定程度上也能起到调节供求关系、减少价格波动的作用，但由于远期合同缺乏流动性，所以其价格的权威性和分散风险的作用大打折扣。

3. 履约方式不同

期货交易有实物交割与对冲平仓两种履约方式，其中绝大多数期货合约都是通过对冲平仓的方式了结的。远期交易履约方式主要采用实物交收方式，虽然也可采用背书转让方式，但最终的履约方式是实物交收。

4. 信用风险不同

期货交易中,以保证金制度为基础,实行当日无负债结算制度,每日进行结算,信用风险较小。远期交易从交易达成到最终完成实物交割有相当长的一段时间,此间市场会发生各种变化,各种不利于履约的行为都有可能出现。此外,远期合同不易转让,所以,远期交易具有较高的信用风险。

5. 保证金制度不同

期货交易有特定的保证金制度,保证金既是期货交易履约的财力保证,又是期货交易所控制期货交易风险的重要手段。而远期合同交易则由交易双方自行商定是否收取保证金。

第三节 期货市场的功能和作用

一、期货市场的功能

期货市场主要有规避风险、价格发现、风险投资三大功能。

(一) 规避风险功能

期货市场上规避风险一般采用套期保值的方式,生产经营者通过在期货市场上进行套期保值业务,有效地回避、转移或分散现货市场上价格波动的风险。套期保值是在期货市场买进或卖出与现货数量相等但交易方向相反的商品期货,以期在未来某一时间通过卖出或买进期货合约而补偿因现货市场价格不利变化带来的损失。套期保值的基本经济原理就在于某一特定商品的期货价格与现货价格在同一时空内会受相同的经济因素的影响和制约,因而一般情况下两个市场的价格变动趋势相同。套期保值就是利用两个市场上的这种价格关系,取得在一个市场上出现亏损,在另一个市场上获得盈利的结果。此外,两个市场走势的"趋同性"也使套期保值交易行之有效,即当期货合约临近交割时,现货价格与期货价格趋于一致,二者的基差接近于零。

例如,某地玉米将在两个月后收获并上市销售,该地饲料加工企业决定两个月后购入一批玉米原料,于是该企业和种植者签订了一批在两月后交货的销售合同,此时,种植者和购买者在现货市场上都面临着价格波动的风险。具体来说,两个月后如果玉米价格下跌,玉米种植户将蒙受损失;如果玉米价格上涨,饲料加工企业将加大采购成本,利润减少甚至出现亏损。

为了规避玉米价格波动的风险,二者这时可以通过期货市场进行套期保值。具体来说,玉米种植户卖出两个月后到期的玉米期货合约,如果两个月后玉米价格果真下跌了,那么玉米种植户在玉米现货交易中就损失了一笔,但由于他同时买入了玉米期货合约,把手中的合约卖出平仓。结果他发现,期货市场上的交易使他赚了一笔,而且可能正好抵补了他在玉米现货市场上的损失。再说玉米购买企业,它们买入两个月后到期的玉米期货合约,如果两个月后玉米价格果真上涨了,那么它们在玉米现货交易中就损失了一笔,但同时它们卖出玉米期货合约,把手中的买入合约平仓。结果它们发现,期货市场上的交易使它们赚了一笔,而且可能正好抵补了它们在玉米现货市场上的损失。以上交易过程就是生产经营者通过套期保值来规避风险的具体措施。

（二）价格发现功能

价格发现功能是指在期货市场通过公开、公正、高效、竞争的期货交易运行机制形成具有真实性、预期性、连续性和权威性价格的过程。期货市场形成的价格之所以为公众所承认,是因为期货市场是一个有组织的规范化的市场,期货价格是在专门的期货交易所内形成的。期货交易所聚集了众多的买方和卖方,把自己所掌握的对某种商品的供求关系及其变动趋势的信息集中到交易场内,从而使期货市场成为一个公开的自由竞争的市场。这样通过期货交易所就能把众多的影响某种商品价格的供求因素集中反映到期货市场内,形成的期货价格能够比较准确地反映真实的供求状况及其价格变动趋势。

诺贝尔经济学奖获得者默顿·米勒曾经说过:“期货的魅力在于让你了解真正的价格。”而期货之所以有价格发现这个功能是在于:

① 价格信号是企业经营决策的依据。这是因为在市场经济中,价格机制是调节资源配置的重要手段,而价格是在市场中通过买卖双方的交易形成,反映了市场的供求关系,同时又影响供求变动。

② 预期价格是在有组织规范的市场内形成的。由于期货交易是公开竞价,不允许场外交易,因此使得众多期货交易者把真实、权威、透明的价格带入市场从而使期货价格能准确、真实地反映价格趋势。

（三）风险投资功能

对期货投机者来说,期货交易除了以上两个功能外还有进行风险投资、获取风险收益的功能。一般来讲,期货风险投资包括两层含义:一是投资者拿出(垫付)一定数额的货币资金用于期货交易,即买卖期货合约;二是投资者参加期货交易的目的主要是取得以货币表示的经济收益。所以,期货风险投资是一个含义广泛的概念。只要特定的投资主体为了获取经济收益,而用一定数额的货币资金买卖期货合约,都属期货风险投资行为,而无论投资主体是具体为了获取转移风险的经济收益,还是为了获得超额利润。

二、期货市场的作用

期货市场的作用是期货市场基本功能的外在表现,其发挥的程度依赖于社会、经济、政治等外部条件的完善程度。期货市场的作用是多元的、综合的,可分为宏观和微观两个方面。

（一）期货市场在宏观方面的作用

1. 有助于稳定经济，减缓行业价格波动

期货市场提供了分散、转移价格风险的工具，有助于稳定国民经济。期货品种涉及农产品、金属、能源、金融等行业，而这些行业在国民经济中起到了举足轻重的作用。由于期货市场是风险管理市场，解决的是市场价格风险的管理问题，使得市场经济中的无限风险有限化，也为这些行业提供了分散、转移价格风险的工具，有利于减缓价格波动对行业发展的不利影响，有助于稳定国民经济，促进债市和股市的平稳运行。

2. 为政府宏观政策制定提供参考依据

为了促进国民经济的快速增长和协调发展，政府需要制定一系列的宏观政策，关系国计民生的重要商品物资的供求状况及价格趋势是政府制定宏观经济政策所重点关注的。期货交易是通过对大量信息进行加工，进而对远期价格进行预测的一种竞争性经济行为。它所形成的未来价格信号能反映多种生产要素在未来一定时间的变化趋势，具有超前性，而现货市场的价格信息具有短期性的特点，仅反映一个时点的供求状况，以此做参考制定的政策具有滞后性。通过现时的市场价格指导未来的生产或者产业结构，经常会造成下一阶段供求失衡，容易产生社会生产盲目扩张或收缩造成社会资源的极大浪费。同时期货交易具有公开、公平、公正的特点，市场透明度高，形成的价格是国际贸易中的基准价格，政府可以依据期货市场的价格信号确定和调整宏观经济政策，引导工商企业调整生产经营规模和方向使其符合宏观经济发展的需要。

3. 有助于市场经济体系的建立与完善

从历史上看，期货市场由现货市场衍生而来，是现货市场发展到一定阶段的产物。期货市场产生以后，反过来又促进了现货市场的发展。现货市场和期货市场是现代市场体系的两个重要组成部分，在市场经济条件下它们共同调节资源的合理配置。从另一个角度讲，期货市场能够规避现货价格波动的风险，从而有助于现货市场交易规模的扩大，同时期货市场的交易对象是标准化合约，合约中规定了标的物的品质标准，在交割时不同品级的现货会有升水或贴水出现，体现优质优价原则。这有助于现货市场中商品品质标准的确立，促进企业提高产品质量。

（二）期货市场在微观方面的作用

期货市场在微观经济中的作用也就是期货市场对企业的作用。

1. 企业可以利用期货价格信号，组织安排现货生产经营

现货市场受地域的限制常常不能一致地反映市场信息。而期货市场的建立是一个汇集市场参与者的价格要求及预期，形成连续、有效、真实的价格体系的过程，具有价格发现功能，对现货商品的未来价格走势有一定的预期性，所以生产经营者可以利用期货市场的价格信号，有效克服市场中的信息不完全和不对称，调整相关产品的生产计划，避免生产的盲目性。

2. 规避风险，降低生产成本，提高经济效益

由于现货市场价格具有一定的波动性，容易给企业带来一定的价格风险。因此，企业可以通过期货市场进行套期保值，即企业通过期货市场反向操作，从而规避由于现货价格不利波动而产生的生产经营风险，达到锁定生产成本、实现预期利润的目的，使生产经营活动免受价格波动的干扰。

3. 实现新的盈利方式

期货市场为企业提供了实现套利利润的平台。期货市场虽然反映的是一种连续价格，但其为增加流动性而吸纳的投机因素常造成价格不合理变动，现货企业一般根据自身信息优势能够及早发现此现象。一些熟知期货交易策略的企业，通过套利模式的设计和运用，投资通常可以取得良好的盈利效果。

第四节　我国期货市场的建立与规范

一、我国期货市场的建立

我国期货市场产生于20世纪90年代初。当时随着改革开放的逐步深化，价格体制逐步放开，导致农产品出现波动问题。这时，若不解决价格调控的滞后性问题，就难以满足供求双方对远期价格信息的需要。一批学者提出了建立农产品期货市场的设想。1988年5月，国务院决定进行期货市场试点，而河南地区是我国最重要的粮食产地，交通运输又较发达，所以，由于其得天独厚的优势条件，1990年10月12日中国郑州粮食批发市场经国务院批准设立，其宗旨是以现货交易为基础，逐步引入期货交易机制。1993年5月28日，中国郑州粮食批发市场更名为中国郑州商品交易所，正式引入标准化合约、保证金交易等期货机制，完成了从现货批发市场到真正期货交易所的转变。

1991年6月10日，深圳有色金属交易所成立，它是国内最早引入期货机制的交易所。1992年5月上海金属交易所成立。随后，各地的期货交易所如雨后春笋般建立起来，至1993年年底，国内各类期货交易所达50多家。与此同时，期货经纪公司也开始大量出现，1992年9月，第一家期货经纪公司——广东万通期货经纪公司成立；同年年底，中国国际期货经纪公司开业。

到了1994年5月，全国冒出了近40家期货交易所，同时进行着50个期货品种的交易，而在同一时期，有400～500家期货公司相继成立，至1993年年底，国内的期货经纪机构已近千家。而各类期货兼营机构不计其数。中国期货市场出现了盲目无序发展的局面，使期货两大重要功能之一价格发现功能无法发挥，从而导致合理、权威的价格无法形成。同时我国相关法规政策不完善而且滞后，致使市场规则不健全甚至缺失。这样的局面无疑违背了建立期货市场的初衷。

二、我国期货市场的规范与发展

（一）我国期货市场的两次整顿

1993 年 11 月，国务院发布《关于制止期货市场盲目发展的通知》，标志着我国期货市场第一轮治理整顿工作的开始。在此次整顿中将试点交易所缩减为 14 家(1996 年关 1 家)，同时开始对期货经纪公司进行清理整顿，重新审核，关闭了一大批不合格的经纪公司，同时实行期货经纪业务许可证制度并且停止了期货经纪公司开展的境外期货经纪业务及外汇按金交易与外汇期货交易。

1996—2000 年，国家开始对期货市场进行了第二次清理整顿，期货市场陷入了低潮。国家把期货交易所进一步削减至 3 家，即上海期货交易所、大连商品交易所和郑州商品交易所，同时期货经纪公司从 330 家减为 180 余家，兼营机构退出了期货经纪代理业，并提高了期货经纪公司的准入门槛，要求最低注册资本金不得低于 3 000 万元人民币。原来的 35 个期货交易品种也调整至 12 个。这些品种是：上海交易所的铜、铝、胶合板、天然橡胶、籼米；郑州商品交易所的绿豆、小麦、红小豆、花生仁；大连商品交易所的大豆、豆粕、啤酒大麦，并且规定各个品种在各个交易所不得重复设置。

1999 年国务院颁布了《期货交易管理暂行条例》，以及与之相配套的规范期货交易所、期货经纪公司及其高管人员的四个管理办法陆续颁布实施，使中国期货市场正式纳入法制轨道。2000 年，期货交易量萎缩至 5 400 万手，交易额为 1.6 万亿人民币。同年 12 月 29 日，中国期货业协会成立，标志着中国期货行业自律组织的诞生，从而将新的自律机制引入监管体系。经过两轮清理整顿，中国期货市场盲目无序的混乱局面得以扭转，逐步走向规范有序。同时一个以《期货交易管理暂行条例》及四个管理办法为主的期货市场规划框架基本确立，使得中国证监会的行政监督管理、期货业协会的行业自律管理和期货交易所的自律管理构成的三级监管体系初步形成，期货市场主体行为逐步规范，至此，中国期货市场开始步入平稳较快发展的轨道。

（二）我国期货市场的复苏与完善

从 2001 年开始，期货市场逐渐复苏，期货法规与风险监控逐步完善，期货市场的规范化程度继续提高。一系列相继出台的法律法规，夯实了中国期货市场的制度基础，为期货市场的健康发展提供了制度保障。并且新的期货品种不断推出，期货交易量实现恢复性增长后连创新高。2008 年的全球金融危机使欧美衍生品市场遭受重创，而我国期货市场 2009、2010 年继续保持翻番增长态势，2011 年虽略有回调，但 2012 年迅速恢复增长。商品期货成交量近四年更连续高居全球首位，其中 2010 年，中国期货市场成交额达 309.12 万亿元，首次突破 300 万亿大关，客户保证金存量首次突破 2 000 亿元，在成交量上一跃成为全球第一大商品期货市场，并且商品期货成交量占全球比重一度超过五成。

2006 年 9 月 8 日，经国务院同意，中国证监会批准，由上海期货交易所、郑州商品交易所、大连商品交易所、上海证券交易所和深圳证券交易所共同发起，在上海成立了中国金融期货交易所，并于 2010 年 4 月推出了沪深 300 指数期货。中国金融期货交易所的成立，对于深化资本市场改革，完善资本市场体系，发挥资本市场功能，具有重要的战略意义。2012 年 6 月，中国证监会发布《期货公司资产管理业务试点办法》，标志着我国期货行业期盼已久的期货公司资产管理业务已经破茧而出。目前，我国期货市场正进入一个全新发展阶段（见图 1-5）。

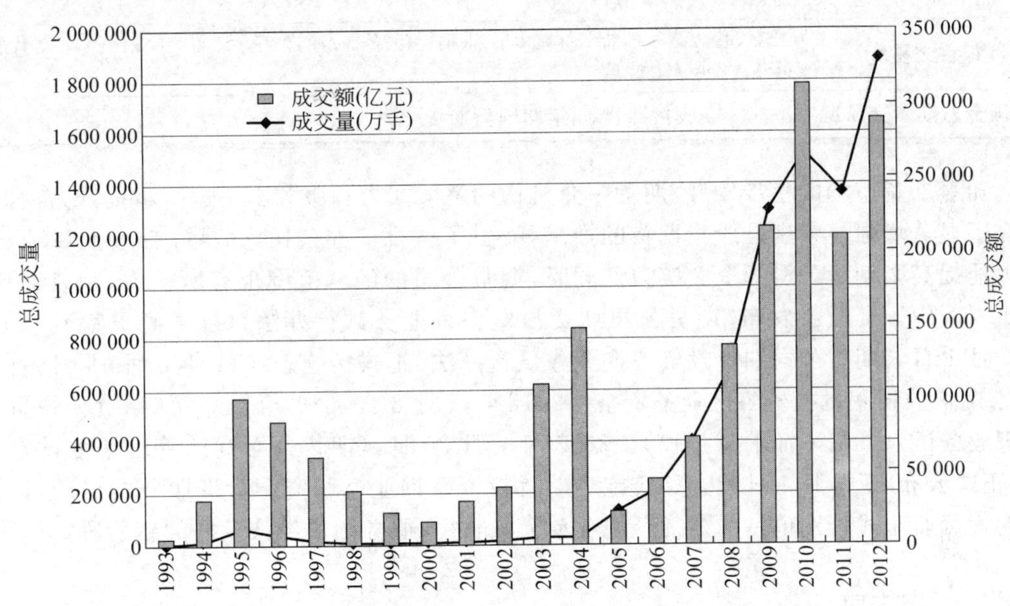

图 1-5　1993—2012 年中国期货市场年度成交量、成交额变化情况

资料来源：中国期货业协会

（三）我国期货市场发展现状

目前，中国的期货交易所共有 4 家，分别是上海期货交易所（于 1998 年 8 月由上海金属交易所、上海粮油商品交易所及上海商品交易所合并组建）、大连商品交易所（成立于 1993 年 2 月 28 日）、郑州商品交易所和中国金融期货交易所。

随着我国期货市场创新的加快，期货品种体系日益完善，除原油之外，其他重要大宗商品在我国都有交易。近年来，交易所不断推出新品种，如从 2011 年到 2013 年上半年期间，陆续推出了铅、焦炭、甲醇、白银、玻璃、油菜籽、菜籽粕、焦煤等合约，我国期货市场已经上市 31 个商品期货合约和一个金融期货合约，形成了较为完善的期货品种体系（见表 1-2）。目前，我国已经是全球最大的商品期货市场之一，金融期货交易也已经起步，并在农产品和有色金属类期货品种上初步具备了国际影响力。从各品种的成交量和持仓量上看，交易比较活跃的品种有铜、锌、天然橡胶、螺纹钢、棉花、白糖、精对苯二甲酸

(PTA)、豆粕、豆油、棕榈油、聚乙烯(LLDPE)以及股指期货等。

表 1-2 我国各交易所上市期货品种(截至 2013 年 5 月)

交 易 所	上 市 品 种
上海期货交易所	铜、铝、锌、铅、黄金、白银、螺纹钢、线材、天然橡胶、燃料油
大连商品交易所	玉米、黄大豆 1 号、黄大豆 2 号、豆粕、豆油、棕榈油、聚乙烯(LLDPE)、聚氯乙烯(PVC)、焦炭、焦煤
郑州商品交易所	强麦、普麦、一号棉、白糖、早籼稻、菜籽油、油菜籽、菜籽粕、精对苯二甲酸(PTA)、甲醇、玻璃
中国金融期货交易所	沪深 300 股指期货、5 年期国债期货

随着期货市场的稳步发展,期货中介机构的整体实力和服务水平进一步提升,自身实力有了显著增强。特别是股指期货的推出,吸引了一批证券公司来收购、控股期货公司,极大地提高了期货公司的资金实力。同时,期货公司的经营范围也有所扩大。2011 年 2 月 11 日,中国证监会发布《期货公司期货投资咨询业务试行办法》(征求意见稿)。2011 年 5 月 1 日,《期货公司期货投资咨询业务试行办法》正式实施。2011 年 8 月 19 日,首批 14 家期货公司获批投资咨询业务资格。2012 年 6 月 8 日,证监会公布了《期货公司资产管理业务试点办法》(征求意见稿)。2012 年 7 月 31 日,《期货公司资产管理业务试点办法》正式公布,于 9 月 1 日起开始实施。期货投资咨询业务和资产管理业务的启动,标志着期货行业正式告别单一的期货经纪业务模式,进入服务国民经济发展的新阶段。

Exercise 思考题

1. 国际期货市场是怎样产生的?简述国际期货市场的发展趋势。
2. 什么是期货市场?期货市场有哪些基本功能?
3. 什么是期货交易?期货交易和现货交易有哪些联系?
4. 期货交易的品种主要有哪些?
5. 期货市场在经济中有哪些作用?
6. 简述期货市场价格发现功能的含义及其特点。
7. 我国现在有几家期货交易所?各交易所有哪些品种?
8. 期货交易的基本特征有哪些?
9. 期货合约的履约方式主要有哪几种?
10. 期货市场为何具有价格发现的功能?

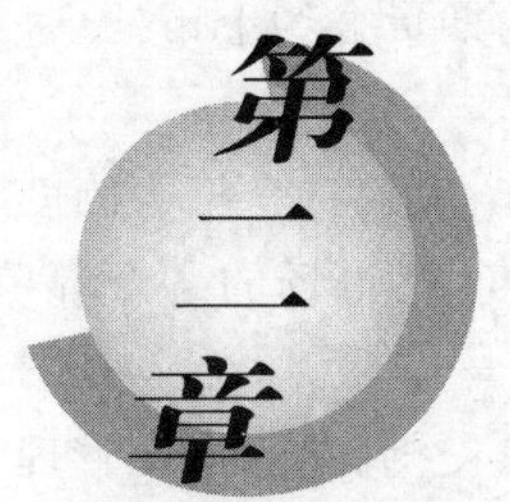

CHAPTER 2

第二章 期货市场的组织结构及风险管理

从组织结构上看，广义的期货市场包括期货交易所、结算机构、期货公司等期货中介与服务机构、交易者、期货监督与管理机构等；狭义上的期货市场仅指期货交易所。一般情况下，我们所讨论的期货市场都是指广义的期货市场。本章主要阐述期货市场的组织结构，介绍我国期货市场“五位一体”的监管体系及其风险管理。

第一节 期货交易所

一、性质与职能

（一）期货交易所的性质

期货交易所是专门进行期货合约交易的有组织的场所，它为会员提供期货交易场所、设施、服务和交易规则，其自身不参与交易活动。期货交易所致力于创造安全、有序、高效的市场机制，为交易者参与期货市场营造公开、公平、公正和诚信透明的市场环境，坚决维护投资者的合法权益。

（二）期货交易所的职能

期货交易所通常发挥着以下几个重要职能。

1. 提供期货交易的场所、设施和服务

期货交易实行的是场内交易，所有买卖指令必须在交易所内进行集中竞价成交。所以交易所必须提供专门场所、各种方便的设施，并辅以完备的配套服务，以保证集中公开的期货交易能有序进行。

2. 设计期货合约，安排合约上市

期货交易所的重要职能之一是结合市场需求开发期货品种，科学合理地设计合约的具体条款，安排合约的市场推广，选择合适的时间安排新的期货合约上市。

3. 制定并实施期货市场制度与交易规则

期货交易所通过制定保证金制度、涨跌停板制度、持仓限额制度、大户持仓报告制度、强行平仓制度、当日无负债结算制度、风险准备金制度等一系列制度，从市场的各个环节控制市场风险，保障期货市场的平稳、有序运行。

在上述制度的基础上，交易所进一步制定交易、风险控制、结算、交割、违约情况管理、信息管理等管理细则，以保证买卖双方交易行为的规范化，使得期货交易顺畅运行。

4. 组织并监督期货交易，监控市场风险

在制定相关期货市场制度与交易规则的基础上，期货交易所组织并监督期货交易，通过实时监控、违规处理、市场异常情况处理等措施，保障相关期货市场制度和交易规则的有效执行，动态监控市场的风险状况并及时防范与化解市场风险。

5. 发布市场信息

期货交易所需及时把本交易所内形成的期货价格和相关信息向会员、投资者及公众公布，以保证信息的公开透明。

二、组织形式

期货交易所的组织形式一般分为会员制和公司制两种。

（一）会员制

会员制期货交易所是指由全体会员共同出资组建，缴纳一定的会员资格费作为注册资本，以其全部财产承担有限责任的非营利性法人。交易所会员享有同等的权利与义务，有权在交易所交易大厅内直接参加交易，同时必须遵守交易所的规则，缴纳会费，履行应尽的义务。会员资格可以按交易所规定程序转让，会员也可以按规定退会。会员所缴的会员资格费不能索取红利性回报，只能通过其有资格参与的期货交易而受益。

交易所会员的基本权利包括：参加会员大会，行使表决权、申诉权；在期货交易所内进行期货交易，使用交易所提供的交易设施、获得期货交易的信息和服务；按规定转让会员资格，联名提议召开临时会员大会等。

会员应当履行的主要义务包括：遵守国家有关法律、法规、规章和政策；遵守期货交易所的章程、业务规则及有关决定；按规定缴纳各种费用；执行会员大会、理事会的决议；接受期货交易所业务监管等。

会员制期货交易所的组织结构由会员大会、理事会、专业委员会和业务管理部门四部分构成。其中会员大会是期货交易所的最高权力机构，由全体会员组成。会员大会由理事会召集。理事会是会员大会的常设机构，对会员大会负责。专业委员会的职责由理事会确定。为了保证期货交易按期货交易所章程、规则进行，理事会可以设立监督、交易、交割、会员资格审查、调节、财务等多个专门委员会，并且对理事会负责。业务管理部门负责交易所的各项日常工作，一般来说，交易所根据工作职能需要设置交易、交割、研究发展、市场开发、财务等部门。

（二）公司制

公司制期货交易所通常是由若干个法人单位共同出资组建、股份可以按照有关规定转让、以营利为目的的企业法人。公司制期货交易所的盈利来自交易所进行期货交易而收取的各种费用。

公司制期货交易所的组织结构由股东大会、董事会、监事会和经理机构四部分构成。其各部分构成和相互制衡关系与一般的公司的治理结构类似。其中股东大会由全体股东共同组成，是公司制期货交易所的最高权力机构。股东大会就公司的重大事项作出决议。而董事会对股东大会负责，执行股东大会决议。监事会对股东大会负责，对公司财务以及公司董事、经理等高级管理人员履行职责的合法性进行监督，维护公司及股东的合法权益。总经理是负责期货交易所日常经营管理工作的高级管理人员。他对董事会负责，由董事会聘任或解聘。另外，公司制期货交易所还设有一些专业委员会和业务部门，其功能与会员制期货交易所基本相同。

（三）会员制和公司制期货交易所的主要区别

两者的主要区别见表 2-1。

表 2-1　会员制和公司制期货交易所的区别

组织形式	会员制	公司制
设立目的	公共利益，非营利	以营利为目的
最高权力机构	会员大会	股东大会
法律责任	只承担经费和出纳缴资，会员不承担交易中的任何责任	缴纳股金，履行股东权利和义务，股东承担有限责任
适用法律	民法	公司法
资金来源	会员缴纳资格金，盈余不做红利	股东本金，盈利分配给股东

三、我国境内期货交易所

我国境内现有郑州商品交易所、大连商品交易所、上海期货交易所和中国金融期货交易所四家期货交易所。

按照我国《期货交易管理条例》的规定，期货交易所可以采取会员制或公司制的组织形式。会员制期货交易所的注册资本划分为均等份额，由会员出资认缴。公司制期货交易所采用股份有限公司的组织形式。我国上海期货交易所、大连商品交易所和郑州商品交易所三家交易所是会员制期货交易所；中国金融期货交易所是公司制期货交易所。

根据我国现行有关法规，不允许自然人成为会员，只有境内登记注册的法人才能成为会员。取得会员资格的方式主要有以下几种：以交易所创办发起人的身份加入、接受发起人的资格转让加入、接受期货交易所其他会员的资格转让加入和依据期货交易所的规则加入。

图 2-1 和图 2-2 分别列示了我国郑州商品交易所和中国金融期货交易所的组织结构。

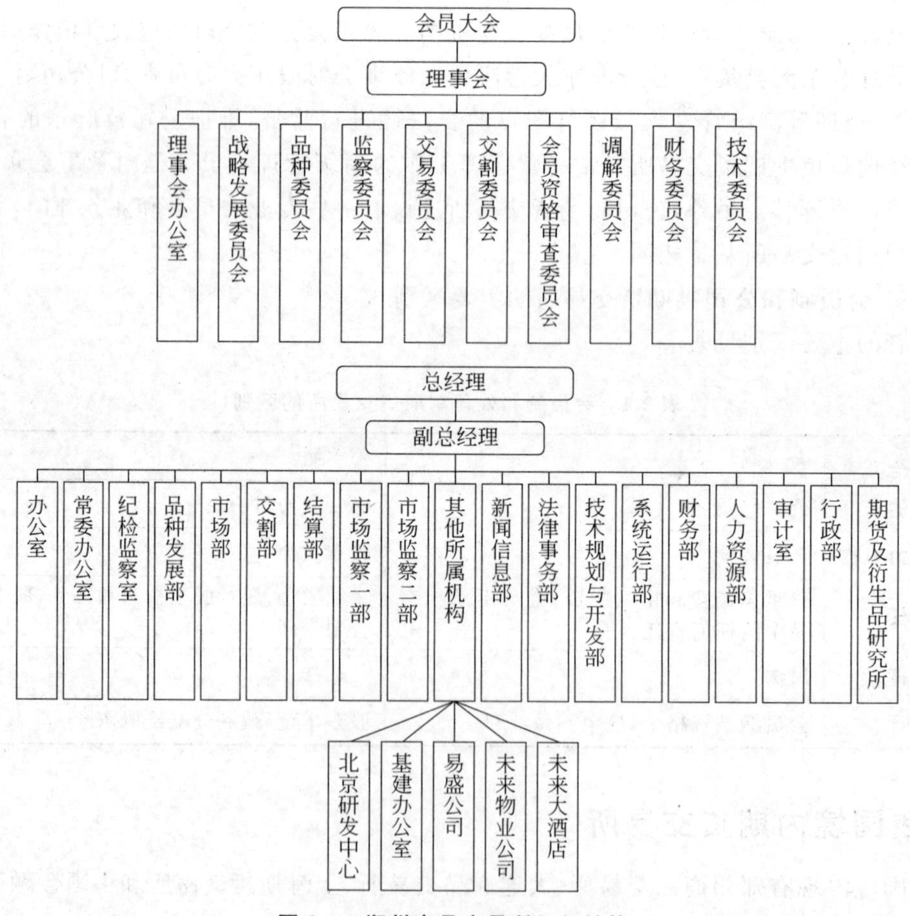

图 2-1 郑州商品交易所组织结构

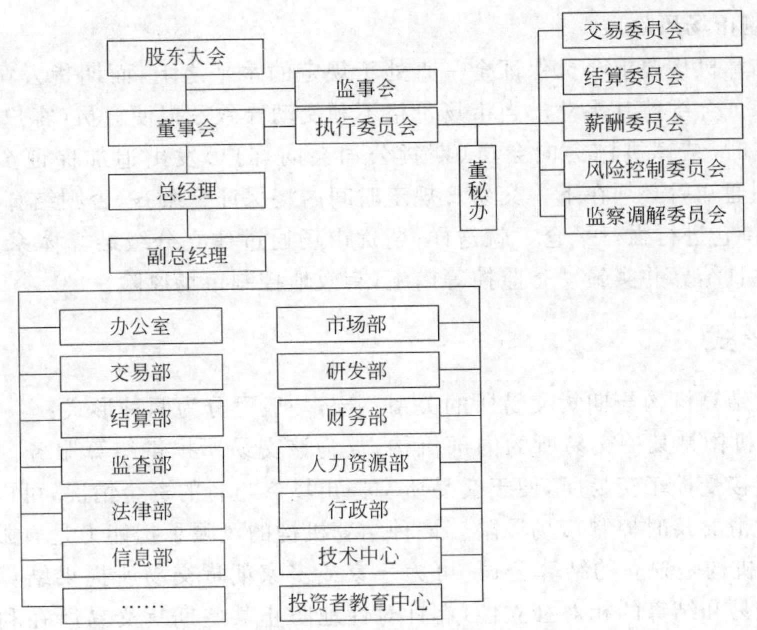

图 2-2 中国金融期货交易所组织结构

第二节 期货结算机构

一、性质和职能

期货结算机构是负责交易所期货交易的统一结算、保证金管理和结算风险控制的机构。其主要职能包括担保交易履约、结算交易盈亏和控制市场风险。

(一) 担保交易履约

当期货交易成交之后,买卖双方缴纳一定的保证金,结算机构就承担起保证每笔交易按期履约的责任。结算机构成为所有合约卖方的买方和所有合约买方的卖方。如果交易者一方违约,结算机构将先代替其承担履约责任,由此可大大降低交易的信用风险。

也正是由于结算机构替代了原始对手,结算会员及其客户才可以随时对冲合约而不必征得原始对手的同意,使得期货交易的对冲平仓方式得以实施。

(二) 结算交易盈亏

每一交易日结束后,期货结算机构对会员的盈亏进行计算。计算完成后,采用发放结算单或电子传输等方式向会员提供当日盈亏等结算数据,会员以此作为对客户结算的依据。

（三）控制市场风险

交易所结算机构要求会员保证金一直处于规定的水平之上，而期货公司也要求其客户有足够的保证金维持其头寸。当市场价格不利变动导致亏损使会员（客户）保证金不能达到规定水平时，结算机构会向会员（期货公司会向客户）发出追加保证金的通知。会员（客户）收到通知后必须在下一交易日规定时间内将保证金缴齐，否则结算机构（期货公司）有权对其持仓进行强行平仓。就这样，期货市场通过建立分级结算体系，以及对会员保证金进行逐日结算并实施动态监控等措施，有效地控制市场风险。

二、组织形式

根据期货结算机构与期货交易所的关系不同，一般可分为两种形式：

（1）结算机构是某一交易所的内部机构，仅为该交易所提供结算服务。这种形式使得结算机构直接受控于交易所，便于交易所掌握市场参与者的资金情况，可以根据交易者的资金和头寸情况及时控制市场风险。该种结算机构的风险承担能力是有限的。

（2）结算机构是独立的结算公司，可为一家或多家期货交易所提供结算服务。这种形式可保持交易和结算的相对独立性，有针对性地防止某些期货交易所在利益驱动下可能出现的违规行为。由于交易所和结算机构各为独立法人，所以需要付出一定的沟通和协调成本。

目前，我国采取第一种形式。

三、期货市场结算体系

（一）国外结算体系

国际上，结算机构通常采用分级、分层结算制度，结算机构采取会员制，即只有结算机构的会员才能直接得到结算机构提供的服务，非结算会员只能由结算会员提供结算服务。而结算会员主要是交易所交易会员中资金雄厚、信誉良好的期货公司或金融机构。

一般来说，国外结算体系可分为三个层次：第一层次由结算机构对结算会员进行结算；第二层次是结算会员与非结算会员之间的结算；第三层次是非结算会员对客户的结算。

值得注意的是，如果期货结算机构相对于或完全独立于期货交易所，则期货交易所会员不一定同时是结算机构会员，结算机构会员也不一定是期货交易所会员。

（二）国内结算体系

国内结算机构均为交易所内部机构，但在具体结算类型上分为两种类型：一种是中国金融期货交易所采取的会员分级结算制度，另一种是三家商品期货交易所采取的全员结算制度（又称非分级结算制度）。

1. 分级结算制度

分级结算主要有以下三个显著特点：

(1) 期货交易所由结算会员和非结算会员组成；结算会员可以从事结算业务，具有与交易所进行结算的资格；非结算会员不具有与期货交易所进行结算的资格。

(2) 期货交易所结算会员按其业务范围的不同，分为交易结算会员、全面结算会员和特别结算会员。其中交易结算会员只能为其受托客户办理结算、交割业务；全面结算会员既可以为其受托客户，也可以为其签订结算协议的交易会员办理结算、交割业务；而特别结算会员只能为其签订结算协议的交易会员办理结算、交割业务。

(3) 交易所对交易会员进行结算，结算会员对投资者或非结算会员进行结算。由此可见，中国金融期货交易所的会员分级结算制度与国际上普遍采用的结算制度较为接近(见图 2-3)。

2. 全员结算制度(非分级结算制度)

在该制度下，交易所会员不做结算会员和非结算会员的区别；交易所会员既是交易会员也是结算会员，均具有与期货交易所进行结算的资格。全员结算制度的期货交易所对会员结算，会员对其受托的客户结算。目前，我国郑州商品交易所、大连商品交易所和上海期货交易所实行的就是全员结算制度。

实行全员结算制度的期货交易所会员由期货公司会员和非期货公司会员组成(见图 2-4)。期货公司会员按照中国证监会批准的业务范围开展相关业务，可以代理客户进行期货交易；非期货公司会员不得从事《期货交易管理条例》规定的期货公司业务。

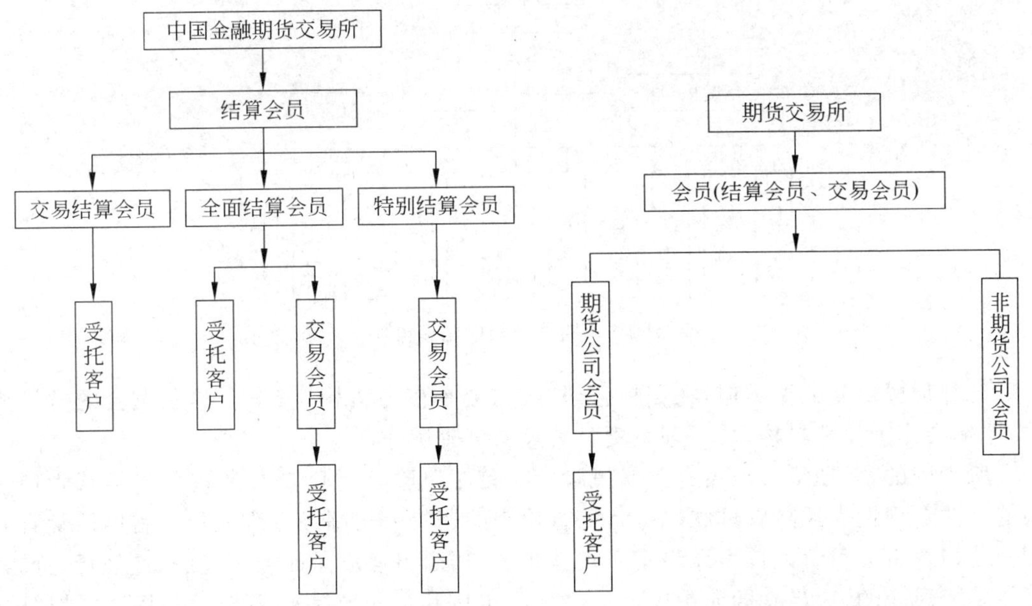

图 2-3　中国金融期货交易所会员分级结算体系　　图 2-4　国内期货交易所全员结算体系

第三节 期货公司

一、职能

由于只有期货交易所的会员才可以直接进场交易，而非会员只能委托期货公司代理交易。期货公司是指依法设立的，专门接受客户委托，按照客户的指令、以自己的名义为客户进行期货交易并收取交易手续费的中介组织。

期货公司作为场外期货交易者与期货交易所之间的桥梁和纽带，属于非银行金融服务机构。其主要职能包括：根据客户指令代理买卖期货合约、办理结算和交割手续；对客户账户进行管理，控制客户交易风险；为客户提供期货市场信息，进行期货交易咨询，充当客户的交易顾问等。

二、期货公司的组织架构

期货公司的组织架构如图 2-5 所示。

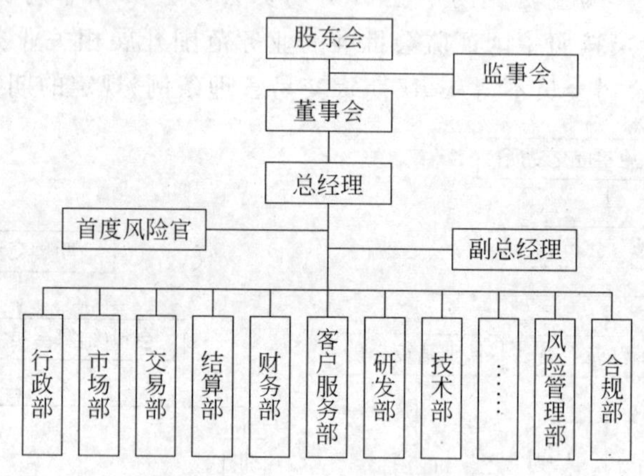

图 2-5 期货公司的组织架构

与其他股份制公司类似，在期货公司，股东会是权力机构，董事会是股东会的常设机构，监事会作为监督机构，总经理负责日常经营管理工作。

所不同的是，期货公司设有首席风险官。首席风险官是负责对期货公司经营管理行为的合法合规性和风险管理状况进行监督检查的期货公司高级管理人员。首席风险官向期货公司董事会负责。首席风险官发现涉嫌占用、挪用客户保证金等违法、违规行为或者可能发生风险的，应当立即向中国证监会派出机构和公司董事会报告。期货公司拟解聘首席风险官的，应当有正当理由并向中国证监会派出机构报告。首席风险官不履行职责的，中国证监会及其派出机构有权责令更换。

期货公司一般设置如下业务部门：人力资源部、财务部、技术部、稽核部、合规部、交易部、结算部、风险管理部、交割部、客户服务部、研发部、行政部、机构管理部等。期货公司对其营业部实行"四统一"，即实行统一结算、统一风险管理、统一资金调拨、统一财务管理和会计核算，建立规范、完善的营业部岗位责任制度和业务操作规程。期货公司不得与他人合资、合作经营管理营业部，不得将营业部承包、租赁或者委托给他人经营管理。

三、我国对期货公司的业务管理

（一）对期货公司业务实行许可证制度

在我国，期货公司业务实行许可制度，由国务院期货监督管理机构按照其商品期货、金融期货业务种类颁发许可证。期货公司除可申请经营境内期货经纪业务外，还可以申请经营境外期货经纪、期货投资咨询以及国务院期货监督管理机构规定的其他期货业务。

（二）期货公司从事的业务类型

我国期货公司除了可以从事传统的境内期货经纪业务外，符合条件的公司还可从事期货投资咨询业务、资产管理等创新业务。

期货经纪业务是指代理客户进行期货交易并收取交易佣金的业务。

期货投资咨询业务是指基于客户委托，期货公司及其从业人员开展的风险管理顾问、期货研究分析、期货交易咨询等营利性业务。其中，风险管理顾问包括协助客户建立风险管理制度、操作流程，提供风险管理咨询、专项培训等；期货研究分析包括收集整理期货市场及各类经济信息，研究分析期货市场及相关现货市场的价格及其相关影响因素，制作提供研究分析报告或者资讯信息；期货交易咨询包括为客户设计套期保值、套利等投资方案，拟定期货交易操作策略等。

资产管理业务是指期货公司接受客户书面委托，根据《期货公司资产管理业务试点办法》规定和合同约定，运用客户委托资产进行投资，并按照合同约定收取费用或者报酬的业务活动。资产管理业务的投资范围包括：期货、期权及其他金融衍生品；股票、债券、证券投资基金、集合资产管理计划、央行票据、短期融资券、资产支持证券等。

第四节　其他期货中介与服务机构

除了期货公司外，期货市场上还存在券商IB、居间人、期货信息资讯机构、期货保证金存管银行、交割仓库等其他期货中介与服务机构。

一、券商IB

在美国，IB(introducing broker)是指介绍经纪人，是为期货佣金商(futures commission merchant，FCM，相当于我国的期货公司)介绍客户的机构或个人。在我国，符合条件的证券公司受期货公司委托，可以将客户介绍给期货公司，并为客户开展期货交易提供一定的服务，期货公司因此向证券公司支付一定的佣金。这种为期货公司提供中间介绍业务的证券公司就是券商 IB。

根据《证券公司为期货公司提供中间介绍业务试行办法》，证券公司受期货公司委托从事中间介绍业务，应当提供下列服务：①协助办理开户手续；②提供期货行情信息和交易设施；③中国证监会规定的其他服务。证券公司不得代理客户进行期货交易、结算或交割，不得代期货公司、客户收付期货保证金，不得利用证券资金账户为客户存取、划转期货保证金。

二、居间人

期货居间人是指独立于期货公司和客户之外，接受期货公司委托进行居间介绍，独立承担基于居间法律关系所产生的民事责任的自然人或组织。其主要职责是介绍客户。居间人因从事居间活动付出的劳务，有按合同约定向公司获取酬金的权利。

居间人无权代理签订《期货经纪合同》，无权代签交易账单，无权代理客户委托下达交易指令，无权代理客户委托调拨资金，不能从事投资咨询和代理交易等期货交易活动。

需要注意的是，居间人与期货公司没有隶属关系，不是期货公司订立期货经纪合同的当事人。而且期货公司的在职人员不得成为本公司和其他期货公司的居间人。

三、期货信息资讯机构

期货信息资讯机构主要提供期货行情软件、交易系统及相关信息资讯服务，是投资者进行期货交易时不可或缺的环节，也是网上交易的重要工具，其系统的稳定性、价格传输的速度对于投资者获取投资收益有重要的作用。现在，期货信息资讯机构正通过差异化信息服务和稳定、快捷的交易系统达到吸引客户的目的。

四、期货保证金存管银行

期货保证金存管银行（简称存管银行）属于期货服务机构，是由交易所指定，协助交易所办理期货交易结算业务的银行。经交易所同意成为存管银行后，须与交易所签订相应协议，明确双方的权利和义务，以规范相关业务行为。交易所有权对存管银行的期货结算业务进行监督。

期货保证金存管银行的设立是国内期货市场保证金封闭运行的必要环节，也是保障投资者资金安全的重要组织机构。

五、交割仓库

交割仓库是期货品种进入实物交割环节提供交割服务和生成标准仓单必经的期货服务机构。在我国，交割仓库也称为指定交割仓库，是指由期货交易所指定的、为期货合约履行实物交割的交割地点。期货交易的交割，由期货交易所统一组织进行。期货交易所不得限制实物交割总量，并应当与交割仓库签订协议，明确双方的权利和义务。

为保障交割环节的有序运行，成为期货交易所的指定交割仓库，需要进行申请和审批。指定交割仓库的日常业务分为三个阶段：商品入库、商品保管和商品出库。指定交割仓库应保证期货交割商品优先办理入、出库。

期货市场除了上述中介与服务机构外，还有会计师事务所、律师事务所、资产评估机构等服务机构向期货交易所和期货公司等市场相关参与者提供相关服务。

第五节　期货投资者

一、期货市场投资者——套期保值者和投机者

期货投资者按其进入期货市场的目的不同，可分为套期保值者和投机者。

套期保值者把期货市场当成转移价格风险的场所，利用期货合约买卖来减小其面临的现货市场价格波动风险。商品期货保值者通常是该商品的生产商、加工商、经营商或贸易商等；金融期货的套期保值者通常是金融市场的投资者、证券公司、银行、保险公司等金融机构或者进出口商等。

期货投机者是通过预测期货价格未来走势，不断买进或卖出期货合约，以获取价格波动差额的投资者。投机者参加期货交易的目的是希望以少量的资金来博取较多的利润，为此，他们愿意承担价格波动的风险。

套期保值者和投机者的主要区别有：

(1) 期货保值者之所以在期货市场避险，往往是因为其在现货市场的风险暴露达到了一定程度和规模，因此，其每次期货交易量都相对较大；而投机者出于获利的目的参与期货交易，其每次交易量可能会大，也可能会较小。

(2) 期货保值者在期货市场中的头寸一般不随意变动，具有相对稳定性，这是因为其在保值期间，现货市场风险暴露资产和头寸是一定的；而期货投机者则会审时度势，根据市场行情变化，随时变换其买卖方向、头寸大小。

二、期货市场投资者——机构投资者

（一）机构投资者的特点与分类

机构投资者是相对个人投资者而言的。由于期货市场是一个高风险的市场，与个人投资者相比，机构投资者一般在资金实力、风险承受能力和交易的专业能力等方面更具有优势，因此，成为稳定期货市场的重要力量。

机构投资者包括生产者、加工贸易商以及金融机构、养老基金、对冲基金、投资基金

等。根据是否与期货品种的现货产业有关联,机构投资者可分为产业客户机构投资者和专业机构投资者。专业机构投资者包括对冲基金、商品投资基金和有资产管理业务资格的期货公司等。

根据我国期货市场相关管理规定,机构投资者分为一般法人客户和特殊单位客户。特殊单位客户是指证券公司、基金管理公司、信托公司和其他金融机构,以及社会保障类公司、合格境外机构投资者(QFII)等法律、行政法规和规章规定的需要资产分户管理的客户。特殊法人投资者之外的机构投资者为一般法人。

(二) 主要的机构投资者——对冲基金和商品投资基金

在国际期货市场上,对冲基金和商品投资基金是非常重要的机构投资者。两者给投资者提供了一种投资于衍生产品的获利方式,并且其投资资产同基础资产(如股票、债券等)相关度很低,因此,商品投资基金和对冲基金通常被称为另类投资工具或其他投资工具(alternative investment asset)。

1. 对冲基金

对冲基金(hedge fund),又称避险基金,是一种私人投资基金,经常运用卖空、互换、金融衍生工具、程序交易和套利等交易手段进行高杠杆比率的操作,以图从市场短暂快速的波动中获取高水平的回报。因最低投资额往往很高,对冲基金的投资者通常限于金融机构和资金量大者。

随着对冲基金的发展,"对冲基金的组合基金"(funds of hedge fund)出现了。对冲基金的组合基金是将募集的资金投资于多个对冲基金,通过对对冲基金的组合投资,而不是投资于股票、债券以实现分散风险的目的。目前,对冲基金的组合基金已成为对冲基金行业的一股重要力量,约占对冲基金行业份额的22%。

对冲基金和共同基金的区别主要体现为两方面:一是对冲基金是私募基金,采取有限合伙制,其出资人一般在100人以下,并不需要在美国联邦投资法下注册;而共同基金是公司制形式,受到监管条约的限制。二是共同基金投资组合中的资金不能投资期货等衍生品市场,对冲基金可投资期货等衍生品市场。尽管共同基金不能投资期货市场进行投机交易,但当共同基金为其持有的股票、债券、外汇等相关资产避险时,可以套期保值者的身份参与期货交易。

2. 商品投资基金

商品投资基金(commodity pool)是指广大投资者将资金集中起来,委托给专业的投资机构,并通过商品交易顾问(CTA)进行期货和期权交易,投资者承担风险并享受投资收益的一种集合投资方式。

从组织形式上看,它类似于共同基金公司和投资公司。商品投资基金与共同基金在集合投资方面存在共同之处,其明显差异是商品投资基金专注于投资期货和期权合约,它给予中小投资者通过专业机构参与期货和期权市场投资、获取多元化的好处。

商品投资基金在不同国家的组织结构有一定差异，现以美国为例进行介绍。

(1) 商品基金经理(CPO)。CPO是基金的主要管理人，是基金的设计者和运作的决策者，负责选择基金的发行方式，选择基金主要成员，决定基金投资方向等。

(2) 商品交易顾问(CTA)。CTA是可以向他人提供买卖期货、期权合约指导或建议，或以客户名义进行操作的自然人或法人。在商品投资基金中，CTA受聘于CPO，对商品投资基金进行具体的交易操作、决定投资期货的策略。CTA不能接受客户资金，客户资金必须以期货佣金商的名义存入客户账户。CTA必须遵守期货监管机构商品期货交易委员会的一系列规则。

(3) 交易经理(TM)。交易经理受聘于CPO，主要负责帮助CPO挑选CTA，监视CTA的交易活动，控制风险，以及在CTA之间分配基金。

(4) 期货佣金商(FCM)。FCM和我国期货公司类似，是美国主要的期货中介结构。许多FCM与CPO有紧密的联系，并为CTA提供进入各交易所进行期货交易的通道。FCM负责执行CTA发出的交易指令，管理期货头寸的保证金。实际上，许多FCM同时也是CPO或TM，向客户提供投资项目的业绩报告，同时也为客户提供投资于商品投资基金的机会。

(5) 托管人(custodian)。为了充分保障基金投资者的权益，防止基金资产被挪用，CPO通常委托一个有资格的机构负责保管基金资产和监督基金运作，托管人一般是商业银行、储蓄银行、大型投资公司等独立的金融机构。

商品投资基金所涉及的五个主体之间的关系见图2-6。

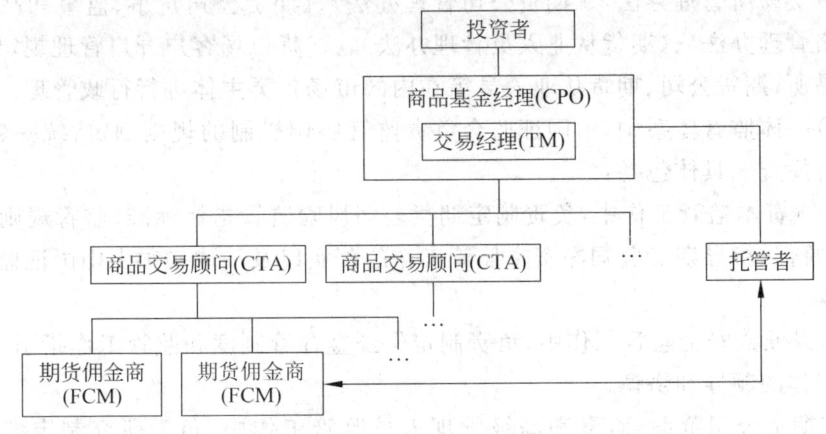

图2-6　基金组织结构图

3. 商品投资基金和对冲基金的区别

商品投资基金同对冲基金比较类似，但也存在明显区别，主要体现在：

第一，商品投资基金的投资领域比对冲基金小得多，它的投资对象主要是在交易所交易的期货和期权而不涉及股票债券和其他金融资产，因而其业绩表现与股票和债券市场的相关度更低；

第二，在组织形式上，商品投资基金运作比对冲基金规范，透明度更高，风险相对较小。

第六节　我国期货监管体系及其风险管理

一、中国期货市场“五位一体”的监管体系

自2007年起，我国建立了中国证监会、证监局、期货交易所、中国期货保证金监控中心有限责任公司(以下简称保证金监控中心)和中国期货业协会“五位一体”的期货监管协调工作机制。按照“统一领导、共享资源、各司其职、各负其责、密切合作、合力监管”的原则，监管协调机制各方形成了一个分工明确、协调有序、运转顺畅、反应快速、监管有效的工作网络，保证了监管工作的顺利进行和监管效能的有效发挥。其中中国证监会作为国家主管部门对期货市场实行集中统一的监督管理，对其他监管部门实行垂直领导管理。

(一) 中国证监会

中国证监会为国务院直属正部级事业单位，依照法律、法规和国务院授权，对期货市场实行集中统一的监督管理，维护其市场秩序，保障其合法运行。中国证监会作为中国期货市场的主管机关，为防范市场风险，规范市场运作，出台了一系列行政规章和规范性文件，如《期货交易所管理办法》、《期货公司管理办法》、《期货公司董事、监事和高级管理人员任职资格管理办法》、《期货从业人员管理办法》、《期货市场客户开户管理规定》等，对包括期货交易所、期货公司、期货从业人员等在内的市场各类主体进行行政管理。

在五位一体监管体系中，中国证监会负责监管协调机制的规则制定、统一领导、统筹协调和监督检查。具体包括：

(1) 在净资本监管工作中，负责制定期货公司风险监管指标标准、监管规则及净资本补足制度，督促、指导期货公司净资本监管工作的落实以及采取必须由中国证监会采取的监管措施等。

(2) 在保证金安全监管工作中，负责制定保证金存管制度和监管工作指引，负责预警信息处置工作的领导和协调。

(3) 在期货公司董事、监事和高级管理人员监管工作中，负责研究制定期货公司董事、监事和高级管理人员监管制度框架，制定和修改期货公司董事、监事和高级管理人员管理办法和规则；核准期货公司董事长、监事会主席、独立董事、总经理、副总经理和首席风险官的任职资格；指导证监局对违规高管进行责任确认和追究，并依法采取监管措施；建立与完善期货公司高管人员监管数据库，建立期货公司董事、监事和高级管理人员诚信

档案，组织期货公司董事、监事和高级管理人员培训等；监督、指导证监局日常监管工作。

(4) 在期货公司风险处置工作中，负责法规政策的制定，对证监局风险处置工作进行指导和协调。

（二）证监局

中国证监会在省、自治区、直辖市和计划单列市设立 36 个证券监管局，以及上海、深圳证券监管专员办事处。各地证监局是中国证监会的派出机构，中国证监会对证监局实行垂直领导的管理体制。中国证监会及其下属派出机构共同对中国期货市场进行集中统一监管。

在五位一体监管体系中，证监局的工作具体包括：

(1) 在净资本监管工作中，负责对期货公司风险监管报表进行审核，持续监控期货公司净资本等风险监管指标是否符合标准，对期货公司进行现场检查，及时采取监管措施，并按规定将有关情况报告中国证监会。

(2) 在保证金安全监管工作中，负责保证金的日常监管和现场检查，对预警信息进行核实与处理。

(3) 在期货公司董事、监事和高级管理人员监管工作中，负责依照《期货公司董事、监事和高级管理人员任职资格管理办法》等规定和中国证监会的授权对期货公司董事、监事和高级管理人员进行监督管理；负责核准除期货公司董事长、监事会主席、独立董事以外的董事、监事，以及公司财务负责人、营业部负责人的任职资格；对违规高管进行责任确认和追究，依法采取监管措施，并及时向中国证监会报告。管理和维护辖区内高管人员监管数据库，建立、管理期货公司董事、监事和高级管理人员日常监管工作档案，对其合格和诚信情况进行记录，掌握其动态，配合中国证监会对有关人员的诚信状况进行调查与查询。根据中国证监会关于对期货公司首席风险官的管理规定，督导期货公司设立合格的首席风险官，督促、保障首席风险官认真、充分履行职责，促进期货公司建立良好的公司治理和内控机制。

(4) 在期货公司风险处置工作中，负责提出风险处置方案并组织实施，及时向中国证监会报告风险处置进展情况，维护辖区期货市场秩序和社会稳定。

（三）期货保证金监控中心

期货保证金监控中心是经国务院同意、中国证监会决定设立，并于 2006 年 3 月在国家工商行政管理总局注册登记的期货保证金安全存管机构，是非营利性公司制法人。

期货保证金监控中心的主管部门是中国证监会，其业务接受中国证监会领导、监督和管理，章程经中国证监会批准后实施，总经理、副总经理由股东会聘任或解聘，报中国证监会批准。中国证监会成立中国期货保证金监控中心管理委员会，审议决定中国期货保证金监控中心的重大事项。

在五位一体的监管体系中，期货保证金监控中心的工作具体包括：

(1) 在净资本监管中,主要负责提供期货保证金等相关数据,监控期货公司保证金封闭圈内最低结算准备金是否符合监管要求,出现不符合监管要求情况时,及时向证监局和证监会报告。

(2) 在保证金安全监管工作中,负责协助研究保证金存管制度,负责保证金监控系统日常监控工作,向证监局通报保证金安全预警信息。

(3) 在期货公司风险处置工作中,负责对保证金缺口等风险进行及时预警和监控,根据证监局等有关方面的要求,及时提供风险期货公司的相关数据。

(四) 期货交易所

期货交易所是期货市场重要的自律监管机构。

在五位一体的监管体系中,期货交易所的工作具体包括:

(1) 在净资本监管中,主要负责提供期货交易等相关数据,参与定期或不定期现场检查,配合证监局或证监会采取相关监管措施。

(2) 在保证金安全监管工作中,负责监控期货公司的交易情况,发现异常动态应当及时采取措施,并向相关证监局通报,对保证金安全存管及监控工作提供必要的帮助。

(3) 在期货公司董事、监事和高级管理人员监管工作中,负责依法对会员期货公司董事、监事和高级管理人员进行自律管理;在期货公司风险处置工作中,参与市场风险处置,并根据有关法规和风险处置工作的需要,及时采取相应措施。

(五) 中国期货业协会

中国期货业协会于 2000 年 12 月成立,是期货业的自律性组织,是非营利性的社会团体法人。中国期货业协会由会员、特别会员和联系会员组成。会员是指经中国证监会审核批准设立的期货公司、从事期货业务或相关活动的机构。特别会员是指经中国证监会审核批准设立的期货交易所。联系会员是指经各地方民政部门审核批准设立的地方期货业社会团体法人。期货公司以及其他专门从事期货经营的机构应当加入期货业协会,并缴纳会员费。期货业协会的权力机构为全体会员组成的会员大会。中国期货业协会的章程由会员大会制定,并报国务院期货监督管理机构备案。中国期货业协会接受业务主管单位中国证监会和社团登记管理机关民政部的业务指导和监督管理。

在五位一体的监管体系中,中国期货业协会的工作具体包括:

(1) 在净资本监管中,主要负责对期货公司从业人员进行有关净资本工作的培训,对违规人员按照自律规则进行处罚。

(2) 在保证金安全监管工作中,负责对期货从业人员进行保证金安全存管规定的培训,向期货投资者宣传监控中心客户查询系统的功能,提醒投资者经常登录监控中心客户查询系统核对客户权益变动情况。

(3) 在期货公司董事、监事和高级管理人员监管工作中,负责对拟任期货公司董事长、监事会主席、独立董事、总经理、副总经理、首席风险官的资质测试,对期货公司董事、监事和高级管理人员进行自律管理和业务培训，对违规人员按照自律规则进行处罚。

在期货公司风险处置工作中，负责对相关会员单位提出自律要求，为风险处置工作营造良好外部环境。

二、期货公司的风险管理制度

2007 年 4 月 18 日，中国证监会发布了《期货公司风险监管指标管理试行办法》，确立了以净资本为核心的期货公司财务风险监控指标体系，要求期货公司建立与风险监管指标管理相适应的内部控制制度，建立动态的风险监控和资本补足机制，确保经调整净资本等风险监管指标持续符合监管要求。经过多年的实践，我国期货公司已经建立了一套行之有效的、与期货市场风险管理体系相匹配的动态风险管理制度。

风险管理制度主要体现为：建立以净资本为核心的风险监控体系，符合资本充足的要求；保护客户资产；建立内部风险控制机制；保障信息系统安全；按规定进行信息披露。这些方面均从不同角度体现了期货公司对风险的控制能力和管理能力。其中，前两项内容是期货公司风险控制的核心。

为推动期货公司业务创新，进一步提高服务实体经济的能力，自 2013 年 7 月 1 日起，按证监会要求施行《期货公司风险监管指标管理办法》(以下简称《办法》)及《关于期货公司风险资本准备计算标准的规定》(以下简称《规定》)。《办法》修订的内容主要包括三个方面：一是适应期货公司创新业务发展需要，建立风险资本准备概念。期货公司业务多元化后，根据每项业务不同的风险特征，规定相应的风险资本准备计算标准，净资本与风险资本准备挂钩，风险资本准备再与具体业务挂钩，从而实现对各项业务规模的间接控制。二是在风险可控的前提下放松对期货公司的资本管制。期货公司经营境内经纪业务的，按客户境内权益总额的一定比例计算风险资本准备，基准比例为 4%，与原办法的 6% 相比，释放了净资本，为期货公司的业务创新提供了有力支持。三是体现扶优限劣政策导向，以净资本为核心的风险监管指标与公司分类评价结果挂钩。为充分发挥分类监管的导向作用，将净资本监管标准与公司分类评价结果挂钩。不同评价结果的公司风险资本准备计算标准不同，按评级等级由高到低，计算标准逐次提高。在放松净资本对优质公司业务发展的束缚的同时，也提高了监管的针对性和有效性。

小贴士

1. 建立以净资本为核心的风险监控体系，符合资本充足的要求

资本充足主要反映期货公司以净资本为核心的风险监管指标情况，体现期货公司的资本实力和流动性状况。其实际是要求期货公司有充足的资本应对风险，有利于促进公司的稳健经营。根据《期货公司风险监管指标管理试行办法》规定，期货公司应当建立与风险监管指标相适应的内部控制制度，应当建立动态的风险监控和资本补足机制，确保净

资本等风险监管指标持续符合标准。

对于期货公司资本充足的要求，主要体现在四个方面：期货公司风险监管指标的计算应符合有关规定；建立了风险监管指标动态监控与补充机制；开展重大业务前进行敏感性测试；按照规定履行了定期报告与风险监管指标异常时的临时报告义务。

以净资本为核心的期货公司风险监控体系的核心理念是对不同风险性质的业务制定与风险不同的权数，以便最终确立期货公司在该项业务中可以运营的交易规模，通过风险权重把期货公司业务与期货公司的资本有机联系起来。其相关规定主要包括：

(1) 期货公司风险监管指标包括期货公司净资本、净资本与净资产的比例、流动资产与流动负债的比例、负债与净资产的比例、规定的最低限额的结算准备金要求等衡量期货公司财务安全的监管指标。

净资本是指在期货公司净资产的基础上，按照变现能力对资产负债项目及其他项目进行风险调整后得出的综合性风险监管指标，代表期货公司可随时用于应对风险的资金数额。

净资本的计算公式为

净资本＝净资产－资产调整值＋负债调整值－客户未足额追加的保证金±其他调整项

期货公司应当按照分类、流动性、账龄和可回收性等不同情况采取不同比例对资产进行风险调整。

(2) 根据期货公司从事的业务，规定不同的风险监管指标标准。即明确规定期货公司普遍适用的风险监管指标标准；在满足上述条件的基础上，提高了委托其他机构从事中间介绍业务的期货公司、从事交易结算业务的期货公司、从事全面结算业务的期货公司的净资本标准。

期货公司应当持续符合以下风险监管指标标准：净资本不得低于人民币 1 500 万元；净资本不得低于客户权益总额的 6%；净资本按营业部数量平均折算额(净资本/营业部家数)，不得低于人民币 300 万元；净资本与净资产的比例不得低于 40%；流动资产与流动负债的比例不得低于 100%；负债与净资产的比例不得高于 150%；符合规定的最低限额的结算准备金要求。

在符合上述标准的基础上，委托其他机构从事中间介绍业务，净资本不得低于人民币 3 000 万元；从事交易结算业务的期货公司，净资本不得低于人民币 4 500 万元；从事全面结算业务的期货公司，净资本不得低于人民币 9 000 万元。

(3) 中国证监会在上述风险监管指标标准的基础上，设置预警指标。一旦风险监管指标达到预警标准，可视情况的不同按规定采取相应处罚措施。规定“不得低于”一定标准的风险监管指标，其预警标准是规定标准的 120%；规定“不得高于”一定标准的风险监管指标，其预警标准是规定标准的 80%。预警指标明显高于规定标准。

(4) 期货公司应当在规定时间内，按照中国证监会规定的方式报送月度和年度风险监管报表。期货公司未按期报送风险监管报表或者报送的风险监管报表存在虚假记载、误导性或者重大疏漏的，中国证监会派出机构应当要求期货公司限期报送或者补充更正。

(5) 期货公司风险监管指标达到预警标准的，进入风险预警期，并于当日向公司所在地中国证监会派出机构书面报告，详细说明原因、对公司的影响、解决问题的具体措施和期限，还应当向公司全体董事书面报告。

2. 对客户资产保护的要求

客户资产保护主要反映期货公司客户资产安全保障机制、客户资产安全性、客户服务及客户管理水平等情况，体现期货公司的操作风险管理能力。

客户资产保护的内容主要包括：

(1) 期货公司向客户收取的保证金，属于客户所有，除下列可划转的情形外，严禁挪作他用：依据客户的要求支付可用资金；为客户交存保证金，支付手续费、税款；国务院期货监督管理机构规定的其他情形。客户的保证金应当与期货公司的自有资产相互独立、分别管理。

(2) 期货公司存管的客户保证金应当全额存放在期货公司的期货保证金账户和期货交易所专用结算账户内，严禁在期货保证金账户和期货交易所专用结算账户之外存放客户保证金。

(3) 期货公司应当按照期货交易所规则，使用自有资金缴存结算担保金、结算准备金，并维持最低数额的结算准备金等专用资金，确保客户期货交易的正常进行和客户保证金的安全。

(4) 客户在期货交易中违约造成保证金不足的，期货公司应当以风险准备金和自有资金垫付，不得占用其他客户的保证金。

除上述内容外，期货公司还须做到开户环节符合相关规定和投资者适当性制度的要求；交易环节符合相关规定，以切实保障客户的合法权益；并按规定及时向监控中心报送真实、准确、完整的交易数据。

3. 建立内部风险控制机制

内部控制主要反映期货公司内部控制制度有效运行情况，体现其内部控制管理水平。其主要内容包括：公司和营业部的人员、岗位、场地、设施等方面符合运营和监管要求；公司内部控制架构健全，设置了必要的业务和职能管理部门，符合不相容职务分离原则；公司内部管理制度完善，财务、交易、结算、风险管理、合规等各项业务有效运转并符合监管要求；公司建立重大风险预警机制和突发事件应急处理制度并有效执行；公司建立明确、合理的授权分责制并有效执行；公司建立严格的内部稽核监督和责任追究制度并有效执行；公司自有资金管理有效，资金用途和划拨程序符合监管要求；营业部“四统一”管理有效执行。

4. 对信息系统安全的要求

信息系统安全主要反映期货公司信息系统的稳定与安全情况，体现其技术风险管理能力。主要内容包括：信息技术管理制度完善并有效执行；信息系统安全稳定运行；应急处理机制健全有效；按规定及时准确报送信息系统情况。

5. 对信息披露的要求

信息披露主要反映期货公司报送和披露信息的及时性、真实性、准确性、完整性，体现其会计风险及诚信风险管理能力。主要内容包括：信息披露制度健全且有效执行；公开披露的信息真实、准确、完整，不存在虚假记载、误导性陈述或重大遗漏；公开披露的信息能够按规定及时披露；信息披露工作由专人负责、职责明确，公开信息填报工作符合监管要求。

以上述期货公司风险控制指标为基础，综合考虑期货公司治理结构、期货公司市场影响力和持续合规状况，就构成了我国目前期货公司分类监管的综合评价指标。这种期货公司分类（也称为期货公司分级）是以期货公司风险管理能力为基础，结合期货公司的市场影响力和持续合规状况，按照《期货公司分类监管规定（试行）》评价和确定期货公司的类别。期货公司分类结构可以在相当程度上反映期货公司的风险控制能力。根据期货公司评价计分的高低，可将其分为A（AAA、AA、A）、B（BBB、BB、B）、C（CCC、CC、C）、D、E 5类11个级别。其中：A类公司风险管理能力在行业内最高，能够较好控制业务风险；B类公司风险管理能力在行业内较高，能够控制业务风险；C类公司风险管理能力与其现有业务规模基本匹配；D类公司风险管理能力低，潜在风险可能超过公司可承受范围；E类公司潜在风险已经变为现实风险，已被采取风险处置措施。

三、投资者教育

2008年，中国期货业协会明确公布了《期货投资者教育工作指引》（以下简称《指引》），《指引》以“将规则讲透，将风险讲够”为原则，对投资者教育的目的和任务、流程等作出了规范。

《指引》是我国期货行业第一部有关投资者教育的自律性规则，主要具有以下三个特点：一是明确了投资者教育的目的和任务，强调期货公司应把“风险讲够、规则讲透”作为投资者教育的核心，提高投资者的风险意识和自我保护能力。二是规范了期货公司投资者教育的流程，要求期货公司将投资者教育内化为单位的合规运行机制，尤其是在开户环节要重视对新入市投资者的资信调查和评估，严格按照监管部门的有关规定，认真履行风险揭示义务，使之成为公司规范化管理和合规经营的基础性工作。三是具有较强的指导性和可操作性：《指引》是在全面总结我国期货行业投资者教育工作特点并广泛吸收、借鉴证券业及国际期货业投资者教育成熟经验的基础上形成的，对投资者教育的内容、形式等进行了详细规定，对公司具有较强的指导性和可操作性。

此外，近年来国内四个交易所也开展了多项以服务产业为目的投资者教育活动，通过对相关产业企业具有针对性地开展专项培训，使得上市品种的相关产业链加深了对期货市场的了解，逐步掌握利用期货市场管理企业经营风险的基础知识。

投资者教育工作主要包括以下内容：

(1) 普及期货基本知识，宣传正确的投资理念，使投资者了解期货市场结构、特点和功能。

(2) 提示投资者辨别合法的期货经营机构，参与合法的期货交易，加强自我保护意识。

(3) 宣传与投资者密切相关的期货基本法规、基本制度及相关规定，介绍开户、交易、结算、交割、投资咨询等相关规定，增强投资者对交易所异常交易等规定的了解和掌握，提高遵守相关规定的自觉性。

(4) 加强投资者风险意识教育，使投资者明确自主决策，风险自担。按照风险分类揭示风险，使投资者做好风险管理。

(5) 提示投资者进行自我风险承受能力评估，判断是否满足有关投资者适当性标准的规定。

(6) 提示投资者注意资金风险，使用合法资金进行期货交易，加强风险防范，远离期货配资。

(7) 提示投资者注意保护资金、交易账户及密码信息，提高网上交易安全防护意识。

(8) 保护投资者合法权益，教育投资者学习、领会各项法规、交易规则等涉及投资者保护的相关条款，使投资者明确维权途径，依法维护自身合法权益。

四、机构投资者的内部风险监控机制

巴林事件后，欧美各主要投资银行和基金纷纷采取措施，加强机构投资者的内部风险监控措施。

1. 建立由董事会、高层管理部门和风险管理部门组成的风险管理系统

高层管理部门负责拟定风险管理的书面程序，并报董事会同意。董事会定期考核机构风险暴露状况，并对上述程序进行评估与修正。风险管理部门必须独立于业务部门，是联系董事会、高层管理部门和业务部门的纽带。

2. 制定合理的风险管理流程

该过程至少应包括：风险衡量系统，即对机构在交易中面临的风险进行全面、正确和及时的衡量；风险限制系统，即为风险设置分类界限，保证风险暴露超过界限时要及时报告管理层，并由其授权同意；管理资讯系统，即由风险管理部门将所衡量的风险及时向管理部门和董事会报告。

3. 建立相互制约的业务操作内部监控机制

前台——负责具体交易操作，严格各项操作规定并按有关规定和权限调拨与管理交易资金，且详细记载每天的交易活动，向中台和后台报告交易情况。

后台——负责每天交易复核、对账，确认买卖委托，以及各类财务处理并跟踪近期交易（即确认到期交易合约）情况，同时按规定独立监管前台交易和完成后续结算，且随时协助前台交易人员准备盈亏报告，进行交易风险的评估，分析市场信用。

中台——负责监督并控制前台与后台的一切业务操作，核对持有头寸限额，负责比较后台结算与前台交易之间计算出的损益情况，并根据交易的质量采取必要的措施，以保证会计记录的准确性；对交易质量、财务信息管理和回报率的质量实施监督职能，负责交易情况的分析及对交易误差作出正确解释而后内部稽核，最终负责公布监控结果。中台（一般指业务经理）是高层管理人员直接领导下的监督职能部门，它与高层管理人员中的风险管理人员组成一个管理阶层，可以在不受任何制约的情况下，从容地对整个交易过程实施监督，并利用与前台、后台无直接业务关系的条件，随时向有关的风险管理人员报告监督情况。因此，应加强并充分发挥中台的监督作用。

4. 加强高层管理人员对内部风险监控的力度

高层管理人员在协同有关部门进行内部风险监控时，应采用总量控制和交易程序化的方式，以实现在期货交易中降低风险获取盈利的目的。具体包括：①对运行事先作出评估；②制定切实可行的盈利目标，目标应是实事求是、可实现的，对不同时期利润指标的修改应是明显的；③经常根据前台交易人员所提供的损益报告来分析盈利及损失的主要原因，并视情况对具体业务交易人员的交易行为进行控制；④对前台、后台交易人员依据交易票据对每日的交易情况进行必要的比较，提出具体明确的要求，以保证交易记录的真实性和准确性；⑤对后台呈报的近期交易材料进行分析，以及对前台在盈亏范围的交易情况进行分析和考核，并将结果记录在结算会计系统和交易程序内，以便吸取教训积累经验。

对交易风险监控的手段，必须由监控部门以书面形式作出文字规定，并强制交易人员贯彻执行。这种手段应包括既有管理目标、交易形式、交易管理手段，又有交易人员的授权权限（以防止持仓过度）、交易损失与收益的评估标准、交易监控手段、计算盈亏差额的结算原则。依据这些手段，高层管理人员就可以通过对衍生金融产品的交易活动以及整个交易过程进行有效的监控。

思考题 Exercise

1. 比较公司制期货交易所和会员制期货交易所的异同。
2. 期货交易所的性质和职能是什么？
3. 简述期货结算机构在期货市场中的功能作用。
4. 期货结算机构有哪几种组织形式？我国是哪种组织形式？

5. 中国金融期货交易所会员分级结算体系和其他三家交易所的全员结算体系各有什么特点?

6. 简述期货公司的职能与组织架构。

7. 我国期货公司可以从事的业务类型有哪些?

8. 期货套期保值者和投机者有什么区别?

9. 美国期货中介机构有哪些类型?

10. 期货市场机构投资者有哪些?

11. 简述商品投资基金和对冲基金的区别。

12. 简述我国期货“五位一体”的监管体系。

13. 什么是期货市场风险? 简述其特征。

14. 期货交易所风险有哪些来源? 如何才能对其进行有效的监管?

15. 投资者教育工作主要包括哪些内容?

16. 简述加强机构投资者的内部风险监控的措施。

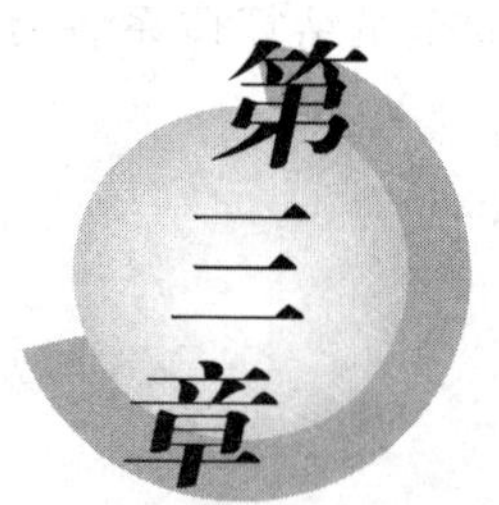

期货合约与期货市场基本制度

本章主要介绍期货合约的概念、标的选择、主要条款及设计依据、期货市场的基本制度。

第一节 期货合约

一、期货合约的概念

期货合约是指由期货交易所统一制定的、规定在将来某一特定的时间和地点交割一定数量和质量标的物的标准化合约。期货合约是期货交易的对象,期货交易参与者正是通过在期货交易所买卖期货合约,转移价格风险,获取风险收益。期货合约的标准化便利了期货合约的连续买卖,使之具有很强的市场流动性,极大地简化了交易过程,降低了交易成本,提高了交易效率。表 3-1 至表 3-4 给出了几个例子。

表 3-1 上海期货交易所黄金期货标准合约

交易品种	黄金
交易单位	1 000 克/手
报价单位	元(人民币)/克
最小变动价位	0.05 元/克
每日价格最大波动限制	不超过上一交易日结算价±3%
合约交割月份	最近 3 个连续月份的合约以及最近 11 个月以内的双月合约
交易时间	上午 9:00—11:30,下午 1:30—3:00,以及交易所规定的其他交易时间

续表

最后交易日	合约交割月份的 15 日(遇法定假日顺延)
交割日期	最后交易日后连续 5 个工作日
交割品级	金含量不小于 99.95%的国产金锭及经交易所认可的伦敦金银市场协会(LBMA)认定的合格供货商或精炼厂生产的标准金锭(具体质量规定见本合约附件)
交割地点	交易所指定交割金库
最低交易保证金	合约价值的 4%
交割方式	实物交割
交易代码	AU
上市交易所	上海期货交易所

表 3-2　CME 集团黄金期货合约

代码	GC	
交易场所	CME Globex，CME ClearPort，公开叫价（纽约）	
交易时间(纽约时间/东部时间)	CME Globex 电子交易平台:	周日至周五 6:00pm—5:15pm(5:00pm—4:15pm 芝加哥时间/中部时间)，每日 5:15pm(4:15pm 中部时间)开始休市 45 分钟
	CME ClearPort:	周日至周五 6:00pm—5:15pm(5:00pm—4:15pm 芝加哥时间/中部时间)，每日 5:15pm(4:15pm 中部时间)开始休市 45 分钟
	公开喊价	周一至周五 8:20am—1:30pm(7:20am—12:30pm 中部时间)
交易单位	100 金衡盎司	
报价单位	美元，美分/金衡盎司	
最小变动价位	0.10 美元/金衡盎司	
交易终止日	交割月的倒数第三个最后交易日	
挂牌合约	现货月及随后的两个月；自当月开始计，未来 23 个月之内的 2、4、8、10 月份；自当月开始计，未来 72 个月之内的 6、12 月份	
交割方式	实物交割	
交割期	自进入交割月起第一个交易日至最后交易日均可交割	
交割等级	纯度不小于 0.995 的黄金	

表 3-3 大连商品交易所黄大豆 1 号期货合约

交易品种	黄大豆 1 号
交易单位	10 吨/手
报价单位	元(人民币)/吨
最小变动价位	1 元/吨
涨跌停板幅度	上一交易日结算价的 4%
合约交割月份	1、3、5、7、9、11 月
交易时间	每周一至周五上午 9:00—11:30,下午 13:30—15:00
最后交易日	合约月份第 10 个交易日
最后交割日	最后交易日后 7 日(遇法定节假日顺延)
交割等级	大连商品交易所黄大豆 1 号交割质量标准(FA/DCE D001—2009)(具体内容见本合约附件)
交割地点	大连商品交易所指定交割仓库
交易保证金	合约价值的 5%
交易手续费	不超过 4 元/手(当前暂为 2 元/手)
交割方式	实物交割
交易代码	A
上市交易所	大连商品交易所

表 3-4 CME 集团大豆期货合约

交易单位	5 000 蒲式耳(约 136 吨)	
交割等级	标准品级:2 号黄豆 替代品级:1 号黄豆(升水 6 美分/蒲式耳);3 号黄豆(贴水 6 美分/蒲式耳)	
报价单位	美分/蒲式耳	
最小变动价位	1/4 美分/蒲式耳(每张合约 12.50 美元)	
合约交割月份及其代码	1(F),3(H),5(K),7(N),8(Q),9(U)&11(X)	
交易时间	CME Globex 电子交易平台	周日至周五(美国中部时间)5:00pm—2:00pm
	公开喊价(交易池)	周一至周五(美国中部时间,若遇美国农业部发布报告,则 7:20am 开市)9:30am—2:00pm
涨跌停板幅度	0.70 美元/蒲式耳 若市场以涨跌停板价位收盘,则涨跌停板幅度扩大为 1.05 美元;若幅度扩大后,仍以涨跌停板价位收盘,则涨跌停板幅度扩大为 1.60 美元 合约自进入交割月份的第二个交易日起没有涨跌限制	

续表

最后交易日	交割月 15 日的前一交易日	
最后交割日	最后交易日后第二个交易日	
交易代码	CME Globex 电子交易平台	ZS
	公开叫价(交易池)	S

二、期货合约的标的选择

现货市场中的商品和金融工具不计其数,但并非都适合作为期货合约的标的。交易所为了保证期货合约上市后能有效地发挥其功能,在选择标的时,一般需要考虑以下条件。

1. 规格或质量易于量化和评级

期货合约的标准化条款之一是交割等级,这要求标的物的规格或质量能够进行量化和评级。这一点对金融工具和大宗初级产品如小麦、大豆、金属等很容易做到。但对于工业制成品等来说,则很难,因为这类产品加工程度高,品质、属性等方面存在诸多差异,甚至不同的人对完全相同的产品可以有完全不同甚至相反的评价。例如时装,这类产品不适宜作为期货合约的标的。

2. 价格波动幅度大且频繁

期货交易者分为套期保值者和投机者。套期保值者利用期货交易规避价格风险,投机者利用价格波动赚取利润。没有价格波动,就没有价格风险,从而也就失去了现货交易者规避价格风险的需要,对投机者而言就失去了参与期货交易的动力。所以价格频繁波动既迫使保值者又刺激投机者投身于期货市场,否则期货市场将不能生存发展。

3. 供应量较大,不易为少数人控制和垄断

能够作为期货品种的标的在现货市场上必须有较大的供应量,否则,其价格很容易被操纵,即通过垄断现货市场然后在期货市场进行买空交易,一直持仓到交割月,使交易对手无法获得现货进行交割,只能按高价平仓了结。如果价格过高,交易对手可能会发生巨额亏损,由此会引发违约风险,增加期货市场的不稳定性。

三、期货合约的主要条款及设计依据

表 3-1～3-4 分别列示了上海期货交易所黄金期货合约、CME 集团黄金期货合约、大连商品交易所大豆期货合约、CME 集团大豆期货合约。可以看出,这些期货合约都有一些共同的条款。

期货合约各项条款的设计对期货交易有关各方的利益以及期货交易能否活跃至关重要。

（一）合约名称

合约名称注明了该合约的品种名称及其上市交易所名称。以上海期货交易所铜合约为例，合约名称为"上海期货交易所阴极铜期货合约"。

（二）交易单位/合约价值

交易单位是指在期货交易所交易的每手期货合约代表的标的物的数量。合约价值是指每手期货合约代表的标的物的价值。如大连商品交易所豆粕期货合约的交易单位为"10 元/吨"，而沪深 300 指数期货的合约价值为"300 元×沪深 300 指数"（其中"300 元"为沪深 300 指数期货的合约乘数）。在进行期货交易时，只能以交易单位（合约价值）的整数倍进行买卖。

对于商品期货来说，确定期货合约交易单位的大小，主要应当考虑合约标的物的市场规模、交易者的资金规模、期货交易所的会员结构、该商品的现货交易习惯等因素。一般来说，某种商品的市场规模较大，交易者的资金规模较大，期货交易所中愿意参与该期货交易的会员单位较多，则该合约的交易单位就可以设计得大一些，反之则小一些。

（三）报价单位

报价单位是指在公开竞价过程中对期货合约报价所使用的单位，即每计量单位的货币价格。例如，国内阴极铜、铝、小麦、大豆等期货合约的报价单位以元（人民币）/吨表示。

（四）最小变动价位

最小变动价位是指在期货交易所的公开竞价过程中，对合约每计量单位报价的最小变动数值。在期货交易中，每次报价的最小变动数值必须是最小变动价位的整数倍。最小变动价位乘以交易单位，就是该合约价值的最小变动值。例如，上海期货交易所锌期货合约的最小变动价位是 5 元/吨，即每手合约的最小变动值是 5 元/吨×5 吨＝25 元。

商品期货合约最小变动价位的确定，通常取决于该合约标的物的种类、性质、市场价格波动情况和商业规范等。

最小变动价位的设置是为了保证市场有适度的流动性。一般而言，较小的最小变动价位有利于市场流动性的增加，但过小的最小变动价位将会增加交易协商成本；较大的最小变动价位，一般会减少交易量，影响市场的活跃程度，不利于交易者进行交易。

（五）每日价格最大波动限制

每日价格最大波动限制规定了期货合约在一个交易日中的交易价格波动不得高于或者低于规定的涨跌幅度。每日价格最大波动限制一般是以合约上一交易日的结算价为基准确定的。期货合约上一交易日的结算价加上允许的最大涨幅构成当日价格上涨的上限，称为涨停板；而该合约上一交易日的结算价减去允许的最大跌幅则构成当日价格下跌的下限，称为跌停板。在我国期货市场，每日价格最大波动限制设定为合约上一交易日结算价的一定百分比。

每日价格最大波动限制的确定主要取决于该种标的物市场价格波动的频繁程度和波幅的大小。一般来说，标的物价格波动越频繁、越剧烈，该商品期货合约允许的每日价格最大波动幅度就应设置得大一些。

小贴士　期货合约涨停板和跌停板价格的计算

商品期货合约每日价格波动的上限和下限分别为

当日价格波动上限＝前一交易日的结算价×(1＋每日价格最大波动限制比例)

当日价格波动下限＝前一交易日的结算价×(1－每日价格最大波动限制比例)

如：上海期货交易所的cu1301(2013年1月交割的铜期货合约)在2012年10月17日的结算价格为58 710元/吨，此时交易所规定的铜合约的每日价格最大波动限制为不超过上一交易日结算价的±6%，那么cu1301合约在2012年10月18日的价格波动上限为

58 710×(1＋6%)＝62 232.6(元/吨)

价格波动下限为

58 710×(1－6%)＝55 187.4(元/吨)

由于铜期货合约的最小变动价位为10元/吨，因此，cu1301合约在2012年10月18日的有效报价范围应在55 190元/吨和62 230元/吨之间(含两数)，即涨、跌停板价格分别为62 230元/吨和55 190元/吨。

（六）合约交割月份

合约交割月份是指某种期货合约到期交割的月份。

商品期货合约交割月份的确定一般受该合约标的商品的生产、使用、储藏、流通等方面的特点影响。例如，许多农产品期货的生产与消费具有很强的季节性，因而其交割月份的规定也具有季节性特点。

（七）交易时间

期货合约的交易时间由交易所统一规定。交易者只能在规定的交易时间内进行交易。一般每周营业5天，周六、周日及国家法定节、假日休息。

（八）最后交易日

最后交易日是指某种期货合约在合约交割月份中进行交易的最后一个交易日，过了这个期限的未平仓期货合约，必须按规定进行实物交割或现金交割。期货交易所根据不同期货合约标的物的现货交易特点等因素确定其最后交易日。

（九）交割日期

交割日期是指合约标的物所有权进行转移，以实物交割或现金交割方式了结未平仓合约的时间。

（十）交割等级

交割等级是指由期货交易所统一规定的、准许在交易所上市交易的合约标的物的质量等级。在进行期货交易时，交易双方无须对标的物的质量等级进行协商，发生实物交割时按交易所期货合约规定的质量等级进行交割。

对于商品期货来说，期货交易所在制定合约标的物的质量等级时，常常采用国内或国际贸易中最通用和交易量较大的标准品的质量等级为标准交割等级。

一般来说，为了保证期货交易的顺利进行，许多期货交易所都允许在实物交割时，实际交割的标的物的质量等级与期货合约规定的标准交割等级有所差别，即允许用与标准品有一定等级差别的商品作替代交割品。期货交易所统一规定替代品的质量等级和品种。交货人用期货交易所认可的替代品代替标准品进行实物交割时，收货人不能拒收。用替代品进行实物交割时，价格需要升贴水。交易所根据市场情况统一规定和适时调整替代品与标准品之间的升贴水标准。

（十一）交割地点

交割地点是由期货交易所统一规定的进行实物交割的指定地点。

商品期货交易大多涉及大宗实物商品的买卖，因此，统一指定交割仓库可以保证卖方交付的商品符合期货合约规定的数量与质量等级，保证买方收到符合期货合约规定的商品。期货交易所在指定交割仓库时主要考虑的因素是：指定交割仓库所在地区的生产或消费集中程度，指定交割仓库的储存条件、运输条件和质检条件等。

金融期货交易不需要指定交割仓库，但交易所会指定交割银行。负责金融期货交割的指定银行，必须具有良好的金融资信、较强的进行大额资金结算的业务能力，以及先进、高效的结算手段和设备。

（十二）交易手续费

交易手续费是期货交易所按成交合约金额的一定比例或按成交合约手数收取的费用。交易手续费的高低对市场流动性有一定影响，交易手续费过高会增加期货市场的交易成本，扩大无套利区间，降低市场的交易量，不利于市场的活跃，但也可起到抑制过度投机的作用。

（十三）交割方式

期货交易的交割方式分为实物交割和现金交割两种。商品期货、股票期货、外汇期货、中长期利率期货通常采取实物交割方式，股票指数期货和短期利率期货通常采用现金交割方式。

（十四）交易代码

为便于交易，交易所对每一期货品种都规定了交易代码。我国期货市场正在交易的各合约代码如表 3-5 所示。

表 3-5　我国期货品种及其代码(截至 2013 年 5 月)

交易所	品　种	代码	交易所	品　种	代码
大连商品交易所(DCE)	黄大豆 1 号	A	郑州商品交易所(ZCE)	菜籽油(简称“菜油”)	OI
	黄大豆 2 号	B		甲醇	ME
	豆粕	M		玻璃	FG
	豆油	Y		油菜籽	RS
	玉米	C		菜籽粕	RM
	棕榈油	P	上海期货交易所(SHFE)	铜	CU
	聚氯乙烯(PVC)	V		铝	AL
	线型低密度聚乙烯(LLDPE)	L		锌	ZN
	焦炭	J		黄金	AU
	焦煤	JM		白银	AG
郑州商品交易所(ZCE)	优质强筋小麦	WH		燃料油	FU
	普通小麦	PM		螺旋钢	RB
	棉花	CF		线材	WR
	白糖	SR		天然橡胶	RU
	精对苯二甲酸(PTA)	TA	中国金融期货交易所(CFFE)	沪深 300 指数	IF
	早籼稻	RI		5 年期国债	TF

注：根据郑州商品交易所 2012 年 7 月 11 日公告，对优质强筋小麦、硬白小麦、菜籽油合约条款进行了大的修改，新牌上市合约(1307 合约及之后的合约，即自 2013 年 7 月交割的合约开始)采用新的标准。

除了上述条款，期货合约中还规定了最低交易保证金这一重要条款，将在下一节基本制度中专门介绍。

第二节　期货市场基本制度

为了维护期货交易的“三公”原则与期货市场的高效运行，对期货市场实施有效的风险管理，期货交易所制定了相关制度与规则。

本节重点介绍保证金制度、当日无负债结算制度、涨跌停板制度、持仓限额及大户报告制度、强行平仓制度、信息披露制度等基本制度。

一、保证金制度

(一) 保证金制度的内涵及特点

期货交易实行保证金制度。在期货交易中，期货买方和卖方必须按照其所买卖期货合约价值的一定比率(通常为 5%～15%)缴纳资金，用于结算和保证履约。保证金制度是期货市场风险管理的重要手段。

在国际期货市场上，保证金制度的实施一般有如下特点。

(1) 对交易者的保证金要求与其面临的风险相对应。一般来说,交易者面临的风险越大,对其要求的保证金也越多。比如,在美国期货市场,对投机者要求的保证金要大于对套期保值者和套利者要求的保证金。

(2) 交易所根据合约特点设定最低保证金标准,并可根据市场风险状况等调节保证金水平。比如,价格波动越大的合约,其投资者交易时面临的风险也越大,设定的最低保证金标准也越高;当投机过度时,交易所可提高保证金,增大交易者入市成本,从而抑制投机行为,控制市场风险。

(3) 保证金的收取是分级进行的。一般而言,交易所或结算机构只向其会员收取保证金,作为会员的期货公司则向其客户收取保证金,两者分别称为会员保证金和客户保证金。保证金的分级收取与管理,对于期货市场的风险分层次分担与管理具有重要意义。

小贴士

《上海期货交易所风险控制管理办法》(根据上期所公告〔2012〕5 号修订)规定,在某一期货合约的交易过程中,当出现下列情况时,交易所可以根据市场风险调整其交易保证金水平:

(1) 持仓量达到一定的水平时;

(2) 临近交割期时;

(3) 连续数个交易日的累计涨跌幅达到一定水平时;

(4) 连续出现涨跌停板时;

(5) 遇国家法定长假时;

(6) 交易所认为市场风险明显增大时;

(7) 交易所认为必要的其他情况。

交易所根据市场情况决定调整交易保证金的,应当公告,并报告中国证监会。

(二) 我国期货交易保证金制度的特点

我国期货交易的保证金制度除了采用国际通行的一些做法外,在施行中,还形成了自身的特点。

我国交易所对商品期货交易保证金比率的规定呈现如下特点。

(1) 对期货合约上市运行的不同阶段规定不同的交易保证金比率。一般来说,距交割月份越近,交易者面临到期交割的可能性就越大。为了防止实物交割中可能出现的违约风险,促使不愿进行实物交割的交易者尽快平仓了结,交易保证金比率随着交割临近而提高。

小贴士

《郑州商品交易所期货交易风险控制管理办法》(2012 年 7 月 11 日公告)规定,期货合约的交易保证金标准按照该期货合约上市交易的“一般月份”(交割月前一个月份以前的月份)、"交割月前一个月份"、"交割月份"三个期间依次管理。一般月份普麦、强麦、早籼稻、菜油期货合约的保证金为5%,甲醇期货合约的交易保证金标准为6%。其他品种一般月份期货合约按持仓量的不同,适用不同的交易保证金标准。交割月份所有品种的期货合约交易保证金标准均为30%,交割月前一个月份期货合约按上旬、中旬和下旬的不同,分别适用不同的交易保证金标准(具体见表3-6)。

表3-6 部分期货合约在交割期一个月交易保证金标准

品　　种	交割月前一个月			品　　种	交割月前一个月		
	上旬	中旬	下旬		上旬	中旬	下旬
一号棉、白糖、PTA	8%	15%	25%	强麦、早籼稻、菜油	5%	15%	25%
硬麦	5%	10%	15%	甲醇	6%	15%	25%

(2) 随着合约持仓量的增大,交易所将逐步提高该合约交易保证金比例。一般来说,当合约持仓量增加,尤其是持仓合约所代表的期货商品的数量远远超过相关商品现货数量时,往往表明期货市场投机交易过多,蕴含的风险较大。因此,随着合约持仓量的增大,交易所将逐步提高该合约的交易保证金比例,以控制市场风险。

小贴士

《大连商品交易所风险管理办法》(自2012年8月17日起施行)规定,随着合约持仓量的增大,交易所将逐步提高该合约交易保证金比例。

黄大豆1号、豆粕、聚氯乙烯合约持仓量变化时交易保证金收取标准为:

合约月份双边持仓总量(N)	交易保证金(元/手)	合约月份双边持仓总量(N)	交易保证金(元/手)
$N \leqslant 100$万手	合约价值的5%	150万手$< N \leqslant 200$万手	合约价值的9%
100万手$< N \leqslant 150$万手	合约价值的8%	$N > 200$万手	合约价值的10%

(3) 当某期货合约出现连续涨跌停板的情况时,交易保证金比率相应提高。

(4) 当某品种某月份合约按结算价计算的价格变化,连续若干个交易日的累积涨跌幅达到一定程度时,交易所有权根据市场情况,采取对部分或全部会员的单边或双边、同比例或不同比例提高交易保证金,限制部分会员或全部会员出金,暂停部分会员或全部会员开新仓,调整涨跌停板幅度,限期平仓,强行平仓等一种或多种措施,以控制风险。

小贴士

《上海期货交易所风险控制管理办法》(根据上期所公告〔2012〕5号修订)规定,当某铅、黄金期货合约连续三个交易日(即D1、D2、D3交易日)的累计涨跌幅(N)达到

10%;或连续四个交易日(即 D1、D2、D3、D4 交易日)的累计涨跌幅(N)达到 12%;或连续五个交易日(即 D1、D2、D3、D4、D5 交易日)的累计涨跌幅(N)达到 14%时,交易所可以根据市场情况,采取单边或双边、同比例或不同比例、部分会员或全部会员提高交易保证金,限制部分会员或全部会员出金,暂停部分会员或全部会员开新仓,调整涨跌停板幅度,限期平仓,强行平仓等措施中的一种或多种措施,但调整后的涨跌停板幅度不超过 20%。

(5) 当某期货合约交易出现异常情况时,交易所可按规定的程序调整交易保证金的比例。

在我国,期货交易者缴纳的保证金可以是资金,也可以是价值稳定、流动性强的标准仓单或者国债等有价证券。

二、当日无负债结算制度

当日无负债结算制度,在国际上称为"逐日盯市"制度,是指在每个交易日结束后,由期货结算机构对期货交易保证金账户当天的盈亏状况进行结算,并根据结算结果进行资金划转。当交易发生亏损,进而导致保证金账户资金不足时,则要求必须在结算机构规定的时间内向账户中追加保证金,以做到"当日无负债"。

当日无负债结算制度的实施为及时调整账户资金、控制风险提供了依据,对于控制期货市场风险,维护期货市场的正常运行具有重要作用。

当日无负债制度的实施呈现如下特点。

(1) 对所有账户的交易及头寸按不同品种、不同月份的合约分别进行结算,在此基础上汇总,使每一交易账户的盈亏都能得到及时的、具体的、真实的反映。

(2) 在对交易盈亏进行结算时,不仅对平仓头寸的盈亏进行结算,而且对未平仓合约产生的浮动盈亏也进行结算。

(3) 对交易头寸所占用的保证金进行逐日结算。

(4) 当日无负债结算制度是通过期货交易分级结算体系实施的。由交易所(结算所)对会员进行结算,期货公司根据期货交易所(结算所)的结算结果对客户进行结算。期货交易所会员(客户)的保证金不足时,会被要求及时追加保证金或者自行平仓;否则,其合约将会被强行平仓。

三、涨跌停板制度

(一) 涨跌停板制度的内涵

涨跌停板制度又称每日价格最大波动限制制度,即指期货合约在一个交易日中的交易价格波动不得高于或者低于规定的涨跌幅度,超过该涨跌幅度的报价将被视为无效报价,不能成交。

涨跌停板制度的实施，能够有效地减缓、抑制一些突发性事件和过度投机行为对期货价格的冲击而造成的狂涨暴跌，减小交易当日的价格波动幅度，会员和客户的当日损失也被控制在相对较小的范围内。由于涨跌停板制度能够锁定会员和客户每一交易日所持有合约的最大盈亏，因而为保证金制度和当日结算无负债制度的实施创造了有利条件。因为向会员和客户收取的保证金数额只要大于在涨跌幅度内可能发生的亏损金额，就能够保证当日期货价格波动达到涨停板或跌停板时也不会出现透支情况。

（二）我国期货涨跌停板制度的特点

在我国期货市场，每日价格最大波动限制设定为合约上一交易日结算价的一定百分比。一般而言，对期货价格波动幅度较大的品种及合约，设定的涨跌停板幅度也相应大些。

交易所可以根据市场风险状况进行调整。对涨跌停板的调整，一般具有以下特点。

(1) 新上市的品种和新上市的期货合约，其涨跌停板幅度一般为合约规定涨跌停板幅度的两倍或三倍。如合约有成交则于下一交易日恢复到合约规定的涨跌停板幅度；如合约无成交，则下一交易日继续执行前一交易日涨跌停板幅度。

小贴士

《中国金融期货交易所风险控制管理办法》(2010 年 2 月 20 日起实施)规定：股指期货合约的涨跌停板幅度为上一交易日结算价的±10%。季月合约上市首日涨跌停板幅度为挂盘基准价的±20%。上市首日有成交的，于下一交易日恢复到合约规定的涨跌停板幅度；上市首日无成交的，下一交易日继续执行前一交易日的涨跌停板幅度。

(2) 在某一期货合约的交易过程中，当合约价格同方向连续涨跌停板、遇国家法定长假，或交易所认为市场风险明显变化时，交易所可以根据市场风险调整其涨跌停板幅度。

(3) 对同时适用交易所规定的两种或两种以上涨跌停板情形的，其涨跌停板按照规定涨跌停板中的最高值确定。

在出现涨跌停板情形时，交易所一般将采取如下措施控制风险。

(1) 当某期货合约以涨跌停板价格成交时，成交撮合实行平仓优先和时间优先的原则，但平当日新开仓位不适用平仓优先的原则。

(2) 在某合约连续出现涨(跌)停板单边无连续报价时，实行强制减仓。当合约出现连续涨(跌)停板的情形时，空头(多头)交易者会因为无法平仓而出现大规模、大面积亏损，并可能因此引发整个市场的风险，实行强制减仓正是为了避免此类现象的发生。实行强制减仓时，交易所将当日以涨跌停板价格申报的未成交平仓报单，以当日涨跌停板价格与该合约净持仓盈利客户按照持仓比例自动撮合成交。其目的在于迅速、有效化解市场风险，防止会员大量违约。

涨（跌）停板单边无连续报价也称为单边市，一般是指某一期货合约在某一交易日收盘前5分钟内出现只有停板价位的买入（卖出）申报、没有停板价位的卖出（买入）申报，或者一有卖出（买入）申报就成交但未打开停板价位的情况。

四、持仓限额及大户报告制度

（一）持仓限额及大户报告制度的内涵及特点

持仓限额制度是指交易所规定会员或客户可以持有的、按单边计算的某一合约投机头寸的最大数额。大户报告制度是指当交易所会员或客户某品种某合约持仓达到交易所规定的持仓报告标准时，会员或客户应向交易所报告。

通过实施持仓限额及大户报告制度，可以使交易所对持仓量较大的会员或客户进行重点监控，了解其持仓动向、意图，有效防范操纵市场价格的行为；同时，也可以防范期货市场风险过度集中于少数投资者。

在国际期货市场，持仓限额及大户报告制度的实施呈现如下特点。

（1）交易所可以根据不同期货品种及合约的具体情况和市场风险状况制定和调整持仓限额和持仓报告标准。

（2）通常来说，一般月份合约的持仓限额及持仓报告标准设置得高；临近交割时，持仓限额及持仓报告标准设置得低。

（3）持仓限额通常只针对一般投机头寸，套期保值头寸、风险管理头寸及套利头寸可以向交易所申请豁免。

（二）我国期货持仓限额及大户报告制度的特点

在我国大连商品交易所、郑州商品交易所和上海期货交易所，对持仓限额及大户报告标准的设定一般有如下规定。

（1）交易所可以根据不同期货品种的具体情况，分别确定每一品种每一月份的限仓数额及大户报告标准。

（2）当会员或客户某品种持仓合约的投机头寸达到交易所对其规定的投机头寸持仓限量80%以上（含本数）时，会员或客户应向交易所报告其资金情况、头寸情况等，客户须通过期货公司会员报告。

（3）市场总持仓量不同，适用的持仓限额及持仓报告标准不同。当某合约市场总持仓量大时，持仓限额及持仓报告标准设置得高一些；反之，当某合约市场总持仓量小时，持仓限额及持仓报告标准也低一些。

小贴士

《大连商品交易所风险管理办法》(自 2012 年 8 月 17 日起施行)规定：

当棕榈油一般月份合约单边持仓大于 5 万手时，期货公司会员该合约持仓限额不得大于单边持仓的 25%，非期货公司会员该合约持仓限额不得大于单边持仓的 20%，客户该合约持仓限额不得大于单边持仓的 10%。

当棕榈油一般月份合约单边持仓小于等于 5 万手时，期货公司会员该合约持仓限额为 12 500 手，非期货公司会员该合约持仓限额为 10 000 手，客户该合约持仓限额为 5 000 手。

棕榈油合约进入交割月份前一个月和进入交割月期间，其持仓限额为(单位：手)：

交易时间段	期货公司会员	非期货公司会员	客户
交割月前一个月第一个交易日起	5 000	4 000	2 000
交割月前一个月第十个交易日起	2 500	2 000	1 000
交割月份	1 250	1 000	500

(4) 一般按照各合约在交易全过程中所处的不同时期，分别确定不同的限仓数额。比如，一般月份合约的持仓限额及持仓报告标准设置得高；临近交割时，持仓限额及持仓报告标准设置得低。

(5) 期货公司会员、非期货公司会员、一般客户分别适用不同的持仓限额及持仓报告标准。

在具体实施中，我国还有如下规定：采用限制会员持仓和限制客户持仓相结合的办法，控制市场风险；各交易所对套期保值交易头寸实行审批制，其持仓不受限制，而在中国金融期货交易所，套期保值和套利交易的持仓均不受限制；同一客户在不同期货公司会员处开仓交易，其在某一合约的持仓合计不得超出该客户的持仓限额；会员、客户持仓达到或者超过持仓限额的，不得同方向开仓交易。

小贴士　我国交易所套期保值管理办法

我国郑州商品交易所、上海期货交易所和中国金融期货交易所对套期保值头寸实行审批制。申请套期保值交易的会员或客户，必须填写套期保值申请(审批)表，并向交易所提交相关证明材料。会员申请套期保值额度直接向交易所办理申报手续；客户申请套期保值额度向其开户的会员申报，会员对申报材料进行审核后向交易所办理申报手续。交易所批准的套期保值额度一般不超过会员或客户所提供的套期保值证明材料中所申报的数量。

郑州商品交易所和上海期货交易所规定，申请套期保值交易的客户和非期货公司会员必须具备与套期保值交易品种相关的生产经营资格；交易所对套期保值的申请，按主体资格是否符合，套期保值品种、交易部位、买卖数量、套期保值时间与其生产经营规模、历史经营状况、资金等情况是否相当进行审核，确定其套期保值额度；套期保值交易的持仓量在正常情况下不受交易所规定的持仓限量的限制。中国金融期货交易所规定，套期保值额度由交易所根据套期保值申请人的现货市场交易情况、资信状况和市场情况审批。

大连商品交易所对套期保值实行资格认定和额度管理制度，《大连商品交易所套期保值管理办法》(2012 年 10 月 8 日起开始实施)规定，从事套期保值交易的非期货公司会员和客户应当具备与套期保值交易品种相关的生产经营资格。从事套期保值交易的非期货公司会员和客户，应当提交套期保值交易资格申请表、企业营业执照副本复印件及交易所要求的其他材料。交易所在收到完整的申请材料后 5 个工作日内进行审核并予以答复。非期货公司会员和客户套期保值持仓与投机持仓合计不得超过交易所规定的投机持仓限额，需要增加套保额度的可以申请增加。交易所可以对套期保值交易的保证金、手续费采取优惠措施；在化解市场风险、按有关规定实施减仓时，将按先投机持仓后套期保值持仓的顺序进行减仓。

以发展的眼光来看，大连的规定预示着国内套期保值管理的发展方向，这一逐步与国际接轨的做法，将有效降低套期保值成本，极大地便利现货企业套期保值交易。

五、强行平仓制度

（一）强行平仓制度的内涵

强行平仓是指按照有关规定对会员或客户的持仓实行平仓的一种强制措施，其目的是控制期货交易风险。强行平仓分为两种情况：一是交易所对会员持仓实行的强行平仓；二是期货公司对其客户持仓实行的强行平仓。

强行平仓制度适用的情形一般包括：

(1) 因账户交易保证金不足而实行强行平仓。这是最常见的情形。当价格发生不利变动，当日结算后出现保证金账户资金不足以维持现有头寸的情况，而会员(客户)又未能按照期货交易所(期货公司)通知及时追加保证金或者主动减仓，且市场行情仍朝其持仓不利的方向发展时，期货交易所(期货公司)会强行平掉会员(客户)部分或者全部头寸，将所得资金填补保证金缺口。强行平仓制度的实施，有利于避免账户损失扩大，通过控制个别账户的风险，从而有力地防止风险扩散，是一种行之有效的风险控制措施。

(2) 因会员(客户)违反持仓限额制度而实行强行平仓。即超过了规定的持仓限额，且并未在期货交易所(期货公司)规定的期限自行减仓，其超出持仓限额的部分头寸将会被强制平仓。强行平仓成为持仓限额制度的有力补充。

（二）我国期货强行平仓制度的规定

我国期货交易所规定，当会员、客户出现下列情形之一时，交易所有权对其持仓进行强行平仓：

(1) 会员结算准备金余额小于零,并未能在规定时限内补足的;

(2) 客户、从事自营业务的交易会员持仓量超出其限仓规定;

(3) 因违规受到交易所强行平仓处罚的;

(4) 根据交易所的紧急措施应予强行平仓的;

(5) 其他应予强行平仓的。

强行平仓的执行过程如下:

(1) 通知。交易所以"强行平仓通知书"(以下简称通知书)的形式向有关会员下达强行平仓要求。

(2) 执行及确认。

① 开市后,有关会员必须首先自行平仓,直至达到平仓要求,执行结果由交易所审核;

② 超过会员自行强行平仓时限而未执行完毕的,剩余部分由交易所直接执行强行平仓;

③ 强行平仓执行完毕后,由交易所记录执行结果并存档;

④ 强行平仓结果发送。

在我国,期货公司有专门的风险控制人员实时监督客户的持仓风险,当客户除保证金外的可用资金为负值时,期货公司会通知客户追加保证金或自行平仓,如果客户没有自己处理,而价格又朝不利于持仓的方向继续变化,各个期货公司会根据具体的强行平仓标准,对客户进行强行平仓。

六、信息披露制度

信息披露制度是指期货交易所按有关规定公布期货交易有关信息的制度。

我国《期货交易管理条例》规定,期货交易所应当及时公布上市品种合约的成交量、成交价、持仓量、最高价与最低价、开盘价与收盘价和其他应当公布的即时行情,并保证即时行情的真实、准确。期货交易所不得发布价格预测信息。未经期货交易所许可,任何单位和个人不得发布期货交易即时行情。

《期货交易所管理办法》规定,期货交易所应当以适当方式发布下列信息:①即时行情;②持仓量、成交量排名情况;③期货交易所交易规则及其实施细则规定的其他信息。期货交易涉及商品实物交割的,期货交易所还应当发布标准仓单数量和可用库容情况。期货交易所应当编制交易情况周报表、月报表和年报表,并及时公布。期货交易所对期货交易、结算、交割资料的保存期限应当不少于20年。

小贴士

美国交易者持仓报告(Commitments of Traders Reports,简称COT Reports)。

COT报告是由美国商品期货交易委员会(CFTC)于美国东部时间每周五15:30公布

的当周二的持仓报告,其中披露了期货或期权持仓数量达到或超过CFTC规定报告水平的20个或更多的交易者的持仓头寸情况。持仓报告有“简短”(short format)和“详细”(long format)两种。其中“简短”格式将未平仓合约分为“须报告头寸”(reportable positions)和“不须报告头寸”(non-reportable positions)两类。其中“须报告头寸”是指达到或超过CFTC规定的持仓报告标准的头寸。对于该类头寸,旧版的COT报告提供了关于“商业”(commercial)和“非商业”(non-commercial)持有情况、套利、与前次报告相比的增减变化、各类持仓所占百分比、交易商数量的数据。其中商业性交易者是指以规避风险为目的的交易者,如大跨国公司、大进出口公司等;非商业性交易者主要是指进行投机的基金等;不须报告头寸多数是一些比较小的交易者的头寸。“详细”格式在前者基础上增加了按作物年度分类的数据、4个和8个最大交易商的头寸集中程度。商业持仓主要是指套期保值的头寸,而所谓非报告头寸是指“不值得报告”的头寸,即分散的小规模投机者的头寸。

补充报告披露了选出的12个农产品期货中,商业性交易者、非商业性交易者及指数交易者的期货和期权头寸总量。

考虑到实际中商品指数基金等投资者大量通过掉期交易商投资商品期货市场,从而导致投机性头寸被大大低估,2009年9月4日,CFTC颁布了新版本COT报告——DCOT(Dissaggregated COT)。新版报告将旧版报告中的商业持仓分为生产商/贸易商/加工企业/用户、互换交易商两部分,将旧版非商业持仓部分分为管理基金、其他须报告头寸两部分。旧版报告中的不须报告性头寸在新版报告中维持不变。

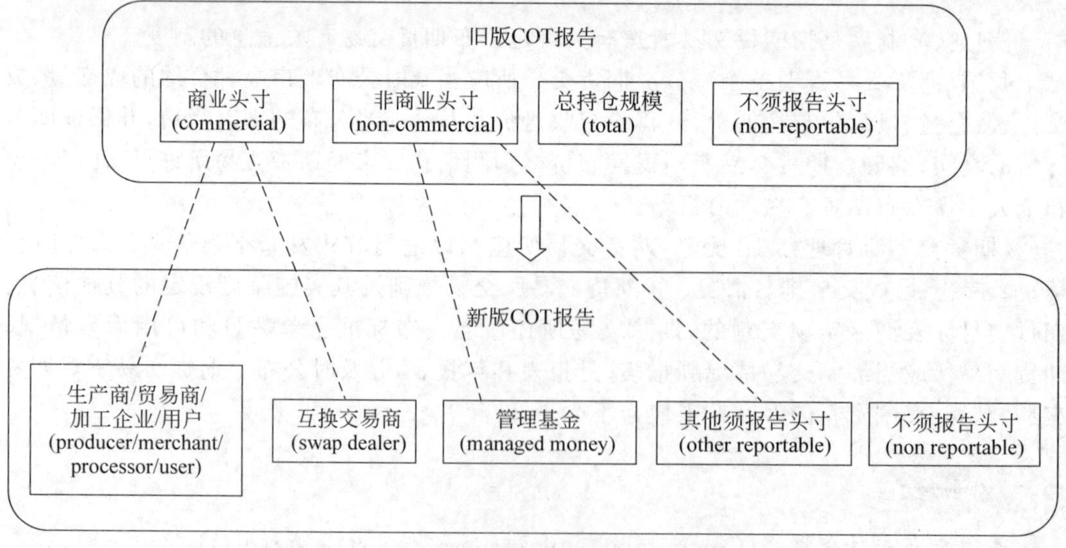

图3-1 新版COT报告与旧版COT报告的对比

DCOT 报告把互换交易商、管理基金和其他须报告部分的未平仓头寸分为多头、空头和套利头寸。对于生产商/贸易商//加工企业/用户这部分的头寸，报告的未平仓头寸只分为多头和空头，其套利(跨期套利)头寸通过计算得出。

COT 报告可以免费在以下网址查阅：http://www. cftc. gov/MarketReports/CommitmentsofTraders/index. htm。

思考题 Exercise

1. 期货合约标准化的意义是什么？

2. 什么样的商品能够成为期货品种？

3. 期货合约的主要条款有哪些？其设置依据是什么？

4. 简述期货合约交割月份设置的特点。

5. 期货交割方式主要有哪几种？

6. 解释保证金制度，分别阐述国际期货市场和我国期货市场保证金制度实施的特点。

7. 解释当日无负债制度。

8. 解释涨跌停板制度，并说明涨跌停板制度的作用。

9. 出现涨跌停板情形时，期货交易所一般会采取哪些措施控制风险？

10. 解释持仓限额及大户报告制度。

11. 试分析强行平仓的几种情形。

12. 我国期货交易所应当披露哪些信息？

13. 某客户在 7 月 2 日买入上海期货交易所 9 月铝期货合约一手，价格 15 050 元/吨，该合约当天的结算价为 15 520 元/吨，收盘价为 15 510 元/吨，若交易所规定的涨跌停板为±3%，求该期货合约下一交易日的涨跌停板价格。

14. 5 月 12 日，大连商品交易所 9 月份玉米期货合约的收盘价为 2 460 元/吨，结算价为 2 455 元/吨，求该合约下一交易日涨跌停板价格。

CHAPTER 4

期货交易流程

本章主要介绍期货交易的流程。一般而言，客户进行期货交易可能涉及以下几个环节：开户、下单、竞价、结算、交割。在实际操作中，大多数期货交易都是通过对冲平仓的方式了结履约责任，进入交割环节的比重非常小，所以交割环节并不是交易流程中的必经环节。

第一节　期货交易流程——开户与下单

一、开户

由于能够直接进入期货交易所进行交易的只能是期货交易所的会员，所以，普通投资者在进入期货市场交易之前，应首先选择一个具备合法代理资格、信誉好、资金安全、运作规范和收费比较合理的期货公司。在我国，由中国期货保证金监控中心有限责任公司（以下简称"监控中心"）负责客户开户管理的具体实施工作。期货公司为客户申请、注销各期货交易所交易编码，以及修改与交易编码相关的客户资料，应当统一通过监控中心办理。

一般来说，各期货公司会员为客户开设账户的程序及所需的文件细节虽不尽相同，但其基本程序是相同的。开户流程如图 4-1 所示。

（一）申请开户

投资者在经过对比、判断，选定期货公司之后，即可向该期货公司提出委托申请，开立账户，成为该公司的客户。开立账户实质上是确立投资者（委托人）与期货公司（代理人）之间的一种法律关系。

在我国，客户可以分为个人客户和单位客户，他们开户时要求的资料有所

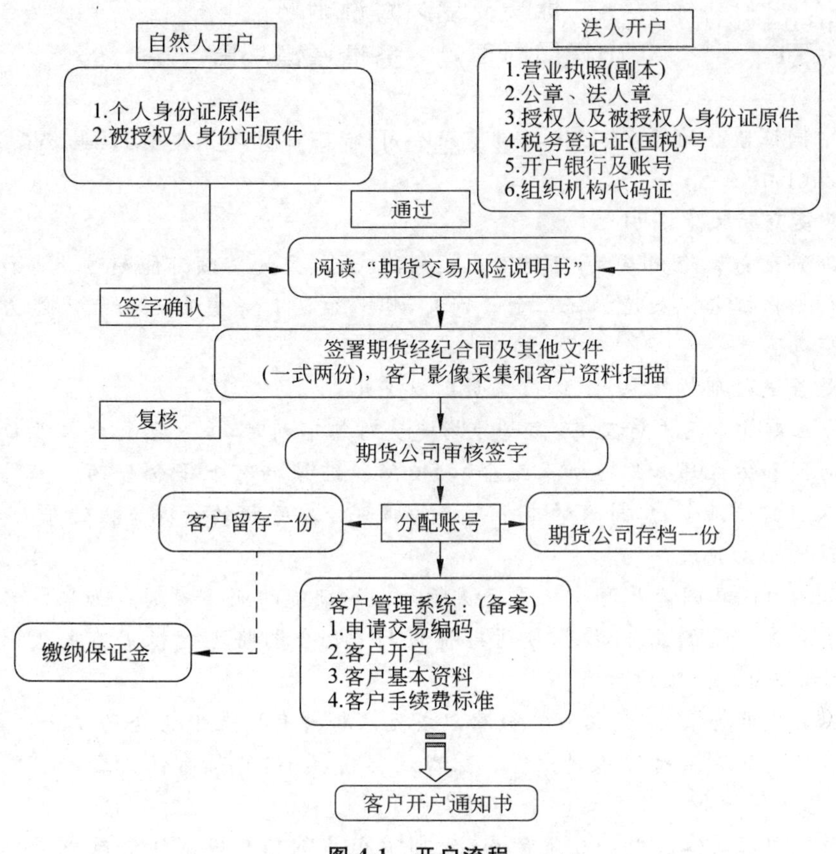

图 4-1　开户流程

区别。单位客户中，除了一般单位客户外，还有证券公司、基金管理公司、信托公司和其他金融机构，以及社会保障类公司、合格境外机构投资者等法律、行政法规和规章规定的需要资产分户管理的特殊单位客户。

个人客户应当本人亲自办理开户手续，单位客户应当出具单位客户的授权委托书、代理人的身份证和其他开户证件。期货公司应当对客户开户资料进行审核，确保开户资料的合规、真实、准确和完整。

（二）阅读“期货交易风险说明书”并签字确认

期货公司在接受客户开户申请时，必须向客户提供“期货交易风险说明书”。客户应在仔细阅读并理解后，在该“期货交易风险说明书”上签字；单位客户应在仔细阅读并理解之后，由单位法定代表人或授权他人在该“期货交易风险说明书”上签字并加盖单位公章。

期货交易风险说明书

市场风险莫测　务请谨慎从事

尊敬的客户：

根据中国证监会的规定，××期货有限公司（以下简称××期货）现向您提供本“期货交易风险说明书”。

一、期货交易风险说明

进行期货交易风险相当大，可能发生巨额损失，损失的总额可能超过您存放在××期货的全部初始保证金以及追加保证金。因此，您必须认真考虑自己的经济能力是否适合进行期货交易。

考虑是否进行期货交易时，您应当明确以下几点：

(1) 您在期货市场进行交易，假如市场走势对您不利时，××期货会按照期货经纪合同约定的时间和方式通知您追加保证金，以使您能继续持有未平仓合约。如您未于规定时间内存入所需保证金，您持有的未平仓合约将可能在亏损的情况下被迫平仓，您必须承担由此导致的一切损失。

(2) 您必须认真阅读并遵守期货交易所和××期货的业务规则。如果您无法满足期货交易所和××期货的业务规则，您所持有的未平仓合约将可能根据有关规则被强行平仓，您必须承担由此产生的后果。

(3) 在某些市场情况下，您可能会难以或无法将持有的未平仓合约平仓。例如，这种情况可能在市场达到涨跌停板时出现。出现这类情况，您的所有保证金有可能无法弥补全部损失，您必须承担由此导致的全部损失。

(4) 由于国家法律法规和政策的变化、期货交易所交易规则的修改或紧急措施的出台等原因，您持有的未平仓合约可能无法继续持有，您必须承担由此导致的损失。

(5) 由于非期货交易所或者××期货所能控制的原因，例如地震、水灾、火灾等不可抗力因素或者计算机系统、通信系统故障等，可能造成您的指令无法成交或者无法全部成交，您必须承担由此导致的损失。

(6) 在国内期货交易中，期货交易所无法做到即时确认，所有的交易结果须以闭市之后交易所的书面确认为依据。如果您利用口头确认的交易结果作进一步的交易，您可能会承担额外的风险。

(7) 套期保值交易同单纯的投机交易一样，同样面临价格波动引起的风险。

二、期货电子化交易风险说明

电子化交易是指期货公司及其营业部利用现代通信和计算机网络技术开展的期货经纪业务及相关的服务，包括期货公司提供的计算机自助委托交易、网上自助委托交易和语音电话自助委托交易。

计算机自助委托交易是指使用期货公司计算机自助交易终端进行的期货交易；网上

自助交易是指通过互联网与期货公司计算机系统连接进行的期货交易；语音电话自助委托交易是指通过拨打语音电话密码信箱系统进行的期货交易。

如果您申请或使用电子化交易，我们将认为您已经完全了解了电子化交易的风险，能够承受电子化交易风险，并能够承担由此可能带来的损失。

尽管电子化交易采用目前先进的网络产品和技术来保护客户资料和交易活动的安全，本公司也采取了积极的防护措施，在此仍郑重提醒您，除了其他交易手段共同具有的风险外，电子化交易还存在下列风险。

（一）技术方面存在的风险

(1) 由于通信线路繁忙或服务器负载过重，您可能不能及时进入电子化交易系统完成交易。

(2) 由于互联网传输的原因，行情信息及其他信息可能会出现中断、停顿、延迟、数据错误等异常情况和不确定信息，可能导致您做出错误判断。

(3) 由于网络故障，在您通过电子化交易系统进行交易时，可能您的电脑界面已提示成功发送委托，但电子化交易系统并没有接收到委托指令，从而存在您不能及时完成交易的风险。

(4) 由于网络传输延迟，在您的查询结果中显示委托还未成功，您如果再次发出委托，可能会使电子化交易系统收到您的重复委托，导致您重复买卖。同时由于网络延迟，可能在您指定的委托价位不能成交，让您遭受损失。

(5) 由于其他人的攻击和入侵，电子化交易系统可能会出现故障，您可能不能及时进入电子化交易系统进行正常交易，或接收到错误信息。

(6) 即使您的交易指令最终发送到各期货交易所，但如果期货交易所的电脑系统出现故障，也可能导致您的委托不能完成。

鉴于上述可能发生的技术风险，××期货希望您及时对比其他相关信息，采用其他交易手段规避风险，并及时核查成交情况。

（二）开户的风险

电子化交易系统进行交易时，您的身份可能会被仿冒。希望您本人到本公司按照有关法律法规及××期货操作流程的规定提交开户资料、办理开户手续，确保在安全状态下设置各类密码，并妥善保管自己的开户资料、交易密码。如果您开立的交易账户交由他人使用，出现未按您本人意图的买卖和提取资金等情况，××期货概不负责，您应当承担相应的交易结果和全部责任。

（三）投资人资料泄密的风险

如您将交易账号、交易编码遗忘，就有可能被他人利用进行交易。希望您及时挂失，避免或减少损失。

（四）信息风险

由于种种原因，××期货不能对其通过网站等电子化方式发布的信息的可靠性、真实性和正确性负完全责任。希望您能认真分别信息真伪，谨防信息风险。

（五）财务风险

您在采用电子化交易系统交易后，应当在交易当日同××期货进行账务核对，确认本人资金账户余额及当日发生额准确无误。如有异议或异常情况，请按照约定及时与××期货联系。

（六）其他风险

由于地震、水灾、火灾、台风、电力故障等不可抗力因素导致交易不能正常进行，造成您的经济损失，××期货不承担任何经济或法律责任。

××期货再次提醒您：您的身份可能会被仿冒，您应确保交易密码没有泄露或未被窃取；对由于互联网传输原因而导致中断、停顿、延迟、数据错误的风险，建议您对此进行核实，并及时采用其他交易手段；行情信息及其他信息有可能出现错误或误导，希望您能认真分辨信息真伪，谨防信息风险；如果××期货的网络通信设备、计算机系统发生故障，也希望您能及时采用其他交易手段；无论您遇到任何意外或不正常情况，希望您及时与××期货联系，避免或尽量减少交易损失。

本《期货交易风险说明书》无法揭示从事期货交易的风险和有关期货市场的全部情形。您在入市交易之前，应对自身的经济承受能力、风险控制能力和心理承受能力做出客观判断，对期货交易作仔细的研究。

上述“期货交易风险说明”和“期货电子化交易风险说明”的内容，××期货已经在签订《期货经纪合同》之前向本单位/本人出示并说明，本单位/本人已阅读并完全理解。

客户（开户授权人）签字：________

________年____月____日

（三）签署“期货经纪合同书”

期货公司在接受客户开户申请时，双方必须签署“期货经纪合同”。个人客户应在该合同上签字，单位客户应由法人代表或授权他人在该合同上签字并加盖公章。

个人客户开户应提供本人身份证，留存印鉴或签名样卡。单位客户开户应提供“企业法人营业执照”影印件，并提供法定代表人及本单位期货交易业务执行人的姓名、联系电话、单位及其法定代表人或单位负责人印鉴等内容的书面材料，以及法定代表人授权期货交易业务执行人的书面授权书。

（四）申请交易编码并确认资金账号

期货公司为客户申请各期货交易所交易编码，应当统一通过监控中心办理。监控中心应当建立和维护期货市场客户统一开户系统，对期货公司提交的客户资料进行复核，并将通过复核的客户资料转发给相关期货交易所。期货交易所收到监控中心转发的客户交易编码申请资料后，根据期货交易所业务规则对客户交易编码进行分配、发放和管理，并将各类申请的处理结果通过监控中心反馈给期货公司。监控中心应当为每一个客户设立统一开户编码,并建立统一开户编码与客户在各期货交易所交易编码的对应关系。当日分配的客户交易编码,期货交易所应当于下一交易日允许客户使用。

小贴士　**交易编码**

交易编码是客户和从事自营业务的交易会员进行期货交易的专用代码。交易编码由十二位数字构成,前四位为会员号,后八位为客户号。客户在不同的会员处开户的,其交易编码中客户号相同。比如,某客户在中金所 0012 号会员处开户,假设其获得的交易编码为 001201005688,其中前四位 0012 为会员号,后八位 01005688 为客户号。如果该客户其后又在中金所 0123 号会员处开户,则其新的交易编码为 012301005688。

客户在与期货公司签署期货经纪合同之后,在下单交易之前,应按规定缴纳开户保证金。期货公司应将客户所缴纳的保证金存入期货经纪合同中指定的客户账户中,供客户进行期货交易之用。

二、下单

客户在按规定足额缴纳开户保证金后,即可开始委托下单,进行期货交易。下单是指客户在每笔交易前向期货公司业务人员下达交易指令,说明拟买卖合约的种类、数量、价格等的行为。

交易指令的内容一般包括期货交易的品种及合约月份、交易方向、数量、价格、开平仓等。通常,客户应先熟悉和掌握有关的交易指令,然后选择不同的期货合约进行具体交易。

(一) 常用交易指令

国际上期货交易的指令有很多种,具体如下。

1. 市价指令

市价指令是期货交易中常用的指令之一。它是指按当时市场价格即刻成交的指令。客户在下达这种指令时不须指明具体的价位,而是要求以当时市场上可执行的最好价格达成交易。这种指令的特点是成交速度快,一旦指令下达后不可更改或撤销。

2. 限价指令

限价指令是指执行时必须按限定价格或更好的价格成交的指令。下达限价指令时,客户必须指明具体的价位。它的特点是可以按客户的预期价格成交,但成交速度相对较慢,有时甚至无法成交。

3. 止损指令

止损指令是指当市场价格达到客户预先设定的触发价格时,即变为市价指令予以执行的一种指令。客户利用止损指令,既可有效地锁定利润,又可以将可能的损失降至最低限度,还可以相对较小的风险建立新的头寸。

4. 停止限价指令

停止限价指令是指当市场价格达到客户预先设定的触发价格时,即变为限价指令予以执行的一种指令。它的特点是可以将损失或利润锁定在预期的范围,但成交速度较止损指令慢,有时甚至无法成交。

5. 触价指令

触价指令是指在市场价格达到指定价位时,以市价指令予以执行的一种指令。

触价指令与止损指令的区别在于:其预先设定的价位不同。就卖出指令而言,卖出止损指令的止损价低于当前市场价格,而卖出触价指令的触发价格高于当前市场价格;买进指令则与此相反。此外,止损指令通常用于平仓,而触价指令一般用于开新仓。

6. 限时指令

限时指令是指要求在某一时间段内执行的指令。如果在该时间段内指令未被执行,则自动取消。

7. 长效指令

长效指令是指除非成交或由委托人取消,否则持续有效的交易指令。

8. 套利指令

套利指令是指同时买入和卖出两种或两种以上期货合约的指令。

9. 取消指令

取消指令又称为撤单,是要求将某一指定指令取消的指令。通过执行该指令,将客户以前下达的指令完全取消,并且没有新的指令取代原指令。

10. 立即全部成交否则自动撤销指令(FOK 指令)

这是指在限定价位下达指令,如果该指令下所有申报手数未能全部成交,该指令下所有申报手数自动被系统撤销。

11. 立即成交剩余指令自动撤销指令(FAK 指令)

它是指在限定价位下达指令,如果该指令下部分申报手数成交,则该指令下剩余申报手数自动被系统撤销。在 FAK 指令下,可以设定最小成交数量也可以不设定最小成交数量。如果设定最小成交数量,且可成交的申报手数低于最小成交数量,则该指令下所有申报手数自动被系统撤销。

目前,我国各期货交易所普遍采用了限价指令。此外,郑州商品交易所还采用了市价指令、跨期套利指令和跨品种套利指令。大连商品交易所则采用了市价指令、限价指令、止损指令、停止限价指令、跨期套利指令和跨品种套利指令。上海期货交易所还推出了立即全部成交否则自动撤销指令(FOK 指令)和立即成交剩余指令自动撤销指令(FAK 指令)两种新型交易指令。我国各交易所的指令均为当日有效。在指令成交前,投资者可以提出变更和撤销。

一般而言，传统的公开喊价交易提供的指令类型更为丰富，而电子交易系统中可采用的指令种类较少。但随着新兴市场期货交易的发展，以及信息技术水平的提高，电子交易系统也在逐步推出日益丰富的交易指令序列。

（二）指令下达方式

客户在正式交易前，应制订详细周密的交易计划。在此之后，客户即可按计划下达交易指令（即下单交易）。目前，我国客户的下单方式有书面下单、电话下单和网上下单三种，其中网上下单是最主要的方式。

1. 书面下单

客户亲自填写交易单，填好后签字交期货公司，再由期货公司将指令发至交易所参与交易。

2. 电话下单

客户通过电话直接将指令下达到期货公司，再由期货公司将指令发至交易所参与交易。期货公司须将客户的指令同步录音，以备查证。

3. 网上下单

客户通过互联网或局域网，使用期货公司配置的网上下单系统进行网上下单。进入下单系统后，客户需输入自己的客户号与密码，经确认后即可输入指令。指令通过互联网或局域网传到期货公司后，通过专线传到交易所主机进行撮合成交。客户可以在期货公司的下单系统获得成交回报。

图 4-2 至图 4-5 给出了一家期货公司的网上下单页。

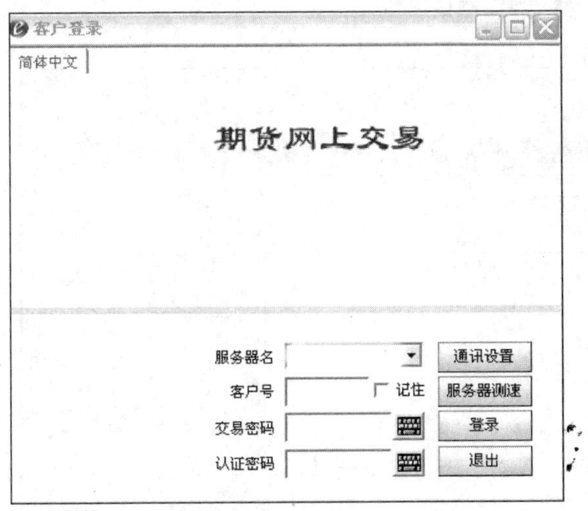

图 4-2 用户登录

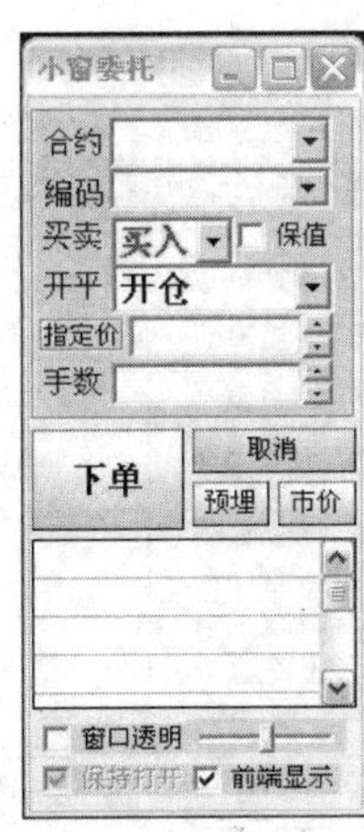

图 4-3 委托下单

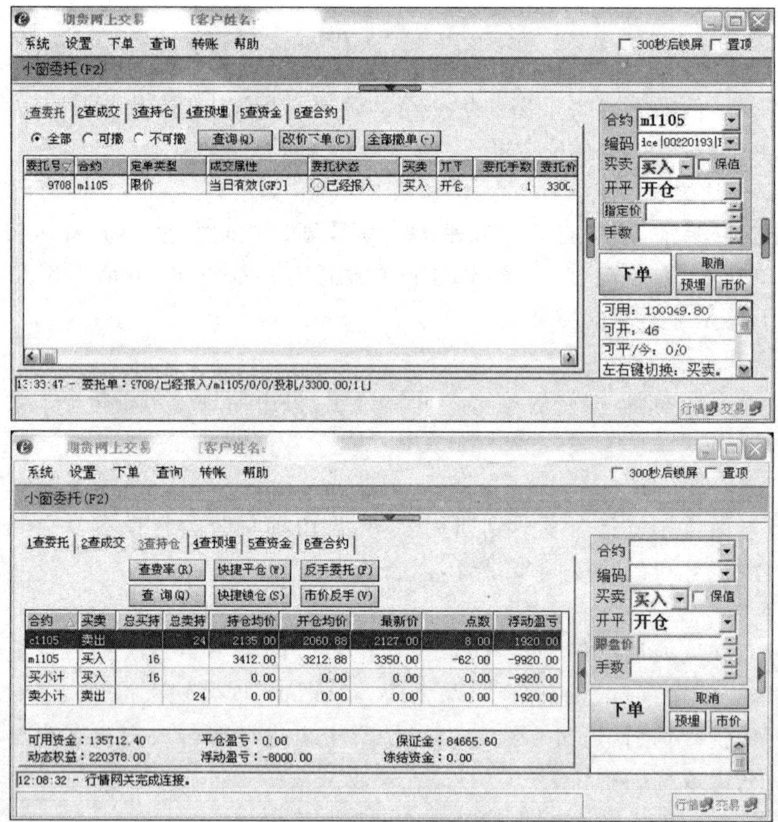

图 4-4 查询委托

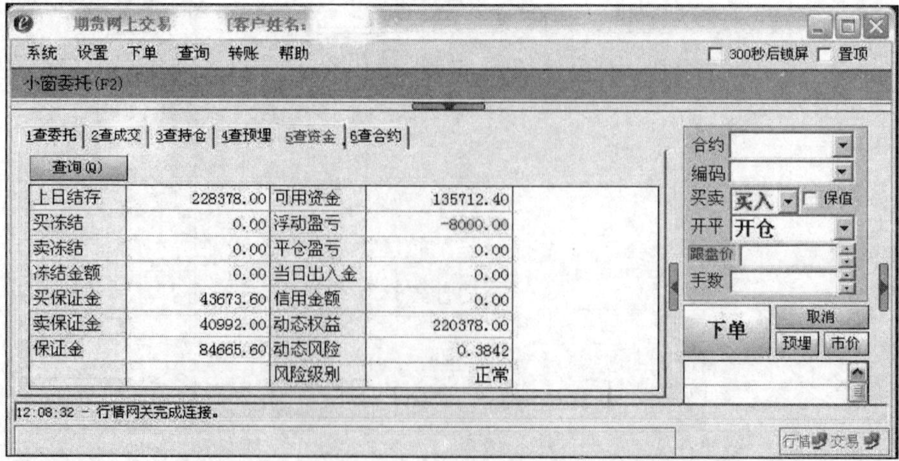

图 4-5 查询资金

第二节　期货交易流程——竞价与成交

一、交易系统的类别

交易系统可以从不同的角度进行分类。

（一）指令驱动系统和报价驱动系统

金融市场交易系统可以分为交易者指令驱动系统和做市商报价驱动系统，前者是由交易者通过指令报价，竞价成交；而后者是由做市商提供买卖报价提供流动性。目前，全球期货市场普遍采用了指令驱动系统。

（二）公开喊价和电子系统交易

按照是否采用电子化系统交易，期货竞价可以分为公开喊价和在电子系统交易两种方式。其中，公开喊价是在交易池面对面喊价交易，按照规则，交易者在报价时既要发出声音，又要做出手势，以保证报价的准确性。公开喊价方式属于传统的竞价方式，曾经在欧美期货市场较为流行。21世纪以来，随着信息技术的发展，越来越多的交易所采用了电子系统撮合成交方式，而原来采用公开喊价方式的交易所也逐步引入了电子交易系统。

（三）连续竞价制和集合竞价制

连续竞价制下，指令在交易时间内随时申报，逐笔竞价成交，每笔成交的价格可能都有所不同；集合竞价制下，申报的指令将集中竞价，以统一的价格成交。

连续竞价制的特点是交易具有即时性、交易过程能提供大量信息、价格具有瞬时波动性，便于活跃交易。

集合竞价制的特点是批量指令提供了价格的稳定性，指令执行和结算的成本很低，适合于不活跃证券的交易，以及收盘和开盘价格的确定。

小贴士　日本交易所的一节一价制

一节一价制是指把每个交易日分为若干节，每节交易由主持人最先叫价，所有场内经纪人根据其叫价申报买卖数量，主持人再根据申报情况调整价格，直至在某一价格上买卖双方的交易数量相等时为止。每一节交易中一种合约一个价格，没有连续不断的竞价。这种叫价方式曾经在日本较为普遍，如曾在东京谷物交易所的农产品交易中，东京工业品交易所（TOCOM）的棉纱、毛线和橡胶等商品期货交易中采用。

二、我国期货交易的竞价与成交流程

（一）竞价

目前我国各期货交易所采用了电子化指令驱动系统（我们称为计算机撮合成交系

统)，开盘采用集合竞价方式，盘中采用连续竞价方式。下面介绍我国期货竞价方式。

我国计算机撮合成交是根据公开喊价的原理设计而成的一种计算机自动化交易方式，是指期货交易所的计算机交易系统对交易双方的交易指令进行配对的过程。这种交易方式相对公开喊价方式来说，具有准确、连续等特点。

计算机交易系统一般将买卖申报单以价格优先、时间优先的原则进行排序。当买入价大于等于卖出价则自动撮合成交，撮合成交价等于买入价(bp)、卖出价(sp)和前一成交价(cp)三者中居中的一个价格。即

当 bp≥sp≥cp，则最新成交价＝sp

当 bp≥cp≥sp，则最新成交价＝cp

当 cp≥bp≥sp，则最新成交价＝bp

开盘价由集合竞价产生。

开盘价集合竞价在某品种某月份合约每一交易日开市前 5 分钟内进行。其中，前 4 分钟为期货合约买、卖价格指令申报时间，后 1 分钟为集合竞价撮合时间，开市时产生开盘价。

交易系统自动控制集合竞价申报的开始和结束，并在计算机终端上显示。

集合竞价采用最大成交量原则，即以此价格成交能够得到最大成交量。高于集合竞价产生的价格的买入申报全部成交；低于集合竞价产生的价格的卖出申报全部成交；等于集合竞价产生的价格的买入或卖出申报，根据买入申报量和卖出申报量的多少，按少的一方的申报量成交。

集合竞价产生价格的方法是：

(1) 交易系统分别对所有有效的买入申报按申报价由高到低的顺序排列，申报价相同的按照进入系统的时间先后排列；所有有效的卖出申报按申报价由低到高的顺序排列，申报价相同的按照进入系统的时间先后排列。

(2) 交易系统逐步将排在前面的买入申报和卖出申报配对成交，直到不能成交为止。如最后一笔成交是全部成交的，取最后一笔成交的买入申报价和卖出申报价的算术平均价为集合竞价产生的价格，该价格按各期货合约的最小变动价位取整；如最后一笔成交是部分成交的，则以部分成交的申报价为集合竞价产生的价格。

开盘集合竞价中的未成交申报单自动参与开市后竞价交易。

(二) 成交回报与确认

当计算机显示指令成交后，客户可以立即在期货公司的下单系统获得成交回报。对于书面下单和电话下单的客户，期货公司应按约定方式即时予以回报。

客户对交易结算单记载事项有异议的，应当在下一交易日开市前向期货公司提出书面异议；客户对交易结算单记载事项无异议的，应当在交易结算单上签字确认或者按照期货经纪合同约定的方式确认。客户既未对交易结算单记载事项确认，也未提出异议的，视为对交易结算单的确认。对于客户有异议的，期货公司应当根据原始指令记录和交易记

录予以核实。

第三节　期货交易流程——结算

一、结算的概念与结算程序

（一）结算的概念

结算是指根据期货交易所公布的结算价格对交易双方的交易结果进行的资金清算和划转。

目前,我国大连、郑州、上海交易所实行全员结算制度,交易所对所有会员的账户进行结算,收取和追收保证金。金融期货交易所实行会员分级结算制度,其会员由结算会员和非结算会员组成,期货交易所只对结算会员结算,向结算会员收取和追收保证金;由结算会员对非结算会员进行结算,收取和追收保证金。

期货交易的结算,由期货交易所统一组织进行。但交易所并不直接对客户的账户结算,收取和追收客户保证金,而由期货公司承担该工作。期货交易所应当在当日及时将结算结果通知会员。期货公司根据期货交易所的结算结果对客户进行结算,并应当将结算结果按照与客户约定的方式及时通知客户。

在我国,会员(客户)的保证金可以分为结算准备金和交易保证金。结算准备金是交易所会员(客户)为了交易结算,在交易所(期货公司)专用结算账户预先准备的资金,是未被合约占用的保证金;而交易保证金是会员(客户)在交易所(期货公司)专用结算账户中确保合约履行的资金,是已被合约占用的保证金。在实践中,对于客户保证金可能有不同的说法,如结算准备金被称为可用资金,交易保证金被称为保证金占用。

（二）结算的程序

下面以郑州商品交易所、大连商品交易所和上海期货交易所的结算制度为例,对具体的结算程序进行介绍。

第一步:交易所对会员的结算

(1) 每一交易日交易结束后,交易所对每一会员的盈亏、交易手续费、交易保证金等款项进行结算。结算完成后,交易所采用发放结算单据或电子传输等方式向会员提供当日结算数据,包括“会员当日平仓盈亏表”、“会员当日成交合约表”、“会员当日持仓表”和“会员资金结算表”,期货公司会员以此作为对客户结算的依据。

(2) 会员每天应及时获取交易所提供的结算数据,做好核对工作,并将之妥善保存。该数据应至少保存两年,但对有关期货交易有争议的,应当保存至该争议消除时为止。

(3) 会员如对结算结果有异议,应在下一交易日开市前30分钟以书面形式通知交易所。遇特殊情况,会员可在下一交易日开市后两小时内以书面形式通知交易所。如在规定时间内会员没有对结算数据提出异议，则视作会员已认可结算数据的准确性。

(4) 交易所在交易结算完成后，将会员资金的划转数据传递给有关结算银行。结算银行应及时将划账结果反馈给交易所。

(5) 会员资金按当日盈亏进行划转，当日盈利划入会员结算准备金，当日亏损从会员结算准备金中扣划。当日结算时的交易保证金超过昨日结算时的交易保证金部分从会员结算准备金中扣划。当日结算时的交易保证金低于昨日结算时的交易保证金部分划入会员结算准备金。手续费、税金等各项费用从会员的结算准备金中直接扣划。

(6) 每日结算完毕后，会员的结算准备金低于最低余额时，该结算结果即视为交易所向会员发出的追加保证金通知。会员必须在下一交易日开市前补足至交易所规定的结算准备金最低余额。

第二步：期货公司对客户的结算

(1) 期货公司每一交易日交易结束后，对每一客户的盈亏、交易手续费、交易保证金等款项进行结算。其中期货公司会员向客户收取的交易保证金不得低于交易所向会员收取的交易保证金。

(2) 期货公司将其客户的结算单及时传送给中国期货保证金监控中心，期货投资者可以到中国期货保证金监控中心查询有关的期货交易结算信息。结算单一般载明下列事项：账号及户名、成交日期、成交品种、合约月份、成交数量及价格、买入或者卖出、开仓或者平仓、当日结算价、保证金占用额、当日结存、客户权益、可用资金、交易手续费及其他费用等。

(3) 当每日结算后客户保证金低于期货公司规定的交易保证金水平时，期货公司按照期货经纪合同约定的方式通知客户追加保证金。

二、结算的相关术语

(一) 结算价

结算价(settlement price)是当天交易结束后，对未平仓合约进行当日交易保证金及当日盈亏结算的基准价。

我国郑州商品交易所、大连商品交易所和上海期货交易所规定，当日结算价取某一期货合约当日成交价格按照成交量的加权平均价；当日无成交价格的，以上一交易日的结算价作为当日结算价。中国金融期货交易所规定，当日结算价是指某一期货合约最后一小时成交价格按照成交量的加权平均价。

(二) 开仓、持仓、平仓

开仓(open interest)也称为建仓，是指期货交易者新建期货头寸的行为，包括买入开仓和卖出开仓。交易者开仓之后手中就持有头寸，即持仓，若交易者买入开仓，则构成了买入(多头)持仓；反之，则形成了卖出(空头)持仓。平仓(offset, close out)是指交易者了结持仓的交易行为，了结的方式是针对持仓方向作相反的对冲买卖。持仓合约也称未平仓合约。

三、交易所对会员的结算公式及应用

（一）结算公式

（1）结算准备金余额的计算公式：

当日结算准备金余额＝上一交易日结算准备金余额＋上一交易日交易保证金－当日交易保证金＋当日盈亏＋入金－出金－手续费（等）

（2）当日盈亏的计算公式：

$$\text{当日盈亏} = \sum[(\text{卖出成交价} - \text{当日结算价}) \times \text{卖出量}] + \sum[(\text{当日结算价} - \text{买入成交价}) \times \text{买入量}] + (\text{上一交易日结算价} - \text{当日结算价}) \times (\text{上一交易日卖出持仓量} - \text{上一交易日买入持仓量})$$

（3）当日交易保证金计算公式：

当日交易保证金＝当日结算价×当日交易结束后的持仓总量×交易保证金比例

（二）应用

【例 3-1】 某会员在 4 月 1 日开仓买入大豆期货合约 40 手（每手 10 吨），成交价为 4 000 元/吨，同一天该会员卖出 20 手大豆合约平仓，成交价为 4 030 元/吨，当日结算价为 4 040 元/吨，交易保证金比例为 5%。该会员上一交易日结算准备金余额为 1 100 000 元，且未持有任何期货合约。则客户的当日盈亏（不含手续费、税金等费用）情况为

（1）当日盈亏＝(4 030－4 040)×20×10＋(4 040－4 000)×40×10＝14 000（元）

（2）当日结算准备金余额＝1 100 000－4 040×20×10×5%＋14 000＝1 073 600（元）

【例 3-2】 4 月 2 日，该会员再买入 8 手大豆合约，成交价为 4 030 元/吨，当日结算价为 4 060 元/吨，则其账户情况为

（1）当日盈亏＝(4 060－4 030)×8×10＋(4 040－4 060)×(20－40)×10＝6 400（元）

（2）当日结算准备金余额＝1 073 600＋4 040×20×10×5%－4 060×28×10×5%＋6 400＝1 063 560（元）

【例 3-3】 4 月 3 日，该会员将 28 手大豆合约全部平仓，成交价为 4 070 元/吨，当日结算价为 4 050 元/吨，则其账户情况为

（1）当日盈亏＝(4 070－4 050)×28×10＋(4 060－4 050)×(0－28)×10＝2 800（元）

（2）当日结算准备金余额＝1 063 560＋4 060×28×10×5%＋2 800＝1 123 200（元）

四、期货公司对客户的结算

（一）逐日盯市和逐笔对冲的结算公式

期货公司对其客户的交易进行结算。按照盈亏计算方式的不同，可以分为逐日盯市

和逐笔对冲两种结算方式，相应地，提供给客户的也有两种可选的结算单。这两种结算方式计算的项目及公式列于表 4-1 中。

表 4-1 逐日盯市结算和逐笔对冲结算的对比

项目	逐日盯市	逐笔对冲
平仓盈亏	＝平当日仓盈亏＋平历史仓盈亏 平当日仓盈亏＝∑[（卖出成交价－买入成交价）×交易单位×平仓手数] 平历史仓盈亏＝∑[（卖出成交价－当日结算价）×交易单位×平仓手数]＋∑[（当日结算价－买入成交价）×交易单位×平仓手数]	＝∑[（卖出成交价－买入成交价）×交易单位×平仓手数]
持仓盯市盈亏	＝当日持仓盈亏＋历史持仓盈亏 当日持仓盈亏＝∑[（卖出成交价－当日结算价）×交易单位×卖出手数]＋∑[（当日结算价－买入成交价）×交易单位×买入手数] 历史持仓盈亏＝∑[（上日结算价－当日结算价）×交易单位×卖出手数]＋∑[（当日结算价－上日结算价）×交易单位×买入手数]	
浮动盈亏		＝∑[（卖出成交价－当日结算价）×交易单位×卖出手数]＋∑[（当日结算价－买入成交价）×交易单位×买入手数]
当日盈亏	＝平仓盈亏（逐日盯市）＋持仓盯市盈亏（逐日盯市）	
当日结存	＝上日结存（逐日盯市）＋当日盈亏＋入金－出金－手续费（等）	＝上日结存（逐笔对冲）＋平仓盈亏（逐笔对冲）＋入金－出金－手续费（等）
客户权益	＝当日结存（逐日盯市）	＝当日结存（逐笔对冲）＋浮动盈亏

注：若是股指期货，则算式中的价格改为“点数”，“交易单位”改为“合约乘数”。

（二）两种结算方式的比较

1. 两种结算方式的区别

第一，逐日盯市是依据当日无负债结算制度，每日计算当日盈亏；而逐笔对冲则是每日计算自开仓之日起至当日的累计盈亏，得出的结果是最终盈亏。

第二，逐日盯市对当日盈亏计算时，未平仓合约的盈亏作为持仓盯市盈亏，累计入当日结存；逐笔对冲对盈亏计算时，未平仓合约的盈亏作为浮动盈亏，不计入当日结存，一旦该合约平仓，其平仓时的浮动盈亏即转为平仓盈亏，结算时浮动盈亏归零。

第三，两者对历史持仓结算时，采用的价格不同。其中逐日盯市平仓盈亏计算采用上日结算价和平仓价，持仓盯市盈亏计算采用当日结算价和上日结算价。

第四，逐笔对冲的平仓盈亏计算采用开仓价和平仓价，浮动盈亏计算采用开仓价和当日结算价。

2. 两种结算方式的共同点

在两种结算方式下，保证金占用、当日出入金、当日手续费、客户权益、质押金、可用资金、追加保证金和风险度等参数的值没有差别；对于当日开仓平仓的合约，盈亏的计算也相同。

比如，保证金占用的计算：

$$保证金占用=\sum(当日结算价\times交易单位\times持仓手数\times公司的保证金比例)$$

（三）交易结算单示例

以下分别为某交易日某客户两种结算单的示例。其中，在逐日盯市交易结算单中，列示的“持仓盯市盈亏”即持仓盈亏，“总盈亏”即当日盈亏。

（1）客户逐日盯市交易结算单

交易结算单（逐日盯市）

某期货公司

交易结算单（逐日盯市）

客户号： 客户名称：张三

日　期：20110117

资金状况　币种：人民币

上日结存：	1 324 127.65	当日结存：	1 519 670.29	可用资金：	69 154.69
出入金：	0.00	客户权益：	1 519 670.29	风险度：	95.45％
手续费：	2 877.36	保证金占用：	1 450 515.60	追加保证金：	0.00
平仓盈亏：	205 800.00			交割保证金：	0.00
持仓盯市盈亏：	−7 380.00				
可提资金：	69 154.69				
总盈亏：	198 420.00				

成交记录

成交日期	交易所	品种	交割期	买卖	成交价	手数	开平	成交额	手续费	投保	平仓盈亏	交易所成交号
20110117	中金所	沪深300	1101	买	2 971.200	1	开	891 360.00	178.27	投	0.00	
20110117	中金所	沪深300	1101	买	2 971.600	3	开	2 674 440.00	534.89	投	0.00	
20110117	中金所	沪深300	1101	买	3 000.000	5	开	4 500 000.00	900.00	投	0.00	

20110117	中金所	沪深300	1101	买	3 010.000	7	平	6 321 000.00	1 264.20	投	205 800.00
共4条						16		14 386 800.00	2 877.36		205 800.00

持仓汇总

交易所	品种	交割期	买持	买均价	卖持	卖均价	昨结算	今结算	浮动盈亏	持仓盯市盈亏	保证金占用	投保
中金所	沪深300	1101	9	2 987.333	0	0.000	3 108.000	2 984.600	−7 380.00	−7 380.00	1 450 515	投
共1条			9		0			−7 380.00	−7 380.00	1 450 515.60		

本公司提供数据以客户交易结算单为准，您若有异议，请在下一交易日开市前30分钟提出，否则视为对本账单所载事项的确认。

公司盖章： 客户签名(章)：

制表：结算001 制表日期：

客户号： 客户地址：

逐日盯市结算单解读：

下面对逐日盯市结算单中的主要项目进行说明。

① 平仓盈亏(逐日盯市)＝平当日仓盈亏＋平历史仓盈亏

在本结算单中，仅有平历史仓盈亏。当日买入平历史仓7手，买入平仓价为3 010点，上一交易日结算价为3108点，则有

$$\text{平仓盈亏}=\sum[(\text{当日结算价}-\text{买入成交价})\times\text{平仓手数}\times\text{合约乘数}]$$

$$=(3\,108-3\,010)\times7\times300=205\,800(\text{元})$$

② 持仓盯市盈亏(逐日盯市)＝当日持仓盈亏＋历史持仓盈亏

在本结算单中，仅有当日持仓盈亏。当日分3次买入开仓9手，买入平仓价分别为2 971.2点、2 971.6点、3 000点，当日结算价为2 984.6点，则有

$$\text{持仓盯市盈亏}=\sum[(\text{当日结算价}-\text{买入成交价})\times\text{买入手数}\times\text{合约乘数}]$$

$$=(2\,984.6-2971.2)\times1\times300+(2\,984.6-2\,971.6)\times3\times300+(2\,984.6-3\,000)\times5\times300$$

$$=-7\,380(\text{元})$$

③ 总盈亏＝平仓盈亏＋持仓盯市盈亏＝205 800－7 380＝198 420(元)

④ 保证金占用＝$\sum$(当日结算价×合约乘数×持仓手数×公司要求的保证金比例)

在本结算单中，公司对该客户要求的保证金比例为18%，则有

$$\text{保证金占用}=\text{当日结算价}\times\text{合约乘数}\times\text{持仓手数}\times\text{公司要求的保证金比例}$$

$$=2\,984.6\times9\times300\times18\%$$

$$=1\,450\,515.60(\text{元})$$

⑤ 上日结存：上一交易日结算后客户权益

当日结存：当日结算后客户权益

⑥ 客户权益＝当日结存(逐日盯市)＝上日结存(逐日盯市)＋出入金
＋平仓盈亏＋持仓盯市盈亏－当日手续费
＝1 324 127.65＋205 800－7 380－2 877.36
＝1 519 670.29(元)

⑦ 可提资金＝客户权益－保证金占用＝1 519 670.29－1 450 515.60＝69 154.69(元)

⑧ 可用资金＝客户权益－保证金占用＝1 519 670.29－1 450 515.60＝69 154.69(元)

⑨ 出入金：当日入金－当日出金

⑩ 手续费：当日交易所产生的全部费用(包括交割费)

目前我国手续费的收取方式有两种：商品期货一般按每手若干元收取，金融期货一般按成交金额的一定比例收取。

若无交割，则商品期货有

$$当日手续费=\sum(持仓手数\times每手手续费)$$

在本结算单中，仅有金融期货。期货公司与该客户商定的当日交易手续费率为成交金额的0.02%。则有

$$\begin{aligned}手续费&=\sum[成交价\times合约乘数\times持仓手数]\times交易手续费率\\&=(2\,971.2\times1+2\,971.6\times3+3\,000\times5+3\,010\times7)\\&\quad\times300\times0.02\%\\&=2\,877.36(元)\end{aligned}$$

⑪ 追加保证金：当保证金不足时客户需追加的金额。追加至可用资金大于等于0。在本结算单中，可用资金大于0，不需追加保证金。

(2) 客户逐笔对冲交易结算单

交易结算单(逐笔对冲)

某期货公司

交易结算单(逐笔)

客户号：　　　　客户名称：张三

日　期：20110117

资金状况　币种：人民币

上日结存：	1 368 227.65	当日结存：	1 527 050.29	可用资金：	69 154.69
出入金：	0.00	浮动盈亏：	－7 380.00	风险度：	95.45%
手续费：	2 877.36	客户权益：	1 519 670.29	追加保证金：	0.00
平仓盈亏：	161 700.00	保证金占用：	1 450 515.60	交割保证金：	0.00
可提资金：	69 154.69				

成交记录

成交日期	交易所	品种	交割期	买卖	成交价	手数	开平	成交额	手续费	投保	平仓盈亏	交易所成交号
20110117	中金所	沪深 300	1101	买	2 971.200	1	开	891 360.00	178.27	投	0.00	
20110117	中金所	沪深 300	1101	买	2 971.600	3	开	2 674 440.00	534.89	投	0.00	
20110117	中金所	沪深 300	1101	买	3 000.000	5	开	4 500 000.00	900.00	投	0.00	
20110117	中金所	沪深 300	1101	买	3 010.000	7	平	6 321 000.00	1 264.20	投	161 700.00	
共 4 条						16		14 386 800.00	2 877.36		161 700.00	

持仓汇总

交易所	品种	交割期	买持	买均价	卖持	卖均价	昨结算	今结算	浮动盈亏	持仓盯市盈亏	保证金占用	投保
中金所	沪深 300	1101	9	2 987.333	0	0.000	3 108.000	2 984.600	−7 380.00	0.00	1 450 515.60	投
共 1 条			9		0				−7 380.00	0.00	1 450 515.60	

本公司提供数据以客户交易结算单为准，您若有异议，请在下一交易日开市前 30 分钟提出，否则视为对本账单所载事项的确认。

公司盖章： 客户签名(章)：

制表：结算 001 制表日期：

客户号： 客户地址：

逐笔对冲结算单解读：

① 平仓盈亏的计算

$$平仓盈亏(逐笔对冲)=\sum[(卖出成交价-买入成交价)\times 合约乘数\times 平仓手数]$$

在本结算单中，客户买入平仓 7 手，成交价为 3 010 点，其历史卖出开仓价为 3 087 点，则有

$$平仓盈亏(逐笔对冲)=(3\,087-3\,010)\times 300\times 7=161\,700(元)$$

② 浮动盈亏的计算

$$\begin{aligned}浮动盈亏=&\sum[(卖出成交价-当日结算价)\times 合约乘数\times 卖出手数]\\&+\sum[(当日结算价-买入成交价)\times 合约乘数\times 买入手数]\\=&(2\,984.6-2\,971.2)\times 300\times 1+(2\,984.6-2\,971.6)\\&\times 300\times 3+(2\,984.6-3\,000)\times 300\times 5\\=&-7\,380(元)\end{aligned}$$

③ $$\begin{aligned}当日结存(逐笔对冲)=&上日结存(逐笔对冲)+平仓盈亏(逐笔对冲)+入金\\&-出金-手续费(等)\\=&1\,368\,227.65+161\,700-2\,877.36\\=&1\,527\,050.29(元)\end{aligned}$$

④ 客户权益(逐笔对冲)=当日结存(逐笔对冲)+浮动盈亏

=1 527 050.29−7 380.00

=1 519 670.29(元)

⑤ 可用资金=可提资金=客户权益−保证金占用

=1 519 670.29−1 450 515.60

=69 154.69(元)

小贴士 风 险 度

风险度的计算是期货公司风险管理中的重要环节。目前各期货公司使用的系统不尽相同,因而存在几种不同的风险度算法,期货公司可以根据其管理需要选择不同的风险度计算方式。

以业界广泛应用的金仕达系统为例,系统提供的风险度计算公式有好几种,而绝大多数期货公司采取了系统默认的算法,即

风险度=保证金占用/客户权益×100%。

该风险度越接近100%,风险越大;等于100%,则表明客户的可用资金为0。由于客户的可用资金不能为负,因此,风险度不能大于100%。当风险度大于100%时则会收到《追加保证金通知书》。

在上面的结算单示例一和示例二中,风险度=保证金/客户权益×100% =1 450 515.60/1 519 670.29=95.45%。

第四节 期货交易流程——交割

一、交割的概念

交割是指期货合约到期时,按照期货交易所的规则和程序,交易双方通过该合约所载标的物所有权的转移,或者按照结算价进行现金差价结算,了结到期未平仓合约的过程。其中,以标的物所有权转移方式进行的交割为实物交割;按结算价进行现金差价结算的交割方式为现金交割。一般来说,商品期货以实物交割方式为主;股票指数期货、短期利率期货多采用现金交割方式。

二、交割的作用

交割是联系期货与现货的纽带。尽管期货市场的交割量仅占总成交量的很小比例,但交割环节对期货市场的整体运行却起着十分重要的作用。

期货交割是促使期货价格和现货价格趋向一致的制度保证。当市场过分投机,发生

期货价格严重偏离现货价格时，交易者就会在期货、现货两个市场间进行套利交易。当期货价格过高而现货价格过低时，交易者在期货市场上卖出期货合约，在现货市场上买进商品，这样，现货需求增多，现货价格上升，期货合约供给增多，期货价格下降，期现价差缩小；当期货价格过低而现货价格过高时，交易者在期货市场上买进期货合约，在现货市场卖出商品，这样，期货需求增多，期货价格上升，现货供给增多，现货价格下降，使期现价差趋于正常。这样，通过交割，期货、现货两个市场得以实现相互联动，期货价格最终与现货价格趋于一致，使期货市场真正发挥价格晴雨表的作用。

三、实物交割方式与交割结算价的确定

（一）实物交割方式

实物交割是指期货合约到期时，根据交易所的规则和程序，交易双方通过该期货合约所载标的物所有权的转移，了结未平仓合约的过程。实物交割方式包括集中交割和滚动交割两种。

1. 集中交割

集中交割也称一次性交割，是指所有到期合约在交割月份最后交易日过后一次性集中交割的交割方式。

2. 滚动交割

滚动交割是指在合约进入交割月以后，在交割月第一个交易日至交割月最后交易日前一交易日之间进行交割的交割方式。滚动交割使交易者在交易时间的选择上更为灵活，可减少储存时间，降低交割成本。

目前，我国上海期货交易所采用集中交割方式；郑州商品交易所采用滚动交割和集中交割相结合的方式，即在合约进入交割月后就可以申请交割，而且，最后交易日过后，对未平仓合约进行一次性集中交割；大连商品交易所对黄大豆 1 号、黄大豆 2 号、豆粕、豆油、玉米合约采用滚动交割和集中交割相结合的方式，对棕榈油、线性低密度聚乙烯和聚氯乙烯合约采用集中交割方式。

（二）实物交割结算价

实物交割结算价是指在实物交割时商品交收所依据的基准价格。交割商品计价以交割结算价为基础，再加上不同等级商品质量升贴水以及异地交割仓库与基准交割仓库的升贴水。

小贴士

不同的交易所，以及不同的实物交割方式，对交割结算价的规定不尽相同。郑州商品交易所采用滚动交割和集中交割相结合的方式（由于所有交割均在 3 个工作日内处理完毕，又称为“3 日”交割法），交割结算价为期货合约配对日前 10 个交易日（含配对日）交易

结算价的算术平均价。上海期货交易所采用集中交割方式，其交割结算价为期货合约最后交易日的结算价，但黄金期货的交割结算价为该合约最后5个有成交交易日的成交价格按照成交量的加权平均价，燃料油期货的交割结算价为该合约最后10个交易日按照时间的加权平均价。大连商品交易所滚动交割的交割结算价为配对日结算价；集中交割的交割结算价是期货合约自交割月第一个交易日起至最后交易日所有成交价格的加权平均价。

四、实物交割的流程

采用集中交割方式时，各期货合约最后交易日的未平仓合约必须进行交割。实物交割要求以会员名义进行。客户的实物交割必须由会员代理，并以会员名义在交易所进行。实物交割必不可少的环节包括：

第一，交易所对交割月份持仓合约进行交割配对。

第二，买卖双方通过交易所进行标准仓单与货款交换。买方通过其会员期货公司、交易所将货款交给卖方，而卖方则通过其会员期货公司、交易所将标准仓单交付给买方。

第三，增值税发票流转。交割卖方给对应的买方开具增值税发票，客户开具的增值税发票由双方会员转交、领取并协助核实，交易所负责监督。

小贴士

郑州商品交易所实行三日交割法。

自进入交割月第一个交易日起至最后交易日的前一交易日，持有交割月合约的买方会员和持有交割月合约、标准仓单的卖方会员均可在每个交易日下午2时30分之前的交易时间内，通过会员服务系统提出交割申请。

买方会员在会员服务系统响应卖方会员的交割申请；未得到买方会员响应的，卖方会员可于申请当日下午2时30分之前撤销交割申请，没有撤销的，由计算机系统判为作废；买方会员响应的，即视为确认，买卖双方均不得撤销。申请当日闭市后，交易所依据买卖双方相对应的持仓量、买卖双方确认申请量和卖方持有标准仓单量，取最小数进行配对(即配对日)。

配对日后的下一交易日(即通知日)，买卖双方通过交易所会员服务系统确认《交割通知单》。

通知日后的下一交易日(即交割日)上午9时之前，买方会员应当将尚欠货款划入交易所账户，卖方会员应当持有可流通的标准仓单。交易所结算部门为买卖双方办理交割结算手续，买卖双方在《交割通知单》注明的时间通过交易所会员服务系统查收交割结算结果,同时,买方会员把客户名称和税务登记证号等事项提供给卖方会员。

交易所收取买方会员全额货款后,于交割日将全额货款的80%划转给卖方会员,同时将卖方会员的仓单交付买方会员。余款在买方会员确认收到卖方会员转交的增值税专用发票时结清。

五、标准仓单

在实物交割的具体实施中,买卖双方并不是直接进行实物商品的交收,而是交收代表商品所有权的标准仓单,因此,标准仓单在实物交割中扮演着十分重要的角色。标准仓单是指交割仓库开具并经期货交易所认定的标准化提货凭证。标准仓单经交易所注册后生效,可用于交割、转让、提货、质押等。

标准仓单的持有形式为"标准仓单持有凭证"。"标准仓单持有凭证"是交易所开具的代表标准仓单所有权的有效凭证,是在交易所办理标准仓单交割、交易、转让、质押、注销的凭证,受法律保护。标准仓单数量因交割、交易、转让、质押、注销等业务发生变化时,交易所收回原"标准仓单持有凭证",签发新的"标准仓单持有凭证"。

在实践中,可以有不同形式的标准仓单,其中最主要的形式是仓库标准仓单。仓库标准仓单是指依据交易所的规定,由指定交割仓库完成入库商品验收且确认合格后,在交易所标准仓单管理系统中签发给货主的,用于提取商品的凭证。除此之外,还有厂库标准仓单等形式。所谓厂库,是指某品种的现货生产企业的仓库经交易所批准并指定为期货履行实物交割的地点,而厂库标准仓单则是指经过交易所批准的、指定厂库按照交易所规定的程序签发的、在交易所标准仓单管理系统生成的实物提货凭证。

在我国大连商品交易所,豆粕、豆油、棕榈油期货除了可以采用仓库标准仓单外,还可用厂库标准仓单;上海期货交易所的螺纹钢、线材期货合约也允许采用厂库标准仓单交割;郑州商品交易所的标准仓单分为通用标准仓单和非通用标准仓单,通用标准仓单是指标准仓单持有人按照交易所的规定和程序可以到仓单载明品种所在的交易所任一交割仓库选择提货的财产凭证,非通用标准仓单是指仓单持有人按照交易所的规定和程序只能到仓单载明的交割仓库提取所对应货物的财产凭证。

六、现金交割

现金交割是指合约到期时,交易双方按照交易所的规则、程序及其公布的交割结算价进行现金差价结算,了结到期未平仓合约的过程。

中国金融期货交易所的股指期货合约采用现金交割方式,规定股指期货合约最后交易日收市后,交易所以交割结算价为基准,划付持仓双方的盈亏,了结所有未平仓合约。其中,股指期货交割结算价为最后交易日标的指数最后两小时的算术平均价。

Exercise 思考题

1. 简述期货交易的流程。

2. 简述期货交易的开户流程。

3. 中国期货保证金监控中心建立和维护期货市场客户统一开户系统,有何特殊意义?

4. 常用的期货交易指令有哪些?

5. 市价指令和限价指令各有什么特点?

6. 触价指令和止损指令有什么区别?

7. 止损指令和停止限价指令在什么条件下被激活?激活后分别变为什么指令予以执行?

8. FOK 指令和 FAK 指令各有什么特点?

9. 简述集合竞价产生价格的方法。

10. 指令驱动系统和报价驱动系统各有什么特点?

11. 连续竞价制和集合竞价制各有什么特点?

12. 我国期货交易的竞价方式是什么?解释其价格形成机制。

13. 简述期货交易结算的程序。

14. 期货结算价起什么作用?交易所一般怎样确定结算价?

15. 比较逐日盯市和逐笔对冲的异同。

16. 期货公司一般怎样计算客户的风险度并进行风险管理?

17. 简述实物交割的流程。

18. 期货交割的作用是什么?

19. 我国期货交割的方式有哪些?

20. 我国期货实物交割的方式有哪些?

21. 某交易所会员在 9 月 15 日开仓买入锌期货合约 10 手(每手 5 吨),成交价为 14 500 元/吨,同一天该会员卖出 5 手锌合约平仓,成交价为 14 530 元/吨,当日结算价为 14 520 元/吨,交易保证金比例为 5%。该会员上一交易日结算准备金余额为 2 000 000 元,且未持有任何期货合约。计算该会员的当日盈亏(不含手续费、税金等费用)和当日结算准备金余额。

22. 接上题,9 月 16 日,该会员再买入 5 手铜合约,成交价为 52 500 元/吨,当日铜合约结算价为 52 580 元/吨,当日锌合约结算价为 14 500 元/吨。计算该会员的当日盈亏和当日结算准备金余额。

23. 接上题,9 月 17 日,该会员将所持合约全部平仓,锌、铜合约的成交价分别为

14 450 元/吨和 52 600 元/吨。计算其当日盈亏和当日结算准备金余额。

24. 7 月 2 日，某客户在大连商品交易所开仓买进 9 月份玉米期货合约 20 手，成交价为 2 460 元/吨，当天平仓 10 手合约，成交价为 2 450 元/吨，当日结算价为 2 444 元/吨，交易保证金比例为 5%。假设该客户上日结存为 10 万元，且当日开市时未持有任何合约。计算该客户当天的平仓盈亏、持仓盈亏和当日交易保证金。该客户的逐日盯市和逐笔对冲结算单会有哪些项目不同？

25. 以下为某客户的交易结算单（逐日盯市），完成以下问题：

（1）试对空缺的数据进行计算。

（2）制作该客户的交易结算单（逐笔对冲）

客户号：　　　　客户名称：李四

日　期：20130527

资金状况　币种：人民币

上日结存：	1 540 007.88	当日结存：		可用资金：	
出入金：	0.00	客户权益：		风险度：	
手续费：		保证金占用：		追加保证金：	
平仓盈亏：				交割保证金：	0.00
持仓盯市盈亏：					
可提资金：					
总盈亏：					

成交记录

成交日期	交易所	品种	交割期	买卖	成交价	手数	开平	成交额	手续费	投保	平仓盈亏	交易所成交号
20130527	中金所	沪深 300	1 306	买	2 573.200	5	开			投	0.00	
20130527	中金所	沪深 300	1 306	买	2 573.600	2	开			投	0.00	
共 2 条						7						

持仓汇总

交易所	品种	交割期	买持	买均价	卖持	卖均价	昨结算	今结算	浮动盈亏	持仓盯市盈亏	保证金占用	投保
中金所	沪深 300	1 306	7		0	0.000	2 589	2 579				投
共 1 条			7		0							

第二部分

期货交易策略与技巧

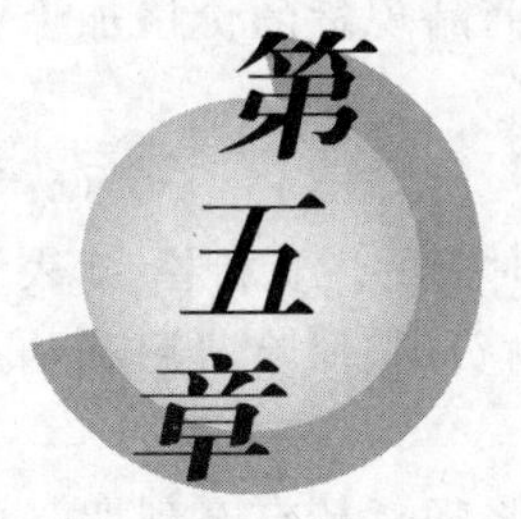

CHAPTER 5

期货定价与行情分析

本章主要分析期货的理论价格，介绍期货行情的解读方法、期货价格的两大分析方法——基本分析法和技术分析法。

第一节　期货的理论价格

期货市场自成立以来，不少学者对期货的理论价格进行了研究，试图解释期货价格形成的机理，给出期货的定价模型。下面对一些理论进行介绍，并重点分析在实际操作中产生广泛影响的理论。

一、持有成本假说

Fama 和 French(1987)将远期和期货合约的定价方法分为两种：一是持有成本假说(the Cost-of-Carry Hypothesis)，该假说认为期货价格和现货价格之间的差额(即持有成本)由三部分组成，即融资利息、仓储费用和收益；二是由 Houthakker(1968)和 Dusak(1973)提出的风险溢价假说(the Risk Premium Hypothesis)，该假说认为期货价格等于现货价格的预期值加上风险溢价。

持有成本假说也称持有成本理论，由 Kaldor(1939)、Working(1949)和 Telser(1958)提出，是最早的商品期货定价理论，后来也被用于金融期货的定价，目前在实际操作中广为应用。该理论认为，期货理论价格应该等于即期的现货价格加上人们将现货持有至期货合约到期日这期间发生的持有成本。在市场均衡时，现货和期货价格之间以及不同交割月的期货合约价格之间的价差反映了不同时期持有现货的持有成本。

持有成本理论认为，在不考虑直接交易费用、现货市场卖空限制、借贷利率的不等性以及商品仓储的限制性等因素的前提下，期货价格等于商品现货的价格加上将现货持有到期的成本。可以用式(5.1)表示：

$$F_{t,T} = S_t(1+u) \tag{5.1}$$

其中，$F_{t,T}$表示在 t 时刻到期日为 T 的期货合约价格，S_t 表示在 t 时刻的现货价格，u 表示持有成本占现货价格的比重，u 可表示为交易费用、仓储费用、运输费用、保险费用和利息等持有成本的代数和除以现货的价格 S_t。

如果 $F_{t,T}<S_t(1+u)$，即期货价格小于商品现货的价格加上将现货持有至到期日的成本，期货合约的价格被明显低估，那么交易者可以在期货市场做多而在现货市场做空，直到期货价格上升或现货价格下降，从而等式成立。相反，如果 $F_{t,T}>S_t(1+u)$，那么交易者就可以在期货市场上做空而在现货市场做多，这就增加了对期货合约的供给，增加了现货市场对商品的需求，直到式(5.1)的成立，出现无套利的均衡。

二、期货合约与远期合约理论价格的关系

推导期货合约的理论价格，通常从推导远期合约的理论价格入手，因为远期合约和期货合约都是规定在将来某一特定的时间和地点交割一定数量标的资产的合约。两者的主要区别在于远期合约的盈亏在交割时进行结算，而期货合约的盈亏则每日结算。从远期合约的理论价格入手的优点是可以将问题简单化，在此基础上，再进一步论证期货理论价格与远期理论价格之间的差别。

远期合约的理论价格是建立在套利模型基础上的。假定远期合约价格高估，投资者可以买进现货资产，同时卖出远期合约以获得套利利润。当投资者都这么做时，远期合约价格趋向于下降(现货价格趋向于上扬)；反之，当远期合约价格低估时，投资者可以买进远期合约的同时卖出现货资产以获得套利利润，当投资者都这么做时，远期合约的价格会趋向于上扬(现货价格趋向于下降)；只有当远期合约价格位于其中某个均衡点使得套利者的收益为零时，套利者才会停止套利活动，这一理论均衡价格就是无套利均衡价格。所谓远期合约理论价格就是这一无套利均衡价格。

远期合约理论价格的推导是建立在一系列假设条件之上的，这些假设条件有：

(1) 不考虑交易费用；

(2) 所有的交易净利润使用同一税率；

(3) 市场参与者能够以相同的无风险利率借入和贷出资金；

(4) 市场参与者能够对资产进行做空；

(5) 当套利机会出现时，市场参与者将参与套利活动；

(6) 除非特别说明，所使用的利率均以连续复利来计算。

在数学上可以证明，当无风险利率恒定，且对所有到期日都不变时，两个交割日相同的远期合约和期货合约有同样的价格。

小贴士

当无风险利率对于所有期限为常数时，从理论上讲两个具有同样期限及行使价格的远期及期货合约的价格相等。

证明：当利率为常数时，远期价格等于期货价格。假定期货的期限为 n 天，F_i 为期货在第 i 天末的价格（$0<i<n$）。定义 δ 为每天的无风险利率（假设为常数）。考虑以下交易策略：

- 在第 0 天末（即在期货合约的开始），买入期货合约，数量为 e^{δ}。
- 在第 1 天末，增加期货合约的长头寸至 $e^{2\delta}$。
- 在第 2 天末，增加期货合约的长头寸至 $e^{3\delta}$。

并以此类推。在 i 天的开始，投资者拥有期货的长头寸为 $e^{i\delta}$。第 i 天的利润（可能为负）为 $(F_i-F_{i-1})e^{\delta i}$

假设这一利润以无风险利率被复合到第 n 天末，在第 n 天末，其价值为

$$(F_i-F_{i-1})e^{\delta i}e^{(n-i)\delta}=(F_i-F_{i-1})e^{n\delta}$$

因此，整个投资在第 n 天末的价值为

$$\sum_{i=1}^{n}(F_i-F_{i-1})e^{n\delta}=[(F_n-F_{n-1})+(F_{n-1}-F_{n-2})+\cdots+(F_1-F_0)]e^{n\delta}$$
$$=(F_n-F_0)e^{n\delta}$$

因为 F_n 与资产终端值 S_T 相等，所以以上投资策略的终端值为 $(S_T-F_0)e^{n\delta}$。

将 F_0 数量的资金投资于无风险债券，并与以上策略组合。在时刻 T，组合投资收益为

$$F_0e^{n\delta}+(S_T-F_0)e^{n\delta}=S_Te^{n\delta}$$

因为以上策略中所有期货的长头寸并不需要任何资金，因此投资 F_0 在 T 时刻的收益为 $S_Te^{n\delta}$。

接下来假设在 0 天末的远期价格为 G_0。将 G_0 数量资金投资于无风险债券并购买 $e^{n\delta}$ 个远期合约，这样，在时刻 T 也保证具有 $S_Te^{n\delta}$ 数量的资产。以上投资策略中，一个要求的初始投资为 F_0，另一个要求的初始投资为 G_0，两个投资在 T 时刻收益均为 $S_Te^{n\delta}$。因此，在无套利条件下，有 $F_0=G_0$，换句话讲，期货价格和远期价格相等。注意，在以上证明中，并不要求投资的时间段为一天，在相应的假设下，每周结算的期货价格也等于远期价格。

在现实世界中，利率是会变化的。如果在合约到期前利率发生变动，远期合约价格和期货合约价格从理论上来讲就会产生差异。如果标的资产价格与利率高度正相关，当标的资产价格上升时，一个持有期货合约多头头寸的投资者会因每日结算而立即获利，由于

标的资产价格的上涨几乎与利率的上涨同时出现，获得的利润能够以高于平均利率水平的利率进行投资；同样，当标的资产价格下跌时，该投资者立即亏损，而亏损能够以低于平均利率水平的利率进行融资。持有远期合约多头头寸的投资者不会因利率的这种变动而受到与上面期货合约同样的影响。因此，在其他条件相同时，期货合约的理论价格略高于远期合约的理论价格。而当标的资产价格与利率的负相关性很强时，远期理论价格高于期货理论价格。

尽管如此，对于有效期仅为几个月的远期合约与期货合约而言，它们之间的理论价格差异在大多数情况下是小到可以忽略不计的。只有当合约期限很长时，两者之间才会出现较大的差别。

由于流动性较强的期货合约的存续期通常都不长，因此，假定远期合约和期货合约的理论价格相同是很合理的。用符号 F 既可代表某个资产的期货合约价格，也可以代表该资产的远期合约价格。

当然，在实际运用中，引起远期合约价格和期货合约价格差异的因素还有很多，比如税收、交易成本和保证金等。另外，期货合约对方违约的风险大大低于远期合约，期货合约的流动性大大高于远期合约，这些都会导致两者的价格出现差别。

三、远期合约的理论价格

远期合约的标的资产一般分为两类：一类是投资性资产，即众多投资者仅仅为了投资的目的而持有的标的资产；另一类是消费性资产，即为了消费的目的而持有的标的资产。下面考虑投资性资产在三种不同情形下的远期合约定价。

（一）不支付收益的投资性资产的远期合约价格

最容易定价的远期合约是不提供任何中间收益的投资性资产的远期合约。不付红利的股票和贴现债券就是此类资产。

【例 5-1】 考虑一个不支付红利股票的远期合约多头，6 个月后到期。假设股价为 60 美元，6 个月的无风险利率为年利 8%。

假定远期合约的价格偏高，为 65 美元，套利者可以以 8%的无风险年利率借入 60 美元，买一只股票，并在远期市场上做空（6 个月后卖出该股票）。归还贷款的现金总额为 $60e^{0.08\times6/12}=62.45$ 美元[①]。通过这个策略，套利者在 6 个月后能够获得的收益为 $65-62.45=2.55$ 美元。

再假定远期合约的价格偏低，为 59 美元。套利者可以卖空股票，并将所得收入投资，用来购买 3 个月远期合约。卖空股票 3 个月后所得收益为 $60e^{0.08\times6/12}=62.45$ 美元。此

① 在连续复利情况下，金额 A 以利率 R 投资 n 年后，将达到 Ae^{Rn}；同样条件下，n 年后的金额 B 贴现到现在的现值为 Be^{-Rn}。

时，套利者支付 39 美元，交割远期合约规定的股票，并将股票用于股票市场上卖空交易的平仓。套利者在 3 个月后的净收益为 62.45－59＝3.45 美元。

可以看出，只有远期合约的价格在 62.45 美元时，才不存在套利机会。

【结论】 将上例推广到一般情况，假定不支付中间收益的投资性资产的即期价格为 S_0，T 是远期合约到期的期限，r 是以连续复利计算的无风险年利率，F_0 是远期合约的即期价格，那么 F_0 和 S_0 之间的关系是

$$F_0 = S_0 e^{rT} \tag{5.2}$$

如果 $F_0 > S_0 e^{rT}$，套利者可以买入投资性资产同时做空远期合约进行套利；如果 $F_0 < S_0 e^{rT}$，套利者可以卖空投资性资产同时买入远期合约进行套利。

（二）支付已知中间现金收益的投资性资产的远期合约价格

现在考虑另一种远期合约，该远期合约标的资产将为持有者提供可完全预测的中间现金收益。例如支付已知红利的股票和支付息票的债券。

【例 5-2】 考虑购买一份附息票债券的远期合约，债券的当前价格为 800 美元。假定远期合约期限为 1 年，债券在 5 年后到期，那么该远期合约实际上相当于一份一年之后购买 4 年期债券的合约。我们假设 6 个月后，该债券支付 40 美元的利息，并且假设 6 个月和 1 年期的无风险利率（连续复利）分别为 8％和 10％。

首先，假设当前远期合约价格偏高，为 860 美元。一个套利者可以借 800 美元购买债券，并以 820 美元的价格卖出远期合约。首次付息的现值为 $40e^{-0.08\times0.5}=38.43$ 美元。在 800 美元中，有 38.43 美元可以以 8％的年利率借入 6 个月，在 6 个月后用债券利息偿还。剩下的 761.57 美元以 10％的年利率借入 1 年，年底所支付的本息和为 $761.57e^{0.1\times1}=841.67$ 美元。以远期合约规定价格卖出债券可获得 820 美元，这样，套利者净盈利为 860－841.67＝18.33 美元。

其次，假设当前远期价格偏低，例如为 820 美元。持有该债券的某个投资者可以卖出债券，购买远期合约。卖出债券所得 800 美元，其中 38.43 美元以 8％的年利率投资 6 个月，以保证支付债券息票利息的现金流。剩下的 761.57 美元以 10％的年利率投资 1 年，得到 841.67 美元。用其中 40 美元支付债券息票利息，820 美元用来按远期合约条款规定的远期价格买入债券。与投资者一直持有债券的情形相比，该策略的净盈利为 841.67－820＝21.67 美元。

若 F_0 是远期合约的即期价格，第一种套利策略中，当 $F_0>841.67$ 美元时，投资者会产生净收益；第二种套利策略中，当 $F_0<841.67$ 美元时，投资者也会产生净收益，所以只有远期合约价格等于 841.67 美元时才不存在套利机会。

【结论】 将上例推广到一般情况，当一项资产在远期合约期限内能够产生收益，且其收益的现值为 P，那么远期合约的即期价格为

$$F_0 = (S_0 - P)e^{rT} \tag{5.3}$$

当 $F_0>(S_0-P)e^{rT}$ 时，套利者可以通过买入资产同时做空远期合约套利；当 $F_0<(S_0-P)e^{rT}$ 时，套利者可以通过卖出资产同时买入远期合约来套利。

（三）支付已知收益率投资性资产的远期合约价格

现在我们考虑远期合约的标的资产能够为持有者提供收益，且这种收益可以表示为资产价格的百分比，即以收益率形式表达，而非既定现金收入的情况。例如假设某资产预计支付的收益率可以按照年率 d 连续支付，当 $d=6\%$ 时，表示每年的收益率为起始资产价格的 6%。在这种情况下，远期合约的理论价为

$$F_0=S_0e^{(r-d)T} \tag{5.4}$$

四、期货的理论价格

（一）投资性商品资产的期货价格

如果将商品分为投资品（如黄金和白银）和消费品（如有色金属和石油），会发现两者之间存在一定的差别。对投资目的的商品资产而言，持有者在持有期间会产生一定的存储成本。在处理时，可以将存储成本看作一个负收入。假如 U 是期货合约有效期内所有存储成本的现值，由式(5.2)可知，期货价格为

$$F_0=(S_0+U)e^{rT} \tag{5.5}$$

此式的成立可以用套利机制来说明，假如 $F_0>(S_0+U)e^{rT}$，套利者以无风险利率借入金额为 S_0+U 的资金，用来购买一单位的商品并支付存储成本，同时卖出一单位商品的期货合约，在时刻 T 可以得到套利收益 $F-(S+U)e^{rT}$。当许多套利者都这样操作时，S_0 将上涨，而 F_0 将下降；同样地，$F_0<(S_0+U)e^{rT}$ 也不会维持很久，因此一定有 $F_0=(S_0+U)e^{rT}$。

若任何时刻的存储成本与商品的价格成一定的比例，存储成本可以看作负的红利收益率。在这种情况下，由式(5.4)可知：

$$F_0=S_0e^{(r+u)T} \tag{5.6}$$

这里，u 是每年的存储成本与现货价格的比例。

（二）消费性商品资产的期货价格

对消费目的的商品来说，公司或者个人保留商品的库存主要是因为其有消费价值，而非投资价值。所以，当期货价格偏低时可能也不会积极主动地出售商品，买进期货合约，因为期货合约不能消费，在这种情况下，$F_0<(S_0+U)e^{rT}$ 可能继续存在下去。

因此，对于消费目的的商品，套利讨论只能给出期货价格的上限，即

$$F_0\leqslant(S_0+U)e^{rT} \tag{5.7}$$

如果存储成本用现货价格的比例 U 来表示，则有

$$F_0\leqslant S_0e^{(r+u)T} \tag{5.8}$$

由上面可看到，消费品使用者也许会感到持有实实在在的商品比持有期货合约有利。

比如，持有实实在在的商品可以从暂时的商品短缺中获利，或者可以起到满足生产所需的作用。这些利益可以用商品的便利收益率(convenience yield)来表示。如果存储成本可知，且现值为 U，便利收益率可定义为满足下式的 y

$$F_0 e^{yT} = (S_0 + U)e^{rT} \tag{5.9}$$

若每单位的存储成本为现货价格的固定比例 u，则 y 定义为

$$F_0 e^{yT} = S_0 e^{(r+u)T} \tag{5.10}$$

便利收益率反映了市场对未来商品可获得性的预期。在期货合约有效期间，商品短缺的可能性越大，则便利收益就越高。若商品使用者拥有大量的库存，则在不久的将来出现商品短缺的可能性很小，从而便利收益率会比较低。另外，较低的库存导致较高的便利收益。

(三) 持有成本

期货价格和现货价格之间的关系可用持有成本(Cost of Carry)假说来描述。持有成本是指持有某项资产直至到期日发生的成本，等于存储成本加上融资购买资产所支付的利息，再减去该资产的收益。下面基于持有成本假说对期货合约进行定价，其中 c 表示成本因子。

(1) 对不支付红利的股票而言，既无存储成本，又无收益，持有成本就是利息占用，持有成本因子为 r，因而其远期合约或期货合约的理论价格为

$$F_0 = S_0 e^{cT} = S_0 e^{rT}$$

(2) 对股票指数而言，大部分指数可以看作支付红利的投资资产。这里的投资资产就是计算指数的股票组合，投资资产所支付的红利就是该组合的持有人收到的红利。根据合理的近似，可以认为红利是连续支付的。如假设 d 为红利收益率，则持有成本因子为 $r-d$，因而其远期或期货的理论价格为

$$F_0 = S_0 e^{cT} = S_0 e^{(r-d)T}$$

(3) 对货币而言，假定 S_0 代表以本币表示的一单位外汇的即期价格。外汇的持有人能获得货币发行国的无风险利率 r 的收益(假如持有人能将外汇投资于以该国货币标价的债券)，设 r_f 为外汇的无风险利率，则持有成本因子为 $r-r_f$，因而其远期或期货的理论价格为

$$F_0 = S_0 e^{cT} = S_0 e^{(r-r_f)T}$$

这就是国际金融领域著名的利率平价关系。

(4) 对投资性商品而言，若其存储成本与价格比例为 u，则持有成本因子为 $r+u$，因而其远期或期货的理论价格为

$$F_0 = S_0 e^{cT} = S_0 e^{(r+u)T}$$

(5) 对消费性商品资产而言，同样引进 y 表示便利收益率，则持有成本因子为 $c-y$，因而其远期或期货的理论价格为

$$F_0 = S_0 e^{(c-y)T}$$

可见，持有成本假说所得出的结论实际上与前面是一致的，不过在表达上有所差异。

第二节　期货行情解读

一、期货交易行情表示例

期货行情表提供了期货交易的相关信息。表 5-1 显示了从大连商品交易所网站截取的 2013 年 5 月 23 日的期货行情。其中显示的是“豆一”(即黄大豆 1 号)正在挂牌交易的各月份期货合约的行情。如果在网上点击第一行中的其他品种，如“棕榈油”，则会显示出棕榈油期货的行情。

表 5-1　大连商品交易所期货行情表(2013 年 5 月 23 日)

豆一	豆二		豆粕		豆油		玉米		棕榈油	聚乙烯		聚氯乙烯	焦炭	焦煤	
合约	开盘价	最高价	最低价	最新价	涨跌	买价	买量	卖价	卖量	成交量	持仓量	收盘价	结算价	昨收盘	昨结算
a1307	4 851	4 875	4 851	4 858	12	4 854	2	4 873	5	18	364	4 858	4 858	4 850	4 846
a1309	4 840	4 840	4 801	4 807	−13	4 807	8	4 808	10	36 382	176 510	4 807	4 823	4 826	4 820
a1311						4 755	5	4 810	5		176	4 761	4 761	4 761	4 761
a1401	4 705	4 708	4 672	4 674	−10	4 674	4	4 675	8	17 126	129 348	4 674	4 691	4 691	4 684
a1403						4 633	1	4 822	1		4	4 670	4 670	4 670	4 670
a1405	4 698	4 704	4 672	4 678	−7	4 672	105	4 678	5	2 070	22 180	4 678	4 690	4 686	4 685
a1407						4 606	2	4 697	1		6	4 691	4 691	4 691	4 691
a1409	4 709	4 709	4 688	4 688	−8	4 680	1	4 701	1	40	1 182	4 688	4 701	4 696	4 696
a1411								4 760	5		2	4 733	4 733	4 728	4 728

豆一	豆二	豆粕	豆油	玉米	棕榈油	聚乙烯	聚氯乙烯	焦炭	焦煤	总计
成交：55 636	成交：60	成交：1 943 822	成交：1 047 330	成交：121 746	成交：608 396	成交：827 114	成交：12 152	成交：1 702 864	成交：179 606	成交：6 498 726
持仓：329 772	持仓：462	持仓：2 531 970	持仓：965 884	持仓：865 716	持仓：805 982	持仓：421 390	持仓：38 628	持仓：296 896	持仓：91 834	持仓：6 348 534

二、行情表主要信息解读

下面对表 5-1 中主要信息进行解读。

(一) 合约

豆一、豆二、豆粕、豆油、玉米、棕榈油、聚乙烯、聚氯乙烯等，表示的是在期货交易所中进行交易的期货品种。

行情表中的每个期货合约都有一个合约代码。合约代码由期货品种交易代码和合约到期月份组合而成。如 a1309 代表的是大连商品交易所 2013 年 9 月到期的黄大豆 1 号期货合约。在表 5-1 中，黄大豆 1 号共有 9 种不同的合约正在进行交易，合约到期月份依次为 2013 年 7 月、9 月、11 月，2014 年 1 月、3 月、5 月、7 月、9 月和 11 月。

（二）开盘价

开盘价是当日某一期货合约的交易开始前 5 分钟经集合竞价产生的成交价格。集合竞价未产生成交价格的，以集合竞价后的第一笔成交价为开盘价。表 5-1 中的第 2 列是不同期货合约的开盘价，其中 a1309 合约的开盘价为 4 840 元/吨。

（三）最高价

最高价是指一定时间内某一期货合约成交价中的最高成交价格。表 5-1 中的第 3 列是不同期货合约的最高价，其中 a1309 合约的最高价为 4 840 元/吨。

（四）最低价

最低价是指一定时间内某一期货合约成交价中的最低成交价格。表 5-1 中的第 4 列是不同期货合约的最低价，其中 a1309 合约的最低价为 4 801 元/吨。

（五）最新价

最新价是指某交易日某一期货合约交易期间的即时成交价格。表 5-1 中的第 5 列是不同期货合约的最新价，其中 a1309 合约的最新价为 4 807 元/吨。

（六）涨跌

涨跌是指某交易日某一期货合约交易期间的最新价与上一交易日结算价之差。表 5-1 中的第 6 列是不同期货合约的涨跌，其中 a1309 合约的涨跌为－13 元/吨。其含义是当时最新价（4 807 元/吨）与上一交易日结算价（4 820 元/吨）的差是－13 元/吨。

（七）买价

买价是指当日买方申报买入但未成交的某一期货合约即时最高买入申报价格。表 5-1 中的第 7 列是不同期货合约的买价，其中 a1309 合约当日买方申报买入的即时最高价格为 4 807 元/吨。

（八）买量

买量是指某一期货合约“买价”对应的申请买入的下单数量，单位为“手”。表 5-1 中的第 8 列是不同期货合约的买量，其中 a1309 合约当前买价对应的申请买入数量为 8 手。

（九）卖价

卖价是指当日卖方申报卖出但未成交的某一期货合约即时最低价格。表 5-1 中的第 9 列是不同期货合约的卖价，其中 a1309 合约当日卖方申请卖出的即时最低价格为 4 808 元/吨。

（十）卖量

卖量是指某一期货合约“卖价”对应的申请卖出的下单数量，单位为“手”。表 5-1 中的第 10 列是不同期货合约的卖量，其中 a1309 合约当前卖价对应的申请卖出数量为

10 手。

（十一）成交量

成交量是某一合约在当日成交合约的双边累计数量，单位为“手”。表 5-1 中的第 11 列是不同期货合约的成交量，其中 a1309 合约的成交量为 36 382 手。

（十二）持仓量

持仓量，也称空盘量或未平仓合约量，是指期货交易者所持有的未平仓合约的双边累计数量。表 5-1 中的第 12 列是不同期货合约的持仓量，其中 a1309 合约的持仓量为 176 510 手。

（注：目前，国内三家商品期货交易所的期货行情的成交量和持仓量数据按双边计算，中国金融期货交易所期货行情的成交量和持仓量数据按单边计算。）

（十三）收盘价

收盘价是指某一期货合约当日交易的最后一笔成交价格。表 5-1 中的第 13 列是不同期货合约的收盘价，其中 a1309 合约的收盘价为 4 807 元/吨。

（十四）结算价

这里的结算价是某一期货合约当日交易期间成交价格按成交量的加权平均价。当日无成交的，以上一交易日的结算价作为当日结算价。结算价是进行当日未平仓合约盈亏结算和确定下一交易日涨跌停板幅度的依据。表 5-1 中的第 14 列是不同期货合约的结算价，其中 a1309 合约的结算价为 4 823 元/吨。

（十五）昨收盘

昨收盘是“昨日收盘价”的简写，指某一期货合约在上一交易日的收盘价。表 5-1 中的第 15 列是不同期货合约的昨收盘，其中 a1309 合约的上一交易日收盘价为 4 826 元/吨。

（十六）昨结算

昨结算是“昨日结算价”的简写，指某一期货合约在上一交易日的结算价。表 5-1 中的第 16 列是不同期货合约的昨结算，其中 a1309 合约的上一交易日结算价为 4 820 元/吨。

在期货行情表的下方，对同一品种不同到期月份的期货合约的成交量和持仓量进行了加总。例如，9 个不同到期月份的黄大豆一号期货合约的成交量合计为 55 636 手，持仓量合计为 329 772 手。同时，豆一、豆一、豆粕、豆油、玉米、棕榈油、聚乙烯、聚氯乙烯、焦炭和焦煤 10 个期货品种的成交量和持仓量合计分别为 6 498 726 手和 6 348 534 手。

第三节　期货价格的基本分析

一、基本分析法及其特点

基本分析法是基于供求决定价格的理论，通过对供求关系以及影响供求关系的各种因素进行分析来分析和预测期货价格变动的基本趋势的一种分析方法。期货价格的基本分析法具有以下特点。

1. 以供求决定价格为基本理念

基本分析法认为商品供求的变化与价格的变动是相互影响、相互制约的，市场价格是由供给和需求共同决定的，而供给和需求的变化将引起价格变动。因此，唯有客观分析影响供求的各种因素，才能对期货价格的变动做出正确判断。

2. 分析价格变动的中长期趋势

基本分析法更注重对市场价格的基本运动方向的把握，因而更多地用于对市场价格变动的中长期趋势的预测。

二、需求分析

需求是指在一定的时间、地点和价格条件下，买方愿意并有能力购买的某种商品的数量。本期需求量一般由国内消费量、出口量和期末结存量三部分组成。

（一）当期国内消费量

国内消费量包括居民消费量和政府消费量，影响即期国内消费量的因素有消费者人数、消费者的收入水平或购买能力、消费结构、相关产品价格及获取的方便程度、政府收入分配政策、就业政策等。当期消费量是构成商品需求的主要部分，尤其是对于那些出口量不大甚至需要进口的商品。可结合大豆的情况进行分析，大豆的食用消费相对稳定，对价格的影响较弱。大豆的压榨需求变化较大，对价格的影响较大。大豆压榨后的副产品豆油、豆粕的市场需求变化不定，影响因素众多。豆油作为一种植物油，受菜籽油、棉籽油、棕榈油、椰子油、花生油、葵花子油等其他植物油供求因素的影响较大。大豆压榨后的主要副产品（80%以上）是豆粕。豆粕是饲料中的主要配料之一，其需求量与饲养业的景气程度密切相关。豆粕的需求情况对大豆期货价格的影响很大。

（二）当期出口量

出口量是指在本国生产和加工的产品销往国外市场的数量。出口量通常受国际、国内市场供求状况、内销和外销价格比、关税和非关税壁垒、汇率等因素的影响。出口是国外市场对本国产品的需求，例如，我国是玉米出口国之一，玉米出口量是影响玉米期货价格的重要因素。

（三）期末结存量

期末结存量是商品需求的组成部分，是正常的社会再生产的必要条件；同时它又在一定程度上起着平衡短期供求的作用。当本期商品供不应求时，期末结存将会减少；反之就会增加。因此，本期期末结存量的实际变动，可以反映本期商品的供求状况及其对下期商品供求状况和价格的影响。

三、供给分析

供给是指在一定的时间、地点和价格条件下卖方愿意并能够提供的产品数量。本期供给量一般由期初存量、本期产量和本期进口量三部分构成。

（一）期初库存量

期初库存量是指上一期（年、季、月）积存下来的可供社会继续消费的商品实物量。根据存货所有者身份的不同，可以将其分为生产供应者存货、经营商存货和政府储备。其中，前两种存货的所有者是以营利为目的的，当价格上涨时，他们随时可能会增加存货的供给，因此这两种存货可视为市场商品可供量的实际组成部分。而政府储备是为全社会整体利益服务的，政府不会因一般的价格变动而轻易地将商品投放市场。但当某种关乎国计民生的大宗商品出现严重短缺，价格猛涨时，政府可能动用储备来平抑物价。由于政府储备的动用量往往比较大，这会对市场供给产生重要影响。期初库存量的多少，直接影响本期的供给。库存充足，就会制约价格的上涨；库存较少，则难以抑制价格上涨。对于耐储藏的农产品、金属产品和能源化工产品等，分析期初库存量是十分必要的。

（二）当期国内生产量

当期国内生产量是指本年或本季或本月国内的商品生产量。它是市场商品供给量的主要部分，影响因素十分复杂。从短期来看，它主要受生产能力的制约，此外，资源、自然条件、生产成本以及政府政策等也会对其产生影响。不同商品生产量的影响因素也会有所不同。例如，农产品的产量与天气情况密切相关，矿产品的产量会因为新矿的发现和开采而大增。因此，为了更准确地把握商品生产量的变动，必须对具体商品生产量的影响因素进行具体分析。

（三）当期进口量

进口量是指本国市场上销售的在国外生产的产品数量。进口量通常受国内市场供求状况、内销和外销价格比、关税和非关税壁垒、汇率以及国际政治等因素的影响。我国从1995 年开始，已从大豆出口国变成大豆净进口国，进口量的大小直接影响着大连大豆期货价格的变动。

四、影响供求的其他因素

除了上述基本的影响因素外，供求还受到其他因素的影响，这些因素包括经济波动和周期、金融货币、政治、政策、自然、心理等。

（一）经济波动和周期

商品价格的波动通常与经济波动周期密切相关。期货价格也是如此。由于期货市场是与国际市场紧密相连的开放市场，因此期货价格的波动不仅受国内经济波动和周期的影响，而且受世界经济景气状况的影响。经济周期一般由复苏、繁荣、衰退和萧条四个阶段构成。复苏阶段开始时是前一周期的最低点，产出和价格均处于最低水平。随着经济的复苏，生产的恢复和需求的增长，价格也开始逐步回升。繁荣阶段是经济周期的高峰阶段，由于投资需求和消费需求的不断扩张超过了产出的增长，刺激价格迅速上涨到较高水平。衰退阶段出现在经济周期高峰过去后，经济开始滑坡，由于需求的萎缩，供给大大超过需求，价格迅速下跌。萧条阶段是经济周期的谷底，供给和需求均处于较低水平，价格停止下跌，处于低水平上。在整个经济周期演化过程中，价格波动略滞后于经济波动。这些是经济周期四个阶段的一般特征。不同国家、不同时期的经济周期可能具有自己不同的特点。经济周期阶段可由一些主要经济指标值的高低来判断，如国民生产总值增长率，失业率、价格指数、汇率等。认真观测和分析经济周期的阶段和特点，对于正确地把握期货市场价格的走势具有重要意义。

（二）金融货币因素

金融货币因素对期货市场供求的影响主要表现在利率和汇率两个方面。利率的高低、汇率的变动都直接影响着期货价格水平的变动。

利率调整是政府对经济进行宏观调控的手段之一。利率的变化对商品期货的影响较小，而对金融期货交易的影响较大。金融资产价格取决于资产的未来收益与利率之比。一般地，利率上升，资产价格降低；利率下降，资产价格提高。

期货市场是一种开放性市场，期货价格与国际市场商品价格紧密相连。国际市场商品价格的比较必然涉及各国货币的交换比值——汇率，汇率是本国货币与外国货币交换的比率。当本币贬值时，即使外国商品价格不变，但以本国货币表示的外国商品价格将上升；反之则下降。因此，汇率的高低变化必然影响相应的期货价格变化。

（三）政治因素

期货市场对国家、地区和世界政治局势变化十分敏感。罢工、大选、政变、内战、国际冲突等，都会导致期货市场供求状况的变化和期货价格的波动。例如，2012 年，随着伊朗紧张局势的升级，市场担心石油供应将会出现短缺，纽约油价继 6 月最后一个交易日飙升逾 9%之后，7 月 3 日再度大幅上涨。

（四）政策因素

期货市场价格对国际国内相关政策的变化十分敏感。财政政策、产业政策以及国际组织的经济政策等，这些都会引起期货市场价格的变动。财政政策的核心是增加或减少税收，这直接影响商品供给和市场需求状况；产业政策往往有着特定的产业指导性，扶持或抑制某产业发展。例如，为了应对 2008 年国际金融危机，中国出台的十大产业振兴规划，就是明确了政府鼓励发展的产业，并提出了相应的政策措施。为了协调贸易国之间经济利益关系，许多贸易国之间建立了国际性的或区域性的经济或贸易组织。这些国际经贸组织经常采取一些共同的政策措施来影响商品供求关系和商品价格。石油输出国组织

(OPEC)经常根据原油市场状况,制定一系列政策,通过削减产量、协调价格等措施来控制国际市场的供求和价格。目前,国际大宗商品,包括石油、铜、糖、小麦、可可、锡、茶叶、咖啡等的供求和价格,均受到相应国际组织的影响。

(五) 自然因素

自然因素主要是气候条件、地理变化和自然灾害等,具体包括洪涝、干旱、严寒、台风、地震、虫灾等方面的因素。期货交易所上市的粮食、金属、能源等商品,其生产和消费与自然条件密切相关。自然条件的变化也会对运输和仓储造成影响,从而也间接影响生产和消费。自然因素对农产品的影响尤其大。当自然条件不利时,农作物的产量受到影响,从而使供给趋紧,刺激期货价格上涨;反之,如气候适宜,会使农作物增产,从而增加市场供给,促使期货价格下跌。例如,巴西是咖啡和可可等热带作物的主要供应国,因而巴西灾害性天气的出现,对国际上咖啡和可可的价格影响很大。

(六) 心理因素

心理因素是指投机者对市场的信心。当人们对市场信心十足时,即使没有什么利好消息,价格也可能上涨;反之,当人们对市场失去信心时,即使没有什么利空因素,价格也会下跌。当市场处于牛市时,一些微不足道的利好消息都会刺激投机者的看涨心理,引起价格上涨,利空消息往往无法扭转价格坚挺的走势;当市场处于熊市时,一些微不足道的利空消息都会刺激投机者的看空心理,引起价格下跌,利好消息往往无法扭转价格疲软的走势。在期货交易中,市场心理变化往往与投机行为交织在一起,相互制约、相互依赖,产生综合效应。过度投机将造成期货价格与实际的市场供求相脱节。

在实际中,影响期货价格的因素复杂多变,我们需要及时广泛地收集各方面影响因素的详尽资料,综合分析它们可能对期货价格的影响,以便更好地把握期货价格的基本走势。

五、基本分析的优缺点

1. 优点

基本分析注重对影响商品供求的多种因素进行分析,其优势在于能够较好地预测期货价格的基本变动趋势。

2. 缺点

基本分析是基于市场供求变动而做出判断,因此需要充分掌握影响供求变动的诸多因素。可掌握如此大量的影响因素是十分困难的,进一步,即使真的掌握了所有的影响因素,也难以对市场价格做出准确的判断。因为在影响供求的诸多因素中,有些推动价格上涨,有些推动价格下跌,正向和反向的力量综合在一起,最终会推动价格上涨还是下跌,往往不容易做出判断。因此,在实际的期货价格分析中,人们总是要分清主要因素和次要因素,采取“抓大放小”的做法。在基本分析中,“时滞”也是难以避免的,即在各种影响因素浮出水面之前，市场行为可能已经做出了反应；在基本分析做出涨跌判断之前，市场价格已经出现了涨跌。

第四节　期货价格的技术分析

基本分析是预测期货价格走势的一种重要方法，但也有其不足之处。因此，期货市场参与者往往综合运用基本分析和技术分析，将两者互为补充来对期货价格进行分析和预测。

一、基本分析与技术分析的比较

（一）技术分析及其特点

技术分析基于市场交易行为本身，通过对价格、成交量、持仓量等交易数据的分析来对期货价格走势做出判断和预测。技术分析的理论基础是基于以下三项假设。

1. 市场行为包容消化一切

市场参与者在进行交易时，其行为本身已经反映了影响市场价格的众多因素。因此，研究市场交易行为本身就可以对价格走势做出判断，而无须关心价格背后的影响因素。

2. 价格以趋势方式演变

市场价格虽然表现出上下波动的形态，但价格在市场中存在着变动趋势。不仅如此，在反转信号出现之前，趋势是有惯性的，即价格会沿着原有的方向运动。因此，利用技术数据分析出价格趋势和反转信号即可对价格走势做出判断，而无须关心价格背后的影响因素。

3. 历史将会重演

以往出现过的市场价格走势或价格形态，会在未来再次出现。因此，依照过往的历史经验和规律即可对价格走势做出判断，而无须关心价格背后的影响因素。

（二）技术分析法的优缺点

技术分析更关注价格本身的波动，其优势在于能较好地预测期货价格的短期变化和选择入市时机。市场供求双方的交易行为和力量对比首先通过市场价格变化反映出来，换言之，市场价格的上下波动在第一时间就反映出了市场供求关系的变化。技术分析是基于过往和当下的市场价格来判断未来的价格走势，无须掌握大量的影响因素，因此凭借各种图形和指标就可以及时地做出分析和预测。同时，这种分析和预测具有短期特征，更多地被用于对买入和卖出时机的判断。

技术分析不具备严格的科学特征，带有明显的经验性和主观性；各种指标都是处理后的结果，处理后原始信息有所损失是必然的；滞后性效果使得技术指标发出信号时，已经去掉了一大段行情；有时会出现“技术陷阱”，再加上不可能有完全相同的情况重复出现，出现的差异有可能使投资者判断失误;技术分析的方法在不断变换,当大多数人都在使用同一方法时,这些方法的有效性也会大打折扣。

基本分析和技术分析都有其长处和短处,因此应兼备两者而互补长短。对于期货市场参与者而言,只有掌握了基本分析才有能力判断市场运行的涨跌大势,从而决定交易部位,做出是买入还是卖出的判断。同时,只有掌握了技术分析才有能力拿捏入市时机,从而取得较为有利的交易价格。只有将二者综合使用,才能在期货市场上获得更好的成绩。

二、技术分析的主要理论概述

(一) 道氏理论

道氏理论是辨别价格运行主要趋势的最古老、最普遍的方法,许多技术分析的基本思想都来源于道氏理论。这套理论的目标是判定市场中主要趋势的变化。道氏理论所考虑的是趋势的方向,不预测趋势所涵盖的期间和幅度。其主要原理包括:

(1) 平均价格涵盖一切因素。所有可能影响供求关系的因素都得由平均市场价格来表现,就连地震或者其他自然灾难也不例外。道氏理论认为收盘价是最重要的价格,并利用收盘价计算平均价格指数。

(2) 市场波动具有三种趋势。道氏理论将趋势分成主要趋势、次要趋势和短暂趋势三种。其最关心的是主要趋势,通常持续一年以上,有时甚至几年,看起来像大潮;次要趋势像波浪,是对主要趋势的调整,一般持续 3 周到 3 个月;短暂趋势持续时间不超过 3 周,像波纹,波动幅度更小。

(3) 主要趋势可分为三个阶段。第一阶段又称积累阶段。以熊市末尾牛市开端为例,此时所有经济方面的所谓坏消息已经最终地为市场所包容消化,于是那些最机敏的投资商开始精明地逐步买进。第二阶段,商业新闻趋暖还阳,许多投资人开始跟进买入,从而价格快步上扬。第三阶段,经济新闻捷报频传,大众投资者积极入市,活跃地买卖。正是在第三阶段,从市面上看起来谁也不想卖出,但是那些当初在熊市的底部别人谁也不愿买进的时候乘机“积累”、步步吃进的精明人,开始“消散”,逐步抛出平仓。

(4) 各种平均价格必须相互验证。除非两个平均指数都同样发出看涨或看跌的信号,否则就不可能发生大规模的上升或下跌。如果两个平均价格的表现相互背离,那么就认为原先的趋势依然有效。

(5) 趋势必须得到交易量的验证。辨认主要趋势的走势时,通常需要与交易量进行相互印证。简而言之,当价格在顺着大趋势发展的时候,交易量也应该相应递增。如果大趋势向上,那么在价格上涨的同时,交易量应日益增加;而当价格下跌时,交易量应日益减少。如果大趋势向下,则情况正好相反,即当价格下跌时,交易量扩张;而当价格上涨时,交易量萎缩。

(6) 只有发生了确凿无疑的反转信号之后,才能判断一个既定的趋势已经终结,但是确定趋势的反转并不容易。

道氏理论的主要目标是捕捉市场的基本趋势，一旦基本趋势确立，道氏理沦假设这种趋势会一路持续，直到趋势遇到外来因素破坏而改变为止，但是道氏理论不能推论不同性质趋势的升幅或者跌幅。其次，道氏理论提倡两种指数互相确认，这会导致投资者交易的滞后性。

（二）K线理论

K线图（又称为蜡烛图）源于日本，被当时日本米市的商人用来记录米市的行情与价格波动，后因其细腻独到的标画方式而被引入期货市场及股票市场。

按时间单位的不同，K线图又分为分钟图、小时图、日线图、周线图、月线图等。图5-1为日K线图，横轴代表时间，纵轴代表价格。日K线图中的每一根蜡烛都表示出了一个交易日当中的开盘价、收盘价、最高价和最低价。

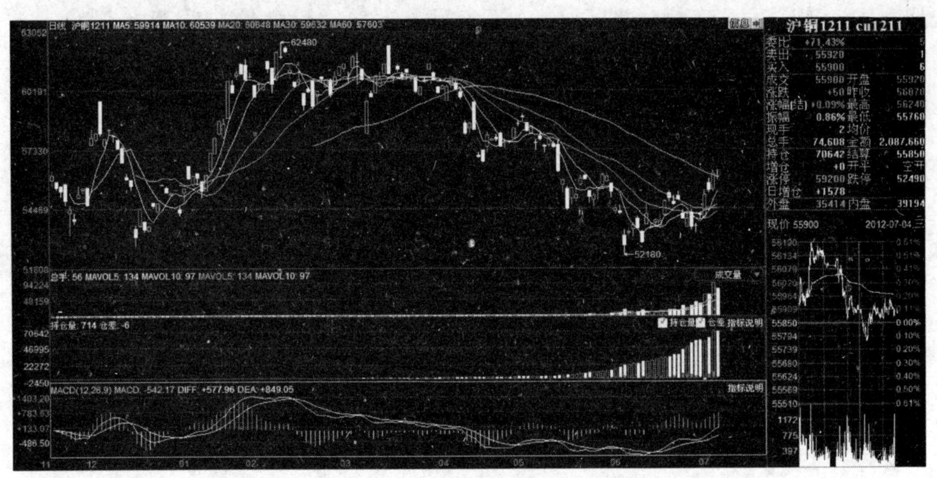

图5-1　沪铜期货行情K线图

以日K线图为例，蜡烛上端的线段是上影线，下端的线段是下影线，分别表示当日的最高价和最低价；中间的长方形被称为实体或柱体，表示当日的开盘价和收盘价。图5-2中的左图表示低开高收的市况，即收盘价高于开盘价，称为阳线。阳线通常用红色表示。图5-2中的右图表示高开低收的市况，即开盘价高于收盘价，称为阴线。阴线通常用绿色表示。观察日K线图，可以很明显地看出该交易日的市况是“低开高收”还是“高开低收”。

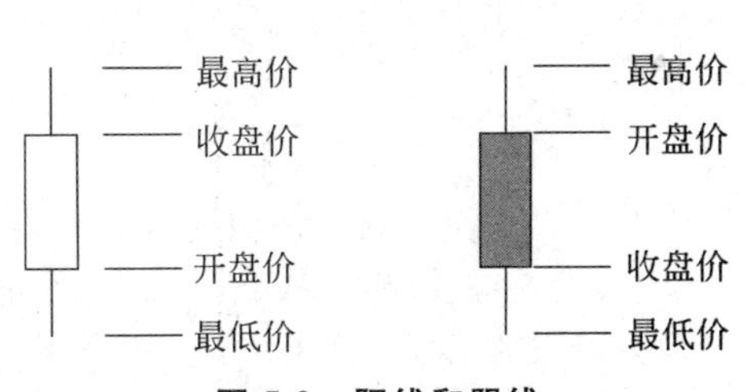

图5-2　阳线和阴线

K线图的形状多种多样，除了以上标准形态外，还包括下列形态，如图5-3所示。图5-3(a)为光头光脚阳线，表示以最低价开盘，以最高价收盘，实体幅度越长，显示买气越强盛，后市将转向上涨。图 5-3(b)为光头光脚阴线，表示以最高价开盘，以最低价收盘，实体幅度越长，显示卖气越强盛，后市将转向下跌。图 5-3(c)为带有下影线的阳线(阳线锤子)，开市后价格走低，然后又回升到比开市价更高处，最后以最高价收市，显示市场买气强烈，后市将持续上升。图 5-3(d)为带有下影线的阴线(阴线锤子)，当价位处于低价圈时，价格在最高价开市后持续下跌，收市时略有回升，但收市价仍低于开盘价，形成带有下影线的阴线。这种形状属于下跌抵抗型，即在下跌的过程中受到买方的抵抗，价位将出现反弹回升。图 5-3(e)为带有上影线的阳线(阳线带帽)，当价位处于高价圈时，出现以最低价开盘后持续上升，收市时回落，但仍比开市价高，形成上影线的阳线。这种形状属于上升抵抗型，显示上升买气虽大，但卖压沉重，后市将有下跌趋势。图 5-3(f)为带有上影线的阴线(阴线带帽)，当价位处于高价圈时，如开盘后价位上升，但不久就一直下跌，最后以最低价收盘，形成带有上影线的阴线。这显示卖气很重，属于先涨后跌型，后市仍有下跌趋势。图 5-3(g)为十字星，表示开盘价与收盘价同价。十字星表明多空双方几乎是势均力敌，旗鼓相当。上影线越长，表明卖压越重；反之，下影线越长，则表明买气旺盛。上下影线相当的十字线为转机线，当高价圈出现十字星时，后市往往转跌；当低价圈出现十字星时，后市常常趋升。但十字星出现后是否转势，还要视具体情况具体分析。图 5-3(h)为平盘线，表示开盘价、收盘价、最高价和最低价处于同一价位，通常出现在跳空涨停或跳空跌停的价位上，表明价格出现了极端的涨势或跌势。

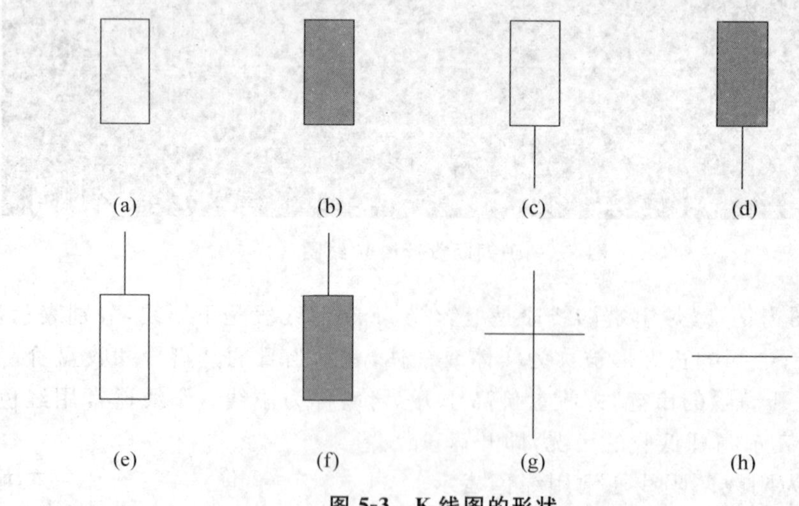

图 5-3 K 线图的形状

在分析 K 线图形态时，除了注意其基本形态外，还应注意以下几点。

第一，要注意上影线及下影线的长度关系。当上影线极长而下影线极短时，表明市场上卖方力量较强，对买方予以压制；当下影线极长而上影线极短时，表明市场上卖方受到买方的顽强抗击。

第二，要注意实体部分和上下影线相对长短的比例关系，以此来分析买卖双方的力量。

第三，还要注意K线图所处的价位区域。对于同一K线形态，当出现在不同的地方时，它们的意义与解释不同，甚至完全相反。比如，K线实体上下都带一长影线，如果出现在上升行情末期，则一般意味着天价的形成；如果出现在下跌行情末期，则一般意味着底价的出现。又如上下影线的阳线锤子和阴线锤子，如出现在高价位，一般预示后市转跌；若出现在低价位，一般预示后市看涨。所以，进行K线图分析，就要观察阴线或阳线各部分之间的长度比例关系和阴阳线的组合情况，以此来判断买卖双方实力的消长，从而判别价格走势。

（三）波浪理论

波浪理论是由艾略特(R. Eliott)创立的一种价格趋势分析工具。波浪理论认为，股票价格的涨跌波动，如同大自然的潮汐和波浪一样，一波接一波，一浪接一浪，周而复始，循环不息，具有规律性和周期性。该理论也被广泛地应用于期货交易中。

波浪理论具有三个重要方面：形态、比例和时间，其重要性依次降低。所谓形态是指波浪的形态或构造，这是波浪理论最重要的部分。而比例分析是通过测算各个波浪之间的相互关系，来确定回撤点和价格目标。最后一方面是时间，各波浪之间在时间上也相互关联，可以利用这种关系来验证波浪形态和比例。

期货市场的上升行情和下跌行情都是在波浪中上行和下行的，波浪分为上升浪和下降浪。一个完整的波浪包括8个小浪，前5浪以数字编号，后3浪则分别用a、b、c表示。以上升行情为例，在8浪中，可以分为上升和下降两个阶段(见图5-4)。其中，上升阶段由3个上升浪(1、3、5)和两个下降浪(2、4)组成，1浪、3浪和5浪方向与上升趋势相同，称为主浪；而2浪和4浪的方向与上升趋势的方向相反，它们分别是对1浪和3浪的调整，故称为调整浪。下降阶段由两个下降浪(a,c)和一个上升浪(b)组成，它们是对上升趋势的调整。在上升阶段，一浪高过一浪；在下降阶段，一浪比一浪低。一个完整波浪中的8个小浪之间存在着比例关系，依此可以预测价格下跌和上涨的幅度。同时，8个小浪在持续时间上也是相互关联的，可以为作出买入或卖出的判断提供参考。

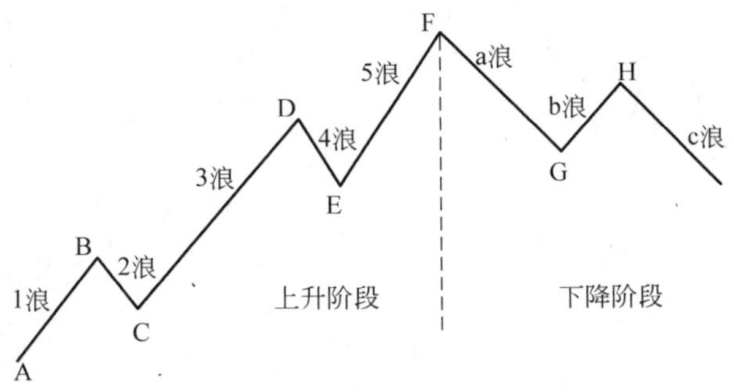

图5-4 上升波浪

每一浪都可以向下一层次划分成小浪，而小浪同样可以进一步向更下一层次划分出更小的浪；反之亦然。每一浪本身也是上一层次波浪的一个组成部分。图 5-5 显示了上述关系。最大规模的二浪——浪①和浪②——可以划分成 8 个小浪，然后，这 8 个小浪再细分，共得到 34 个更小的浪。而最大的浪——浪①和浪②——只是更高一层次的五浪上升结构中的两个浪而已。在图中最右侧，高一层次的③浪呼之欲出。把图 5-5 中的 34 个小浪再细分到其下一层次，就得到图 5-6 所示的 144 个小浪。

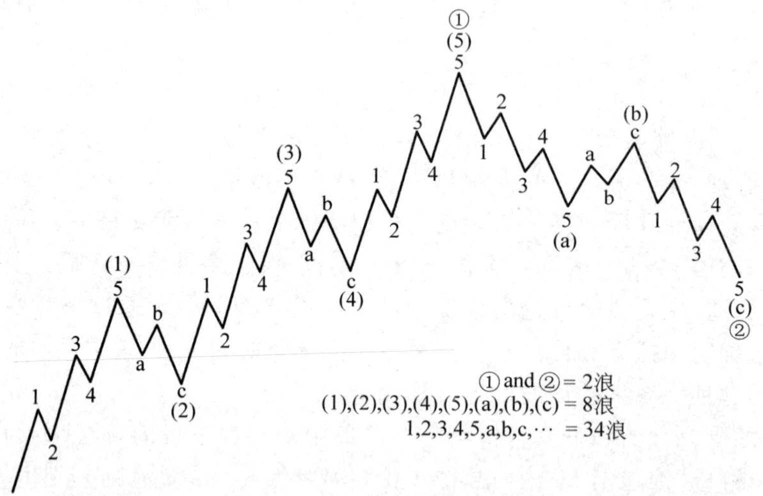

图 5-5 基本的波浪形态

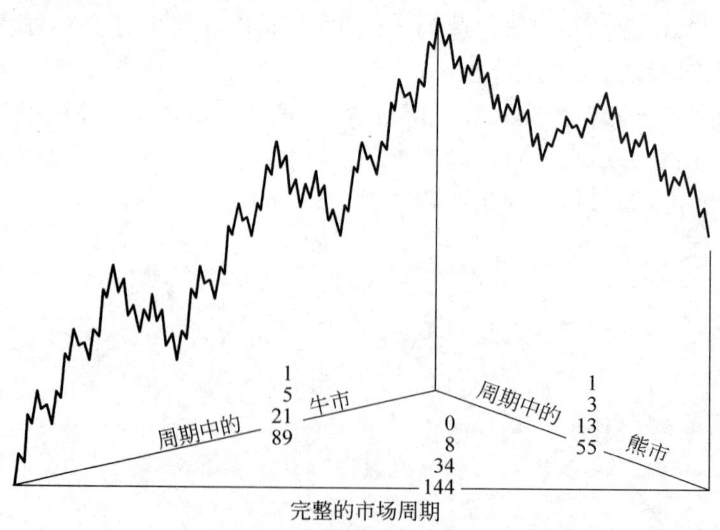

图 5-6 完整的市场周期

上面提到的数目——1,2,3,5,8,13,21,34,55,89,144——并不是偶然出现的。它们是斐波纳奇数列的一部分,而这个数列是艾略特波浪理论的数学基础。稍后还要谈到这一点。现在,应从图 5-4 中看到图 5-6,注意其中波浪的一个显著特征。究竟应当把某一浪划分成五浪结构,还是划分成三浪结构,这取决于其上一层次波浪的方向。例如,在图 5-5 中,(1)浪、(3)浪和(5)浪被细分成五浪结构,这是因为由它们组成的上一层次的浪①是上升浪。而因为(2)浪和(4)浪的方向与这个大趋势相反,所以,它们只被细分为三浪结构。仔细看调整浪(a)、(b)和(c),它们构成了上一层次的调整浪②。注意,其中两个下降浪——(a)和(c)——都被细分成五浪结构。这是因为它们的运动方向与上一层次的浪——②浪——的方向一致;相反地,(b)浪与其上一层次的②浪方向相反,因此被细分为三浪结构。

在应用艾略特方法的时候,能不能辨识三浪结构和五浪结构,显然具有决定性的重要意义。五浪结构和三浪结构各自具有不同的预测意义。举例来说,一组五浪结构通常意味着其更大一层次的波浪仅仅完成了一部分,好戏还在后头(除非这是第 5 浪的第 5 个小浪)。最重要的一点是调整,绝不会以五浪结构的形式出现。例如,在牛市上,如果我们看到一组五浪结构的下跌,那么这可能意味着这只是更大一组三浪调整(a-b-c)的第一浪,市场的下跌尚未有穷期。在熊市中,一组三浪结构的上涨过后,接踵而来的是下降趋势的恢复。而五浪结构的上涨则说明将会出现更实在的向上运动,其本身甚至可能构成了新的牛市的第一浪。

在使用波浪理论时要注意:为了正确把握期货品种的趋势,最好对其指数进行波浪分析,不要对该品种的连续合约进行分析。最重要的是,群体心理是波浪理论的重要依据之一,其在交投活跃的市场效果好于交投清淡的市场。

三、图形分析

用 K 线图将连续变化的期货价格记录下来,会呈现出不同的图形特征。这些图形可分为两类:价格趋势和价格形态,价格趋势又可分为上升趋势、下降趋势和横行趋势,价格形态可分为整理形态和反转形态。

(一) 价格趋势分析

1. 趋势

趋势就是期货市场价格运动的方向,可分为上升趋势、下降趋势和横行趋势。上升趋势由一系列较高的高点和较高的低点构成,顶点和低点逐步向上移动。在前一个低点被突破之前,就形成一个完整的上升趋势(见图 5-7)。下降趋势由一系列较低的低点和较低的高点构成,顶点和低点逐步向下移动。在前一个高点被突破之前,就形成一个完整的下跌趋势(见图 5-8)。图 5-9 表明了棉花 1207 合约在 2012 年 2 到 4 月之间的下跌趋势。上升趋势是价格的高峰和谷底越来越高,一波比一波高;下降趋势是价格的高峰和谷底越来越低,一波比一波低。在上升或下降趋势中，价格的回落或回涨并不是价格趋势出现逆转。横行趋势是指价格的高峰和谷底呈水平状横向发展，通常被称为盘整或“无趋势”。一般来说，在上升趋势中应该买入，在下跌趋势中应该卖出，遇到横行趋势则退出市场，静观其变。

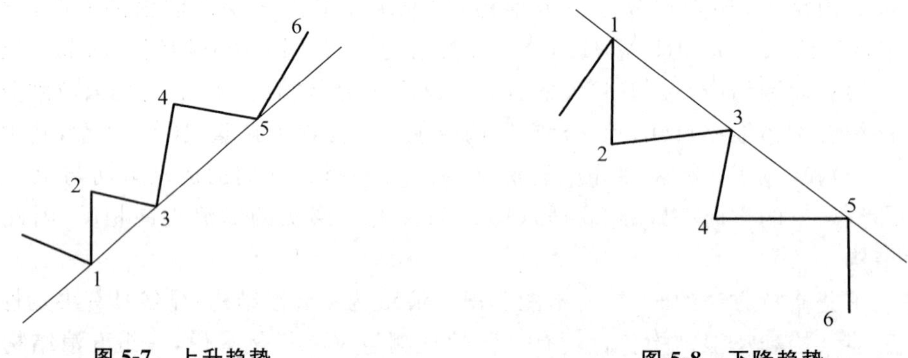

图 5-7　上升趋势　　　　图 5-8　下降趋势

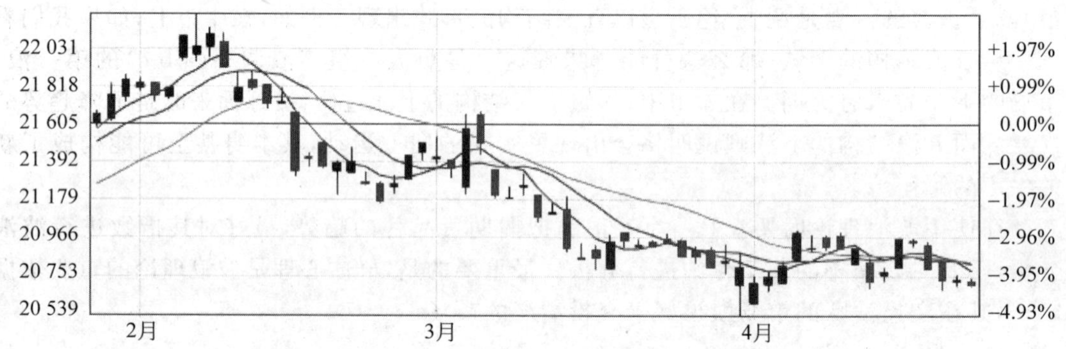

图 5-9　棉花 1207 合约在 2012 年 2 到 4 月 k 线行情

上升趋势和下降趋势可用趋势线来表示，上升趋势线是将一系列低点相连接，而下降趋势线则是将一系列高点相连接。一般来说，在价格没有突破趋势线以前，上升趋势线是每一次下跌的支撑，构成了支撑线；下降趋势线则是价格每一次回升的阻力，构成了阻力线。支撑点或阻力点越密集，其支持力或阻力就越大。当价格跌破支撑线时，表示价格有继续下降的可能，可卖出合约；当价格突破阻力线时，表示价格有继续上升的可能，可买入合约。应特别注意“跌破”和“突破”的有效性。一般认为，支撑线的跌破和阻力线的突破，必须有 2%～3%以上的幅度才算有效。

支撑线与阻力线并不是固定不变的，这两者随买卖双方的力量对比而发生转换：当买方强过卖方，致使价格突破先前的阻力价格时，阻力可以变成支撑（见图 5-10）；当卖方强过买方，致使价格跌破先前的支持价格时，则支撑可以变成阻力（见图 5-11）。

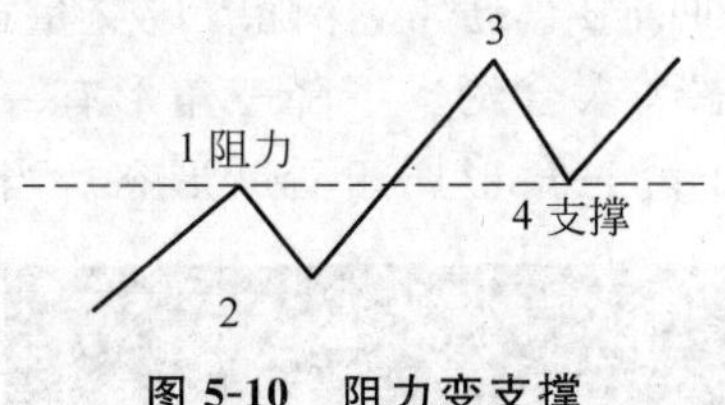

图 5-10　阻力变支撑

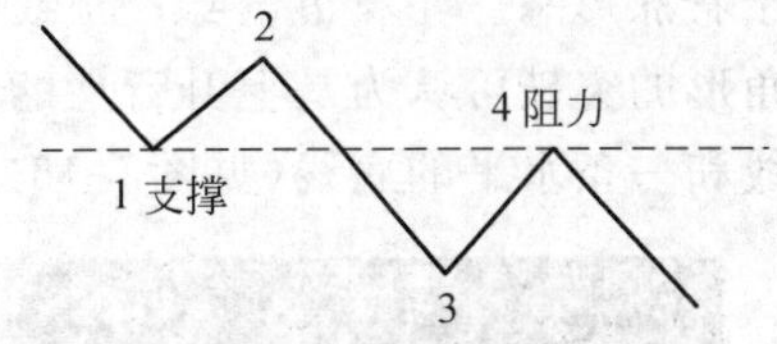

图 5-11　支撑变阻力

2. 轨道

轨道是指连接价格高点和低点的两条线，形成几乎平行的通道。轨道分为上升趋势轨道和下降趋势轨道。在上升趋势线之上的两个低点间的短期高点间，画一条与上升趋势线平行的虚线，就形成了上升轨道（见图 5-12）。同样，在下降趋势线之上的两个高点间的短期低点间，画一条与下降趋势线平行的虚线，就形成了下降轨道（见图 5-13）。

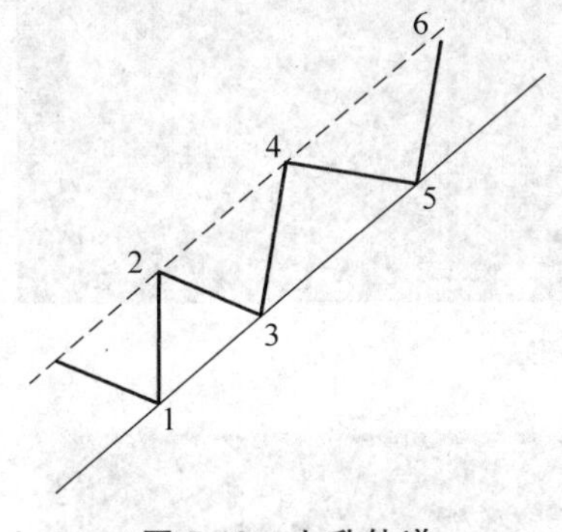

图 5-12　上升轨道

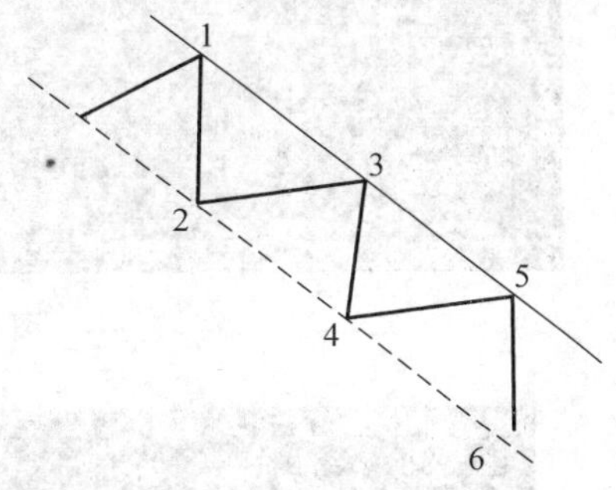

图 5-13　下降轨道

在图 5-12 中，市价平行顺趋势上升。短线操作时，价格跌至下界线，为买进时机，如图中第 3 点就是买进处；价格涨至上界线，为卖出时机，如图中第 4 点就是卖出处。同理，在图 5-13 中，第 3 点是卖出时机，第 4 点是买入时机。

（二）整理形态分析

整理形态通常表明图形上的价格横向伸展仅仅是对当前趋势的暂时休整，下一步市场运动将与此前趋势的原方向一致，而不是趋势的反转。主要的整理形态包括三角形、旗形、矩形等。

1. 三角形

三角形的形成表示市场内买方和卖方彼此争持：买方在价格偏低时买入，价格因而上涨；卖方在价格偏高时卖出，价格因而回落。这种情况在未有大突破之前会反复出现，波幅也会越来越窄，各高点间的连线和各低点间的连线形成三角形。理论上，三角形可以向上或向下突破。三角形通常分为上升三角形、下降三角形和对称三角形。

上升三角形有一条上升的底线和一条水平的顶线（见图 5-14）。一般来说，上升三角形属于看涨形态。当收市价穿过顶线时，便是突破的信号。通常，伴随着成交量放大，上升三角形的突破可认为是上升行情的开始，可以考虑买入合约。下降三角形有一条下降的顶线和一条水平的底线(见图 5-15)。一般来说，下降三角形属于看跌形态。当收市价

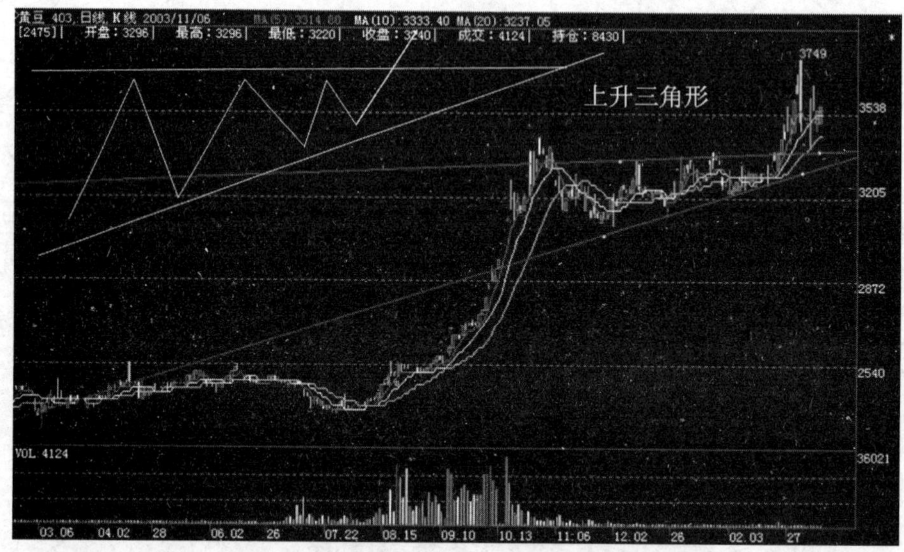

图 5-14 上升三角形

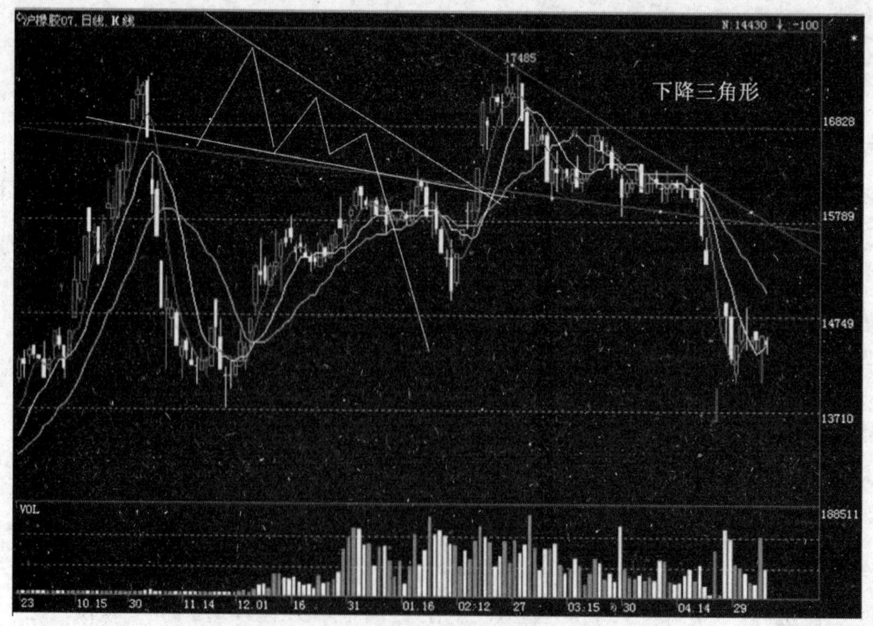

图 5-15 下降三角形

穿过底线时，便是突破的信号。通常，伴随着成交量放大，下降三角形的突破可认为下跌行情的开始，可以考虑卖出合约。在成交量方面，当价格移向三角形顶点时成交量应缩小，当价格向上或向下突破时成交量应随之放大。若只是出现价格突破而成交量并没有放大，这通常是假突破。

对称三角形又称敏感三角形，是指近期价格的高点越来越低，近期价格的低点越来越高，将各高点和各低点连成的趋势线交于一点（见图 5-16）。它表示市场中买方和卖方争持不下，价格有待突破。当供求失衡，价格向上或向下突破后，市场价格将按此突破方向前进。在上升行情中，突破对称三角形形态的成交量将会明显放大，而在下跌行情里，股价向下突破则不需要成交量的明显放大。

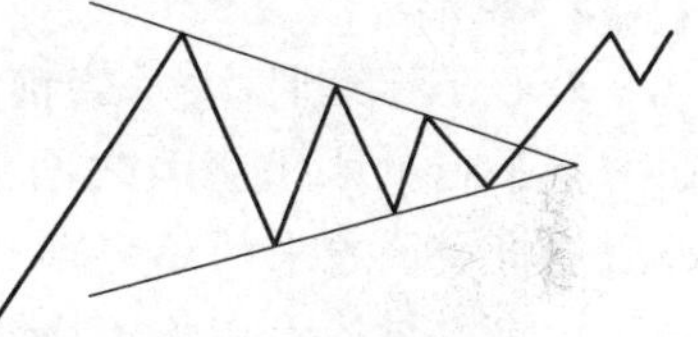

图 5-16 对称三角形

通常，价格在三角形内震荡趋缓时成交量也会相应地日趋减少，但当价格突破趋势线时成交量会明显放大。在随后的反扑中，交易量轻弱。最后，当原有趋势恢复时，交易活动会变得更为活跃。

2. 旗形

旗形是随着成交量的放大，价格出现急速上升或下降（形成旗杆）后，进入短期整理，直到走势再次突破。旗形是由两条平行的趋势线构成的，它又可分为上升旗形（见图 5-17）和下降旗形两种。旗形形态说明，市场的陡峭上升或下跌过度激烈了，因此需要稍作修正，然后再顺着原方向继续前行。

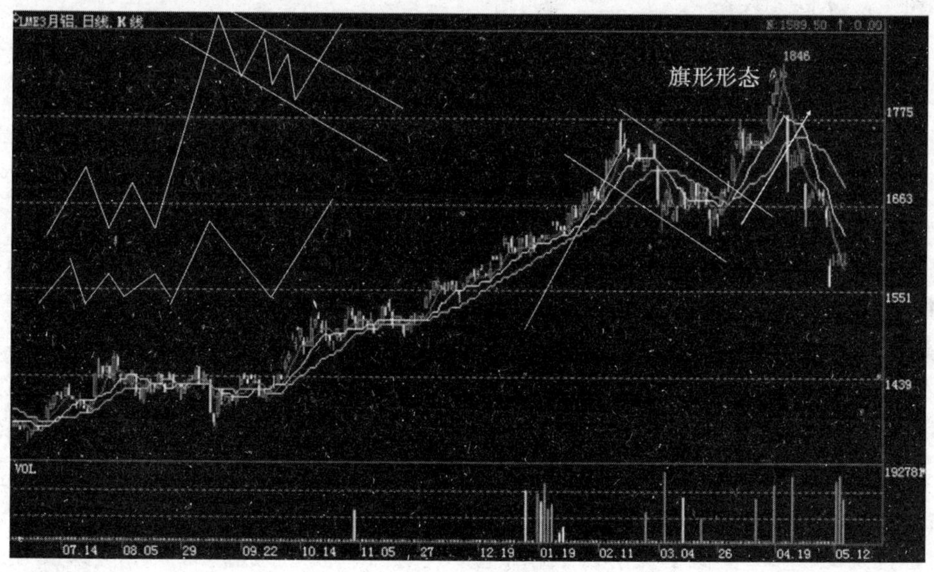

图 5-17 上升旗形

通常，在旗形形态形成期间成交量不断显著减少，在突破趋势线后成交量剧增。若价格形态在形成旗形期间其成交量为不规则而非渐次减少，那么接下来出现的是价格反转而非整理，也就是说，一段上涨行情后出现的旗形是往下突破而非上升，而一段下跌行情后出现的旗形则是向上突破而非下行。换句话说，伴随着高成交量的旗形形态价格可能出现反转，而非整理。因此，在旗形走势中，观察成交量的变化是十分重要的，这是判断形态真伪的有效方法。

3. 矩形

矩形又称箱形，表示当前市场处于盘整阶段，价格在两条平行的水平直线之间波动，呈横向延伸变化，突破后仍将顺着原来的趋势前行（见图 5-18）。矩形形态是买卖双方势均力敌的斗争结果。下跌行情里，矩形整理是股价下降过程中的一次抵抗形态，它持续的时间越长，下跌的概率越大。上涨行情中，矩形整理只是股价上涨过程中的一次盘整形态。当一方力量增强，伴随成交量放大，收市价位突破界线后，矩形整理便告结束，而突破口则指示出价格的方向。股价向上突破整理形态后，矩形的上边的界线将变成支撑线；而股价向下突破整理形态后，矩形的下边界线将变成压力线。和对称三角形整理形态一样，在上升行情中，突破矩形整理形态的成交量将会明显放大，而在下跌行情里，股价向下突破则不需要成交量的明显放大。

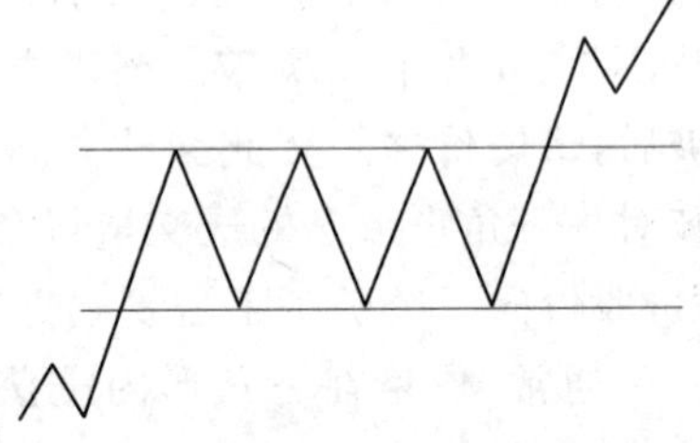

图 5-18 矩形

（三）反转形态分析

反转形态表示价格趋势将与此前趋势的原方向相反。所有反转形态都有这几个共同要素：①在市场上事先有主要趋势存在，这是所有反转形态存在的前提；②现行趋势即将反转的第一个信号，通常是重要的趋势线被突破；③形态的规模越大——价格在形态内摆动的高度越大、经历的时间越长，则随之而来的市场动作越大；④顶部形态所经历的时间通常短于底部形态，但其波动性较强；⑤底部形态的价格范围通常较小，但其酝酿时间较长；⑥交易量在验证向上突破信号的可靠性方面，更具参考价值。

1. 头肩形

头肩形是可靠性较高的反转形态，通常分头肩顶（见图 5-19）和头肩底（见图 5-20）。

在头肩顶形态中，左右两肩（A 和 E）高度相当，头（C）高于两肩，低点（B 和 D）相连而成颈线。在头肩顶形态形成前，市势处于上升，当价格升至 A 点时，成交量大增，获利回吐的卖压使价位回落至 B 点，成交量也减少，左肩形成。其后市价回升，出现新高点 C，但成交量未能同步放大，因而又回落至前一低点水平附近（D 点），形成头部。然后市价再次反弹，但涨势乏力，价位低于头部就回落，且成交量也较少，形成右肩。价位跌破颈线一定幅度，可以认为跌势将展开。在头肩顶形态确立后，从顶点 C 到颈线的垂直距离，可以看作突破颈线后价格最小跌幅。

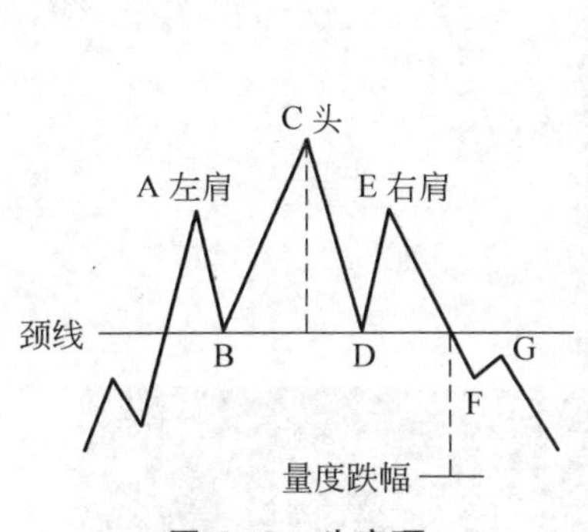

图 5-19　头肩顶

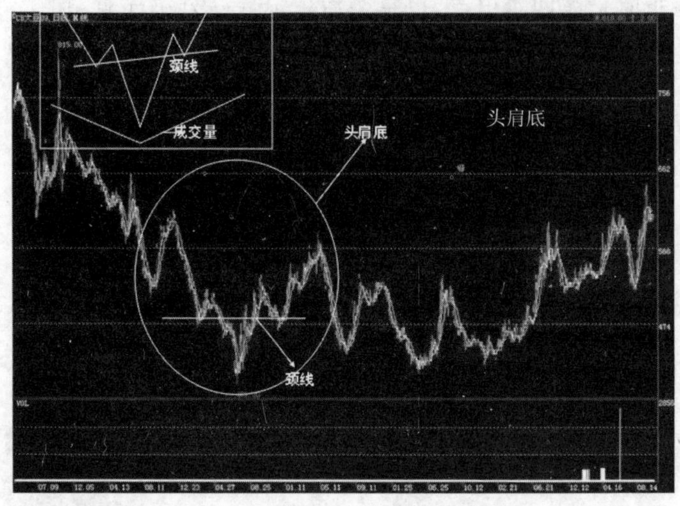

图 5-20　头肩底

头肩底便是在底部形成的类似反转形态。其形成过程与头肩顶相似，只是将整个过程倒转过来，即在一个长期跌市中，市价再一次下跌，成交量相对减少，接着价位出现反弹，形成左肩。其后市价第二次下跌，创出新低，随成交量增加，价位逐步回升，形成头部。然后成交量继续减少，当市价第三次下跌时，没有创出新低就回升，形成右肩。右肩形成后，市价随成交量较大的上升冲破颈线，可认为升势已经形成。

对于头肩顶来讲，当颈线被向下突破之后，价格向下跌落的幅度等于头和颈线之间的垂直距离，也就是价格至少下跌了这个幅度后才有可能获得较好的支撑。同样，对于头肩底来讲，价格向上突破颈线之后，其上涨的幅度等于底部与颈线之间的垂直距离，此时，价格上升才有可能遇到像样的压力。

在头肩顶中，价格向下突破颈线后有一个回升的过程，当价格回升至颈线附近后受到其压力又继续掉头向下运行，从而形成反扑。在头肩底中，反扑的形成与头肩顶中情况相反。在价格反扑时，交易量应减少。对于反扑，应注意两方面的问题：第一，在头肩顶中，反扑为多方提供了最后一次出逃的机会；在头肩底中，反扑为空方提供了补买机会。第二，反扑不是这两个形态的必然组成部分，所以，不能指望一定要等到反扑出现后才采取行动，而应该在颈线被突破后坚决采取行动。

对于头肩顶来说，头是第一卖出点，但大部分投资者会认为先前的上升趋势仍将持续，故而不大可能把握住这个卖出点；右肩是第二卖出点，这个点是整个头肩顶形态的较佳卖出点，此时由于买方动能不足价格回落，头肩形态基本成形，因此投资者在此位置要主动卖出；颈线被突破是第三卖出点，这一点是头肩顶最重要的卖出点，当颈线被突破后，头肩顶宣告成立，价格运动趋势逆转无疑，投资者应坚决卖出；价格突破后反弹至颈线附近时是第四卖出点，也是头肩顶最后一个卖出点，但正如前面提到的，这一点有时不会出现。值得注意的是，对于头肩顶来讲，左肩、头和右肩所对应的成交量依次减少。而对于头肩底来讲，其左肩、底和右肩所对应的成交量没有明显的规律，但是都存在低位放量抗跌迹象，尤其是向上突破颈线时需要大成交量的配合。

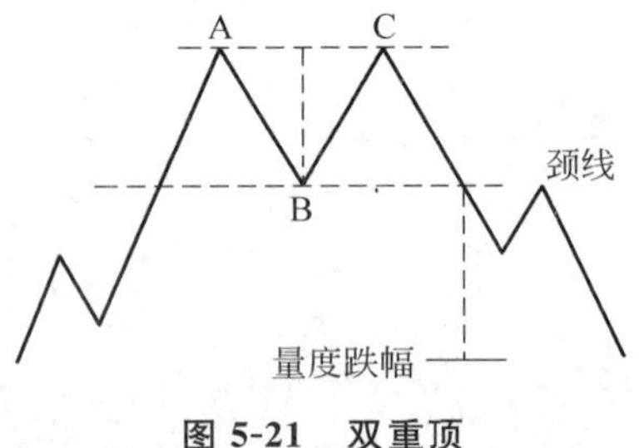

图 5-21 双重顶

2. 双重顶和双重底

双重顶和双重底通常由两个几乎等高的峰或谷组成。双重顶的顶部呈 M 形，双重底的底部呈 W 形，因而亦称之为 M 顶（见图 5-21）和 W 底（见图 5-22）。图 5-23 是真实日常交易 K 线图中的 M 顶。

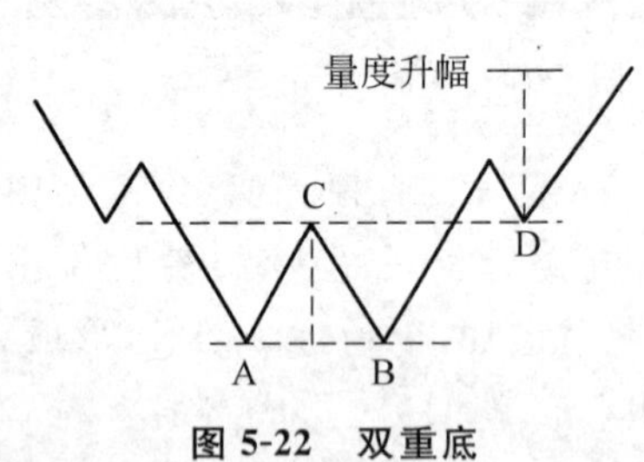

图 5-22 双重底

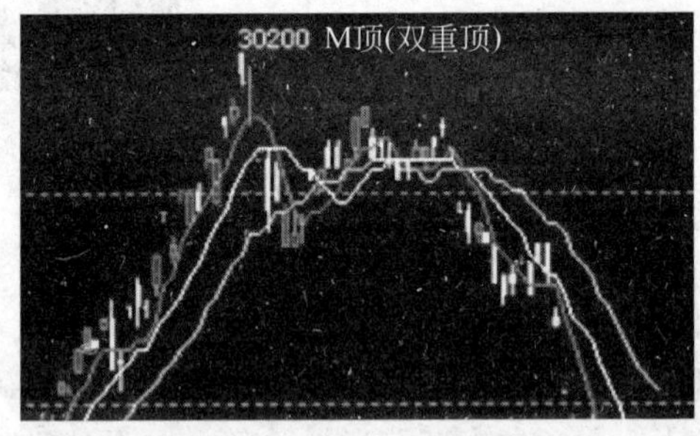

图 5-23 M 顶

双重顶是价位急速上升至某一价格水平回跌，然后价位再次回升至前一峰顶，最后回落跌破颈线，形成双顶。同理，双重底是价位急速下跌至某一价格水平回升，然后再次回跌至前一谷底，最后回升突破颈线，形成双底。在双顶和双底形态中，当价格冲至第一个峰顶或谷底时，成交量通常较小，因而后劲乏力。但当价格突破颈线时，成交量开始放大，当价位突破一定幅度后，可以看作有效突破，市势由此开始反转。通常，双顶或双底后的涨跌最小变动幅度，是从顶点或底点到颈线的垂直距离。

当 M 顶被向下突破颈线之后，价格向下跌落的幅度等于头和颈线之间的垂直距离，也就是价格至少下跌了这个幅度后才有可能获得像样的支撑。同样，对于 W 底来讲，价格突破颈线之后，其上涨的幅度等于底部与颈线之间的垂直距离，此时，价格上升才有可能遇到像样的压力。对于双头来说，有三个卖出点：第一，右边的头部；第二，颈线被向下突破的位置；第三，价格反弹至颈线附近受阻的位置（这一卖出点有可能不出现）。

从成交量的变化来看，在形成双重顶的第一个峰的过程中，会出现较大的交易量，随之则呈现小量拉回，接着当价格再度上涨到几乎与第一个波峰相同的高度时，交易量随之放大，但是却小于第一个波峰的量。其次，两峰之间的持续时间很重要，持续时间越长、形态的高度越大，即将来临的反转潜力越大。一般地，最有效力的双重顶双峰至少应该持续一个月。需要注意的是，双重底形态是个中期到长期的反转形态，两个底部之间最好相距至少4周，有的甚至可能达到两三个月之久。底部的形成一般比头部的形成需要更长的时间。另外，在判别突破成立与否时，一般会要求收盘价超过前一个阻挡峰值，而不仅仅是日内的突破。我们也可以选择双日穿越原则，也就是价格必须连续两天收市在第一峰之上。虽然这种过滤未必绝对可靠，但至少有助于减少经常发生的错误信号。

（四）缺口

缺口是指在线图上某一价格水平因没有达成交易而形成的价格空档。比如说，在上升趋势中，某日最低价高于前一日的最高价，从而在线图上留下一段当日价格不能覆盖的缺口。在下降趋势中，缺口对应情况是当日的最高价格低于前一日的最低价。向上的缺口表明市场坚挺，而向下的缺口则通常是市场疲软的标志。缺口在长期性质的周线图和月线图上也可能出现，不过它在日线图上更常见。

缺口一般可分为以下四种类型（见图5-24）。

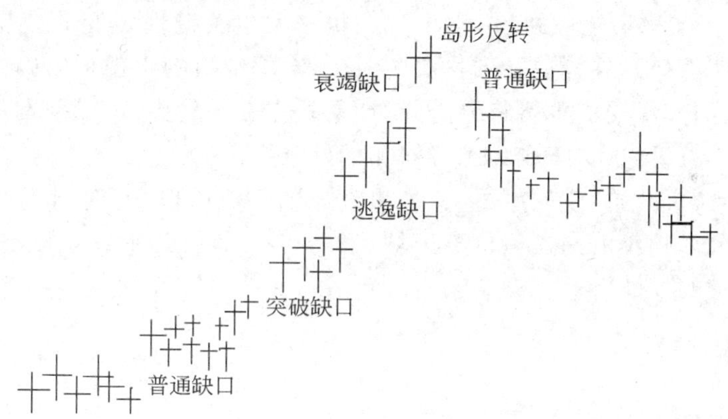

图5-24　缺口和岛形反转

（1）普通缺口，通常发生在市场交易量极小的情况下，或者是在横向延伸的交易区间的中间阶段。其主要原因是市场参与者了无兴趣，市场清淡，相对较小的交易指令便足以导致价格缺口的出现。这种缺口一般预测价值不大，可忽略不计。

（2）突破缺口，通常发生在重要的价格运动完成之后，或者新的重要运动发生之初。在市场完成了主要的底部反转形态，比如头肩底后，对颈线的突破经常就是以突破缺口的形式进行的。在市场的顶部或底部所发生的重要突破，是滋生这类缺口的温床。另外，因为重要趋势线被突破意味着趋势反转，所以也可能引发突破缺口。突破缺口通常是在高额交易量中形成的。向上缺口在之后的市场调整中通常起着支撑作用，而向下缺口在之后的市场反弹中将成为阻挡区域。突破缺口多数是不被填回的。在向上突破的情况下，价格或许会回到缺口的上边缘，或者甚至部分地填回到缺口中，但通常其中总有一部分保留如初，不能被填满。一般来说，在这种缺口出现后，交易量越大，那么它被填回的可能性就越小。事实上，如果该缺口被完全填回，价格重新回到了缺口的下方的话，那么这其实可能是个信号，说明原先的突破并不成立。

（3）逃逸缺口，当新的市场运动发生一段时间之后，大约在整个运动的中间阶段，价格将再度跳跃前进，形成一个缺口或一系列缺口，称为逃逸缺口。此类缺口反映出市场正以中等的交易量顺利地发展。在上升趋势中，它的出现表明市场坚挺；而在下降趋势中，则显示市场疲软。逃逸缺口一般会在突破缺口之后出现。如突破缺口的情况一样，在上升趋势中，逃逸缺口在此后的市场调整中将构成支撑区，它们通常也不会被填回，而一旦价格重新回到逃逸缺口之下，那就是对上升趋势的不利信号。

因为这种缺口经常出现于中期或长期的升跌势的中央，具有度量升跌幅度的作用，所以又称测量缺口。它可用来测算投资者获利的空间，度量方法是：从逃逸缺口到该趋势完成时的距离，应大致等于从该趋势开始时到逃逸缺口之间的距离。

（4）衰竭缺口，又称消耗性缺口，常出现在价格发生关键性转变的交易日，属于一种反转信号。当长期涨势或跌势快要到尽头的时候，衰竭缺口的出现可以确认为反转提示。如果处在上升趋势，表示期货价格将要下降；如果处在下跌趋势，表示期货价格将要上涨。此种缺口多数会在数天内回补，成为短线操作的好时机。

在牛市尽头、熊市开始，或熊市尽头、牛市开始的过渡阶段，有时出现两边为缺口、中间为成交量显著增加的小范围盘桓价格区域，呈岛屿状，称为岛形反转形态。它通常意味着市场将发生一定幅度的折返。

四、指标分析

（一）移动平均线

1. 移动平均线的一般原理

运用移动平均线预测期货价格的理论基础，是统计学的平均数原理，即将一系列不规则的微小的价格波动予以剔除，来反映价格的主要变动趋势，从而帮助预测未来的价格走势。根据计算方法，移动平均线分为简单移动平均线、加权移动平均线和指数平滑移动平均线等。根据计算期的长短，又可分为短期、中期和长期移动平均线。通常以 5 日、10 日移动平均线观察市场的短期走势，以 30 日、60 日移动平均线观察中期走势，以 13 周、26 周移动平均线观察长期走势。时间越短，说明当期价格主要受较近的前期价格的影响；时间越长，则说明较远的前期价格对当期价格依然存在着较大的影响。

移动平均数通常用每天的收盘价来计算，以简单平均为例，计算公式为

$$\mathrm{SMA}_t = \frac{P_t + P_{t-1} + \cdots + P_{t-n+1}}{n} \quad (P_t\text{，当期价格；}n\text{，日数})$$

以玉米期货 4 日移动平均线为例，计算方法如表 5-2 所示。

表 5-2　简单移动平均数的计算

日数	1	2	3	4	5	6
价格	2.20	2.16	2.60	2.80	2.40	2.32

$$SMA_4=\frac{2.20+2.16+2.60+2.80}{4}=\frac{9.76}{4}=2.44$$

$$SMA_5=\frac{2.16+2.60+2.80+2.40}{4}=\frac{9.96}{4}=2.49$$

$$SMA_6=\frac{2.60+2.80+2.40+2.32}{4}=\frac{10.12}{4}=2.53$$

在横轴表示时间、纵轴表示价格的坐标图中，将移动平均数各点标出，用平滑曲线连接各点，即得到移动平均线(见图 5-25)。对于不同的商品期货，存在着不同最佳日数的移动平均线。这种现象是受该种商品本身波动特性影响的后果。

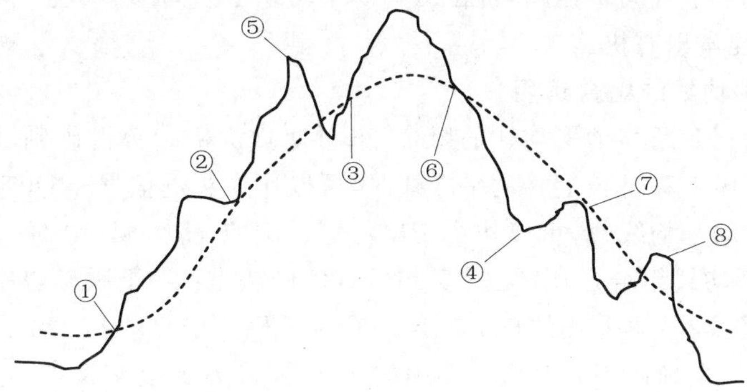

图 5-25　移动平均线

2. 移动平均线与收盘价的组合运用

运用某一移动平均线预测和判断后市价格，一般将移动平均线与每日的收盘价曲线相比较，以两者之间的偏离关系作为依据，当两者相交时就是买进或卖出时机。在具体运用中，可以参考以下 8 条法则。

(1) 移动平均线(图 5-25 中虚线)从下降逐渐转为水平，且开始向上抬头，而收盘价从下向上突破移动平均线，便是买进时机(如图 5-25 中①所示)。

(2) 收盘价在移动平均线之上移动，其间价格下跌但没有跌破移动平均线；还有一特征就是收盘价越来越远离移动平均线后突然回跌，但未跌破移动平均线，然后又再度上升，也是买入时机(如图 5-25 中②所示)。

(3) 收盘价在移动平均线上方运动，离移动平均线越来越远，然后价位下跌，跌至移动平均线下方；价位向上突破移动平均线，是买进时机(如图 5-25 中③所示)。

(4) 收盘价在移动平均线之下运动，突然暴跌，远离移动平均线，这是买进时机(如图 5-25 中④所示)。

(5) 收盘价在移动平均线之上运动，且处于上升行情，越来越远离移动平均线，表示近期牛市冲天，但买方可能会获利回吐，使价位回跌，因此是卖出时机(如图 5-25 中⑤所示)。

(6) 移动平均线从上升趋势转为水平，收盘价从上向下突破移动平均线，是卖出时机(如图 5-25 中⑥所示)。

(7) 收盘价在移动平均线之下运动，回升时未超越移动平均线，且移动平均线已由水平转为下移的趋势，是卖出时机(如图 5-25 中⑦所示)。

(8) 收盘价在移动平均线之下运动，移动平均线也呈下跌趋势，一旦出现反弹，就应该趁高价卖出(如图 5-25 中⑧所示)。

综合以上 8 条法则，可以发现：当移动平均线从下降转为水平且有向上发展的趋势，价位在移动平均线下方向上突破，回跌时若不跌破移动平均线，是最佳买进时机；当移动平均线从上升转为水平且向下运动，价位从移动平均线上方向下突破，回升时若无力穿透移动平均线，是最佳卖出时机。

3. 多条移动平均线的组合运用

投资者可以运用多条移动平均线的组合，来对期货价格走势做出判断和预测。当短期移动平均线从下向上穿过长期移动平均线时，可以作为买进信号；当短期移动平均线从上向下穿过长期移动平均线时，可以作为卖出信号。例如，将短期(10 日)、中期(20 日)和长期(50 日)移动平均线组合运用(见图 5-26)，具体做法是：在下跌趋势中，当 10 日移动平均线向上穿过 20 日移动平均线时，是准备买入时机。当 20 日移动平均线向上穿过 50 日移动平均线时，是确认买入时机。图中的 A 点被称为黄金交叉点，意味着在此时买入的盈利机会大。在上升趋势中，当 10 日移动平均线向下穿过 20 日移动平均线时，是准备卖出时机。当 20 日移动平均线向下穿过 50 日移动平均线时，是确认卖出时机。图中的 B 点被称为死亡交叉点，意味着在此之后市场行情开始下跌。

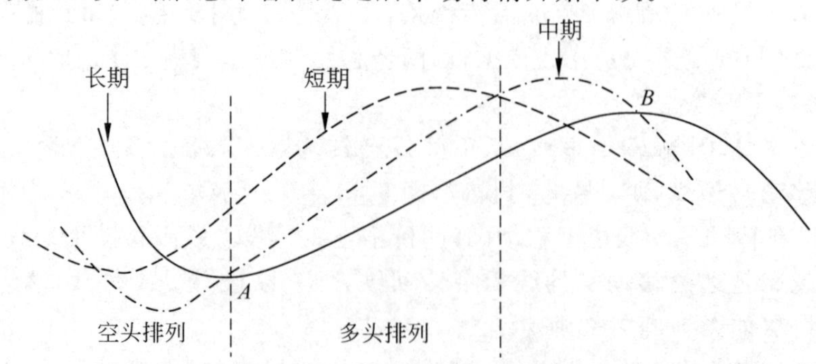

图 5-26　多条移动平均线组合

（二）MACD

MACD（平滑异同移动平均线）指标是由两条曲线组成的，即 DIF 线、DEA 线。DIF 线是短期平滑移动平均线和长期平滑移动平均线的差，DEA 线是 DIF 线的 M 日指数加权移动平均线（通常采用 9 日作为时间参数）。当 MACD 从负数转向正数，是买的信号；当 MACD 从正数转向负数，是卖的信号。当 MACD 以大角度变化，表示快的移动平均线和慢的移动平均线的差距非常迅速地拉开，代表了一个市场大趋势的转变。MACD 还参考了 BAR 指标。

公式如下：

一般 DIF 是取 12 天和 26 天指数平滑移动平均线的差。其计算公式如下：

$$\text{指数平滑移动平均线 } EMA_t = \alpha Pt + (1-\alpha)EMA_{t-1}$$

其中，α 为平滑系数，$\alpha = 2/(N+1)$；P_t 为当日的收盘价，EMA_{t-1} 为前一天的 EMA。

12 天的 $EMA_t(12) = 2/(12+1)\ P_t + [1-2/(12+1)]EMA_{t-1} \quad (t=1,2,\cdots,12)$

26 天的 $EMA_t(26) = 2/(26+1)\ P_t + [1-2/(26+1)]EMA_{t-1} \quad (t=1,2,\cdots,26)$

$DIF_t = EMA_t(12) - EMA_t(26) \quad (t=1,2,\cdots)$

DEA 是 DIF 的移动平均，参考之前介绍的移动平均线的计算方法即可。

$$BAR = 2\times(DIF - DEA)$$

在大多数期货技术分析软件中，柱状线 BAR 是有颜色的，在低于 0 轴以下是绿色，高于 0 轴以上是红色，前者代表趋势较弱，后者代表趋势较强。关于 MACD 主要有以下运用法则。

(1) 当 DIF 和 DEA 处于 0 轴以上时，属于多头市场，DIF 线自下而上穿越 DEA 线时是买入信号。DIF 线自上而下穿越 DEA 线时，如果两线值还处于 0 轴以上运行，只能视为一次短暂的回落，而不能确定趋势转折，此时是否卖出还需要借助其他指标来综合判断。

(2) 当 DIF 和 DEA 处于 0 轴以下时，属于空头市场。DIF 线自上而下穿越 DEA 线时是卖出信号，DIF 线自下而上穿越 DEA 线时，如果两线值还处于 0 轴以下运行，只能视为一次短暂的反弹，而不能确定趋势转折，此时是否买入还需要借助其他指标来综合判断。

(3) 柱状线收缩和放大。一般地说，柱状线的持续收缩表明趋势运行的强度正在逐渐减弱，当柱状线颜色发生改变时，趋势确定转折。但在一些时间周期不长的 MACD 指标使用过程中，这一观点并不能完全成立。

(4) 形态和背离情况。MACD 指标也强调形态和背离现象。当形态上 MACD 指标的 DIF 线与 MACD 线形成高位看跌形态，如头肩顶、双头等，应当保持警惕；而当形态上 MACD 指标的 DIF 线与 MACD 线形成低位看涨形态时，应考虑买入。在判断形态时以 DIF 线为主，MACD 线为辅。当价格持续升高，而 MACD 指标走出一波比一波低的走势时，意味着顶背离出现，预示着价格将可能在不久之后出现转头下行，当价格持续降低，而MACD指标却走出一波高于一波的走势时，意味着底背离现象的出现，预示着价格将很快结束下跌，转头上涨。

(5) 牛皮市道中指标将失真。当价格并不是自上而下或者自下而上运行，而是保持水平方向的移动时，我们称之为牛皮市道，此时虚假信号将在MACD指标中产生，指标DIF线与MACD线的交叉将会十分频繁，同时柱状线的收放也将频频出现，颜色也会常常由绿转红或者由红转绿，此时MACD指标处于失真状态，使用价值相应降低。

(三) 威廉指标

威廉指标(WMS%R)是由Larry Williams 1973年首创的，最初用于期货市场。威廉指标主要是通过分析一段时间内价格最高价、最低价和收盘价之间的关系，主要利用振荡点来反映市场的超买超卖行为，分析多空双方力量的对比，从而提出有效的信号来研判市场中短期行为的走势。

威廉指标是利用摆动点来量度股市的超买卖现象，可以预测循环期内的高点或低点，从而提出有效率的投资信号。威廉指标的计算公式如下：

$$\text{WMS\%R}=100-(C-L_n)/(H_n-L_n)\times 100$$

其中：C为当日收盘价，L_n为n日内最低价，H_n为n日内最高价，公式中n日为选设参数，一般设为14日或20日。

威廉指数计算出的指数值在0至100之间波动，不同的是，威廉指数的值越小，市场的买气越重；反之，其值越大，市场卖气越浓。应用威廉指数时，一般采用以下几点基本法则：

(1) 当WMS%R线达到80时，市场处于超卖状况，价格走势随时可能见底。因此，80的横线一般称为买进线，投资者在此可以伺机买入；相反，当WMS%R线达到20时，市场处于超买状况，走势可能即将见顶，20的横线被称为卖出线。

(2) 当WMS%R从超卖区向上爬升时，表示行情趋势可能转向，一般情况下，当WMS%R突破50中轴线时，市场由弱市转为强市，是买进的信号；相反，当WMS%R从超买区向下跌落，跌破50中轴线后，可确认强市转弱，是卖出的信号。

(3) 由于市场气势的变化，超买后还可再超买，超卖后亦可再超卖，因此，当WMS%R进入超买或超卖区，行情并非一定立刻转势。只有确认WMS%R线明显转向，跌破卖出线或突破买进线，方为正确的买卖信号。

(4) 在使用WMS%R对行情进行分析时，最好能够同时使用强弱指数配合验证。同时，当WMS%R线突破或跌穿50中轴线时，亦可用以确认强弱指数的信号是否正确。因此，使用者如能正确应用威廉指数，发挥其与强弱指数在研制强弱市及超买超卖现象的互补功能，可得出对大势走向较明确的判断。

（四）相对强弱指数

1. 相对强弱指数的计算

相对强弱指数(RSI)是通过计算某一段时间内收盘价的平均涨幅和平均跌幅来分析市场多空力量对比态势，从而判断买卖时机。

RSI 的计算公式为

$$\text{RSI}=100-\frac{100}{1+\text{RS}}$$

$$\text{RS}=\frac{n\text{ 天内收盘价上涨数之和的平均值}}{n\text{ 天内收盘价下跌数之和的平均值}}$$

以 9 日的 RSI 为例(见表 5-3)，具体步骤是：①依次逐日将收盘价与前一日收盘价相减，如为正数则表示价格上涨，如为负数则表示价格下跌；②将所有的涨幅相加除以 $n-1$ 天，得到 n 天内收盘价上涨数之和的平均值，将所有的跌幅相加除以 $n-1$ 天，得到 n 天内收盘价下跌数之和的平均值；③代入公式，可求得 RS 和 RSI。

表 5-3 RSI 的计算

日数	1	2	3	4	5	6	7	8	9
收盘价	2.5	3.7	2.1	3.1	3.9	3.1	1.9	3.3	2.1
涨跌幅度	0	+1.2	−1.6	+1	+0.8	−0.8	−1.2	+1.4	−1.2
	9 天内收盘价上涨数之和的平均值＝(1.2＋1＋0.8＋1.4)÷8＝0.55								
	9 天内收盘价下跌数之和的平均值＝(1.6＋0.8＋1.2＋1.2)÷8＝0.6								
	RS(9)＝0.55÷0.6＝0.9167								
	RSI(9)＝100－100÷(1＋0.9167)＝47.83								

根据不同商品和不同预测目标，RSI 可采用不同天数，如 6 天、9 天、15 天等。天数过短，RSI 过于敏感；天数过长，则 RSI 反应过慢。因此，在运用 RSI 时应合理确定 RSI 的天数值。

2. RSI 的应用

RSI 介于 0 和 100 之间，反映着市场买卖气势。运用该指标预测期货市场价格，主要有以下原则。

第一，RSI 向上穿越 50 线并位于其上时，代表市场走势趋强；RSI 向下穿越 50 线并位于其下时，代表市场走势趋弱；RSI 在 50 线附近波动时，代表买卖力量均衡，市势并不明朗。

第二，RSI 跌至 30 或 20 以下时，代表市势超卖，在这样的环境下，市场有可能形成空头买入平仓行情；当 RSI 升至 80 以上时，代表市势超买，在这样的情况下，市场也许变得比较脆弱,容易引发向下回落的过程,或者即将转入横向调整阶段。对于超买区与超卖区的规定,应根据不同天数区别对待。例如,若以 9 天计算 RSI,则 80 以上为超买区,20 以下为超卖区;若以 14 天计算 RSI,则 70 以上为超买区,30 以下为超卖区。

第三,RSI 与价格一样,可以形成趋势、轨道、整理形态和反转形态等,因此可以从形态上分析,而且与价格相比,RSI 有领先发出信号的功能。如果实际价格升破阻力或跌破支持,而 RSI 却没有相应变化时,则实际价格的变化常常为假突破;而如果 RSI 升破阻力或跌破支持,则实际价格很有可能随后发生突破(图 5-27 中 A 和 B 两点)。

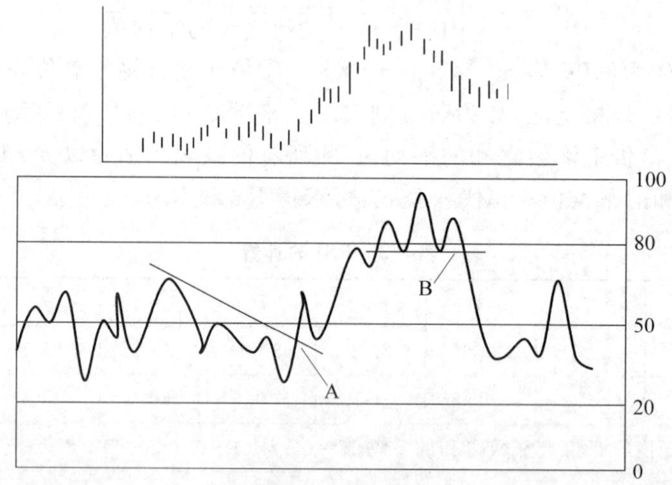

图 5-27 相对强弱指数

第四,当 RSI 变化与价格走势发生背离时,价格走势通常会逆转。如果实际价格上升幅度大并创出新高,而 RSI 却没有形成新高,未能与之配合,这可能是一个看跌信号;如果实际价格下跌幅度大并创出新低,而 RSI 下降幅度小,并未创出新低,则价位可能反弹。在相互背离现象出现时,如果 RSI 数值正处在超买区或超卖区,则相互背离现象具有更强的技术意义。

运用 RSI 预测行情时,应注意背离走势。同时,还应注意不可因为 RSI 已进入超买、超卖便盲目入市。因为在超买、超卖区内,有时即使 RSI 的微幅波动,价位也可能持续大涨或大跌。也就是说,在"一边倒"的行情中 RSI 可能失真。

(五) KDJ 指标

随机指标 KDJ 是由乔治·莱恩首创的,最早也是用于期货市场。它主要是通过当日或最近几日最高价、最低价及收盘价等价格波动的波幅,反映价格走势的强弱和超买超卖现象,在价格尚未上升或下降之前发出买卖信号。其理论依据是,当价格上涨的时候,收盘价格倾向于接近当日价格区间的上端。相反地,在价格下跌时,收盘价格倾向于接近当日价格区间的下端。在随机指数中，采用了两条图线——%K 线和%D 线，其中%D 线更重要，主要由它来提供买卖信号。

随机指数的目的在于，显示在过去一定日子里的价格区间中的相对位置。K 线在两条线中更敏感，它的计算公式如下：

$$\%K=100[(C-L_n)/(H_n-L_n)]$$

其中，C 是当日的收盘价，L_n 是过去 n 日内的最低价，H_n 是过去 n 日内的最高价。

上述公式简单地求得了当日收盘价在过去 n 日内的全部价格范围中的相对位置。如果结果很高(超过 70)，则表明当日收盘价接近该价格范围的上端；而如果结果较低(小于 30)，则表明当日收盘价接近该价格区间的下端。

第二条线，%D 线，其实是%K 线的 3 天移动平均线。%D 的计算公式如下：

$$\%D=100\times(H_3/L_3)$$

其中 H_3 是 3 天的($C-L_5$)的总和，而 L_3 是 L_3 天的(H_5-L_5)的总和。在图表上，上面求得的两条线，在 0 到 100 的垂直刻度之间摆动。其中 K 线为实线，较平缓的 D 线为虚线。主要的信号是，当 D 线处于超买或超卖区时，D 线与相应的期货合约的价格图线之间出现相互背离现象。这里，上、下极限区分别以 70 和 30 两个刻度为标志。最佳的买入信号发生在 D 值为 10 到 15 的时候，而最佳的卖出信号则出现在 D 值为 85 到 90 的时候。

当 D 线居于 70 之上并形成了两个依次下降的峰，而价格却持续上涨的时候，就构成了看跌背离信号。当 D 线位于 30 之下并形成了两个依次上升的谷，而价格却持续下跌的时候，就构成了看涨背离信号。假定上述诸因素皆备，那么在 D 线已经转向之后，当实的 K 线穿过慢的 D 线时，就算构成了真正的买、卖信号。换句话说，两线的交叉应当发生在 D 线上的峰或谷的右侧。例如在底部，如果 D 线已经完成底部动作并已转头向上之后，K 线才向上穿越了 D 线，那么，这个买入信号就来得强烈些。而在顶部，如果 D 线事先已经达到顶点并转头下落了，然后 K 线才向下穿越了 D 线，那么，这个卖出信号也比较强烈。因此，两条线均向同一方向移动时出现的交叉现象，是比较强烈的信号。

(六) 乖离率

乖离率(BIAS)是测量期货价格偏离移动平均线大小程度的指标。当价格偏离市场平均线太远时，都有一个回归的过程，即所谓的“物极必反”。

乖离率的计算公式如下：

N 日乖离率＝(当日收盘价－N 日移动平均收盘价)/N 日移动平均收盘价

其中，参数 N 大小的选择首先影响移动平均线，其次影响乖离率。一般来说，参数选得越大，则允许价格远离移动平均线的程度就越大。

乖离率的应用法则主要有以下几条。

(1) 乖离率可分为正乖离率与负乖离率。若期货价格大于移动平均线，则为正乖离；反之则为负乖离。当期货价格与平均线相等，则乖离率为零。正乖离率越大，表示短期超买越大，则越有可能见顶；负乖离率越大，表示短期超卖越大，则越有可能见底。只要乖离率一超过某个正数，就可以考虑卖出；只要乖离率低于某个负数，就可以考虑买入。这个上下分界线与三个因素有关：乖离率选择的参数 N 的大小、选择的期货合约品种、所处的时期。一般来说，参数越大，采取行动的分界线就越大。市场越活跃，选择的分界线也越大。

(2) 若乖离率形成从上到下的两个或多个下降的峰，而此时市场价格还在继续上升，则这是卖出的信号。若乖离率形成从下到上的两个或多个上升的谷，而此时市场价格还在继续下跌，则这是买入的信号。

(3) 当短期乖离率在高位下穿长期乖离率时，这是卖出信号；在低位，短期乖离率上穿长期乖离率时是买入信号。

(七) 心理线指标

心理线(PSY)主要是从投资者的买卖趋向的心理方面，对多空双方的力量对比进行分析。它是以一段时间收盘价涨跌天数的多少为依据，计算公式如下：

$$\text{PSY}(N)=N\text{ 天内上涨的天数}/N\times 100\%$$

例如 10 天中如果有 8 天上涨，2 天下跌，心理线就是 8/10×100%＝80%，再将此标示在百分比的图纸上，每天延续下去时，将每天的百分比连接起来，即成为心理线，心理线最好与 K 线相互对照。

心理线的运用有以下几条规则。

(1) 由心理线公式计算出来的百分比值，超过 75 时为超买，低于 25 时为超卖，比值在 25～75 区域内为常态区域。但在上涨行情时，应将卖点提高到 75 之上；在下跌行情时，应将买点降低至 45 以下。

(2) 一段上升行情展开前，通常超卖的低点会出现两次。同样，一段下跌行情展开前，超买的最高点也会出现两次。在出现第二次超卖的低点或超买的高点时，一般是买进或卖出的时机。

(3) 当百分比值降低至 10 或 10 以下时，是真正的超卖，此时是一个短期抢反弹的机会，应立即买进。相应地，当百分比值增大至 90 或 90 以上时，是真正的超买，股价有可能下跌，是卖出的信号。

(4) 心理线主要反映市场心理的超买或超卖，因此，当百分比值在常态区域上下移动时，一般应持观望态度。

(5) 高点密集出现两次为卖出信号；低点密集出现两次为买进信号。

(八) 能量潮指标

OBV 的英文全称是 On Balance Volume，也称平衡交易量。有些人把每一天的成交量看作海的潮汐一样，形象地称 OBV 为能量潮。

OBV 线的构造方法很简单。我们先把每一个交易日的收盘价与相邻的前一个交易日的收盘价相比较，如果当日的收盘价比前一交易日高，那么，当日交易量数值的符号为正；若当日的收盘价比前一交易日低，则当日交易量数值的符号为负。下一步，再选定一个基准日，从基准日起到当日止，逐日地按照上述方法得出每日的交易量数值，然后把它们进行简单的算术累加，即根据每天的收盘价的增减方向，从前一日的累计总值中，相应地加上或减去当日的交易量，最后就得到当日的累计总值——OBV 值。

OBV 的基本原理是根据潮涨潮落把市场比喻成一个潮水的涨落过程，如果多方力量大，则向上的潮水就大，中途回落的潮水就小，衡量潮水大小的标准是成交量。每一天的成交量可以理解成潮水，但这股潮水是向上还是向下，是保持原来的大方向，还是中途的回落，这个问题就由当天的收盘价与昨天的收盘价的大小比较而决定。如果今收盘价＞昨收盘价，则这一潮水属于多方的潮水；如果今收盘价＜昨收盘价，则这一潮水属于空方的潮水。

OBV 的应用法则和注意事项：

(1) OBV 不能单独使用，必须与价格线结合使用才能发挥作用。

(2) OBV 曲线的上升和下降对于进一步确认当前价格的趋势有着很重要的作用：价格上升(或下降)，OBV 也相应地上升(或下降)，则可以更确认当前的上升(或下降)趋势。价格上升(或下降)，但 OBV 并没有相应地上升(或下降)，则价格可能会发生反转。

(3) 在价格进入盘整区后，OBV 曲线会率先显露出脱离盘整的信号，向上或向下突破。

五、成交量和持仓量分析

在期货价格分析和预测中，往往需要将各种图形和指标与成交量和持仓量结合起来综合运用。

(一) 成交量与价格

成交量是指某一时间内买进或卖出的期货合约数量，通常是指每一交易日成交的合约量。成交量是重要的人气指标，反映市场的供求关系和买卖双方力量的强弱。通过对成交量与价格之间关系的分析，可以判断价格走势和价格运动的强烈程度。成交量与价格的关系通常有以下几种情况。

(1) 成交量增加，价格同步上涨，这种量增价涨的关系表示价格将继续上升。

(2) 在涨势中，价格随递增的成交量上涨；当价格调整后再上涨创出新高价时，成交量却没有创新高，形成量价背离。这暗示价格将回跌。

(3) 成交量是价格上涨的动力，价格上涨而成交量萎缩。这显示动力不足，价格将反转回跌。

(4) 成交量增加，价格下跌；当成交量放大时，价格在低位徘徊，没有创新低。这表明多头市场已形成，价格将上涨。

(5) 价格向下跌破支撑线或移动平均线，同时出现大成交量。这表明价格将继续下跌。

(6) 价格先随缓慢递增的成交量逐渐上升，后随成交量剧增而骤升，接着成交量大幅萎缩，价格急剧下跌。这表示涨势已结束，反转已成大势。

(7) 价格持续下跌一段时间后，出现恐慌性抛售，随成交量剧增，价格跌至新低。这预示空头市场行将结束，价格可能上涨。

(8) 价格长时间持续上涨，出现急剧增加的成交量，此后价格上涨乏力，在高位徘徊。这预示不久将转势下跌。

(二) 持仓量与价格

持仓量是指到某日收市为止，所有买入或卖出的未平仓了结的合约的总数。持仓量的变化反映了期货市场中资金流向的变动。持仓量增加表明资金流入市场，反之则表明资金流出市场。持仓量的增减取决于交易者在期货市场中的买卖活动，包括以下 4 种情况(如表 5-4 所示)。

表 5-4 交易行为与持仓量的关系

	买方	卖方	持仓量		买方	卖方	持仓量
双开	多头开仓	空头开仓	增加	空头换手	空头平仓	空头开仓	不变
多头换手	多头开仓	多头平仓	不变	双平	空头平仓	多头平仓	减少

第一，买卖双方都是入市开仓，一方买入开仓，另一方卖出开仓(即双开)时，持仓量增加。

第二，在买卖双方中，一方为买入开仓，另一方为卖出平仓(即多头换手)时，一方入市，另一方退出市场，合约总数没有发生变化，持仓量不变。

第三，在买卖双方中，一方为卖出开仓，另一方为买入平仓(即空头换手)时，情况类似第二种，持仓量不变。

第四，买卖双方都持有未平仓合约，一方卖出平仓，另一方买入平仓(双平)时，持仓量减少。

持仓量与价格变动一般有如下关系：

(1) 在上升趋势中，持仓量增加，表示新买方在大量建仓多头，价格会继续上涨。

(2) 在上升趋势中，持仓量减少，表示多头获利卖出平仓离场，价格会继续下跌。

(3) 在下降趋势中，持仓量增加，表示新卖方在大量建仓空头，短期内价格可能转跌。

(4) 在下降趋势中，持仓量减少，表示空头获利买入平仓离场，短期内价格可能转升。

(三) 成交量、持仓量和价格的关系

成交量和持仓量作为次级技术指标，能够辅助确认图表中的技术信号，不宜单独基于成交量或持仓量而做出交易决策。交易者通常将成交量、持仓量和价格三者结合起来，以

此来判断价格走势(如表 5-5 所示)。

表 5-5 价格、成交量和持仓量的关系

	价格	成交量	持仓量	价格走向
1	上涨	增加	增加	继续上涨
2	下跌	增加	增加	继续下跌
3	上涨	减少	减少	转为下跌
4	下跌	减少	减少	转为上涨
5	上涨	增加	减少	转为下跌
6	下跌	增加	减少	转为上涨

(1) 成交量上升,持仓量增加,价格上升,表示做多的交易者大量增加,市场行情看好,近期价格可能继续上升。成交量和持仓量增加,说明新入市交易者买卖的合约数超过了原交易者平仓的合约数。市场价格上升又说明市场上买气压倒卖气,新交易者正在入市做多。

(2) 成交量、持仓量增加,价格下跌,表示新卖方大量抛售,近期价格将继续下跌,但如果过度抛售,价格有可能反弹回升。这种情况表明,此时不断有更多的新交易者入市,且在新交易者中卖方力量压倒买方,价格将进一步下跌。

(3) 成交量、持仓量减少,价格上升,表示卖空者大量补进平仓,短期内价格向上,但不久将可能回落。成交量和持仓量下降,说明市场上原交易者正在对冲了结其合约。价格上升又表明,市场上原卖出者在买入补仓时其力量超过了原买入者卖出平仓的力量,主要体现在空头回补,而不是主动性做多买盘。

(4) 成交量、持仓量减少,价格下跌,说明市场中多头平仓止损增加,空头仅进行获利了结,但开空仓的并不增加,短期内价格可能继续下降,但不久将可能回升。成交量和持仓量减少,说明市场上原交易者的平仓合约超过新交易者的开仓合约。价格下跌又说明,市场上原买入者在卖出平仓时其力量超过了原卖出者买入补仓的力量,即多头平仓止损离场意愿更强,而不是市场主动性地增加空头。

(5) 成交量增加,持仓量减少,价格上升,表示多头获利回吐,空头补进平仓,后市看淡,价格将会下跌。

(6) 成交量增加,持仓量减少,价格下跌,表示多头抛售平仓,空头获利回补,后市看好,价格将会上升。

由以上可得出如下结论:如果交易量和持仓量均增加,那么,当前趋势很可能按照现有方向继续发展(无论是上涨还是下跌);如果交易量和持仓量都减少,那么,这或许是当前趋势即将终结的信号;如果成交量与持仓量呈反方向变化,则无论价格上升还是下降,后市都将发生反转。

思考题 Exercise

1. 什么是持有成本理论？

2. 期货合约与远期合约的理论价格存在怎样的关系？

3. 投资性商品资产的期货价格和消费性商品资产的期货价格的定价有什么差别？

4. 什么是便利收益？

5. 期货行情表提供了哪些信息？

6. 成交量和持仓量的变动分别揭示了什么信息？

7. 基本分析法有什么特点？一般分析哪些因素？

8. 技术分析法有什么特点？一般分析哪些因素？

9. 技术分析法有哪些理论？

10. 什么是阴线和阳线？K线图的基本形态有哪些？它们分别代表什么含义？

11. 如何运用波浪理论？

12. 价格趋势可分为哪几种？如何判断？

13. 价格形态可分为几类？

14. 主要的整理形态有哪些？

15. 主要的反转形态有哪些？

16. 期货市场常用的技术分析指标有哪些？

17. 怎样根据成交量、持仓量、价格之间的关系判断价格走势？

18. 11月1日，某股票现货市场价格为10美元，该股票三个月后到期的期货合约理论价格是多少？假定该股票是公平定价的，期间不支付红利，且对应的无风险收益率为3%。

19. 5月21日，沪深300指数值为2 500点。假设该指数值是合理的，则6月21日到期的沪深300指数期货的理论价格是多少？假设对应的无风险收益率为3%，期间不支付红利。

20. 某日，铜现货价为56 000元/吨。假设铜现货是公平定价的，且对应的无风险收益率为5%，则6个月后到期的铜期货价应该是什么价位？为什么？

21. 在上题中，假设当日的铜期货价为56 100元/吨，这个价格体现了持有成本吗？

22. 5月21日，黄金现货价为270.50元/克，8月黄金期货价为280.45元/克，若对应的无风险收益率为3%，两者价格关系合理吗？有没有套利机会？（不考虑交易费等费用）

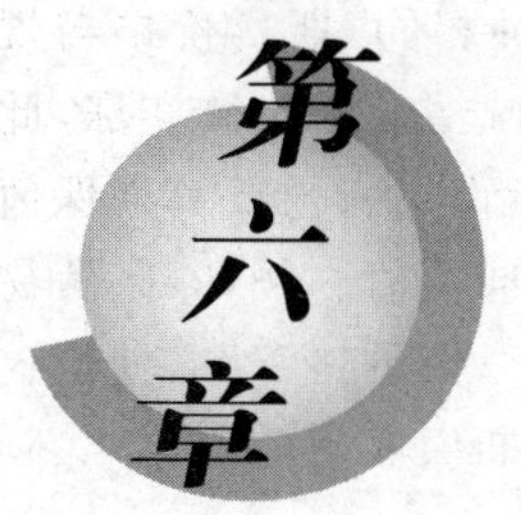

CHAPTER 6

套期保值

本章主要介绍套期保值的概念、基本原理及操作策略，分析基差对套期保值效果的影响及保值策略的优化方法，阐明点价交易、基差交易、展期交易、期转现交易的特点和操作方法。

第一节　套期保值概述

一、套期保值的概念与基本原则

（一）套期保值的概念

套期保值(hedging)又称为对冲或避险。广义的套期保值工具包括期货、期权、远期、互换等衍生产品，而狭义的套期保值工具仅指期货。本书中主要讨论期货套期保值。

套期保值的概念最早由凯恩斯(Keynes，1923)和希克斯(Hicks，1946)提出和总结：套期保值就是同时买进(或卖出)与现货品种、数量相同但交易方向相反的期货合约，以便在未来某一时间再通过平仓获利来抵偿因现货价格波动带来的风险。企业通过套期保值，可以降低价格风险对企业经营活动的影响，实现稳健经营。

（二）套期保值的操作原则

套期保值交易必须遵循品种相同、数量相等、交易时间相同或相近、交易方向相反这四大基本原则。

1. 品种相同原则

交易商品品种相同原则是指在进行套期保值交易时，所选择的期货合约的品种与所需保值的现货商品品种相同。因为只有期货与现货的品种相同,期货价格与现货价格的影响因素大体相同,两者的价格走势才能保持大致相同的趋势,此涨彼亦涨,此跌彼亦跌,配合上两者采取反向交易才可实现保值。因此,如果期货市场有与要套期保值的商品相同的期货品种,企业就可选择这个品种的期货合约进行套期保值。例如,某贸易商签订了3万吨的白糖进口合同,价格已确定下来。为了预防日后白糖价格下跌,使得这批白糖的销售收益下降,可以在期货市场通过白糖期货合约进行套期保值。

2. 数量相等原则

交易商品数量相等原则是指在做套期保值交易时所交易的期货合约代表的标的资产实物量与需保值的现货实物量应相等。只有如此,在一个市场上的盈利和另一个市场上的亏损才最接近。譬如某交易商两个月后想要购进100吨铜的现货,但是担心铜的价格上涨,购买成本增加,那么他就需用20手上海期货交易所铜期货合约(5吨/手)来保值。

3. 交易时间相同或相近原则

交易时间相同或相近原则是指做套期保值交易时选用的期货合约的交割月份要与交易者将来实际要买进或卖出现货商品的月份相同或相近。这是因为两个市场上出现的亏损额和盈利额受到两个市场上价格波动幅度的影响,只有选用月份相同或接近的期货合约,期货价格和现货价格之间的联系才会更加紧密,并且随着期货合约交割月份的来临,期货价格和现货价格大体会趋于一致,增强套期保值交易的预期效果。

4. 交易方向相反原则

交易方向相反原则是指在期货市场上的交易方向应与在现货市场上的交易方向相反,前者是买进(或卖出),后者应是卖出(或买进)。因为在正常情况下,现货与期货价格的走势是相同的,期货市场上的盈(或亏)就能抵偿现货市场上的亏(或盈)。如果在两个市场上交易方向相同,比如现货是买进,同时期货也是买进,那么当价格都下跌时,现货市场上出现亏损,期货市场上也出现亏损,不仅不能实现套期保值的效果,反而增加了价格风险。

然而,考虑到现实情况的制约,在实际操作中,人们往往在上述基本原则的基础上进行一些变通:

(1) 在实际中,只有少数商品才有完全对应的期货品种。因此,某些商品的套期保值只能选择价格上具有较强相关性的期货品种来代替。这种选择与被套期保值商品或资产种类不相同但价格走势大体一致的期货合约进行的套期保值,称为交叉套期保值(cross hedging)。一般地,选择作为替代物的期货品种最好是该现货商品或资产的替代品,相互替代性越强,交叉套期保值交易的效果就会越好。

(2) 在实际中,不一定要硬性遵循交易数量相等原则。其一,期货交易要求买卖整数倍的期货合约数量。当现货商品或资产的数量不是对应的期货合约数量的整数倍时,就无法做到交易数量完全相等。譬如之前的例子,如果该交易商是想购进103吨铜的现货,那么要用于套期保值的铜合约的数量就大致为20或21手。其二,在交叉套期保值的情形下,交易数量不会相等。其三,人们可以依据组合投资风险最小的原理来确定套保比率,对此,后面将专门讨论。

(3) 在实际中,由于期货合约的流动性存在差异,交易者往往会选择流动性好的交割月份的合约用于保值,以及掌握好时机进行期货合约的平仓,以便达到预期的保值效果。例如,5 月下旬某榨油厂计划在 9 月购进大豆做原料,为预防价格上涨带来风险,他决定买入大连商品交易所的大豆期货合约保值,此时,期货市场上有当年 7 月、9 月、11 月合约以及来年 1 月、3 月、5 月、7 月、9 月合约在挂牌交易。这时,选择 11 月合约要比 9 月合约更好,因为到了交割月,保证金水平会提高,期货合约的流动性会降低,这给套期保值头寸的对冲带来困难。

二、套期保值的经济学原理

套期保值之所以能实现风险对冲,是基于以下两个基本原理。

(一) 同一品种的期货价格走势与现货价格走势一致

同一品种的商品,由于其期货价格与现货价格在无人为操纵的情况下都受相同的经济因素的影响和制约,因而两者价格的变动趋势和方向具有一致性,尽管两者价格波动的幅度可能有差异。如图 6-1 所示,同一品种商品的现货价格与某月份的期货价格的波动趋势和方向是一致的。当套期保值者在现货市场上亏损时,在期货市场就有盈利,便可用期货市场上的盈利 f 来抵偿现货市场上的亏损 s。此时,若 $f=s$,实现完全套期保值;$f>s$,以期货市场盈利弥补现货市场亏损还有余,则实现有盈保值;若 $f<s$,以期货市场盈利不足以弥补现货市场亏损,则实现减亏保值。相反,若商品价格变动趋势是下跌,则出现相反的抵偿情形。这是交易者做买进套期保值的情形。如果交易者做卖出套期保值(图 6-1 中未注明),读者完全可以推论,会出现全然相反的抵偿情形。

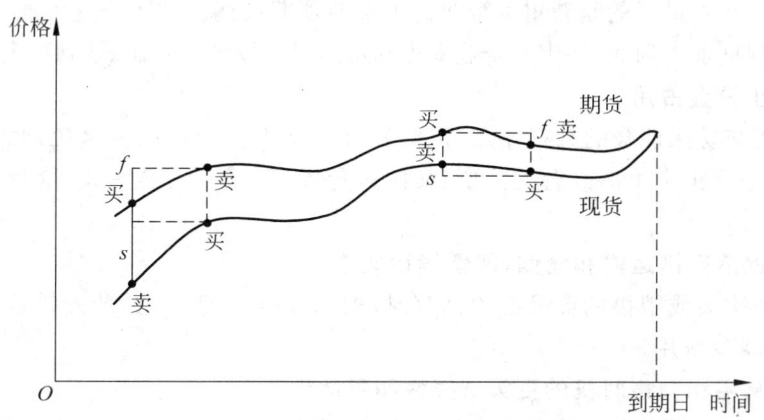

图 6-1 同一品种现货价与某月期货价

（二）随期货合约到期日的临近，期货价格与现货价格趋向一致

随着某月期货合约到期日的临近，该期货价格应与现货价格逐渐接近，在到期日两者相差甚微。这是因为如果这时的期货价格与现货价格不一致的话，则会引发两个市场之间的套利交易，而一旦出现套利机会，交易者会增多，在众多套利交易者争着低买高卖的过程中，价格行情会发生变化，其结果会大大缩小两个市场间的价差。这也是因为期货交易的交割制度规定，期货合约到期时必须进行对冲平仓或者交割实货。比如，到交割时，期货价格仍然高于现货价格，就会有套利者争相买进低价现货，而在期货市场上高价卖出，实现套利；这种争相套利的结果，会使得现货价走高，期货价走低，两者价格最终相差甚微，不再有套利机会。

三、套期保值的作用

从国内外期货市场的运行与发展来看，任何一个期货品种成功与否都取决于它是否具有良好的套期保值功能。套期保值有以下作用。

1. 回避现货价格波动带来的风险

价格波动风险是市场经济中客观存在且又最重要的一种风险。现货生产、经营者通过套期保值，将价格波动风险转移给投机者，能不同程度地回避风险，从而保障正常的生产、加工利润。

2. 是期货市场价格发现的基础之一

众多的现货生产、经营者对相关品种的市场情况往往有较为理性的预测。他们只有在价格变动对自己不利时才会做出保值决策，进入期货市场买卖期货合约，这有助于增强市场价格发现的功能，并制约投机活动使之理性化。

3. 锁定相关品种的成本，稳定产值和利润

生产、加工企业的目的是获得本行业的正常的预期利润。加工企业可通过保值锁定进货成本，从而保证加工利润；而生产企业则可利用期货市场预先卖出，达到稳定收入的目的。

4. 可减少资金占用

由于期货交易保证金的杠杆作用，保值者可以预先用少量的资金控制大量的现货资产，既能保证今后正常生产经营的需要，又能避免库存、减少资金占用、降低经营成本，加快资金周转。

5. 便于提前安排运输和仓储，降低储运成本

当所需要购买或销售的商品必须储存时，根据预期信息，可提前安排运输和仓储，降低储运成本，减少费用。

6. 提供购买和销售时机的更大选择性和灵活性

由于套期保值能提供某种程度的价格保护，现货买卖者可视情况需要选择购买和销售时机。

7. 提高企业借贷能力

由于套期保值者的经营更加保险，所以往往从银行融资更容易，从而提高了企业的借贷能力。例如，外贸进出口商如果做了保值，更容易从中国银行开出信用证。

正因为保值具有宏观和微观两方面的作用，所以交易所对保值者也采取了鼓励态度，给予很多优惠政策。如在CBOT，保值者可缴纳较少的初始保证金，并且不受最大交易头寸限额的限制。我国现有的大连、上海、郑州三大交易所也规定，保值企业可以不受最大交易头寸限制。

第二节　套期保值的类型及其应用

一、套期保值的基本类型——买入套期保值和卖出套期保值

根据操作方式和适用对象的不同，套期保值可以分为买入（多头）套期保值和卖出（空头）套期保值两类。这是最常用的分类方法。

（一）买入（多头）套期保值

买入套期保值（buying hedging）又称多头套期保值（long hedging），是指为了回避价格上涨的风险，先在期货市场上买入与其将在现货市场上买入的现货商品或资产数量相等、交割日期相同或相近的以该商品或资产为标的的期货合约，然后，当该套期保值者在现货市场上买入现货商品或资产的同时，将原先买进的期货合约对冲平仓，从而为其在现货市场上买进现货商品或资产的交易进行保值。

对于商品期货来说，买入套期保值方式主要适用于以下情形。

(1) 预计在未来要购买某种商品，购买价格尚未确定时，担心市场价格上涨，使其购入成本提高。由于我国产业结构的特点，相当一部分企业都是原材料加工制造企业，这些企业面临着因原材料价格上涨带来的巨大风险，而通过买入套期保值方式，他们可以在相当程度上回避这些价格风险。

(2) 目前供货方尚未持有某种商品，但已按固定价格与需求方签订好了现货供货合同，担心市场价格上涨，影响其销售收益或者采购成本。例如，某商品的经销商已经按固定价格将商品销售，如果这个经销商将来采购该商品时价格上涨会使其采购成本提高，这就会使企业面临风险。为了避免这种风险，可采用买入套期保值方式。

(3) 需求方认为当前的价格很合适，但是由于资金不足、仓库已满等情况不能立即买进现货，为了防止将来购进现货时价格上涨的情况，可以采取买入套期保值方式来避险。

对于金融期货来说，买入套期保值方式主要适用于以下情形。

(1) 计划在将来某一时间买进某种金融资产，但是担心未来价格上涨，因此提前买入一定比例的金融期货，为现货资产保值。

(2) 目前处于金融资产的卖空状态，不希望将来价格上涨，使其购买金融资产的成本提高，因而采取买入套期保值操作。

【例 6-1】 5 月份，国内豆粕的现货价格为 3 484 元/吨，某饲料企业为避免将来现货价格可能上升，从而提高其购买原材料的成本，因此在大连商品交易所进行豆粕套期保值交易。5 月 15 日，该企业在期货市场上买入 10 手 9 月到期的豆粕合约，价格为 3 548 元/吨。7 月初，该企业在现货市场上以每吨 3 600 元的价格买入豆粕 100 吨，同时在期货市场上以每吨 3 664 元卖出 10 手 9 月份豆粕合约对冲多头头寸。该饲料企业的套期保值结果如表 6-1 所示。

表 6-1　买入套期保值案例(价格上涨情形)

时间＼市场	现货市场	期货市场
5 月 15 日	市场价格 3 484 元/吨	买入 9 月份豆粕期货合约，3 548 元/吨
7 月 5 日	买入价格 3 600 元/吨	卖出豆粕期货合约平仓，3 664 元/吨
盈亏	成本比计划高 116 元/吨	盈利 116 元/吨

由此可见，该饲料企业在过了两个月后以 3 600 元/吨的价格购进豆粕，比先前 5 月初买进豆粕多支付了 116 元/吨的成本，相当于亏损 116 元/吨。但在期货交易中盈利 116 元/吨，对冲了期货市场的亏损。通过套期保值，该饲料企业实际购买豆粕的成本为 3 600－116＝3 484 元/吨，正好等于 5 月中旬豆粕的价格，完全回避了豆粕价格上涨的风险。如果不进行套期保值，该企业将遭受每吨豆粕成本上涨 116 元的损失，影响其生产利润。

(二) 卖出(空头)套期保值

卖出套期保值(selling hedging)又称空头套期保值(short hedging)，是为了回避价格下跌的风险，先在期货市场上卖出与其将在现货市场上卖出的现货商品或资产数量相等、交割日期相同或相近的以该商品或资产为标的的期货合约，当该套期保值者在现货市场上卖出现货商品或资产的同时，将原卖出的期货合约对冲平仓，从而为其在现货市场上卖出现货商品或资产的交易进行保值。

卖出套期保值适用于那些在将来某一时间要在现货市场卖出商品或金融资产，又担心当实际卖出时价格下跌的厂商或投资者。对于商品期货来说，卖出套期保值方式主要适用于以下情形。

(1) 生产商品的厂商(此时持有现货多头头寸)，担心市场价格下跌，使其持有的或即将持有的商品价值下降，或者其销售收益下降。

(2) 储运商、贸易商已经按固定价格买入未来交收的商品(此时持有现货多头头寸)，担心市场价格下跌，使其商品市场价值下降或其销售收益下降。

(3) 加工制造企业担心库存原材料价格下跌。

对于金融期货来说，卖出套期保值方式主要适用于以下情形。

(1) 计划在将来某一时间卖出某些金融资产，但是担心未来价格下跌，因此提前卖出一定比例的金融期货。

(2) 目前处于金融资产的买入状态，不希望将来价格下跌，使其卖出金融资产的盈利减少，因而采取卖出套期保值操作。

【例 6-2】 某年 5 月初，焦炭的现货价格为 1 807 元/吨，某焦炭企业月产能 10 万吨，该企业认为未来两个月焦炭价格可能下跌，从而导致亏损。为了避免将来价格下跌带来的风险，该企业决定在大连商品交易所进行焦炭期货卖出套期保值交易。5 月初，该企业卖出 1 000 手(100 吨/手)当年 9 月交割的焦炭期货合约，成交均价为 2 000 元/吨。到了 7 月初，焦炭的现货价格下降为 1 559 元 /吨，该厂以此价格卖出 10 万吨焦炭，与此同时将期货合约买入平仓，平仓价格为 1 752 元/吨，结束了套期保值。套期保值结果如表 6-2 所示。

表 6-2　卖出套期保值案例(价格下跌情形)

时间＼市场	现货市场	期货市场
5 月 4 日	市场价格 1 807 元/吨	卖出当年 9 月焦炭期货合约，2 000 元/吨
7 月 4 日	平均售价 1 559 元/吨	买入平仓焦炭期货合约，1 752 元/吨
盈亏	售价减少 248 元/吨	盈利 248 元/吨

可见，由于焦炭现货价格下跌，该焦炭生产厂在销售焦炭时，每吨焦炭少赚 248 元，可视为现货市场亏损 248 元/吨。但是由于期货空头头寸因价格下跌而获利 248 元/吨，期货市场的盈利完全抵偿了现货市场的亏损。通过套期保值操作，焦炭的实际售价相当于是 1 559＋248＝1 807 元/吨，正好等于开始套期保值操作时的现货价格。套期保值使焦炭生产厂不再受未来价格变动不确定性的影响，保持其盈利的稳定性。如果没有进行套期保值，价格下跌将导致收益减少 248 元/吨，这将减少焦炭生产厂商的利润，甚至会导致亏损。

二、套期保值的其他分类

套期保值除了以上的基本类型，还可从其他不同的角度进行分类。

(一) 按照期货合约的了结方式分类

按照期货合约的了结方式，套期保值可以分为平仓式套期保值和实物交割式套期保值。其中前者在期货市场上占绝大多数，如例 6-1 和例 6-2 所示，保值结束时，期货合约以平仓形式了结。

实物交割式套期保值，其性质是远期合约交易，在成熟的期货市场上，实物交割所占比例很少，但是这种方式仍然是可运用的套期保值方式之一。对于这种方式，除了要考虑价格情形之外(能否实现“保值”)，还要考虑标准仓单上具体的商品质量规格是否适合自己的需要以及期货市场上实物交割成本与现货市场上购销成本的差异。

（二）按套期保值的性质和目的不同分类

按照性质和目的不同，套期保值可分为以下四种。

1. 存货保值

存有现货的交易者关心的是存货价格将来是否会下跌以及保存现货的持有成本。当他判断将来期货价格比现货价格高出的部分能够弥补持有成本时，可以在期货市场卖出期货保值。

2. 经营性保值

贸易商、经销商等中间商在市场中面临双重风险，既担心购进商品时价格可能上涨，又担心卖出商品时价格可能下跌。因此，他们有时做多头保值，有时做空头保值，其目的是想保证中间利润。为达到中间利润的实现，他们将面临复杂的动态决策过程，可这并非轻而易举的。

3. 预期保值

预期保值是以价格的预期为基础进行的保值交易，交易者首先在期货市场建立某种头寸(多头或空头)时，并没有相对应的现货或现货交易合同。预期保值是作为以后进行现货交易的一个暂时替代交易，其目的是抓住当时的有利价格的机会，抵御以后价格不利带来的亏损。比如，生产者在其产品产出之前就在期货市场卖出相应的期货合约，以便其产品能够卖出好价格；加工商在没有成品出售之前，就在期货市场买进原材料的期货合约，以便确保原材料价格较低，从而降低成本；贸易商在没有签订现货买卖合同之前先在期货市场卖出或买进期货合约。

4. 选择性保值或投机性保值

现货交易者在适当的时候进行价格投机交易，如一些大公司根据对未来价格的预期，进行全额保值或部分保值，甚至不进行保值或超额保值，其目的是以大宗现货为后盾企图在期货市场上投机，取得超额利润。这种交易者将对价格发现功能起到较大的作用。

（三）按照企业会计准则分类

企业会计准则第 24 号把套期保值按保值工具和被保值项目之间的关系划分为公允价值套期保值、现金流量套期保值和境外净投资套期保值。

(1) 公允价值套期保值是指对已确认资产或负债、尚未确认的确定承诺，或该资产或负债、尚未确认的确定承诺中可辨认部分的公允价值变动风险进行的套期保值。该类价值变动源于某类特定风险，且将影响企业的损益。如，2013 年 5 月 17 日，甲公司为规避所持有的铜价格下跌的风险，在期货市场上卖出与库存铜数量相同的期货合约，将其作为对下半年铜价格变化引起的公允价值变动风险的套期保值。

(2) 现金流量套期保值是指对现金流量变动风险进行的套期保值。该类现金流量变动源于与已确认资产或负债、很可能发生的预期交易有关的某类特定风险，且将影响企业的损益。如，2013 年 5 月 10 日，甲公司预期在下半年 8 月 15 日将购入白糖作为原材料。为规避白糖价格上涨导致的现金流量风险，甲公司当日在期货市场上买入与该材料数量相同的期货合约。

对确定承诺的外汇风险进行的套期保值，企业可以作为现金流量套期保值或公允价值套期保值。

(3) 境外经营净投资套期保值是指对境外经营净投资外汇风险进行的套期保值。境外经营净投资是指企业在境外经营净资产中的权益份额。

三、影响套期保值效果的因素

如果对期货市场缺乏足够的了解，套期保值也可能会失败。套期保值的失败源于错误的决策，其具体原因有两个：

(1) 对价格变动的趋势预期错误，或者买卖期货合约的时期选择不当；

(2) 资金管理不当，对期货价格的大幅波动缺乏足够的承受力，当期货价格短期内朝不利方向变动时，交易者无法追加足够的保证金，被迫斩仓，致使保值计划中途夭折。

而成功的套期保值，其避险程度也可能会出现以下三种情况：

(1) 期货市场的盈利正好弥补现货市场上的亏损；

(2) 以期货市场上的盈利弥补现货市场上的亏损有余；

(3) 期货市场上的盈利不足以弥补现货市场上的亏损。

上述第一种情形称为完全套期保值，后两种情形称为非完全套期保值。从理论上讲，完全套期保值是一种完美的保值状态，但这种情况在现实中很少存在。那么，现实中保值不完全的原因在哪里呢？一般来说，影响保值效果的因素主要有以下几个。

(一) 时间差异的影响

这有两个方面的含义。

第一，对一个品种进行保值，往往有好几个不同月份的期货合约可供选择。选择不同的月份，保值效果并不一样。按照套期保值的原理，要达到完美保值效果，最好选择与未来现货交易时间同一月份的期货合约保值，如在 3 月份签订了 6 月份交货的合同，最好选 6 月期货合约保值。但实际操作中，考虑到市场流动性等因素，往往会选择其他月份的合约，如 7 月合约、8 月合约。

第二，期货价与现货价的波动幅度往往不完全一样，不同时点两种价格差不同，特别是对于那些具有明显生产周期的农产品来说，季节性的供求关系的剧烈变动对两个市场的影响程度不一样。

因此，如何恰当地选好期货合约的月份，是提高保值效果的重要因素。

（二）地点差异的影响

同一商品在不同地区的现货交易价格并不相同。同样，在不同的交易所即使是同一品种相同月份的合约的价格也存在差异。正如同是7月铜，LME的价格与我国国内交易所的价格就不一样。在交易所合并整顿前，深圳与上海两地都有铜的期货交易，但在同一天、同一时点，同一月份合约的价格也有差异，这主要是地点的差异。同样，同一商品在交易所的不同地区的定点注册仓库的价格也并不相同；交易所会根据实际情况制定合理的升贴水标准，以反映不同地点间的运输成本。在以下两种情况下，地点差异可能会严重影响保值效果：

第一，交易所设定的异地交割升贴水不合理，不能反映实际情况；

第二，由于不可知因素的影响，如运输紧张、自然条件异常等，会造成现货交易地价格与交易所当地价格有较大背离。

（三）品质规格差异的影响

有时，现货商需保值的品种与标准化合约标的物有差异，其价格波动幅度不会完全一致，很难预期基差的变化；而且当现货品质较差时，难以交割或要承担贴水损失。如果不注意被保值现货与标准化合约标的物的质量差异，则可能达不到好的保值效果。

（四）数量差异的影响

标准化合约的交易单位标准化，决定了期货市场的交易数量必须是它的整数倍。而现货交易的数量不受限制。例如，贸易商进口的铜锭为180吨，若在LME保值，合约规模是25吨，则无论用7张合约还是8张合约保值，都不一定符合最佳数量比，其效果都可能受影响。

（五）商品差异的影响

在进行交叉套期保值时，需保值品种与期货标的物不完全一样，价格的影响因素也有差异，会影响到套期保值效果。一般而言，保值品与标的物价格相关系数越大，保值效果越好。

（六）手续费、佣金、保证金对套期保值的效果也有影响

手续费、佣金、保证金占用的利息是套期保值者的成本费用，若所占比例过高，对保值效果的影响将较大。

（七）正向市场与反向市场的变化对套期保值效果的影响

通常商品期货的标的物可分为两类：一类是为投资目的所持有的商品（如黄金和白银）；另一类是为消费目的所持有的商品（如大豆、小麦、铜、铝等）。本章所讨论的主要是后一类商品的套期保值问题。这类商品期货具有正的持有成本，因此，在商品供求正常的情况下，其市场价格关系应是期货价高于现货价，远期期货价高于近期期货价。这就是通常所说的正向市场(normal market 或 contango)。例如,7 月 3 日大豆市场的现货价和各月期货价如下(单位:元/吨):

现货价	9 月期货	11 月期货	1 月期货	3 月期货
4 000～4 240	4 379	4 448	4 532	4 550

反向市场(inverted market)又称逆向市场(backwardation),其体现的市场价格关系与正向市场相反,表现为现货价高于期货价,近期期货价高于远期期货价。例如,7 月 2 日阴极铜市场的现货价和各月期货价如下(单位:元/吨):

现货价	7 月期货	8 月期货	9 月期货	10 月期货
55 850	55 830	55 800	55 690	55 490

反向市场的出现有两大原因:一是近期对某种商品的需求非常迫切,远大于近期产量及库存量,造成市场供不应求;二是预计将来该商品的供给会大幅度增加。

现实生活中,正向市场与反向市场有时是交替出现的,这使得期货价、现货价变动趋势和方向不能总是保持一致性,这就大大影响了套期保值的效果。值得注意的是,有时影响近期商品供给的消息和传言,会使正向市场突然变为反向市场。例如,智利铜矿工人罢工的消息很快就会使铜的市场变为反向市场。但这样的反向市场持续时间很短,比如在一两周内就会恢复正常,但它对套期保值者的影响非常大。因为反向市场的突然出现可能会导致保值者短期内必须追加一定数量的保证金。如果保值者财务上资金准备不足,则可能使保值计划中途受挫。

第三节　基差与套期保值效果

一、基差概述

从例 6-1 和例 6-2 可以看出,完全套期保值的实现前提是现货价格和期货价格变动方向、幅度一致。在实际操作中,两个市场的变动趋势一般情况下是相同的,但由于影响套期保值效果的诸多因素的存在,现货市场与期货市场价格的变动幅度在多数情况下是不相同的。在这种情况下,两个市场的盈亏不会完全相抵,会出现不完全套期保值情形。因此,在这里我们将引入基差(basis)的概念,分析两个市场价格变动幅度不完全一致与套期保值效果之间的关系。

(一) 基差的概念

基差是指在某一时刻,需保值的商品(或资产)的现货价与所选用的期货合约的期货价的价差。其计算公式如下:

基差=(需保值的商品或资产的)现货价-(所选用的期货合约的)期货价

进行套期保值时,由于每个交易者面临的情形不同,其关注的基差也不同,因此,基差具有个别性。例如，某交易者预为其在美湾地区的2号小麦进行保值，计划选用美国芝加哥期货交易所(CBOT)12月小麦期货，这时，他关注的基差就是上述两者的价差。如果11月24日，美湾2号小麦离岸价(free on board，FOB，即指定港船上交货价格)对CBOT12月小麦期货价格的基差为"+55美分/蒲式耳"，意味着品质为2号的小麦在美湾交货的价格要比CBOT的12月小麦期货价格高出55美分/蒲式耳。

若画出某交易者在保值期间的基差图，会发现其基差也是随时间不断波动的，只不过变动幅度要比价格变动幅度小得多。如图6-2所示，若基差沿双箭头方向变动，称为基差变强或走强，这分为三种情况：

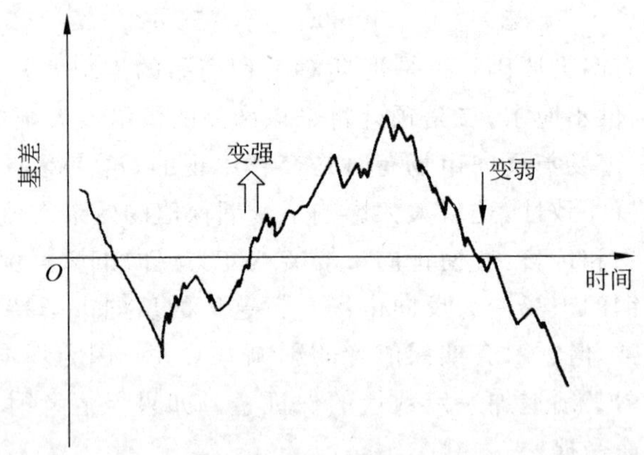

图6-2 基差的变动

第一，基差负值缩小(如从-100到-50)；

第二，基差由负变正(如从-50变为50)；

第三，基差正值增大(如从50变为100)。

综合这三种情况，都是基差代数学上的增大，称为基差走强。

相反，若基差沿单箭头方向变动，则称为基差变弱或走弱，也有三种情况：

第一，基差正值缩小；

第二，基差由正变负；

第三，基差负值增大。

综合这三种情况，都是基差的代数学上的减小，称为基差走弱。

(二)影响基差的因素

影响基差变化的因素很多，其中主要是供求关系。原油、有色金属和农产品等商品由于供需之间的不平衡及有时存储商品的困难，可能导致基差的大范围变化；而对于黄金、白银、外汇、股指等投资资产来说，基差变动范围较小。一般来说，影响商品期货基差的因素除供求关系外，还包括以下因素：

（1）上年转入的结转库存；

（2）当年产量预测值；

（3）仓储费用；

（4）运输费；

（5）运输过程中存在的问题；

（6）保险费；

（7）国家政策；

（8）季节性价格波动。

总的来说，对不同品种的基差变化规律要具体问题具体分析。比如说，分析我国小麦、大豆等品种的基差，主要考虑国内的供求状况、仓储、运输条件、季节性价格波动等。而对于胶合板、铜等需大量进口的商品来说，还要考虑国际市场情况、国外产量与需求、国家进口政策等。对于国内生产、主要用于出口的品种来说，则要考虑进口国需求状况、贸易政策等因素。

二、基差变动与套期保值效果

（一）基差风险

前面例题中，均假设了保值期间基差不变，考虑到基差是波动的，有必要讨论基差变化对套期保值效果的影响，我们假设如表 6-3 所示的套期保值情形。

表 6-3　基差变动时的套期保值情形

时间	现货市场价	期货市场价	基差
t_1（开仓）	S_1	F_1	b_1
t_2（平仓）	S_2	F_2	b_2

即保值者在 t_1 时开仓建立期货头寸，此时现货价、期货价分别为 S_1、F_1；保值者在 t_2 时平仓，此时现货价、期货价分别为 S_2、F_2；t_1、t_2 时刻的基差分别为 b_1、b_2。

多头套期保值者希望以期货市场的盈利来弥补未来（t_2 时刻）现货价格上涨带来的损失，因而其买入现货实际支付的价格为支付的现货买入价扣除期货盈利，有

$$S_2-(F_2-F_1)=F_1+(S_2-F_2)=F_1+b_2$$

空头套期保值者希望以期货市场的盈利来弥补未来（t_2 时刻）现货价格下跌带来的损失，因而其卖出现货实际收到的价格为收到的现货买入价加上期货盈利，有

$$S_2+(F_1-F_2)=F_1+(S_2-F_2)=F_1+b_2$$

套期保值者一旦开仓后，F_1 就成为已知因素，而最终实际交易的价格将取决于 b_2 的值。我们把由于 b_2（平仓时基差）的不确定性给保值者带来的风险称为基差风险。

一般情况下，与现货价格波动幅度相比，基差的波动相对要小得多，因此，套期保值的

实质是用较小的基差风险代替较大的现货价格风险。

（二）基差变动与买入套期保值

买入套期保值者在期货市场有多头头寸，相应地，在现货市场有空头头寸，如表 6-3 所示情形，买入套期保值者的避险结果可表示为

$$(F_2 - F_1) + (S_1 - S_2) = (S_1 - F_1) - (S_2 - F_2) = b_1 - b_2$$

则有：$b_1 - b_2 = 0$ 时，完全套期保值；$b_1 - b_2 > 0$，即基差走弱，实现有盈保值；$b_1 - b_2 < 0$，即基差走强，实现减亏保值。

下面通过案例来说明基差变动与买入套期保值效果之间的关系。

1. 基差走强与买入套期保值

【例 6-3】 某加工厂的主要原料是铝锭，某年 4 月初铝锭的现货价格为 15 950 元/吨。该厂计划 7 月份使用 500 吨铝锭。为了避免将来现货价格可能上升，从而提高原材料的成本，该厂决定在上海期货交易所通过铝期货进行买入套期保值。于是该加工厂在期货市场上以 16 200 元/吨买入 100 手 8 月份铝合约（每手 5 吨）。7 月 1 日，该厂在现货市场以 16 100 元/吨的价格买入 500 吨铝锭，同时在期货市场上以 16 250 元/吨的价格卖出平仓 100 手 8 月份铝期货合约，结束套期保值。该加工厂的套期保值结果如表 6-4 所示。

在该案例中，由于现货价格上涨幅度大于期货价格上涨幅度，基差走强 100 元/吨。现货市场亏损 150 元/吨，期货市场盈利 50 元/吨，期货市场的盈利不足以弥补现货市场的亏损。通过套期保值，该加工厂铝锭的实际购入价是 16 050 元/吨。该价格要比 4 月初的 15 950 元/吨的现货价格要高 100 元/吨。而这 100 元/吨，正是基差走强的变化值。这表明，进行买入套期保值，如果基差走强，则实现减亏保值。

表 6-4 基差走强的买入套期保值案例 元/吨

时间 \ 市场	现货市场	期货市场	基差
4 月 1 日	市场价格 15 950	买入 8 月份铝期货合约，16 200	−250
7 月 1 日	买入价格 16 100	卖出平仓铝期货合约，16 250	−150
盈亏	相当于亏损 150	盈利 50	走强 100
	实际购入价 $= S_2 -$ 期货盈利 $= 16\,100 - 50 = 16\,050$ 实际购入价 $= F_1 + b_2 = 16\,200 - 150 = 16\,050$		

2. 基差走弱与买入套期保值

【例 6-4】 在例 6-3 中，4 月初铝的现货价和期货价不变，如果 7 月 1 日，铝的现货价变为 15 850 元/吨，期货价变为 16 150 元/吨。那么，该加工厂的套期保值结果如表 6-5 所示。

表 6-5　基差走弱的买入套期保值案例　　元/吨

时间 \ 市场	现货市场	期货市场	基　差
4月1日	市场价格 15 950	买入8月份铝期货合约，16 200	−250
7月1日	买入价格 15 850	卖出平仓铝期货合约，16 150	−300
盈亏	相当于盈利 100	亏损 50	走弱 50
	实际购入价 $=S_2-$期货盈利 $=15\,850-(-50)=15\,900$ 实际购入价 $=F_1+b_2=16\,200-300=15\,900$		

在该案例中，由于现货价格下跌幅度大于期货价格下跌幅度，基差走弱 50 元/吨。现货市场盈利 100 元/吨，期货市场亏损 50 元/吨，以期货市场的盈利弥补现货市场的亏损还有余。通过套期保值，该加工厂铝锭的实际购入价是 15 900 元/吨。该价格要比 4 月初的 15 950 元/吨的现货价格要低 50 元/吨。而这 50 元/吨，正是基差走弱的变化值。这表明，进行买入套期保值，如果基差走弱，实现有盈保值，它将使套期保值者获得的价格比其预期价格还要更理想。

（三）基差变动与卖出套期保值

卖出套期保值者在期货市场有空头头寸，相应地，在现货市场有多头头寸，如表 6-3 所示情形，卖出套期保值者的避险结果可表示为

$$(F_1-F_2)+(S_2-S_1)=(S_2-F_2)-(S_1-F_1)=b_2-b_1$$

则有：$b_2-b_1=0$ 时，完全套期保值；$b_2-b_1>0$，即基差走强，实现有盈保值；$b_2-b_1<0$，即基差走弱，实现减亏保值。

【例 6-5】　4 月 1 日，小麦的现货价格为 2 150 元/吨，某经销商对该价格比较满意，买入了 1 000 吨小麦。该经销商担心未来小麦的现货价格可能下跌，导致其收益减少，因此决定在郑州商品交易所进行小麦期货交易。该经销商在期货市场上以 2 250 元/吨卖出 20 手 9 月份的普通小麦期货合约（每手 50 吨）。7 月 1 日，该厂在现货市场卖出 1 000 吨小麦，同时在期货市场上买入平仓 20 手 9 月普麦期货合约，结束套期保值。如果 7 月 1 日小麦现货和期货价格变化分别出现情形一、情形二和情形三。分析该经销商的套期保值结果如表 6-6 所示。

表 6-6　基差变动与卖出套期保值效果　　元/吨

时　间	现货市场	期货市场	基　差	结　果
4月1日	2 150	卖出，2 250	−100 元/吨	
7月1日（一）	2 050	买入，2 150	−100	不变，完全保值
7月1日（二）	2 080	买入，2 200	−120	走弱 20，减亏保值
7月1日（三）	2 000	买入，2 050	−50	走强 50，有盈保值

在情形二中，现货价格下跌幅度大于期货价格下跌幅度，基差走弱 20 元/吨。期货市场盈利 50 元/吨，现货市场亏损 70 元/吨，实现减亏保值。通过套期保值，该经销商的实际售价为 2 130 元/吨。该价格要比 4 月 1 日的 2 150 元/吨的现货价格还要低 20 元/吨。而这 20 元/吨，正是基差走弱的变化值。这表明，进行卖出套期保值，如果基差走弱，仅实现减亏保值，实际价格比预期价格要差。

在情形三中，现货价格下跌幅度小于期货价格下跌幅度，基差走强 50 元/吨。现货市场亏损 150 元/吨，期货市场盈利 200 元/吨，实现有盈保值。通过套期保值，该经销商的实际售价为 2000＋200＝2 200 元/吨。该价格要比 4 月 1 日的 2 150 元/吨的现货价格还要高 50 元/吨。而这 50 元/吨，正是基差走强的变化值。这表明，进行卖出套期保值，如果基差走强，则实现有盈保值，它可以使套期保值者获得一个更为理想的价格。

（四）基差变动与套期保值关系总结

由以上分析可知，基差走弱对买入套期保值者有利，而基差走强对卖出套期保值者有利。具体总结如表 6-7 所示。

表 6-7　基差变动与套期保值效果关系

基差变动	买入套期保值效果	卖出套期保值效果
基差不变	完全套期保值，两个市场盈亏刚好完全相抵	完全套期保值，两个市场盈亏刚好完全相抵
基差走强	不完全套期保值，减亏保值	不完全套期保值，有盈保值
基差走弱	不完全套期保值，有盈保值	不完全套期保值，减亏保值

第四节　套期保值交易的发展

随着期货市场的发展，其制度逐步完善，新的期货品种不断出现，套期保值交易已经涉及各种领域，套期保值的理论和操作方式也得到新的发展。

一、最佳套期保值比率的确定

套期保值比率是指期货合约头寸数量与保值资产数量的比率，表示每单位保值资产需要多少份期货合约来保值。

在本章前述的套期保值案例中，套期保值比率均为 1。但在现实中，由于各种条件的制约，套期保值比率为 1 不一定能达到满意的保值效果。特别是，在交叉套期保值的情形下，如何选择保值合约数量，更需要找到新的思路。

运用马柯维茨组合投资思想，可以将保值者在现货市场和期货市场的头寸看作一个投资组合，则其保值的目的在于：在一定的预期收益下使组合的风险降至最低。

定义：

ΔS——保值期限内，现货价格 S 的变化。

ΔF——保值期限内，期货价格 F 的变化。

σ_s——ΔS 的标准差；σ_F——ΔF 的标准差

ρ——ΔS 和 ΔF 之间的相关系数。

h ——套期保值比率。

保值期限内，保值头寸的价值变化为：

卖期保值者：$\Delta S-h\Delta F$（资产多头，期货空头）。

买期保值者：$h\Delta F-\Delta S$（资产空头，期货多头）。

则有，套期保值头寸价格变化的方差 V 为

$$V=\sigma_s^2+h^2\sigma_F^2-2h\rho\sigma_s\sigma_F$$

所以有

$$\frac{\partial V}{\partial h}=2h\sigma_F^2-2\rho\sigma_s\sigma_F$$

令上式＝0 有

$$h^*=\rho\frac{\sigma_s}{\sigma_F}$$

h^* 就是最佳套期保值比率，即，使现货与期货交易（组合投资）的总风险最小时的套期保值比率。

【例 6-6】 表 6-8 为 2011 年 8 月至 10 月底铝的现货和期货价格，求最佳套期保值比率。

表 6-8　铝的现货和期货价格　　元/吨

时间	铝期货价格	铝现货价格	期货价差	现货价差
2011/8/1	18 485	18 585		
2011/8/2	18 415	18 515	−70	−70
2011/8/3	18 555	18 650	140	135
2011/8/4	18 370	18 415	−185	−235
2011/8/5	17 735	17 980	−635	−435
2011/8/8	17 510	17 835	−225	−145
2011/8/9	17 335	17 590	−175	−245
2011/8/10	17 890	17 980	555	390
2011/8/11	18 075	18 100	185	120
2011/8/12	18 050	18 075	−25	−25
2011/8/15	17 985	17 995	−65	−80
2011/8/16	17 515	17 745	−470	−250
2011/8/17	17 565	17 800	50	55
2011/8/18	17 490	17 800	−75	0
2011/8/19	17 415	17 685	−75	−115

续表

时间	铝期货价格	铝现货价格	期货价差	现货价差
2011/8/22	17 505	17 785	90	100
2011/8/23	17 520	17 785	15	0
2011/8/24	17 545	17 795	25	10
2011/8/25	17 565	17 775	20	−20
2011/8/26	17 610	17 800	45	25
2011/8/29	17 600	17 775	−10	−25
2011/8/30	17 670	17 825	70	50
2011/8/31	17 715	17 810	45	−15
2011/9/1	17 730	17 840	15	30
2011/9/2	17 715	17 800	−15	−40
2011/9/5	17 710	17 800	−5	0
2011/9/6	17 660	17 720	−50	−80
2011/9/7	17 735	17 765	75	45
2011/9/8	17 790	17 815	55	50
2011/9/9	17 845	17 870	55	55
2011/9/13	17 790	17 795	−55	−75
2011/9/14	17 755	17 775	−35	−20
2011/9/15	17 690	17 670	−65	−105
2011/9/16	17 515	17 665	−175	−5
2011/9/19	17 365	17 530	−150	−135
2011/9/20	17 370	17 490	5	−40
2011/9/21	17 430	17 545	60	55
2011/9/22	17 335	17 520	−95	−25
2011/9/23	16 795	17 070	−540	−450
2011/9/26	16 605	17 000	−190	−70
2011/9/27	16 870	17 100	265	100
2011/9/28	16 885	17 130	15	30
2011/9/29	16 730	16 935	−155	−195
2011/9/30	16 855	17 030	125	95
2011/10/10	16 920	17 020	65	−10
2011/10/11	16 980	17 060	60	40
2011/10/12	16 955	16 990	−25	−70
2011/10/13	16 930	16 985	−25	−5
2011/10/14	16 900	16 915	−30	−70
2011/10/17	16 865	16 875	−35	−40
2011/10/18	16 530	16 545	−335	−330
2011/10/19	16 575	16 645	45	100
2011/10/20	16 225	16 365	−350	−280

续表

时间	铝期货价格	铝现货价格	期货价差	现货价差
2011/10/21	16 365	16 500	140	135
2011/10/24	16 575	16 520	210	20
2011/10/25	16 450	16 480	−125	−40
2011/10/26	16 390	16 420	−60	−60
2011/10/27	16 425	16 470	35	50
2011/10/28	16 480	16 490	55	20
2011/10/31	16 385	16 430	−95	−60

由以上数据可得：

铝期货价格差的标准差为 182.863；

铝现货价格差的标准差为 137.700 5；

铝期货价格差与铝现货价格差的相关系数为 0.935 954。

计算得：$h^*=0.704\ 79$，这表示每吨现货铝要用 0.704 79 吨期货来保值。

若共有 100 吨现货铝需要保值，上海期货交易所铝期货为每手 5 吨，则需要的合约份数为 $100\div5\times0.704\ 79\approx14$ 手。

二、展期交易

展期(rolling)是指在对近月合约平仓的同时在远月合约上建仓，用远月合约调换近月合约，将持仓移到远月合约的交易行为。展期与套期保值相结合的操作被称为展期套期保值(rolling hedging)。

展期套期保值一般在以下两种情况下发生。

第一，现货头寸面临风险的期间比当时所有挂牌交易的期货合约的到期日还要长；或者，虽然有相近时间的合约可选用，但流动性较差。

例如，5 月下旬，企业计划来年 7 月份购买一批锌锭，担心未来价格上涨，打算进行套期保值。此时上海期货交易所挂牌交易的锌期货从当年 6 月到来年 5 月合约共有 12 个，其中只有 7～10 四个月的合约流动性较好。由于没有对应的来年 7 月份的期货合约，企业可以先选择活跃的合约，例如 10 月合约，再进行展期操作。过程如表 6-9 所示。

表 6-9　展期操作

时　间	策　　略
5 月 23 日	买入 10 月锌期货合约
9 月 2 日	将 10 月合约卖出平仓，买进来年 3 月合约
3 月 4 日	将来年 3 月合约卖出平仓，买进来年 8 月合约
7 月 5 日	将来年 8 月合约平仓，购现货

第二，套期保值者在现货市场的交易时间发生了变化，从而对期货头寸进行展期操作。例如，11 月初，某贸易商签订远期销售合同，约定 12 月中旬交收货物，并确定了销售价格。为了防止未来采购商品时价格上涨，该贸易商建仓买入来年 1 月的期货合约进行套期保值。到了 12 月中旬，由于种种原因，该贸易商未能采购到合适的货物履约。该贸易商与买家协商，约定延迟 1 个月交货。考虑到 1 月合约即将进入交割月并且流动性变差，该贸易商决定进行展期操作，将 1 月合约平仓，同时在 3 月合约买入建仓。

三、期转现与套期保值

期货转现货(exchange for physicals，EFPs，以下简称期转现)是指持有方向相反的同一品种同一月份合约的会员(客户)协商一致并向交易所提出申请，获得交易所批准后，分别将各自持有的合约按双方商定的期货价格(该价格一般应在交易所规定的价格波动范围内)由交易所代为平仓，同时，按双方协议价格进行与期货合约标的物数量相当、品种相同的仓单交换的行为。

在对现货交易进行套期保值时，恰当地使用期转现交易，可以在完成现货交易的同时实现商品的保值。例如，一个出口商与客户签订了一项出售大豆现货的远期合约，但是他没有现货库存，为防止到交货时大豆价格上涨，他在 CBOT 做买入套期保值。某储藏商持有大豆的现货，为了防止大豆价格下跌，在 CBOT 做卖出套期保值，所卖出的合约月份与该出口商相同。出口商向储藏商收购大豆现货，并协商进行期转现交易。这就意味着，在期货合约到期前，双方向交易所申请期转现交易，按约定价格将各自头寸平仓，结束套期保值交易。与此同时，交易双方按照协商好的价格、商品品质、交割地点等进行现货商品的交收。

以上套期保值交易与期转现交易结合在一起的操作，对交易双方都是有利的。对出口商来说，不仅获得所需要的现货，同时也避免了价格上涨的风险；对储藏商来说，既出售了现货商品，也避免了价格下跌的风险。期转现操作与期货实物交割相比，既可以省却一笔交割费用，而且期转现交易在现货贸易伙伴间进行，交易细节更符合双方交易的需要。

【例 6-7】 在玉米期货市场上，甲为买方，开仓价格为 2 330 元/吨；乙为卖方，开仓价格为 2 430 元/吨。玉米搬运、储存、利息等交割成本为 60 元/吨，双方商定的平仓价为 2 380 元/吨，商定的交收玉米价格比平仓价低 40 元/吨，即 2 340 元/吨。期转现后：

甲实际购入玉米价格＝甲乙商定的交货价格－平仓盈利(或＋平仓亏损)

＝2 340－(2 380－2 330)

＝2 290(元/吨)

乙实际销售玉米价格＝甲乙商定的交货价格＋平仓盈利(或－平仓亏损)

＝2 340＋(2 430－2 380)

＝2 390(元/吨)

如果交易双方没有进行期转现而在期货合约到期时进行实物交割，则甲按开仓价2 330元/吨购入玉米；乙按照开仓价2 430元/吨卖出玉米，扣除交割成本60元/吨，实际售价为2 370元/吨。与期转现的实际交易价格相比，甲期转现操作的实际采购成本2 290元/吨比实物交割成本2 330元/吨低40元/吨；乙期转现操作的实际售价2 390元/吨比实物交割的实际售价2 370元/吨高20元/吨。通过期转现交易，甲的买入成本降低40元/吨，乙的销售利润提高20元/吨，期转现给双方带来的好处总和为60元/吨。

实际中，用标准仓单期转现，要考虑仓单提前交收所节省的利息和储存等费用；用标准仓单以外的货物期转现，要考虑节省的交割费用、仓储费和利息以及货物的品级差价。买卖双方要先看现货，确定交收货物和期货交割标准品级之间的价差。商定平仓价和交货价的差额一般要小于节省的上述费用总和，这样期转现对双方都有利。

四、基差交易

随着点价交易的出现，一种将点价交易与套期保值结合在一起的操作方式也随之出现，即基差交易。

1. 点价交易

点价交易(pricing)是指以某月份的期货价格为计价基础，以期货价格加上或减去双方协商同意的升贴水来确定双方买卖现货商品的价格的定价方式。点价交易从本质上看是一种为现货贸易定价的方式，交易双方并不一定需要参与期货交易。目前，在一些大宗商品贸易中，如大豆、铜、石油等贸易，点价交易已经得到了普遍应用。例如在大豆的国际贸易中，通常以芝加哥期货交易所(CBOT)的大豆期货价格作为点价的基础；在铜精矿和阴极铜的贸易中通常利用伦敦金属交易所(LME)或纽约商品交易所(COMEX)的铜期货价格作为点价的基础。之所以使用期货市场的价格来为现货交易定价，主要是因为期货价格是通过集中、公开竞价方式形成的，价格具有公开性、连续性、预测性和权威性。使用大家都公认的、合理的期货价格来定价，可以省去交易者搜寻价格信息、讨价还价的成本，提高交易的效率。

与传统的贸易不同，在点价交易中，贸易双方并非直接确定一个价格，而是以约定的某月份期货价格为基准，在此基础上加减一个升贴水来确定。升贴水的高低，与点价所选取的期货合约月份的远近、期货交割地与现货交割地之间的运费以及期货交割商品品质与现货交割商品品质的差异有关。在国际大宗商品贸易中，由于点价交易被普遍应用，升贴水的确定也是市场化的，有许多经纪商提供升贴水报价，交易商可以很容易确定升贴水的水平。

根据确定具体时点的实际交易价格的权利归属划分，点价交易可分为买方叫价交易和卖方叫价交易，如果确定交易时间的权利属于买方称为买方叫价交易，若权利属于卖方则为卖方叫价交易。

2. 基差交易

在实施点价之前，双方所约定的期货基准价格是不断变化的，所以交易者仍然面临价格变动风险。为了有效规避这一风险，便产生了基差交易。

所谓基差交易(basis trading)，是指企业按某一期货合约价格加减升贴水方式确立点价方式的同时，在期货市场进行套期保值操作，从而降低套期保值中的基差风险的操作。交易的现货价＝商定时点期货价＋预先商定的基差。

【例 6-8】 5 月份某食品批发商以 6 150 元/吨的价格购入白糖若干吨，欲在 5 月份销售出去。购买白糖的同时，为了防止未来几个月白糖价格下跌，影响盈利，批发商以 6 350 元/吨的价格在郑州商品交易所做了卖出套期保值，此时基差为－200 元/吨。该批发商估计，对冲时基差将达到－100 元/吨(即基差走强，由－200 到－100，对卖出套期保值者有利)，可弥补仓储、保险等成本费用，并可保证合理利润。估算方法如下：

卖空套期保值避险程度＝买入基差－卖出基差

批发商的盈利＝－100－(－200)＝100(元/吨)

考虑到若以后基差走弱会于己不利，为了避免基差变动的影响，批发商保值后便寻求基差交易。几天后，它找到一家食品厂，双方商定同意以低于 7 月到期的白糖期货合约 100 元/吨的价格作为双方买卖现货的价格。这样无论以后期货、现货价格如何变动，只要符合基差为－100 元/吨，该批发商就能保证 100 元/吨的利润。

假定 7 月份现货交易时期货价格为 5 950 元/吨，现货价格为 5 800 元/吨。如果批发商按此进行卖出套期保值，其交易情形如表 6-10 所示。

表 6-10 基差交易

时间	现货市场	期货市场	基差
5 月份	以 6 150 元/吨的价格买入白糖	以 6 350 元/吨的价格卖出 7 月到期的白糖期货合约	－200 元/吨
7 月份	以 5 800 元/吨的价格卖出白糖	以 5 950 元/吨的价格买入平仓白糖期货合约	－150 元/吨
	亏损 350 元/吨	盈利 400 元/吨	

如果不进行基差交易，则批发商最终现货交易价格为 5 800 元/吨，加上对冲盈利 400 元/吨，则卖出现货实际收到的有效价格为 6 200 元/吨，则批发商仍然面临风险，不能完全达到预先制定的 100 元/吨的盈利目标。若能找到那家食品厂，按 P＝5 950－100＝5 850 元/吨的价格卖出现货，则可完全实现既定目标。

在基差交易中，合理的基差如何确定是关键，必须保证回收成本，确保合理的利润；另外，还必须对基差的变动规律进行充分的研究才能找到合适的交易对手，并确定于己更有利的基差。

思考题 Exercise

1. 简述套期保值的基本原理。
2. 套期保值的操作原则有哪些？在实际中应如何运用？
3. 简述套期保值的作用。
4. 分析影响套期保值效果的因素。
5. 什么是买入套期保值？分析其适用情形。
6. 什么是卖出套期保值？分析其适用情形。
7. 什么是基差？影响基差的因素有哪些？
8. 分析基差变动如何影响套期保值结果。
9. 什么是正向市场？什么是反向市场？它们对套期保值有何影响？
10. 什么是点价交易？什么是基差交易？试举例说明。
11. 什么是期转现交易？期转现交易时怎样做才能对交易双方都有利？
12. 展期套期保值一般在什么情况下发生？如何操作？
13. 什么是现金流量套期保值？
14. 什么是公允价值套期保值？

15. 假设一家矿山，每个月生产黄金1万盎司，目前金价一直处于每盎司1 750美元或以上，但是根据全球经济及消费基本面情况，该矿山预计未来金价下跌的可能性很大。该矿山是否应该对未来12个月生产的黄金进行套期保值？如需要套期保值，试帮忙设计一个在美国期货市场进行套期保值的方案。

16. 有一家铝型材加工企业，采购的原材料为铝锭，目前刚和一家客户签订了一年期的按固定价格供应铝型材的销售合同，如按照目前的铝锭价格，该公司可以保证全年的利润达到预期，并且根据市场判断，铝价将会在未来数月内有较大涨幅，目前由于资金原因，不能采购所有生产用的铝锭。问该工厂是否应做套期保值？如应该做套期保值，试帮忙设计一个到上海期货交易所进行套期保值的方案。

17. 某公司购入500吨小麦，价格为4 300元/吨，为了避免未来小麦价格下跌的风险，该公司以4 330元/吨的价格在郑州商品交易所卖出3个月后交割的小麦期货合约进行套期保值。两个月后，该公司在现货市场以4 260元/吨的价格将该批小麦卖出，同时以4 270元/吨的成交价格将持有的期货合约平仓。计算该公司套期保值交易的结果。

18. 4月份，某氧化锌生产厂预计7月份需要500吨锌锭作为原料，当时锌的现货价格为每吨14 530元/吨，因当时仓库库容不够，无法购进。为了防止锌价上涨，决定在上海期货交易所进行套期保值，当天以14 600元/吨的价格买进7月份锌期货。试分析该厂的套期保值策略是否合适。

19. 某加工商为了避免玉米现货价格风险，在大连商品交易所做买入套期保值，买入20手期货合约建仓，基差为－30元/吨，卖出平仓时的基差为－60元/吨。分析该加工商在套期保值中的结果。

20. 某种植大户为避免菜籽油现货价格风险，在郑州商品交易所做卖出套期保值，卖出10手期货合约建仓，基差为－40元/吨，买入平仓时的基差为－80元/吨。问该种植大户套期保值的结果如何？

21. 某多头套期保值者，用7月PTA期货保值，入市成交价为7 830元/吨；一个月后，该保值者完成现货交易，价格为7 860元/吨；同时将期货合约以8 920元/吨平仓。如果该多头套期保值者正好实现了完全套期保值，则该保值者现货交易的实际价格是多少？

22. 某饲料厂在现货价与期货价分别为3 300元/吨和3 400元/吨时，买入期货来规避豆粕涨价的风险，最后在基差为60元/吨时平仓。问该套期保值操作的结果怎样？

23. 6月份，某农场对当时的棉花现货价格比较满意，但其棉花9月份才能收获出售，由于担心到时现货市场价格下跌，决定在郑州商品期货市场进行套期保值。6月5日，农场卖出50手11月棉花合约，成交价为20 150元/吨；9月份在现货市场实际出售棉花时，买入50手11月份棉花合约平仓，成交价为19 950元/吨。在不考虑其他费用的情况下，9月对冲平仓时基差应处于什么范围才能使农场实现有盈保值？

24. 在小麦期货市场，甲为买方，建仓价格为42 00元/吨；乙为卖方，建仓价格为4 400元/吨；小麦搬运、储存、利息等交割成本为60元/吨；双方商定进行期转现交易，协议的平仓价格为4 340元/吨，商定的交收小麦价格比平仓价低40元/吨，即4 300元/吨。问期转现后节约的费用总和是多少？甲方节约多少？乙方节约多少？

25. 某公司计划三个月后购买100万加仑航空燃料油，三个月的油价波动的标准差为0.032。公司选择用取暖油期货套期保值，三个月的取暖油期货价格波动的标准差为0.040，航空燃料油现货与取暖油期货价格变化的相关系数为0.8。试计算最佳套期保值比率。

26. 某进口商判断，由于天然橡胶主要生产国——泰国、马来西亚和印度尼西亚达成减少出口的协议，天然橡胶价格有可能上涨。为了避免将来价格上涨带来的风险，该进口商决定在上海期货交易所进行套期保值。如果12月9日该进口商买入30手5月份天然橡胶合约，成交价为21 600元/吨；4月份在现货市场实际买入天然橡胶时，卖出30手5月份天然橡胶合约平仓，成交价为22 350元/吨。在不考虑佣金和手续费等费用的情况下，4月对冲平仓时基差应为多少才能使该进口商实现有盈套期保值？

27. 7月2日，大豆现货价格为4 201元/吨，某加工商对该价格比较满意，希望能以此价格在一个月后买进200吨大豆。为了避免将来现货价格可能上涨，从而提高原材料成本，该加工商决定在大连商品交易所进行套期保值。7月2日买进20手9月份大豆合约，成交价为 4 302 元/吨。8 月 1 日，当该加工商在现货市场买进大豆的同时，卖出 20 手 9 月大豆合约平仓，成交价为 4 360 元。问在不考虑佣金和手续费等费用的情况下，8 月 1 日对冲平仓时基差应为多少才能使该加工商实现有盈套期保值？

28. 某进口商 1 月 17 日签订了一份 3 个月后进口 300 吨棕榈油的合同，约定以大连商品交易所 5 月棕榈油期货价格为基准，实施卖方点价交易。为预防 3 个月后棕榈油价格上涨带来损失，该出口商决定在大连商品交易所进行套期保值。试说明他将怎样做套期保值。

29. 1 月中旬，某食糖购销企业与一个食品厂签订购销合同，按照当时该地现货价格 4 800 元/吨在两个月后向该食品厂交收 2 000 吨白糖。该食糖购销企业经过市场调研，认为白糖价格可能会上涨。为了避免两个月后为了购销合同采购白糖的成本上升，该企业买入 5 月份交割的白糖期货合约 200 手(每手 10 吨)，成交价为 5 050/吨。春节过后，白糖价格果然开始上涨，至 3 月中旬，白糖现货价格已达 5 100/吨，期货价格也升至 5 400 元/吨。该企业在现货市场采购白糖交货，与此同时将期货市场多头头寸平仓，结束套期保值。试问：

(1) 1 月中旬、3 月中旬白糖的基差分别是多少？期间基差是走强还是走弱？

(2) 该食糖购销企业套期保值的结果如何？

30. 某进口商 5 月份以 57 500 元/吨的价格从国外进口了一批铜，一时还没有找到买主，为了回避日后铜价下跌风险，该进口商在上海期货交易所卖出了 9 月铜期货进行套期保值，基差为－500 元/吨，同时在现货市场上积极寻找买家。6 月中旬，找到一铜杆厂，但该厂认为铜价还将继续下跌，不愿意当时确定价格，经协商，同意以低于上海期货交易所 9 月铜期货 100 元/吨的价格作为双方买卖现货的价格，并且由铜杆厂在 8 月 1 日至 15 日内实施点价。8 月 10 日，9 月铜期货的收盘价跌至 56 000 元/吨，铜杆加工厂认为铜价已跌得差不多了，决定以 8 月 10 日 9 月铜期货的收盘价为基准价计算现货买卖价。分析该案例中交易双方的策略及盈亏结果。

CHAPTER 7

期货投机与套利交易

本章主要介绍期货投机的作用、操作方法,分析期现套利、跨期套利、跨市套利、跨商品套利的原理与技巧,简要介绍组合投资交易、程序化交易和量化交易的基本策略。

第一节 期货投机交易

一、期货投机交易的含义

期货投机交易是指投机者在期货市场上以获取价差收益为目的而进行的期货交易行为。投机者根据自己对期货合约未来价格变化的预测,做出买进或卖出的决定,如果其判断与市场价格走势相同,则投机者可平仓获利;如果其判断与价格走势相左,则投机者承担投机损失。

二、期货投机交易的特点

期货交易一向被认为投机意识十足的投资工具。由于这种交易采取保证金方式,吸引了大量只想赚取价差而没有套期保值需求的投资者。投机交易与套期保值交易相比,具有以下特点。

(一) 以获利为目的

投机者在期货市场上,试图低价买进高价卖出或高价卖出低价买进从而获取收益,他们的根本目的是获利,这是投机者与套期保值者的根本区别。

(二) 不需实物交割而买空卖空

投机者并没有商品需要保值。一般而言,他们只关注期货合约的买卖价差,频繁买进卖出合约(买空卖空)以赚取价差,而并不关心实货交割。

（三）承担风险，有盈也有亏

期货市场中的风险是客观存在的，套期保值者需要转移价格风险，投机者便成为这种风险的承担者。投资者的大量介入，大大增加了期货市场的流动性，也使套期保值成为可能。买空卖空的风险是很大的，因而投机交易有盈也有亏。

（四）经常利用合约对冲技术

期货投机的操作条件在于期货合约的对冲性。投机者在价格发生有利变化时，可以方便地对冲已有头寸，以获取价差变化带来的盈利。投机者在价格发生不利变化也可以方便地对冲已有头寸，迅速退出市场避免更大的损失。另外，对冲技术的应用可方便投机者加快交易频率，加速资金周转。

（五）交易比较频繁，可增大市场流动性

投机为市场提供了大量交易资金，同时降低了市场的交易成本。这样又吸引新的投机者加入，从而市场的交易量大为增加，交易更加频繁，使市场具有更大的流动性。

（六）交易方式多种多样

由于买空和卖空的风险太大，因而投机交易发展了各种套利交易方式，企图将交易风险限定在一定的程度内。

投机交易除了上述主要特点外，还有交易时间短、信息量大、覆盖面广的特点，这些为投机交易的迅速发展奠定了基础，也为期货市场的发展创造了条件。

三、投机交易的分类

投机交易的具体操作手法多种多样，现按不同的分类方式阐述于下。

（一）按操作方法不同可分为多头投机与空头投机

多头投机俗称为“做多”，其操作手法是“买空”（long）。它是指投机者预测期货行情上涨时先买进期货合约，希望等它上涨后平仓获利。多头投机者在期货市场上拥有多头头寸（position）。

【例 7-1】 某投资者预测国内铜价将受国际铜价趋势的带动而上涨，于是做了多头投机，以 54 550 元/吨入市，买入铜期货合约 4 手，每手 5 吨。一个月后，铜价上涨，投资者以 60 550 元/吨平仓获利，共获利(60 550－54 550)×5×4＝120 000 元。

空头投机也称“做空”，其操作手法是“卖空”（short）。这是指投机者预测期货价格行情将下跌而先卖出期货合约，希望等价格下跌后平仓获利。空头投机者在期货市场拥有空头头寸。

【例 7-2】 某投机者对国内大豆期货交易进行分析预测，认为大豆价格即将从高位下跌。于是果断入市，以 4 700 元/吨的价格卖空；一个月后，大豆价格跌至 4 500 元/吨时平仓，每吨获利 200 元。

（二）从投机的原理不同来看，可分为单向投机和套利性投机

单向投机是指利用期货价格的波动进行单向的买空或卖空投机。包括长线投机、短线投机、当日投机(day trade)和逐小利投机（即抢帽子，scalp）。

长线投机者持仓时间较长，他们将合约持有几天、几周甚至几个月，待价格变至对其有利时再将合约对冲，交易量较大。短线投机者一般是当天下单，在一日或几日内对冲平仓。当日投机者只进行当天开仓平仓期货交易，希望利用日内较大差价获利。逐小利投机者是随时买进或卖出，赚取很小差价的投机者，他们交易频繁，往往一天内买卖合约数次，其交易期货品种较为单一，但交易量一般较大。逐小利投机者对于增强市场流动性具有十分重要的意义。

套利性投机者是指利用不同期货合约之间、现货和期货之间的价格关系进行投机交易。

四、期货投机操作过程及要领

（一）交易前的准备

在进行期货投机前一定要先做好充足的准备。首先，要了解期货市场的相关规定，分析期货合约。在此基础上，根据个人的财务状况、交易经验等制定明确的交易计划，设定盈利目标和亏损限度。

（二）建仓操作

在开仓时，应重点把握入市时机选择及合约月份选择问题，并选用合适的建仓策略。

在决定入市时，首先要对期货价格变动的趋势进行分析与把握，只有在市场趋势已明确上涨时，才买入期货合约；在市场趋势已明确下跌时，才卖出期货合约。如果趋势不明朗或不能判定市场发展趋势，就不要匆忙建仓。可以用技术分析方法选择恰当的入市时机。

投机者在选择合约的交割月份时，应选择交易活跃的合约月份，避开不活跃的合约月份，这样便于在合适的价位对所持头寸进行平仓。

投机者还应注意远月合约价格与近月合约价格之间的关系。一般来说，对商品期货而言，在正向市场中，当市场行情上涨且远月合约价格相对偏高时，在远月合约价格上升时，近月合约的价格也会上升，以保持与远月合约间的正常的持仓费用关系，且可能近月合约的价格上升更多；当市场行情下滑时，远月合约的跌幅不会小于近月合约。所以，做多头的投机者应买入近月合约；做空头的投机者应卖出远期月份的合约。在反向市场中，当市场行情上涨且远月合约价格相对偏低时，在近月合约价格上升时，远月合约的价格也上升，且远月合约价格上升可能更多；如果市场行情下滑，则近月合约受的影响较大，跌幅很可能大于远月合约。所以，做多头的投机者宜买入远月合约，行情看涨时可以获得较多的利润；而做空头的投机者宜卖出近月合约，行情下跌时可以获得较多的利润。不过，在

因现货供应极度紧张而出现的反向市场情况下，可能会出现近月合约涨幅大于远月合约的局面，投机者对此也要多加注意，避免进入交割期而出现违约风险。

在建仓时，提倡采用金字塔式买入卖出策略。下面以金字塔式买入策略为例进行说明。买入增仓应遵循以下原则：①只有在现有持仓已经盈利的情况下，才能增仓；②持仓的增加应渐次递减。

【例 7-3】 某投机者预测 9 月份豆粕期货合约价格将上升，故买入 7 手(10 吨/手)，成交价格为 3 113 元/吨，此后合约价格迅速上升到 3 145 元/吨，首次买入的 7 手合约已经为他带来浮动盈利 10×7×(3 145－3 113)＝2 240 元。为了进一步利用该价位的有利变动，该投机者再次买入 5 手 9 月份合约，持仓总数增加到 12 手，12 手合约的平均买入价为(3 113×70＋3 145×50)/120＝3 126.3 元/吨。当市场价格再次上升到 3 196 元/吨时，又买入 3 手合约，持仓总计 15 手，所持仓的平均价格为 3 140.3 元/吨。当市价上升到 3 214 元/吨时再买入 2 手，所持有合约总数为 17 手，平均买入价为 3 148.9 元/吨。当市价上升到 3 256 元/吨时再买入 1 手，所持有合约总数为 18 手，平均买入价为 3 154.9 元/吨。操作过程见图 7-1。

价格(元/吨)	持仓数(手)	平均价(元/吨)
3 256	×	3 154.9
3 214	×　×	3 148.9
3 196	×　×　×	3 140.3
3 145	×　×　×　×　×	3 126.3
3 113	×　×　×　×　×　×　×	3 113

图 7-1　金字塔式买入

在上例中，采取金字塔式买入合约时持仓的平均价虽然有所上升，但升幅远小于合约市场价格的升幅，市场价格回落时，持仓不至于受到严重威胁，投机者可以有充足的时间卖出合约并取得相当的利润。如果建仓后，市场价格变动有利，投机者增加仓位不按原则行事，每次买入或卖出的合约份数总是大于前次买入或卖出的合约份数，买入或卖出合约的平均价就会和最近的成交价相差无几，只要价格稍有下跌或上升，便会吞食所有利润，甚至亏本，因而倒金字塔式买入或卖出不被提倡。

(三) 平仓操作

投机者建仓后应密切注视市场行情的变动，适时平仓。期间应把握滚动利润、限制损失的原则，并灵活运用止损指令。

滚动利润是指在行情变动有利时，不必急于平仓获利，而是尽量延长持仓时间，充分获取市场有利变动产生的利润。限制损失是指投机者在交易出现损失，并且损失已经达到事先确定的数额时，应立即对冲了结，认输离场。过分的赌博心理，只会造成更大的损失。值得注意的是，投机者即使投资经验非常丰富，也不可能每次都会获利。出现损失并不可怕，怕的是不能及时止损，酿成大祸。

止损指令是实现限制损失、滚动利润方法的有力工具。只要止损单运用得当，就可以为投机者提供必要的保护。一般而言，止损单中的价格不能太接近于当时的市场价格，以免价格稍有波动就不得不平仓；但也不能离市场价格太远，否则，又易遭受不必要的损失。止损单中价格的选择，可以利用技术分析法来确定。下面是投机者灵活运用止损指令的例子。

【例 7-4】 某投机者决定做小麦期货合约的投机交易，以 4 550 元/吨买入 20 手合约，成交后立即下达一份止损单，价格定为 4 500 元/吨。此后市价下跌，可以将损失限制到每吨 50 元左右。若价格上升，在价格上升到 4 610 元/吨时，投机者可取消原来止损指令，下达一份新的止损指令，价格定为 4 590 元/吨。若市价回落，可以保证获得 40 元/吨左右的利润。若市价继续上升，当上升到 4 630 元/吨，则可再取消前一止损指令，重新下达一份止损指令，价格定为 4 600 元/吨。即使价格下跌，也可保证 50 元/吨的利润。依此类推。

同样，如果投机者做空头交易，卖出合约后可以下达买入合约的止损指令，并在市场行情有利时不断调整指令价格，下达新的指令，可以达到限制损失滚动利润的目的。

五、资金和风险管理

资金管理是指交易者对资金的配置和运用问题。它包括投资组合的设计、投资资金在各个市场上的分配、止损点的设计、报偿与风险比的权衡、在经历了成功阶段或挫折阶段之后采取何种措施，以及选择保守稳健的交易方式还是积极大胆的交易方式等方面。资金账户的大小、投资组合的搭配以及在每笔交易中的金额配置等，都能影响到最终的交易效果。

（一）一般性的资金管理要领

（1）投资额应限定在全部资本的 1/3 至 1/2 以内为宜。这就是说，交易者投入市场的资金不宜超过其总资本的一半。剩下的一半做备用，以应付交易中的亏损或临时性的支出。

（2）根据资金量的不同，投资者在单个品种上的最大交易资金应控制在总资本的 10%～20%以内。这一措施可以防止交易者在同一市场上注入过多的本金，从而将风险过度集中在这个市场上。

（3）在单个市场中的最大总亏损金额宜限制在总资本的 5%以内。5%是指交易者在交易失败的情况下，愿意承受的最大亏损。

（4）在任何一个市场群中所投入的保证金总额宜限制在总资本的 20%～30%以内。这是为了防止交易者在某一市场群中陷入过多的本金。同一市场群，往往价格变动趋势比较一致。例如，黄金和白银是贵金属市场群中的两个成员，它们通常有相似的趋势。如果我们把全部资金头寸注入同一市场群的各个品种，就违背了多样化的风险分散原则。因此，应当控制投入同一市场群的资金总额。

（二）分散投资与集中投资

期货投机要把握分散投资的度。与股票投资相比，股票投资主张横向投资多元化，而期货投机主张纵向投资分散化。所谓纵向投资分散化是指选择少数几个熟悉的品种在不同的阶段分散资金投入，所谓横向投资多元化是指可以同时选择不同的证券品种组成证券投资组合，这样都可以起到分散投资风险的作用。

第二节　套利交易概述

一、套利的概念与分类

（一）套利的概念

套利交易与纯粹的单向投机不同，它是利用期货与现货之间、期货合约间的价格关系来获利。通常的做法是在有价格相关关系的合约上同时建立正反两方面的头寸，期望在未来合约价差变动于己有利时再对冲获利。

（二）套利交易的分类

广义的套利交易包括期现套利（arbitrage）和期货套利（spread），而狭义的套利仅指期货套利。

期现套利是指交易者利用期货市场和现货市场间不合理价差，通过在这两个市场上进行反向交易，待价差趋于合理而获利的交易活动。

期货套利是指同时买进和卖出两种或以上不同品种但价格有相关性的期货合约，以期望今后利用期货合约间的价差变动来获利。期货套利又可分为跨市套利、跨期套利和跨商品套利。

跨市套利是在两个不同的期货交易所同时买进和卖出同一品种同一交割月份的期货合约，以便在未来两合约价差变动于己有利时再对冲获利。如某投资者卖出 20 手堪萨斯交易所 12 月份小麦合约，同时买入 20 手芝加哥交易所 12 月份小麦合约，以后待有利时机再对冲这两份合约，就是进行了跨市套利操作。

跨期套利是指在同一交易所同时买进和卖出同一品种的不同交割月份的期货合约，以便在将来的合约价差变动于己有利时再对冲获利。如某投资者在郑州商品交易所买进 7 月棉花合约 10 手，同时卖出 9 月棉花合约 10 手，就构成了跨期套利。

跨商品套利是在同一交易所同时买进和卖出同一交割月份的不同品种的期货合约。选择的两种不同合约应在价格变动上有较强的联动性。如大豆和豆油价格联动性较强，投资者在大连商品交易所买入 5 月大豆合约同时卖出 5 月豆油合约，就是跨商品套利。

二、套利的作用

套利交易在期货市场起着重要作用。

（一）有利于被扭曲的价格关系恢复到正常水平

当市场价格扭曲时，期货和现货价差、期货合约间价差波动往往超过正常范围，这时就会引发大量的套利交易，交易者大量卖出相对价高的合约，同时买进相对价低的合约。大量的套利行为的结果，往往会将价格拉回到正常水平。

（二）抑制过度投机

欲操纵市场，进行过度投机的交易者往往利用各种手段将价格拉抬或打压到不合理的水平，以便从中获利。如果期货市场上有大量的理性套利者存在，过度投机行为就会被有效地抑制。

（三）增强市场流动性，活跃远月合约

套利者一般交易量较大，通过在不同合约上建立正反头寸，可以有效地增强市场的流动性。特别是跨期套利注重同时在近月和远月合约上操作，这就带动了远月合约的交易。

三、期现套利操作

（一）期现套利的原理

一般来说，期货价格和现货价格之间的价差主要反映了持有成本。但现实中，价差并不绝对等同于持有成本。当价差与持有成本之间出现较大偏差时，期现套利的机会就存在。若期货价格较高，价差远远高于持有成本，则投资者可以卖出期货合约同时买进现货，待合约到期时，用所买入的现货到期货市场交割。价差的收益扣除买入现货之后发生的持有成本后还有盈利。而当期货价格偏低使得价差远远低于持有成本时，则投资者可以卖出现货，同时买入期货合约，待合约到期时在期货市场上进行实物交割，接收商品，再将它用来补充之前所卖出的现货。价差的亏损小于所节约的持仓费用，因而产生盈利。这种套利通常在即将到期的期货合约上进行，大量的期现套利有助于期货价格的合理回归。

商品期货期现套利一般仅涉及现货商。因为涉及期货、现货两个市场，如果实物交割，还要占用大量资金，且需要有相应的现货供、销渠道来买进或卖出现货。这样的条件一般投机者不具备，所以一般的投机者很少在即将到期的合约上操作。而期现套利者最关注进入交割月份的期货合约品种，只要价差足够大，超过预期投机成本，套利者就会入市，最终再根据市场情况灵活选择在期货市场平仓或是进行实物交割。

金融期货中，应用最普遍的是股指期货的期现套利。我们将在后面章节进行详细讨论。

（二）期现套利案例

现实中，一些企业利用自身在现货市场经营的优势，依据基差与持有成本之间的关系，寻找合适的时机进行操作。

假设某企业有一批商品存货。目前现货价格为 4 000 元/吨，两个月后交割的期货合约价格为 5 000 元/吨。两个月期间的持有成本为 500 元/吨。该企业通过比较发现，如果将该批货在期货市场按 5 000 元/吨的价格卖出，待到期时用其持有的现货进行交割，扣除 500 元/吨的持有成本之后，仍可以有 500 元/吨的收益。在这种情况下，企业将货物在期货市场卖出要比现在按 4 000 元/吨的价格卖出更有利，也比两个月之后卖出更有保障（因为不知道未来价格会如何变化）。

第三节　期货套利交易

一、期货套利交易概述

Spread 本身有“价差”的含义，因此，期货套利交易也称“价差交易”，其实质是对期货合约间价差的投机。

（一）期货价差的定义①

期货价差是指相关期货合约之间的价格差。在价差交易中，交易者重点关注的是价差是否在合理的区间范围。如果价差不合理，交易者可以利用这种不合理的价差对相关期货合约进行方向相反的交易，等价差趋于合理时再同时将两个合约平仓来获取收益。

在价差交易中，交易者要同时在相关合约上建立一个多头头寸和一个空头头寸，这是价差交易的基本原则，如果缺少了多头头寸或空头头寸，就像一个人缺了一条腿一样无法正常行走，因此，价差交易中建立的多头和空头头寸被形象地称为套利的“腿”（legs，也可称为“边”或“方面”）。

计算建仓时的价差，应用价格较高的一“边”减去价格较低的一“边”。例如，某套利者买入 5 月份铜期货合约的同时卖出 6 月份的铜期货合约，价格分别为 55 750 元/吨和 55 840 元/吨，因为 6 月份价格高于 5 月份价格，因此价差为 6 月份价格减去 5 月份价格，即 90 元/吨。可见，建仓价差都是正数。

而在计算平仓价差时，应保持计算上的一致性，也要用建仓时价格较高合约的平仓价格减去建仓时价格较低合约的平仓价格。如前例中，套利者建仓之后，5 月份铜期货价格上涨至 56 010 元/吨，6 月份涨幅相对较小，为 55 870 元/吨，如果套利者按照此价格同时将两个合约对冲了结该价差交易，则在平仓时的价差仍应用 6 月份的价格减去 5 月份的价格，即为－140 元/吨。

---

① 此处的“价差”含义取美国期货业协会和中国期货业协会的定义。鉴于它们是负责从业人员资格考试与管理的机构，其定义在业内具有权威性。应注意，各交易所系统对“价差”的定义并不相同。

（二）价差的变化

由于价差交易是利用相关期货合约间不合理的价差来进行的，价差能否在套利建仓之后“回归”正常，会直接影响到价差交易的盈亏和套利的风险。因此，交易者往往会作出价差变化图，并对未来价差的变化进行预测。

价差变化分为扩大(widen)与缩小(narrow)两种情形。如果当前(或平仓时)价差大于建仓时价差，则价差是扩大的；如果相反，则价差是缩小的。如某套利者在 3 月 5 日买入 5 月份白糖期货合约的同时卖出 7 月份白糖期货合约，价格分别为 5 720 元/吨和 5 820 元/吨，到了 3 月 15 日，5 月份和 7 月份白糖期货价格分别变为 5 990 元/吨和 6 050 元/吨，价差变化为

3 月 5 日建仓时的价差：5 820－5 720＝100(元/吨)

3 月 15 日的价差：6 050－5 990＝60(元/吨)

由此可以判断出 3 月 15 日的价差相对于建仓时缩小了，即价差缩小 40 元/吨。

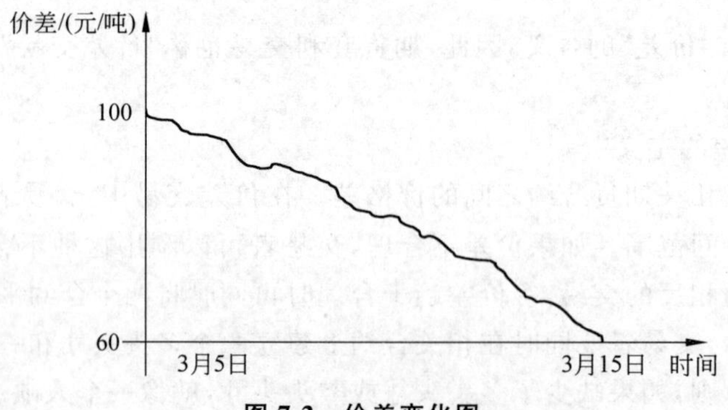

图 7-2　价差变化图

（三）套利交易指令

在套利交易实施中，多数交易所为了给套利交易提供便利，往往会设计套利指令，套利者可使用套利指令来完成套利操作。套利指令通常不需要标明买卖各个期货合约的具体价格，只要标注两个合约价差即可，非常便利。并且，在有些国家的交易所(如美国)，套利交易还可以享受佣金、保证金方面的优惠待遇。

在指令种类上，套利者可以选择市价指令或限价指令，如果要撤销前一笔套利交易的指令，则可以使用取消指令。

1. 套利市价指令

套利市价指令是指交易将按照市场当前可能获得的最好的价差成交的一种指令。此指令中不需注明价差的大小，只需注明买入和卖出期货合约的种类和月份即可，具体成交的价差如何，则取决于指令执行时点上市场行情的变化情况。该指令的优点是成交速度快，但也存在缺点，即在市场行情发生较大变化时，成交的价差可能与交易者最初的意图有较大差距。

2. 套利限价指令

套利限价指令是指当价格达到指定价位时，指令将以指定的或更优的价差来成交。限价指令可以保证交易能够以指定的甚至更好的价位来成交。在使用限价指令进行套利时，需要注明具体的价差和买入、卖出期货合约的种类和月份。该指令的优点在于可以保证交易者以理想的价差进行套利，但是不能保证能够立刻成交。

小贴士　大连商品交易所和郑州商品交易所的套利指令

大连商品交易所对指定合约提供套利交易指令，指令内各成分合约按规定比例同时成交。套利指令分为同品种跨期套利和跨品种套利指令，各指令具体内容如下：

名　　称	交易方式（从买方角度）	报价方式
同品种跨期套利交易指令	买入近月份合约，卖出同等数量远月份合约	买（卖）套利价格＝近月合约买（卖）申报价格 －远月合约卖（买）申报价格
两个品种间套利交易指令	买入某品种某月份合约，卖出另一品种相同或不同月份合约	买（卖）套利价格＝第一品种买（卖）申报价格 －第二品种卖（买）申报价格
压榨利润套利交易指令	卖大豆合约、买相同月份或不同月份豆粕和豆油合约	买（卖）套利价格＝豆粕合约买（卖）申报价格 ＋豆油合约买（卖）申报价格 －大豆合约卖（买）申报价格

大连商品交易所同时规定，套利交易指令只能为限价指令，并且不能附加任何指令属性。

郑州商品交易所跨期套利组合指令交易方法如下：

在借鉴国际惯例的基础上，郑商所交易系统将组合指令的价差定为近期合约价格减去远期合约价格，即组合指令的价差＝近期合约价格－远期合约价格。

郑商所交易系统中，两个月份的价差如果没有特殊说明，一般也是指近期合约价格减去远期合约价格。

一般情况下，远期合约价格大于近期合约价格，所以，系统组合指令的价差一般为负值（如果价差为负，下单时一定要加上负号，否则出现极端价格成交），两个月份的价差一般也为负值。

例如，CF501 和 CF503 合约价格分别为 13 800 和 13 900，则两个月份价差为－100。

第一种情况：价差增大。如果 CF501 合约价格不变，CF503 合约价格下跌到 13 850，则两个合约的价差由－100 增大到－50。

第二种情况：价差缩小。如果 CF501 合约价格不变，CF503 合约价格上涨到 13 920，则两个合约的价差由－100 缩小到－120。

例如，投资者下一个组合指令进行 CF501 和 CF503 的跨期套利，组合指令的价差为－100 点，如果按此价差成交，则 CF501 成交价格－CF503 的成交价格＝－100。

3. 组合指令的买单、组合指令的卖单

表 7-1 组合指令的买单和卖单

买单/卖单代码	品种及近期月份代码	品种及远期月份	价差(近价－远价)	组合单数量
B	例如 WS509	例如 WS603	例如－150	例如 68
S	例如 CF605	例如 CF608	例如－280	例如 80

二、买入套利和卖出套利

(一) 套利盈亏的计算

下面讨论套利盈亏的计算方法。不失一般性，我们假设某投资者进行价差交易，开仓时，甲、乙合约的成交价分别是 F_1、F_2，且有 $F_1>F_2$，两合约价差为 B。平仓时，甲、乙合约的成交价格分别为 F_1',F_2'，两合约的价差为 B'。该投资者价差套利情况分析如表 7-2 所示。

表 7-2 价差套利的盈亏计算

	甲合约	乙合约	价差
开仓(入市)	F_1	F_2	$B=F_1-F_2$
平仓(出市)	F_1'	F_2'	$B'=F_1'-F_2'$

如果投资者买入甲合约，同时卖出乙合约进行套利，则有

价差套利盈利＝甲合约盈利＋乙合约盈利＝$(F_1'-F_1)+(F_2-F_2')=B'-B$

如果投资者买入乙合约，同时卖出甲合约进行套利，则有

价差套利盈利＝甲合约盈利＋乙合约盈利＝$(F_1-F_1')+(F_2'-F_2)=B-B'$

可见，当交易者在开仓时买入价格较高的合约时，价差扩大对他有利；反之他开仓时卖出价格较高的合约时，价差缩小对他有利。根据套利者对相关合约中价格较高的一边的买卖方向不同，价差套利可分为买入套利和卖出套利。

(二) 买入套利

套利者买入相关合约中价格较高的合约，同时卖出价格较低的合约，我们称这种套利为买入套利(buy spread)。

如前分析可知，买入套利的盈亏结果为平仓价差减去开仓价差，这是预测价差上涨(扩大)时的投机方法。如图 7-3(a)所示，图的纵轴显示的是价差，而如果显示的是价格，就与单向多头投机者的情形一样了。所以，称之为买入套利。

【例 7-5】 某套利者以 350 元/克卖出 4 月份黄金期货，同时以 361 元/克买入 5 月份黄金。假设经过一段时间之后，4 月份价格变为 355 元/克，同时 5 月份价格变为 372 元/克，该套利者同时将两合约对冲平仓，套利结果分析如下：

从操作上看，该套利者买入的5月份黄金的期货价格要高于4月份，可以判断是买进套利。价差从建仓的11元/克(361－350)变为平仓的17元/克(372－355)，扩大了6元/克，因此，可以判断该套利者的净盈利为6元/克。

(三) 卖出套利

套利者卖出相关合约中价格较高的合约，同时买进价格较低的合约，我们称这种套利为卖出套利(sell spread)。

如前分析可知，卖出套利的盈亏结果为开仓价差减去平仓价差，这是预测价差下跌(缩小)时的投机方法，如图7-3(b)所示，与单向空头投机者的情形相似。所以，称之为卖出套利。

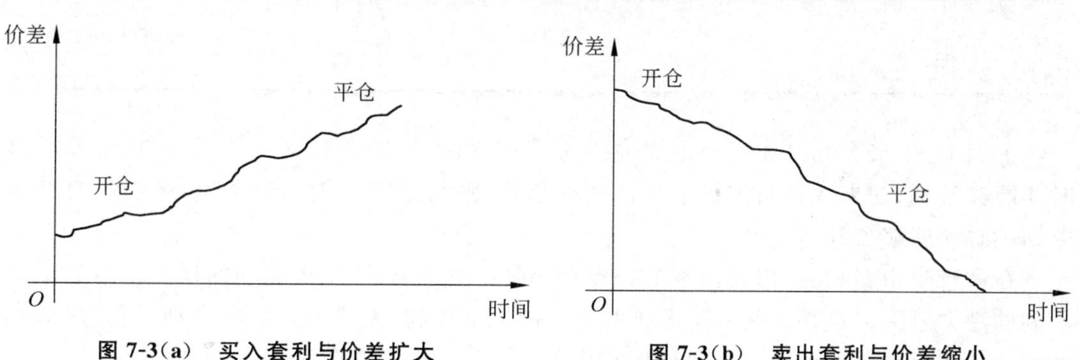

图7-3(a)　买入套利与价差扩大　　**图7-3(b)　卖出套利与价差缩小**

【例7-6】　某套利者以361元/克卖出4月份黄金期货，同时以350元/克买入5月份黄金期货。假设经过一段时间之后，4月份价格变为364元/克，同时5月份价格变为357元/克时，该套利者同时将两合约对冲平仓，套利结果分析如下：

从操作上，该套利者卖出的4月份黄金的期货价格要高于买入的5月份价格，因而是卖出套利。价差从建仓的11元/克(361－350)变为平仓的7元/克(364－357)，缩小了4元/克。因此，可以判断出该套利者的净盈利为4元/克。

三、跨期套利

跨期套利有三种最主要的交易形式：牛市套利、熊市套利和蝶式套利。

(一) 牛市套利

牛市套利(bull spread)是指入市时买进近月合约同时卖出远月合约的跨期套利形式。当市场出现供给不足、需求旺盛的情形时，会导致较近月份的合约价格上涨幅度大于较远期的上涨幅度，或者较近月份的合约价格下降幅度小于较远期的下跌幅度，在这种情况下，无论是在正向市场还是反向市场，进行牛市套利盈利的可能性比较大。下面举例分析牛市套利策略。

【例7-7】　在某年3月，一个投资者认为7月份大豆期货价与新豆上市后的11月份大豆期货的价差异常。当时，现货大豆价格看好，他估计会带动期货价上涨，且7月期货价将比 11 月期货价上涨快。他决定进行牛市套利，在大连商品交易所分别以 4 230 元/吨和 4 190 元/吨的价格买 7 月大豆期货，同时卖 11 月大豆期货各 10 手，价差 40 元/吨。两个月后，7 月份大豆期货价升至 4 390 元/吨，11 月大豆期货价升至 4 220 元/吨。该投资者将 7 月、11 月期货全部平仓，可赚 13 000 元(交易单位为 10 吨/手)。交易分析见表 7-3。

表 7-3　牛市套利　元/吨

时间	7 月合约	11 月合约	价差
3 月 1 日	买进 10 手，价 4 230	卖出 10 手，价 4 190	40
5 月 8 日	卖出 10 手，价 4 390	买进 10 手，价 4 220	170
	160	－30	价差扩大 130
结果：盈利为 130×10×10＝13 000(元)			

上例中，牛市套利是在反向市场进行的，可以归入买进套利这一类，只有在价差扩大时才能够盈利；如果在正向市场上进行牛市套利，则可以归入卖出套利这一类，只有在价差缩小时才能够盈利。

在进行牛市套利时，需要注意的一点是：在正向市场上，牛市套利的损失相对有限而获利的潜力巨大。这是因为：在正向市场进行牛市套利，实质上是卖出套利，而卖出套利获利的条件是价差要缩小。如果价差扩大的话，该套利可能会亏损。但是由于在正向市场上价差变大的幅度要受到持有成本水平的制约，因为价差如果过大超过了持有成本，就会产生套利行为，会限制价差扩大的幅度。而价差缩小的幅度则不受限制，在上涨行情中很有可能出现近期合约价格大幅度上涨远远超过远期合约的可能性，使正向市场变为反向市场，价差可能从正值变为负值，会大幅度缩小，使牛市套利获利巨大。

一般来说，牛市套利对于可储存的商品并且是在相同的作物年度最有效。可以适用于牛市套利的可储存的商品有小麦、棉花、大豆、糖、铜等。对于不可储存的商品，如活牛、生猪等，不同交割月份的商品期货价格间的相关性很低或根本不相关，进行牛市套利是没有意义的。

(二) 熊市套利

熊市套利(bear spread)是指入市时买进远月合约同时卖出近月合约的跨期套利形式。当市场出现供给过剩、需求相对不足时，一般来说，较近月份的合约价格下降幅度往往要大于较远期合约价格的下降幅度，或者较近月份的合约价格上升幅度小于较远合约价格的上升幅度。在这种情况下，无论是在正向市场还是反向市场，进行熊市套利盈利的可能性比较大。下面举例分析熊市套利策略。

【例 7-8】 某投资者发现，国内铝厂产能扩张过快，出现了铝过剩。并且他发现近月铝期货合约下跌比远月更快，于是做了熊市套利。其交易情况分析见表 7-4。

上例中，熊市套利是在正向市场进行的，可以归入买进套利这一类，只有在价差扩大时才能够盈利；如果在反向市场上，熊市套利可以归入卖出套利这一类中，则只有在价差缩小时才能够盈利。

在进行熊市套利时需要注意，当近期合约的价格已经相当低时，以至于它不可能进一步偏离远期合约时，进行熊市套利是很难获利的。

表 7-4　熊市套利　　元/吨

	5 月合约	7 月合约	价差
开仓	卖出价 15 000	买进价 15 200	200
平仓	买进价 14 700	卖出价 15 100	400
	300	－100	价差扩大 200
结果：盈利为 200			

（三）蝶式套利

蝶式套利(butterfly spread)是由两个共享居中交割月份的牛市套利和熊市套利组成。如“买 7 月铜 5 手/卖 8 月铜 10 手/买 9 月铜 5 手”是典型的蝶式套利。它依次由牛市套利“买 7 月铜 5 手/卖 8 月铜 5 手”和熊市套利“卖 8 月铜 5 手/买 9 月铜 5 手”组成。蝶式套利的另一种典型形式是“卖 3 月大豆 5 手/买 5 月大豆 10 手/卖 7 月大豆 5 手”，它是依次由一个熊市套利和一个牛市套利组成。由于近期和远期月份的期货合约分居于居中月份的两侧，形同蝴蝶的两个翅膀，因此称为蝶式套利。

【例 7-9】　2 月 1 日，3 月份、5 月份、7 月份的大豆期货合约价格分别为 5 050 元/吨、5 130 元/吨和 5 175 元/吨，某交易者认为 3 月份和 5 月份之间的价差过大而 5 月份和7 月份之间的价差过小，预计 3 月份和 5 月份的价差会缩小而 5 月份与 7 月份的价差会扩大，于是该交易者以该价格同时买入 150 手(1 手为 10 吨)3 月份合约、卖出 350 手 5 月份合约、买入 200 手 7 月份大豆期货合约。到了 2 月 18 日，三个合约的价格均出现不同幅度的下跌，3 月份、5 月份和 7 月份的合约价格分别跌至 4 850 元/吨、4 910 元/吨和 4 970 元/吨，于是该交易者同时将三个合约平仓。在该蝶式套利操作中，套利者的盈亏状况见表 7-5。

表 7-5　蝶式套利盈亏分析

	3 月份合约	5 月份合约	7 月份合约
2 月 1 日	买入 150 手，5 050 元/吨	卖出 350 手，5 130 元/吨	买入 200 手，5 175 元/吨
2 月 18 日	卖出 150 手，4 850 元/吨	买入 350 手，4 910 元/吨	卖出 200 手，4 970 元/吨
各合约盈亏状况	亏损 200 元/吨 总亏损为 200×150×10＝300 000(元)	盈利 220 元/吨 总盈利为 220×350×10＝770 000(元)	亏损 205 元/吨 总亏损为 205×200×10＝410 000(元)
净盈亏	净盈利＝－300 000＋770 000－410 000＝60 000(元)		

注：1 手＝10 吨。

可见，蝶式套利是两个跨期套利互补平衡的组合，可以说是“套利的套利”。蝶式套利与普通的跨期套利相比，从理论上看风险和利润都较小。

四、跨市套利

在期货市场上，许多交易所都交易相同或相似的期货商品，如芝加哥期货交易所、大连商品交易所、东京谷物交易所都进行玉米、大豆期货交易，伦敦金属交易所、上海期货交易所、纽约商业交易所都进行铜、铝等有色金属交易。一般来说，这些品种在各交易所间的价格会有一个稳定的差额，一旦这一差额发生短期的变化，交易者就可以在这两个市场间进行套利，购买价格相对较低的合约，卖出价格相对较高的合约，以期在期货价格趋于正常时平仓，赚取低风险利润。

【例 7-10】 由于美国经济局势好转、全球通胀预期降低等因素的影响，2013 年 4 月 15 日，黄金期货价格大跌。美国 COMEX6 月黄金期货价格折算成人民币约 290 元/克，上海 6 月黄金期货价格为 298 元/克左右。考虑到手续费等因素，国内外合理价差大致在±2 元/克之间。观察到这一套利机会，套利资金大量入场，下午收市前，上海黄金期货价已降至 288 元/克左右。当日，某投资机构在 COMEX 买入 6 月黄金期货，同时在上海期货交易所卖出 6 月黄金期货。其具体情形分析见表 7-6。

表 7-6 跨市套利 元/克

	上海期货交易所	COMEX	价差
4 月 15 日上午	卖 298	买 290	8
4 月 15 日下午	平仓 290	平仓 289	1
	8	−1	卖出套利，价差缩小 7
结果：盈利为 7			

跨市套利具有如下特征：

(1) 跨市套利的风险及操作难度都比跨期套利更大，因为它涉及不同的交易所，交易者必须同时考虑两个市场的情形和影响因素。有时，虽然是同一品种，但各交易所的交易规则、交割等级、最后交易日、交割期的规定都有差异，期货市场上的流动性也不一样。若是做不同国家的跨市套利，还要考虑汇率变动的影响，所以必须全面考虑各种因素，才能使套利取得成功。因此一般大的投资基金、投资银行才进行跨市套利交易。

(2) 同一品种在不同交易所存在价差，主要是由于地理空间因素所造成的，也有品质规格不一样的因素起作用。正常情况下，两市场应有一合理的价差。一般来说，出现比价不正常的持续时间较短，套利者必须抓住时机入市。从实际情况来看，那些在不同交易所都有场内经纪人的投资机构最善于抓住这样的时机，他们的交易量往往很大，在几分钟之间便可获巨利。

五、跨商品套利

跨商品套利可以分为相关商品套利和可转换性商品间的价差套利两种形式。

（一）相关商品套利

一般来说，商品的价格总是围绕着内在价值上下波动，而不同的商品因其内在的某种联系，如需求替代品、需求互补品、生产替代品或生产互补品等，使得它们的价格存在着某种稳定合理的比值关系。例如，郑州商品交易所的菜籽油、大连商品交易所的豆油和棕榈油同为国内重要的油脂品种，从消费终端来看，彼此之间具有很强的替代性。

由于受市场、季节、政策等因素的影响，这些有关联的商品之间的比值关系又经常偏离合理的区间，表现出一种商品被高估，另一种被低估，或相反，从而为跨品种套利带来了可能。在此情况下，交易者可以通过期货市场卖出被高估的商品合约，买入被低估商品合约进行套利，等有利时机出现后分别平仓，从中获利。

在我国期货市场，螺纹钢与线材之间、铜和铝之间以及菜籽油、豆油和棕榈油之间都有进行跨商品套利的可能性。

【例 7-11】 6 月 1 日，次年 3 月份上海期货交易所铜期货合约价格为 54 390 元/吨，而次年 3 月该交易所铝期货合约价格为 15 700 元/吨，前一合约价格比后者高 38 690 元/吨。套利者根据两种商品合约间的价差分析，认为价差小于合理的水平，如果市场机制运行正常，这两者之间的价差会恢复正常。于是，套利者决定买入 30 手(1 手为 5 吨)次年 3 月份铜合约的同时卖出 30 手次年 3 月份铝合约，以期未来某个有利时机同时平仓获取利润。6 月 28 日，该套利者以 54 020 元/吨卖出 30 手次年 3 月份铜合约的同时以 15 265 元/吨买入 30 手次年 3 月份铝合约。交易情况见表 7-7。

表 7-7　沪铜/铝套利实例

6 月 1 日	买入 30 手次年 3 月份铜合约，价格为 54 390 元/吨	卖出 30 手次年 3 月份铝合约，价格为 15 700 元/吨	价差 38 690 元/吨
6 月 28 日	卖出 30 手次年 3 月份铜合约，价格为 54 020 元/吨	买入 30 手次年 3 月份铝合约，价格为 15 265 元/吨	价差 38 755 元/吨
套利结果	亏损 370 元/吨	获利 435 元/吨	价差扩大 65 元/吨
	净获利 65 元/吨，共计(435 元/吨－370 元/吨)×30 手×5 吨/手＝9 750 元		

对于跨商品套利策略，分析如下：

(1) 设两商品期货的价差为正，当预计价差扩大时，可以在开仓时，买进价高商品期货，同时卖出价低的商品期货；当预计价差缩小时，则可采用相反的策略，即开仓时卖出价高商品期货，同时买进价低的商品期货。

(2) 相关商品套利的结果也正好是开仓、平仓时价差的变动额。因此交易者交易时只关注价差的变化,并不十分在意具体的成交价格。

(二) 可转换性商品间套利

可转换性商品是指原材料与制成品。典型的如大豆与其两种制成品——豆油和豆粕之间的套利,豆油生产商的原料是大豆,而豆粕是制油的副产品,可以做饲料,三者之间是可转换性商品。

在我国,大豆与豆油、豆粕之间一般存在着“100%大豆=18%豆油+78.5%豆粕+3.5%损耗”的关系。因而,也就存在“100%大豆×购进价格+加工费用+利润=18%的豆油×销售价格+78.5%豆粕×销售价格”的平衡关系。

三种商品之间的套利有两种做法:大豆提油套利和反向大豆提油套利。

1. 大豆提油套利

大豆提油套利是大豆加工商在市场价格关系基本正常时进行的,目的是防止大豆价格突然上涨,或豆油、豆粕价格突然下跌,从而产生亏损或使已产生的亏损降至最低。由于大豆加工商对大豆的购买和产品的销售不能够同时进行,因而存在着一定的价格变动风险。

大豆提油套利的做法是:购买大豆期货合约的同时卖出豆油和豆粕的期货合约,当在现货市场上购入大豆或将成品最终销售时再将期货合约对冲平仓。这样,大豆加工商就可以锁定产成品和原料间的价差,防止市场价格波动带来的损失。

2. 反向大豆提油套利

反向大豆提油套利是大豆加工商在市场价格反常时采用的套利。当大豆价格受某些因素的影响出现大幅上涨时,大豆可能与其产品出现价格倒挂,大豆加工商将会采取反向大豆提油套利的做法:卖出大豆期货合约,买进豆油和豆粕的期货合约,同时缩减生产,减少豆粕和豆油的供给量,三者之间的价格将会趋于正常,大豆加工商在期货市场中的盈利将有助于弥补现货市场中的亏损。

在国外市场,不仅大豆、豆油、豆粕期货之间的套利非常流行,石油及其制成品之间的套利也很盛行。在我国,除了大连商品交易所的大豆和豆油、豆粕期货之间可以进行套利,郑州商品交易所的菜籽与菜籽油、菜粕期货之间也可以套利。

六、套利交易的操作要点

为使期货套利者最大限度地规避可能产生的风险,提高获利的机会,在实际操作过程中应注意以下基本要点。

(1) 正确预测价差的变动情况,即试图把握行情变动方向、变动幅度和变动时间,并根据价差趋势制定合理的交易策略,选择合适的时机和具体的出、入市时点,这是成功的期货套利交易的前提。这里,期货合约的价格变动图和价差变动图是很好的分析工具(如图 7-4~图 7-6 所示)。

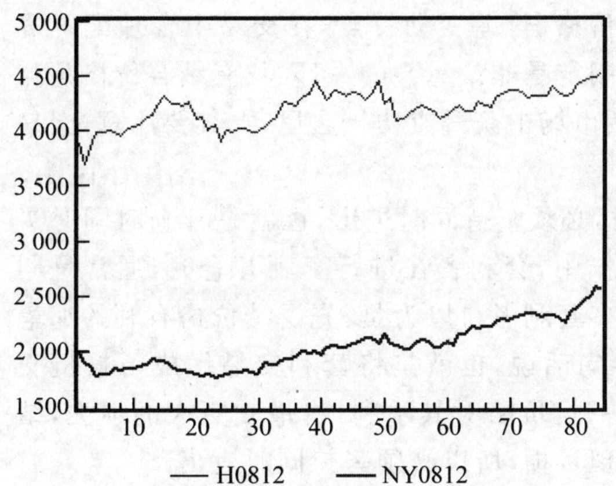

图 7-4　上海和 NYMEX 燃油期货日收盘价图

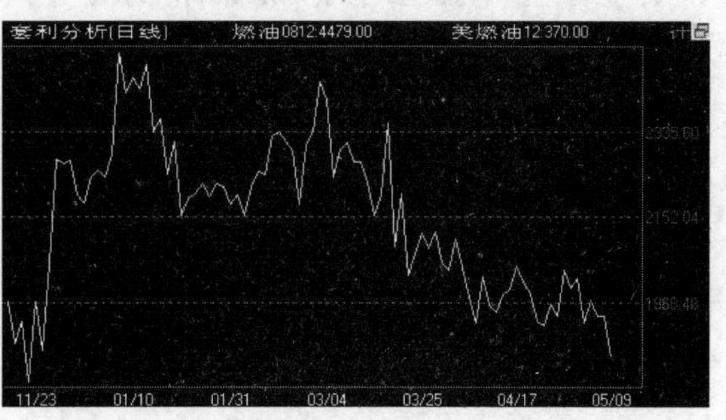

图 7-5　沪燃油 12 月合约与纽约燃油 12 月合约价差关系

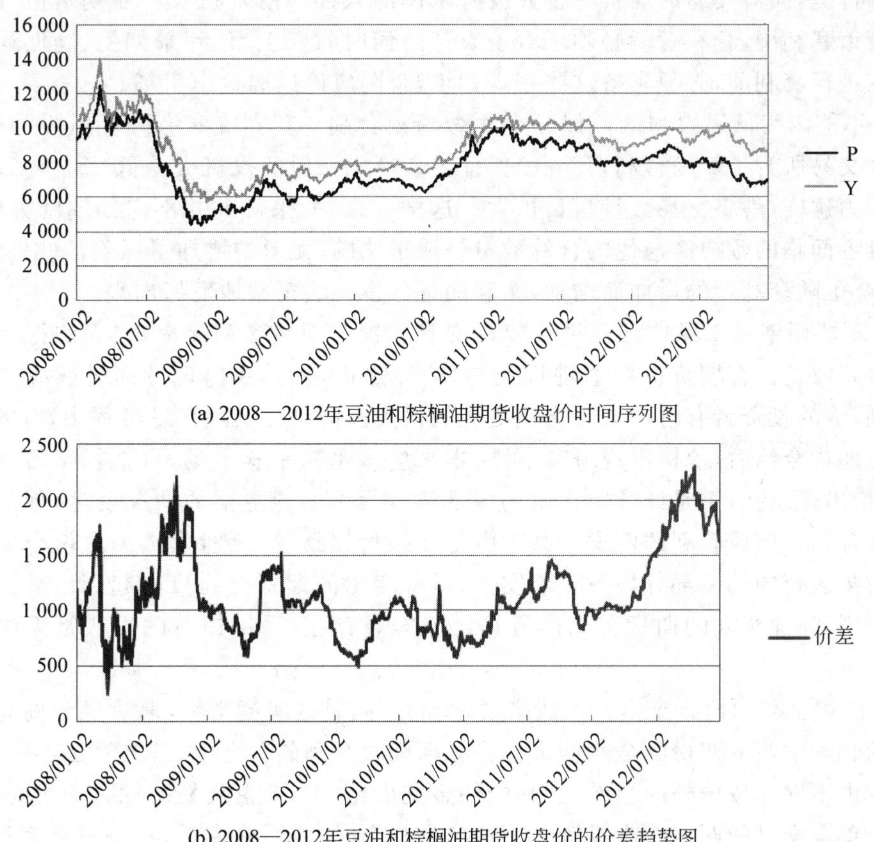

(a) 2008—2012年豆油和棕榈油期货收盘价时间序列图

(b) 2008—2012年豆油和棕榈油期货收盘价的价差趋势图

图　7-6

(2) 做好资金管理工作，根据自身特点及价格、价差变动特点，在交易中合理配置资金，即解决怎样做好的问题。其中交易策略的制定是非常重要的一环，只有结合价格预测及资金管理，掌握适当的交易策略，才能在期货市场中获得成功。这里，尤其要注意，交易所对于套利交易的保证金要求。

(3) 套利必须坚持同时进出。进行套利时，必须坚持同时进出，也就是开仓时同时买入卖出，平仓时也要同时卖出买入。在实际操作中，套利者在进行套利开仓时，通常是同时买入和卖出的。但是在准备平仓的时候，许多套利者自以为是，先了结价格有利的那笔交易。这样他在套利中只剩下一只脚跛行，换句话说，也就是将套利交易做成了投机交易，假如市场真如他所愿，当然可以获利，但是一旦价格对其不利，将遭受更大的损失，结果不仅会逐渐将卖盘的获利消耗掉，而且会出现亏损，所以必须坚持同时进出。

(4) 不要在陌生的市场做套利交易。这实际上是一个常识问题。由于套利者一般是通过合约之间的价差赚取利润，而对具体的商品并无需求，因此，套利者通常关心的是合约之间的价差，而对交易的期货品种并没有浓厚的兴趣。但是在农产品期货市场的跨期套利和跨市套利中，套利者就必须了解该农产品何时收获上市、年景如何、仓储运输条件怎样。在进行套利前，必须具备这些基本知识，否则应该远离这个市场。

(5) 不能因为低风险和低额保证金而做超额套利。套利确实有降低风险的作用，而且在国外交易所为了鼓励套利，套利的保证金数额比一般的投机交易低 25%～75%。可是不要因为这样，就将交易数量盲目扩大。这样一来，如果价差并不向预期的方向发展，这时投资者面临的亏损额与他的合约数量是成正比的，无形中增加了风险。此外，超额套利后，佣金也随套利量的增加而增加，套利的优势也无法正常地发挥出来。

(6) 不要用锁单来保护已亏损的单盘交易。锁单不是套利交易，它无法把握不同合约间的价差收益。在期货市场上进行交易，输赢是正常的，在出现亏损时就应该忍痛了结，不肯服输的投资者有时可能会出现更大的损失。但是在实际交易过程中，有的投资者买入一份期货合约后，价格出现节节下跌，本来应该迅速平仓出场，可他仍寄希望于奇迹发生，价格出现反弹，于是继续留在市场中观望。为了避免更糟的情况发生，他又卖出同一种期货合约以形成套利的模式。其理由是如果价格继续下跌，卖出的这份合约将可以补偿当初买入合约的一部分损失。事实上，后来卖出的期货合约只能起到已有损失不再扩大的作用，先前买入的期货合约的亏损已经客观存在，采用锁单的方法是无法将其挽回的。

(7) 注意套利的佣金支出。一般来说，套利是同时做两笔交易，期货经纪商总是想从投资者的套利中收取双份的全额佣金。在如何征收套利的佣金上，各方看法不一，各个交易所规定也不同。按国外的惯例，套利的佣金支出比一个单盘交易的佣金费用要高，但又不及一个单盘交易的两倍。当投资者下达套利指令时，应明确表示，这是一笔套利。如果投资者不能做到将进行套利的两笔交易同时进场和出场，则期货经纪商和交易所是不会承认这是一笔套利交易的，佣金仍要按两笔单盘交易收取。虽然佣金费用占交易额的比例较小，但如果交易额巨大时，也是一笔不小的支出。

另外，在跨市套利的操作中，还应特别注意以下几方面的因素：①运输费用。运输费用是决定同一品种在不同交易所间价差的主要因素。一般来说，离产地较近的交易所期货价格较低，离产地较远则期货价格较高，两者之间的正常差价为两地间的运费。投资者在进行跨市套利时，应着重考虑两地间的运输费用差价的关系。②交割品级的差异。跨市套利虽然是在同一品种间进行，但不同交易所对交割品的品质级别和替代品升贴水有不同的规定，这在一定程度上造成了各交易所间价格的差别。投资者在进行跨市套利时，对此应有充分的了解。③交易单位和报价体系。投资者在进行跨市套利时，可能会遇到交易单位和报价体系不一致的问题，应将不同交易所的价格按相同计量单位进行折算，才能进行价格比较。④汇率波动。如果在不同国家的市场进行套利，还要承担汇率波动的风险。投资者在进行套利前，应对可能出现的损失进行全面估量。⑤保证金和佣金成本。跨市套利需要投资者在两个市场缴纳保证金和佣金，保证金的占用成本和佣金费用要计入投资者的成本之中。只有交易者预计的套利收益高于上述成本时，才可以进行跨市套利。

应当指出的是，尽管从总体上来说，套利风险较小，但期货市场是复杂多变的，理论上风险较小不代表实践中风险就一定小。当套利遇到诸如现货交割月、市场供求状况急剧变化以及其他破坏正常价格关系的情况时，仍然具有相当大的风险性。对此，交易者应对自己的交易策略和模型进行认真的设计，反复验证，以确保成功率。

第四节　期货投机与套利交易的发展趋势

一、组合投资交易

（一）组合投资理论的发展

组合投资是指投资者将资金按一定比例分别投资于不同种类的有价证券或同一种类有价证券的多个品种上，以分散风险的交易行为。

组合投资是基于马柯维茨（Markowitz）投资组合理论、资本资产定价模型和证券市场有效理论的一种投资策略。投资组合思想认为，理论上，组合中资产数量越多，风险分散越明显。但随着组合中资产种类的增加，组合管理的成本不断提高，并且当组合中资产的种类达到一定数量之后，风险无法继续下降，因此需要考虑一个最优组合规模。

（二）期货组合投资的应用

在期货组合投资中，根据组合的资产性质不同，可分为金融期货组合投资、商品期货组合投资和金融与商品期货交叉组合投资。在此，仅以商品期货为例介绍期货组合投资的应用。

1. 期货投资组合品种的选择

品种选择是决定期货组合投资成败的关键环节。根据投资组合的原理，进行品种选择首先要对被选择品种作相关性分析。大量组合投资的实践证明，投资组合的品种间相关性越弱，则组合投资的效果越好。下面介绍我国三家商品期货交易所三品种投资组合的品种选择过程。

【例 7-12】 首先可根据合约上市时间和合约成交量等指标从我国三家商品期货交易所选取一定数量的期货合约作为投资组合备选合约品种。本例中，考虑到各交易所合约选择之间的平衡性，我们选出铜、天然橡胶、白糖、棉花、大豆和玉米共 6 个合约，并以这 6 个合约品种的主力合约为样本，对某一段时间内 6 个期货品种的日收盘价数据进行相关性分析，假设分析结果如表 7-8 所示。

表 7-8 期货投资品种相关系数

品种	大豆	玉米	棉花	白糖	铜	橡胶
大豆	1.000					
玉米	$\lambda_{a,c}$	1.000				
棉花	$\lambda_{a,cf}$	$\lambda_{c,cf}$	1.000			
白糖	$\lambda_{a,sr}$	$\lambda_{c,sr}$	$\lambda_{cf,sr}$	1.000		
铜	$\lambda_{a,cu}$	$\lambda_{c,cu}$	$\lambda_{cf,cu}$	$\lambda_{sr,cu}$	1.000	
橡胶	$\lambda_{a,ru}$	$\lambda_{c,ru}$	$\lambda_{cf,ru}$	$\lambda_{sr,ru}$	$\lambda_{cu,ru}$	1.000

观察表 7-7 中的相关系数值，依据投资组合弱相关性原则从分析结果中选取组合品种。这里，为简化分析，并考虑到资金的限制，我们假设铜、白糖和玉米三个品种之间的相关系数满足弱相关性要求，即 $\lambda_{c,sr}$、$\lambda_{c,cu}$ 和 $\lambda_{sr,cu}$ 的绝对值介于 0～0.5 之间。下面以这三个品种为例进行期货投资组合的构建。

2. 期货投资组合的构建

根据均值-方差理论，构建玉米、白糖和铜三个期货合约组成的投资组合分析模型，如下式所示：

$$E(r_P)=W_cE(r_c)+W_{sr}E(r_{sr})+W_{cu}E(r_{cu}) \tag{7.1}$$

$$\sigma_P^2=W_c^2\sigma_c^2+W_{sr}^2\sigma_{sr}^2+W_{cu}^2\sigma_{cu}^2+2W_cW_{sr}\mathrm{Cov}_{c,sr}+2W_cW_{cu}\mathrm{Cov}_{c,cu}+2W_{sr}W_{cu}\mathrm{Cov}_{sr,cu} \tag{7.2}$$

式(7.1)中，$E(r_c)$、$E(r_{sr})$、$E(r_{cu})$ 和 $E(r_P)$ 分别表示玉米期货合约、白糖期货合约、铜期货和由这三者组成的投资组合的期望收益率；W_c、W_{sr} 和 W_{cu} 分别为玉米、白糖和铜三个组合期货品种在投资组合中所占的比重。式(7.2)中，σ_c、σ_{sr}、σ_{cu} 和 σ_P 分别为玉米期货合约、白糖期货合约、铜期货和由这三者组成的投资组合的收益率标准差；$\mathrm{Cov}_{c,sr}$、$\mathrm{Cov}_{c,cu}$

和 $Cov_{sr,cu}$ 分别为玉米和白糖、玉米和铜、白糖和铜期货合约收益率的协方差。

假设根据玉米、白糖和铜期货合约数据计算得到模型中所需应用的变量值，如表 7-9 所示。

表 7-9　投资组合模型变量数据表

统计量	玉米日收益率	白糖日收益率	铜日收益率
平均值	m_c	m_{sr}	m_{cu}
标准差	σ_c	σ_{sr}	σ_{cu}
协方差矩阵	**玉米日收益率**	**白糖日收益率**	**铜日收益率**
玉米日收益率	$Cov_{c,c}$		
白糖日收益率	$Cov_{c,sr}$	$Cov_{sr,sr}$	
铜日收益率	$Cov_{c,cu}$	$Cov_{sr,cu}$	$Cov_{cu,cu}$

期货投资组合模型构建完成后，采用相关计算方法如数学规划法对模型进行求解，得到一系列目标投资组合方案。具体的数学规划法可用 Excel 软件中的规划求解来实现。首先确定取得收益率最大值和最小值的两个投资组合，然后确定在无投资组合收益率限制下的标准差最小的投资组合，最后在最大投资组合收益率和最小投资组合收益率之间给定若干个预期投资组合收益率求与其对应的标准差最小的投资组合，并将求解结果列入表格中，如表 7-10 所示。

表 7-10　投资组合统计表

组合	玉米比重/%	白糖比重/%	铜比重/%	投资组合标准差	投资组合收益率	备注
1	w_{c1}	w_{sr1}	w_{cu1}	σ_{P1}	R_{P1}	假设 R_{P1} 为最小收益率
2	w_{c2}	w_{sr2}	w_{cu2}	σ_{P2}	R_{P2}	
3	w_{c3}	w_{sr3}	w_{cu3}	σ_{P3}	R_{P3}	假设 σ_{P3} 为最小标准差
…	…	…	…	…	…	
n	w_{cn}	w_{srn}	w_{cun}	σ_{Pn}	R_{Pn}	假设 R_{Pn} 为最大收益率

注：表中 $w_{cn}\%+w_{srn}\%+w_{cun}\%=1$。

3. 期货投资组合的绩效评估

根据投资组合统计表即表 7-10 的求解结果，运用夏普指数模型（Sharpe Ratio）对得到的各期货投资组合进行绩效评估。夏普指数模型如下式所示：

$$S=(R_P-R_f)/\sigma_P \tag{7.3}$$

其中，S 表示夏普绩效指数，R_P 表示某投资组合在考察期内的平均收益率，R_f 表示无风险利率，σ_P 表示组合收益率的标准差，即组合的风险。

夏普指数模型表明，在相同单位风险条件下，夏普指数值越大，投资组合的绩效越好。

因此，对表7-10进行夏普指数计算，并根据计算结果，取其中指数值最大的一组作为最终确定的期货投资组合。

二、程序化交易

（一）程序化交易的概念

程序化交易（program trading）又称程式化交易，是指所有利用计算机软件程序制定交易策略并实行自动下单的交易行为。

程序化交易的买卖决策，一般是在计算机的辅助下，将市场上各种信息转化为程序参数，由计算机来代替人工发出买卖信号，执行下单程序。它在一定程度上克服了人类在期货交易时的一些心理弱点，能严守既定的交易策略及操作规范，确保整个交易过程中交易方法的一致性。

（二）境内外程序化交易的发展

程序化交易是从美国20世纪70年代证券市场上的系统化交易发展演变而来。早期的程序化交易主要是指在纽约股票交易所（NYSE）同时买卖超过15只以上的股票组合的交易，分为程式买入和程式卖出两种，因此，有时也被称为篮子交易（basket trading）。NYSE对程序化交易的定义主要突出的是交易规模和集中性。而随着程序化交易的发展，其更为市场化的定义是指设计人员将交易策略的逻辑与参数在电脑程序运算后，并将交易策略系统化，由计算机程序自动执行买卖指令的交易过程。其突出的是交易模型和计算机程序的重要性。

程序化交易的应用领域主要有组合管理、套利交易、趋势交易及其他量化策略等。西方发达国家在这方面的研究已比较成熟。在美国期货市场交易中，程序化交易的总量占总交易量的比重逐年增加，且交易模型的功能设计日益强大，许多投资经理都使用程序化交易系统进行辅助交易与资产管理。国内程序化交易系统的发展相对较慢，尤其是在期货交易领域尤为明显，交易系统的研究和应用成果都较为缺乏。不过，由于我国计算机技术的飞速发展，新的投资理念不断被引入，一些初步的程序化交易系统也逐渐开发出来，特别是底层的程序化交易开发平台、应用平台等均已较为完善。近年来，国内推出股指期货必然对国内程序化交易的发展形成推动，再加上国内期货品种不断增加，各品种间的套利可能性提高，程序化交易的发展空间将越来越广阔。

（三）程序化交易系统的形式

程序化交易系统的形式按交易者投资策略来划分，大致可分为价值发现型、趋势追逐型、高频交易型和低延迟套利型四种。

1. 价值发现型

在期货的程序化交易中，价值发现型交易系统较少，主要是因为期货市场价格的高与低是相对的，而现货市场的价格数据连续性又很差，在数据采集和整理方面经常存在较大的误差，因此，这类程序化交易系统多用于股票交易中。

2. 趋势追逐型

这类交易系统通常是根据技术分析指标设计的，目的是通过对期货价格走势变化的研究发现趋势，通过价格波动特征触发交易信号。典型的例子有均线突破系统。趋势追逐型程序化交易系统在金融投机领域有着广泛的应用，并且与高频交易及套利交易系统并列成为当前期货程序化交易领域的主要研究内容。

3. 高频交易型

高频交易是一种定量交易，它具有投资组合持有期短的特点，其使用成功与否取决于所能处理的信息量和交易通道的速度。高频交易可应用于做市套利、触发式套利和统计套利。

4. 低延迟套利型

低延迟程序化交易主要是利用计算机和网络的性能，在几毫秒之内执行交易，高度依赖于超低延迟的网络，通过所获得的信息获取利润。比如，竞标的价格，其速度往往只比竞争对手快出几微秒。因此也被一部分市场人士视为漏洞交易。低延迟程序化交易系统需要一个高度实时的交易平台，并且信息传递与分析速度对于这类交易系统起到决定性作用。

（四）程序化交易系统的设计

1. 交易策略的提出

一般来说，交易策略的形成可以有两种方式，即自上而下和自下而上。所谓自上而下，是指交易者根据对市场的长期观察而形成某种理论认识，并基于这种认识形成一套交易策略；所谓自下而上，是指从市场的统计数据出发，根据这些数据的统计特征去寻找和总结相应的交易策略。这两种方式在交易历史上都有许多著名的成功案例，并涌现出一批成功的投资家。

2. 交易策略的程序化

它是指将交易策略思想转化成精确的数学公式或计量模型，并用计算机程序语言将这些公式或模型表达出来，使之成为计算机可识别和检验的程序系统。交易策略的程序化过程主要包括：①定义交易规则；②将交易策略思想转化成数学公式或计量模型；③编写计算机程序代码；④将计算机程序代码编译成可供交易执行的程序系统。

3. 程序化交易系统的检验

首先是统计检验。“接近实战”是交易系统检验的基本原则。在确定好系统检验的统计学标准和系统参数后，系统设计者应根据不同的系统参数对统计数据库进行交易规则的测试。其次是外推检验。将交易系统的所有参数确定后，对统计检验期之后的市场数据按一定的检验规则进行计算机检验，然后比较外推检验与原有统计检验的评估报告，观察有无显著变化。最后是实战检验。在完成统计检验和外推检验后，便可将该系统运用于实战。实战检验时,要求交易者必须做好实战交易记录,这有利于事后对交易记录作统计分析,帮助交易者克服心理障碍,以始终保持良好的交易心态。

4. 程序化交易系统的优化

交易系统的优化是指对交易系统的参数根据交易的情况和市场变化作进一步调试使之达到最佳状态的过程。交易系统的优化可选择在交易系统完成初步计算机检验,并确认具有实用价值之后进行。另外,还需不断地对交易系统进行监测与维护,其目的是观察交易系统的设计思想是否与市场特性发生偏离。如果发生了偏离,需不断进行调整,始终保持最优化状态。

三、量化交易

(一)量化交易的概念

量化交易是指以先进的数学模型替代人为的主观判断,利用计算机技术从庞大的历史数据中海选能带来超额收益的多种"大概率"事件以制定策略,极大地减少投资者情绪的波动影响,避免在市场极度狂热或悲观的情况下做出非理性的投资决策。

(二)量化交易的特点

定量投资和传统的定性投资本质上来说是相同的,二者都是基于市场非有效或弱有效的理论基础。两者的区别在于定量投资管理是"定性思想的量化应用",更加强调数据。量化交易具有以下特点。

1. 纪律性

根据模型的运行结果进行决策,而不是凭感觉。纪律性既可以克服人性中贪婪、恐惧和侥幸心理等弱点,也可以克服认知偏差,且能实现可跟踪。

2. 系统性

具体表现为"三多"。首先是多层次。包括在大类资产配置、行业选择、精选具体资产三个层次上都有模型。其次是多角度。定量投资的核心思想包括宏观周期、市场结构、估值、成长、盈利质量、分析师盈利预测、市场情绪等多个角度。最后是多数据,即对海量数据的处理。

3. 套利思想

定量投资通过全面、系统性的扫描捕捉错误定价、错误估值带来的机会,从而发现估值洼地,并通过买入低估资产卖出高估资产而获利。

4. 概率取胜

一是定量投资不断从历史数据中挖掘有望重复的规律并加以利用;二是依靠组合资产取胜,而不是单个资产取胜。

(三)量化交易的应用

量化投资技术包括多种具体方法,在投资品种选择、投资时机选择、股指期货套利、商品期货套利、统计套利和算法交易等领域得到广泛应用。在此,以统计套利和算法交易为例进行阐述。

1. 统计套利

统计套利是用统计方法发掘套利机会的投资策略。其核心是用数量统计的方法建立金融变量的时间价格序列模型,识别资产组合之间错误定价的动态变化,针对此制定和实施统计套利策略。

Hogan(2003)给出了统计套利的公式化定义:假设统计套利是初始成本为0的自融资交易策略,用$\{X(t):t\geqslant 0\}$表示,在t时刻按无风险利率进行折现后的值为$v(t)$,如果$v(t)$满足下列条件:

(1) $v(0)=0$;

(2) $\lim\limits_{t\to\infty}E[v(t)]>0$;

(3) $\lim\limits_{t\to\infty}P[v(t)<0]=0$;

(4) 如果对$\forall t<\infty, P[(v(t)<0)]>0$,则有$\lim\limits_{t\to\infty}\dfrac{\mathrm{Var}[v(t)]}{t}=0$。

那么就认为该交易策略是一个统计套利机会。其中,条件(1)表明自融资交易策略的初始成本为0;条件(2)表明按无风险利率进行折现后该策略的价值的极限值为正;条件(3)表明该策略出现亏损的概率接近于0;条件(4)表明如果出现亏损的概率大于0,那么按时间平均的方差极限为0。从条件(4)可以看出统计套利并不是无风险,它有可能发生损失,但是它的风险是收敛的。

统计套利的主要思路是先找出相关性最好的若干对投资品种,检验这些品种的时间序列稳定性,并估计长期均衡关系式。计算价差(或残差)的概率分布,确定该分布中的极端区域,也就是否定域。当期货价格进入否定域时,对关联期货合约分别建立多头头寸和空头头寸进行匹配,在价格回复均值附近进行平仓,从而对冲掉该行业的市场风险,此时收益就是配对期货合约价格回复到均衡值的价格差。具体流程如图7-7所示。

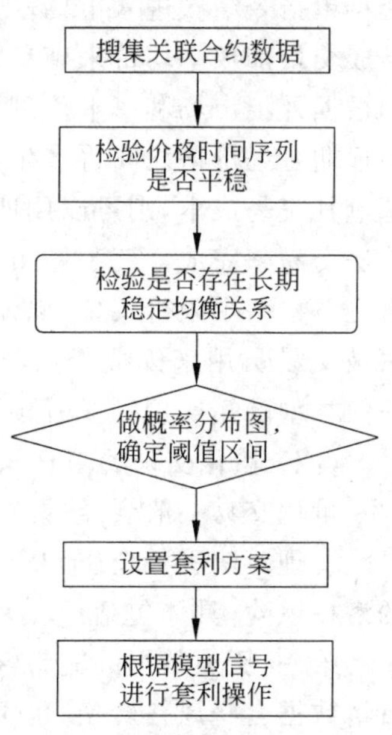

图7-7　统计套利流程图

统计套利的策略主要有成对交易策略和多因素模型等。成对策略,通常也称利差交易,目前最常用的是成对交易策略。这种策略通过对同一行业的或者股价具有长期稳定均衡关系的股票的一个多头头寸和一个空头头寸进行匹配,让交易者维持对市场的中性头寸,其收益来源于二者利差的变动。多因素模型的统计套利策略认为期货收益与多种选择因素相关,这类方法以套利定价模型为代表,首先定义影响期货收益的因素，然后运用期货收益对这些因素进行多元回归，然后在这些相关性上选择建立投资组合的品种。

2. 算法交易

算法交易又称自动交易、黑盒交易或机器交易，是指通过设计算法利用计算机程序发出交易指令的方法。在交易中，程序可以决定的范围包括交易时间的选择、交易的价格，甚至包括最后需要成交的资产数量。

算法交易主要有以下几种类型：①被动型算法交易，也称结构型算法交易。该交易算法除利用历史数据估计交易模型的关键参数外，不会根据市场的状况主动选择交易的时机与交易的数量，而是按照一个既定的交易方针进行交易。该策略的核心是减少滑价（目标价与实际成交均价的差）。被动型算法交易最成熟，使用也最为广泛，如在国际市场上使用最多的成交量加权平均价格（VWAP）、时间加权平均价格（TWAP）等都属于被动型算法交易。②主动型算法交易，也称机会型算法交易。这类交易算法根据市场的状况做出实时的决策，判断是否交易、交易的数量、交易的价格等。主动型交易算法除了努力减少滑价以外，把关注的重点逐渐转向了价格趋势预测上。③综合型算法交易。该交易是前两者的结合。这类算法常见的方式是先把交易指令拆开，分布到若干个时间段内，每个时间段内具体如何交易由主动型交易算法进行判断。两者结合可达到单独一种算法所无法达到的效果。

算法交易的交易策略有以下几种：一是降低交易费用。大单指令通常被拆分为若干个小单指令渐次进入市场。这个策略的成功程度可以通过比较同一时期的平均购买价格与成交量加权平均价来衡量。二是套利。典型的套利策略通常包含三至四个金融资产，如根据外汇市场利率平价理论，国内债券的价格、以外币标价的债券价格、汇率现货及汇率远期合约价格之间将产生一定的关联，如果市场价格与该理论隐含的价格偏差较大，且超过其交易成本，则可以用四笔交易来确保无风险利润。股指期货的期现套利也可以用算法交易来完成。三是做市。做市包括在当前市场价格之上挂一个限价卖单或在当前价格之下挂一个限价买单，以便从买卖差价中获利。此外，还有更复杂的策略如“基准点”算法被交易员用来模拟指数收益，而“嗅探器”算法被用来发现最动荡或最不稳定的市场。任何类型的模式识别或者预测模型都能用来启动算法交易。

（四）量化交易的潜在风险

量化交易一般会经过海量数据仿真测试和模拟操作等手段进行经验，并依据一定的风险管理算法进行仓位和资金配置，实现风险最小化和收益最大化，但往往也会存在一定的潜在风险，具体包括：

第一，历史数据的完整性。行情数据是否完整可能导致模型对行情数据的匹配问题。行情数据自身风格转换，也可能导致模型失效，如交易流动性、价格波动幅度、价格波动频率等，而这一点是目前量化交易难以克服的。

第二，模型设计中没有考虑仓位和资金配置，没有安全的风险评估和预防措施，可能导致资金、仓位和模型的不匹配，而发生爆仓现象。

第三，网络中断，硬件故障也可能对量化交易产生影响。

第四，同质模型产生竞争交易现象导致的风险。

第五，单一投资品种导致的不可预测风险。

为规避或减小量化交易存在的潜在风险，可采取的策略有保证历史数据的完整性、在线调整模型参数、在线选择模型类型及风险在线监测和规避等。

思考题 Exercise

1. 投机交易有什么特点？
2. 投机交易如何分类？
3. 简述期货投机操作的过程及要领。
4. 举例说明如何运用金字塔式卖出策略。
5. 在投机操作中，如何恰当地运用止损指令？
6. 在期货投机过程中，如何做好资金管理？找一些实际的案例加以讨论。
7. 套利的原理和作用分别是什么？
8. 价差是如何定义的？如何判断价差是扩大还是缩小？
9. 什么是买入套利？举例说明价差变化如何影响买入套利的结果。
10. 什么是卖出套利？举例说明价差变化如何影响卖出套利的结果。
11. 牛市套利和熊市套利分别在什么情形下适用？
12. 套利有没有风险？试分析各类型套利策略的潜在风险。
13. 观察国内期货交易所的各交易品种及其行情，分析哪些品种之间有可能进行可转换性商品间套利，哪些品种间可进行相关商品套利。
14. 观察国内某交易活跃的期货品种及其行情，找出跨期套利的机会，并设计套利方案，估算收益与成本。
15. 简述套利操作的要点。
16. 在进行套利分析时应如何运用期货合约的价格变动图和价差变动图？
17. 期货投资组合构建的原理是什么？尝试运用国内市场的交易品种，构建一个可行的投资组合，并在一个学期内进行绩效评估与动态管理。
18. 什么是程序化交易？运用的投资策略有哪些？程序化交易系统的设计步骤怎样？
19. 什么是量化交易？它有什么特点？

20. 什么是统计套利？其思路和交易流程怎样？其交易策略有哪些？

21. 什么是算法交易？其主要类型有哪些？其交易策略有哪些？有哪些潜在风险？

22. 已知3月某日COMEX的黄金期货行情如下，试找出最具有潜力的牛市套利机会和熊市套利机会。

4月	1 567.5	6月	1 574.0	8月	1 581.0
10月	1 586.0	12月	1 583.0	次年2月	1 579.5

第三部分

金融期货

CHAPTER 8

外汇期货

本章介绍外汇及外汇市场的基本知识、主要的外汇期货交易所及期货合约,分析外汇期货的套期保值及投机套利策略。

第一节　外汇及外汇市场概述

一、外汇的概念

外汇是国际汇兑的简称,是在国际商品生产和交换中产生的,其实质是实现不同国家之间商品交换的工具。外汇通常以FX或FOREX来表示,有动态和静态两种含义。动态意义上的外汇是指将一国货币兑换为另一国货币以清偿国际间债务的金融活动,其含义等同于国际结算。静态意义上的外汇又有广义和狭义之分,广义的静态外汇是指一切以外币表示的资产,而狭义的静态外汇仅指以外币表示的可以用于国际结算的支付手段和资产,主要包括银行汇票、支票、银行存款等,是人们通常意义上所称的外汇。各国外汇管理法令中所称的外汇一般是指广义的外汇。我国2008年8月修订后的《中华人民共和国外汇管理条例》中规定外汇包括:①外币现钞,包括纸币、铸币;②外币支付凭证或者支付工具,包括票据、银行存款凭证、银行卡等;③外币有价证券,包括债券、股票等;④特别提款权;⑤其他外汇资产。

小贴士　　外汇市场发展现状

1. 国际外汇市场

外汇市场是全球最大、最活跃的金融市场。在外汇市场上,即期交易占市场全部交易量的比重往往不到20%,大部分都是远期外汇交易。目前,即期外汇交易和远期外汇交易是通过银行间外汇市场(OTC)进行的,大多数交易都以电话或电子银行方式完成,其中伦敦市场是目前最大的国际外汇即期与远期交易市场,紧跟其后的是纽约、东京和新加坡市场。而外汇期货交易则是在有组织的场内市场或电子交易系统公开竞价成交。

1971 年 8 月 15 日,美国结束了美元对黄金的固定兑换,使美元汇率在外汇市场上自由浮动。20 世纪 70 年代中期,外汇汇率的波动性显著加大,促使世界外汇交易量迅速增长。通常,外汇交易分为银行与顾客间的交易、银行间交易以及银行与中央银行间的交易三个不同部分,但随着 90 年代末信息技术的迅速发展和互联网的普及,个人参与外汇投资成为可能。目前,银行间外汇市场已发展成为 24 小时不间断的交易市场。虽然世界上有很多不同种类的货币,但是每天交易量的 85% 都是集中于 G7 国家的货币,即俗称的“主要货币”。包括美元、日元、欧元、英镑、瑞士法郎、加元和澳元。

2. 中国外汇市场

目前,中国实行以市场供求为基础、参考一揽子货币进行调节、有管理的浮动汇率制度。中国人民银行设立了公开市场操作室,在中国外汇交易系统中进行外汇买卖,以保持市场供求的基本平衡。

中国外汇交易中心暨全国银行间同业拆借中心(以下简称交易中心)组织进行全国银行间外汇交易、办理外汇交易的资金清算和交割。交易中心实行做市商制度,目前基本形成了一个覆盖全国的外汇交易网络;同时,参照国际惯例,部分地区和会员正在推行远程柜台交易,已逐步形成外汇市场的无形化。其交易活动共有 3 个层次:银行和客户之间的交易、成员金融机构之间的交易、成员金融机构和中国人民银行之间的交易。交易的货币包括美元、港元、日元、欧元、英镑、马来西亚林吉特和俄罗斯卢布,其中美元是最活跃的品种;推出的外汇市场工具包括人民币即期交易、远期交易、掉期交易等,市场的汇率主要由市场的供求关系决定。

二、汇率及其标价方法

(一) 汇率的概念

汇率即外汇的买卖价格,又称为汇价、外汇牌价或外汇行市。它是两国货币的相对比价,也就是用一国货币表示另一国货币的价格。折算两个国家的货币,首先要确定用哪个国家的货币作为标准,根据确定的标准不同,可将汇率标价方法分为直接标价法和间接标价法。

(二) 直接标价法

直接标价法也称应付标价法或价格标价法,是指以一定单位的外国货币(1 或 100 个单位)为标准,折算为一定数额的本国货币。在直接标价法下,外汇汇率上涨,说明外币升值,表示一定单位外币所能换取的本币增多,本币贬值;反之,外汇汇率下降,则说明外币贬值，表示一定单位外币能换取的本币减少，本币升值。例如，2013 年 5 月 10 日，在中国外汇交易市场上报出的人民币汇率中间价“美元/人民币 6.201 6”、“100 日元/人民币 6.140 8”采用的就是直接标价法。当上述美元/人民币报价变为“美元/人民币 6.203 0”时，表示美元升值，人民币贬值。

（三）间接标价法

间接标价法也称应收标价法或数量标价法，是指以一定单位的本国货币（1 或 100 个单位）为标准，折算为一定数额的外国货币。在间接标价法下，若一定数额的本国货币能兑换的外国货币比原来少，说明本币贬值，外币升值；反之，则相反。例如，伦敦外汇市场的汇率标价由“英镑/美元 1.522 2”变为“英镑/美元 1.534 1”，表明要用更多的美元才能兑换 1 英镑，本国货币（英镑）升值，相应地外国货币（美元）贬值，即外汇汇率下跌。目前世界上大多数国家都采用直接标价法，只有英国和美国等少数国家使用间接标价法。

（四）美元标价法

美元标价法是指以一定单位的美元作（1 或 100 个单位）为标准，折算为一定数量的非美元货币。“二战”以后，美元标价法在国际金融实务中得到广泛应用。目前，除欧元、英镑、澳元、新西兰元等几种货币外，其他货币都以美元为基准货币进行标价。

三、货币对及报价方式

在外汇市场上，每种货币都有一个固定的由 3 个字母组成的国际标准组织（ISO）代码标志。例如美元为 USD、日元为 JPY、欧元为 EUR、英镑为 GBP、瑞士法郎为 CHF、加元为 CAD、澳元为 AUD、新西兰元为 NZD 等。外汇交易通常以一种外币对另一种外币的形式进行，通常称为货币对（Pairs）。货币对由两个 ISO 代码加分隔符“/”表示，其中前一代码代表基本货币，后一代码代表目标货币，表示一个单位基本货币可以兑换多少目标货币。例如 EUR /USD 表示欧元是基本货币，美元是目标货币；又如 USD/JPY 表示美元是基本货币，日元是目标货币。

在即期和远期外汇交易市场上，作为交易商的银行将提供汇率报价供交易者买卖。报价可分为买入价和卖出价（BID/ASK），这均是从交易银行的角度出发，针对报价中的基本货币而言的。买入价是指交易银行从交易者手中买一个单位基本货币所付给的目标货币的数量，而卖出价则是指交易银行卖给交易者一个单位基本货币所要求的目标货币的数量。直接标价法下，一定外币后的前一个本币数字表示买入价，即银行买进外币时付给客户的本币数；后一个数字表示卖价即银行卖出外币时向客户收取的本币数，“卖价”大于“买价”。间接标价法则相反。买入价与卖出价之差为点差，是交易商赚取的收益。表 8-1 为某银行某时刻的外汇买卖报价。

表 8-1 外币买卖行情

货币对	买/卖报价	货币对	买/卖报价	货币对	买/卖报价
AUD/USD	0.786 8/0.787 1	GBP/USD	1.966 1/1.966 5	USD/HKD	7.768 3/7.768 4
EUR/JPY	152.94/152.98	USD/CAD	1.146 8/1.147 4	USD/JPY	115.08/115.10
EUR/USD	1.329 0/1.329 2	USD/CHF	1.195 6/1.196 0		

如表 8-1 所示,在国际外汇市场上,汇率的价格共有 5 位数字,汇率价格的最后一位数,称为一点,如美元兑日元为 115.08 中的 0.01 、欧元兑美元为 1.329 0 中的 0.000 1,都称为一点,这是汇率变动的最小单位。以 EUR/JPY 的报价 152.94/152.98 为例,这表明该银行将以每欧元"152.94"日元的价格买入欧元,而以每欧元 152.98 的价格卖出欧元,点差为 5 个点。

四、外汇的基本交易方式

外汇交易包括即期交易、远期交易、掉期交易、货币互换、套汇交易、套利交易、期货交易、期权交易等。这里对期货与期权之外的其他交易方式进行简介。

(一) 即期外汇交易

即期外汇交易(spot exchange transaction)又称现汇交易,指买卖双方成交后,在两个营业日内办理交割的外汇买卖。其对应的汇率为即期汇率或现汇汇率。通常所说的汇率,如无特别说明,一般指即期汇率。

(二) 远期外汇交易

外汇远期交易(outright forward)又称期汇交易,是指交易双方在成交后并不立即办理交割,而是事先约定币种、金额、汇率、交割时间等交易条件,到期才进行实际交割的外汇交易。远期交割的期限一般为 1 个月、3 个月、6 个月或 1 年。

远期汇率的标价方法有两种:一种是将远期汇率的数字直接标出,用于银行向其客户报价;另一种是只表明远期汇率与即期汇率的差额,用于银行间外汇交易。交易中差额可能呈现三种形式:升水、贴水和平价。其中升水表示远期汇率高于即期汇率,贴水则相反,而平价表示两者相等。

外汇远期也包括无本金交割远期外汇(non-deliverable forward,NDF),即到期时不须交割本金,只需以美元结算双方议定的汇率与到期时即期汇率间的差额。

(三) 掉期交易

掉期交易(swaps)是指将货币种类相同、金额相同,而方向相反、交割期限不同的两笔或两笔以上的外汇交易结合起来进行交易。如买进某种外汇时,同时卖出金额相同的该种外汇,但买进和卖出的交割日期不同。掉期交易可分为以下三类。

(1) 即期对远期(spots-forward swaps):买进或卖出现汇的同时,卖出或买进一笔期汇。

（2）隔日掉期交易（tomorrow-next swaps），即一笔交易是在成交后第一个营业日交割，另一笔交易则于成交后第二个营业日交割的掉期交易。

（3）远期对远期（forward-forward swaps），指对不同交割期限的期汇双方做货币金额相同而方向相反的两笔交易。

（四）货币互换

货币互换（currency swap）是指两笔金额相同、期限相同、计算利率方法相同，但币种不同的债务资金之间的调换，同时也进行不同利息额的货币调换。

货币互换双方互换的是货币，它们之间各自的债权债务关系并没有改变。期初互换的汇率以协定的即期汇率计算，期末使用远期汇率计算。

（五）套利

套利（arbitrage）是利用两个国家外汇市场的利率差异，把短期资金从低利率市场调到高利率的市场，从而赚取利息收入；或者利用货币即期汇率与远期汇率差额的变化，进行即期和远期外汇买卖，以牟取利润。其中利用两个国家外汇市场的利率差异进行的套利活动主要有以下两种形式。

（1）不抛补的套利：主要指利用两国市场的利率差异，把短期资金从利率较低的市场调至利率较高的市场进行投资，以谋取利息差额收入。

（2）抛补的套利：指套利者在把资金从甲国调往乙国以获取较高利息的同时，还在外汇市场上卖出远期的乙国货币以防止风险。

（六）套汇交易

套汇是指利用不同的外汇市场、不同的货币种类、不同的交割时间以及一些货币汇率和利率上的差异，进行从低价一方买进，高价一方卖出，从中赚取利润的外汇买卖。套汇一般可以分为地点套汇、时间套汇和利息套汇三种形式。地点套汇又分为直接套汇和间接套汇。直接套汇又称双边套汇，指利用两个外汇市场上某种货币的汇率差异，同时在两个外汇市场上一边买进一边卖出这种货币。间接套汇也称三角套汇，是利用三个不同地点的外汇市场的差异，同时在三个外汇市场上买卖外汇赚取差价的行为。时间套汇实质上就是掉期交易，不同的只是时间套汇侧重于描述交易动机，而掉期交易侧重于描述交易方法。利息套汇的简称就是套利。

五、影响汇率波动的因素

汇率变动受外汇供求关系的制约，当某种货币供不应求时，这种货币就会升值；反之，当某种货币供过于求时，它就会贬值。

影响外汇供求关系的因素是多方面的，主要有以下几点。

1. 国际收支的影响

国际收支状况对一国汇率的变动产生直接影响。国际收支是一个国家的货币收入总额与付给其他国家的货币支出总额的对比。如果货币收入总额大于支出总额，就会出现国际收支顺差；反之，则是国际收支逆差。国际收支平衡表所列的各种国际经济交易体现着外汇的供给和需求，表中的贷方项目构成外汇供给，借方项目构成外汇需求。一国国际收支赤字就意味着外汇市场上的外汇供不应求，本币供过于求，结果是外币升值；反之，一国国际收支盈余则意味着外汇供过于求，本币供不应求，结果是外币贬值。在国际收支中贸易项目和资本项目对汇率的影响最大。

2. 通货膨胀的差异

国内外通货膨胀的差异是决定汇率长期趋势的主导因素。在不兑现的信用货币条件下，两国货币之间的比率，是由各自所代表的价值决定的，而一国货币的对内价值是由其国内一般物价水平来反映的。通货膨胀就意味着该国货币代表的价值量下降，货币对内贬值，而这又会进一步引起货币的对外贬值。通货膨胀除了影响本币的价值和购买力外，还会引发出口商品竞争力减弱、进口商品增加，甚至还会引发对本币贬值的心理预期，削弱本币在国际市场上的信用地位。这三方面的影响都会导致本币贬值。所以，一般而言，如果一国通货膨胀高于他国，该国货币在外汇市场上就会趋于贬值；反之，就会趋于升值。

3. 利率相对水平的影响

利率是货币资金的价格，是资本成本和投资收益率的重要决定因素。因此，不同国家间利率的相对水平直接影响国际间的资本流动，高利率国家发生资本流入，低利率国家则发生资本外流，由此造成外汇市场供求关系的变化，从而对外汇汇率的波动产生影响。一般而言，一国利率提高，将会刺激国外资本流入增加而资本流出减少，由此改善资本账户，导致本币升值；反之，如果一国的利率水平相对低于他国，则会刺激资本外流增加，资本流入减少，导致资本账户恶化，本币贬值。但是，只有当投资的收益足以抵补远期汇率的不利变化时，国际短期资本的流入才会明显增加。利率作为一国借贷状况的基本反映，对汇率波动起着决定性作用。

4. 宏观经济政策

宏观经济政策主要是一国为了实现充分就业、物价稳定、经济增长和国际收支平衡的目标而实施的货币政策和财政政策。如果一国实行扩张性的财政政策，则会导致国际收支逆差增加或顺差减少，通货膨胀率趋于上升，最终促使本币贬值；反之，一国若实行紧缩性的财政政策，则会导致国际收支逆差减少或顺差增加，通货膨胀率趋于下降，最终促使本币升值。货币政策对汇率的影响主要是通过货币供应量的变动和利率的变动而实现的。如果一国政府实行扩张性的货币政策，增加货币供应量，降低利率，则该国货币的汇率将下降。这是因为增加货币供应量将使国内物价水平上升，降低利率则使资本流出增加，资本流入减少，这两种情况都会引起本币对外比价的降低。紧缩性的货币政策则会导致本币对外比价提高。中央银行奉行的汇率政策取向也会对本币汇率产生影响。

5. 货币管理当局的干预

各国货币当局为了使汇率维持在政府所期望的水平上，会对外汇市场进行直接干预，以改变外汇市场的供求状况，这种干预虽然不能从根本上改变汇率的长期趋势，但对外汇的短期走势仍有重要影响。

6. 外汇储备

一国外汇储备的多少反映了该国干预外汇市场和稳定汇率的能力。若一国外汇储备增加，外汇市场对本币的信心增加，会促使本币升值；反之，外汇储备减少，会促使本币贬值。

7. 经济发展增长的差异

国内外经济增长的差异对汇率的影响是多方面的，经济的增长，国民收入的增加意味着购买力的增强，由此会带来进口的增加；经济增长同时还意味着生产率的提高，产品竞争力的增加，对进口商品需求的下降。另外经济增长也意味着投资机会的增加，有利于吸引外国资金的流入，改善资本账户。从长期来看，经济的增长有利于本币币值的稳中趋升。

8. 政治局势

一国及国际间的政治局势的变化，都会对外汇市场产生影响。政治局势的变化一般包括政治冲突、军事冲突、选举和政权更迭等，这些政治因素会影响国际经济交易和资本流动，从而引起汇率变化。政治局势对汇率的影响有时很大，但影响时限一般都很短。

9. 市场预期

国际金融市场的游资数额巨大，这些游资对世界各国的政治、军事、经济状况具有高度敏感性，由此产生的预期支配着游资的流动方向，对外汇市场形成巨大冲击，预期因素是短期内影响外汇市场的最主要因素。

影响汇率的各因素之间关系错综复杂，其对汇率的作用方式也不同，它们或单独起作用，或综合起作用，或相互抵消。在一定时期内，国际收支是决定汇率基本走势的主导因素；通货膨胀、利率相对水平、宏观经济政策及货币管理当局的干预等因素会助长或削弱国际收支所起的作用；市场预期是上述各项因素的综合反映，由其引起的投机行为则在国际收支状况所决定的汇率走势的基础上，起着推波助澜的作用，加剧汇率的波动幅度。

六、外汇风险

外汇风险有广义和狭义之分。广义的外汇风险是指由于汇率的变化以及交易者到期违约和外国政府实行外汇管制等给外汇交易者和外汇持有者带来经济损失的可能性。狭义的外汇风险仅指以外币计价的资产或负债,由于汇率的变化而引起价值变化给外汇交易者和外汇持有者带来经济损失的可能性。本文所讨论的是狭义的外汇风险。

外汇风险的种类很多,按其内容的不同,大致可分为交易风险、会计风险、经济风险和储备风险。

交易风险指在约定以外币计价成交的交易中,由于结算时的汇率与签订合同时的汇率不同而引起亏损的可能性。这些风险包括:

(1) 以即期或延期付款为支付条件的商品或劳务的进出口,在货物装运和劳务提供后,而货款或劳务费用尚未收付前,外汇汇率变化所发生的风险。

(2) 以外币计价的国际信贷活动,在债权债务未清偿前所存在的汇率风险。例如,某项目借入是英镑,到期归还的也应是英镑。而该项目产生效益后收到的是美元。若美元对英镑汇率猛跌,那么该项目要比原计划多花许多美元,才能兑成英镑归还本息,结果造成亏损。

(3) 对外筹资中的汇率风险。借入一种外币而需要换成另一种外币使用,则筹资人将承受借入货币与使用货币之间汇率变动的风险。

(4) 待履行的约定汇率的远期外汇合同,因到期即期汇率变动而产生的风险。

会计风险也称折算风险,是指由于外汇汇率的变动而引起的企业资产负债表中某些外汇资金项目金额变动的可能性。它是一种账面的损失和收益,并不是实际交割时的实际损益,但却会影响企业资产负债报告的结果。

经济风险是指由于外汇汇率波动而引起企业产品成本或价格等发生变化,从而导致企业未来经营收益变化的不确定性。例如,我国某集团公司在美国有一子公司,利用当地资源和劳动力组织生产,产品以美元计价销售。突然美元出现了较大幅度的贬值,这就会给子公司的经济绩效带来潜在的损失。

储备风险是指国家、银行、公司、个人持有的储备性外汇资产因外汇汇率波动而引起其实际价值减少的可能性。储备风险有时会因某些突发因素(如战争、某国政府倒台等)而变得异常巨大,给资产持有者带来巨大损失。

上述四类风险有一定的联系,从时间上看,会计风险是对过去会计资料计算时因汇率变动而造成的资产或负债的价值变动程度,是账面价值的变化;交易风险和储备风险是当前交易或结算中因汇率变化而造成的实实在在的经济损失或经济收益;而经济风险是因汇率变化对未来的经营活动和经营收益所产生的潜在的不确定性。

第二节　外汇期货合约

一、外汇期货的概念

外汇期货是指合约双方同意在未来某一时期，根据约定价格——汇率，买卖一定数量的某种外币的可转让的标准化合约。它是金融期货中最早出现的品种。自 1972 年 5 月芝加哥商业交易所(CME)的国际货币市场分部推出第一张外汇期货合约以来，随着国际贸易的发展和世界经济一体化进程的加快，外汇期货交易一直保持着旺盛的发展势头。它不仅为广大投资者和金融机构等经济主体提供了规避汇率风险的有效套期保值工具，而且也为套利者和投机者提供了新的获利手段。

二、外汇期货交易与外汇按金交易的比较

外汇按金交易是在金融机构之间及金融机构与投资者之间进行的一种远期外汇买卖方式，在交易时，交易者只需付出 1%～10%的按金(保证金)，就可进行 100%额度的交易。外汇按金交易，虽然也采用了保证金(按金)交易方式，具有高杠杆性，但与期货交易相比存在较大的区别，如表 8-2 所示。

表 8-2　外汇期货交易与外汇按金交易的比较

比较项目	外汇期货交易	外汇按金交易
交易市场	有组织的期货交易所	柜台交易市场，结构松散
交易机制	公开竞价机制	交易商提供买卖报价
保证金的性质及收取方	履约保证，属于投资者权益，由期货公司或交易所收取	交易款的一部分，由交易银行收取
合约是否标准化	是	否
交易币种	交易所推出的合约币种	所有可兑换货币
交易结束方式	多以对冲方式结束	实物交割
交易时间	交易所规定的交易时间	24 小时不间断
交易目的	回避外汇风险及赚取投资收益	回避外汇风险及赚取投资收益
信用风险	由交易所及其结算公司、经纪公司征信，信用风险极小	由提供按金交易的金融机构征信，信用风险较大
风险监控难度	小	大

三、世界主要的外汇期货交易所

世界外汇期货交易主要集中在芝加哥商业交易所。此外,纽约期货交易所的外汇品种也很多。近年来,印度全国证券交易所(NSX INDIA)、印度大宗商品交易所证券交易所(MCX-SX)、巴西期货交易所(BM&F)、韩国交易所(KRX)、莫斯科银行间货币交易所(Micex)、阿根廷罗萨里奥交易所(ROFEX)、东京国际金融期货交易所(TFX)、土耳其金融衍生工具交易所(TurkDEX)等在单品种交易量排名上位于前列(见表 8-3)。

表 8-3 世界主要外汇期货交易所

交易所名称	主要外汇期货合约
芝加哥商业交易所(CME IMM)	欧元/美元、加元/美元、英镑/美元、日元/美元、澳元/美元、瑞士法郎/美元、墨西哥比索/美元期货
洲际交易所—纽约期货交易所(ICE NYBOT)	美元指数期货、澳元/美元、美元/瑞士法郎、英镑/美元、美元/日元、欧元/美元大型合约、美元/加元、欧元/美元
巴西期货交易所(BM&F)	美元期货
韩国交易所(KRX)	美元期货
印度全国证券交易所(NSX INDIA)	美元/印度卢比期货
印度大宗商品交易所证券交易所(MCX-SX)	美元/印度卢比、欧元/印度卢比期货
莫斯科银行间货币交易所(Micex)	美元/俄罗斯卢布、欧元/美元期货
阿根廷罗萨里奥交易所(ROFEX)	美元期货
东京国际金融期货交易所(TFX)	欧元/美元、澳元/美元
土耳其金融衍生工具交易所(TurkDEX)	美元期货
墨西哥衍生品交易所(MexDer)	墨西哥比索/美元期货
伦敦国际金融期货交易所(NYSE LIFFE)	欧元/美元期货
新加坡国际金融交易所	欧元、日元、欧洲美元、英镑

四、外汇期货的种类

这里以芝加哥商业交易所和美国纽约期货交易所为例,对外汇期货的种类进行分类说明(见表 8-4 和表 8-5)。其主要品种可以分为三类:含美元的货币对期货、交叉汇率期货和外汇指数期货合约。一般涵盖了 G10 国集团和主要新兴市场国家的货币。有些品种还有在电子系统交易的小型合约。

表 8-4　芝加哥商业交易所国际货币市场(IMM)外汇期货品种

合约种类	期货合约
含美元的货币对期货	欧元/美元、加元/美元、英镑/美元、日元/美元、瑞士法郎/美元、澳元/美元、巴西雷尔/美元、人民币/美元、捷克克朗/美元、欧元/美元小型合约、日元/美元小型合约、匈牙利福林/美元、以色列谢克尔/美元、韩元/美元、墨西哥比索/美元、新西兰元/美元、挪威克朗/美元、波兰兹罗提/美元、俄罗斯卢布/美元、南非兰特/美元、土耳其里拉/美元、印度卢比/美元、美元/人民币、瑞典克朗/美元小型合约、美元/人民币小型合约、印度卢比/美元、印度卢比/美元小型合约、瑞士法郎/美元小型合约、加元/美元小型合约、欧元/美元小型合约、澳元/美元小型合约、美元/瑞士法郎小型合约、美元/日元小型合约、美元/加元小型合约、英镑/美元小型合约、美元/离岸人民币小型合约、美元/离岸人民币标准合约
交叉汇率期货	欧元/澳元、欧元/英镑、欧元/加元、欧元/捷克克朗、欧元/匈牙利福林、欧元/日元、欧元/挪威克朗、欧元/ 瑞典克朗、欧元/瑞士法郎、澳元/加元、澳元/新西兰元、澳元/日元、英镑/瑞士法郎、英镑/日元、加元/日元、瑞士法郎/日元、人民币/欧元、人民币/日元
外汇波动率期货	欧元一个月波动率、欧元三个月波动率、日元年方差、日元半年方差、日元季度方差;英镑年方差、英镑半年方差、英镑季度方差;澳元年方差、澳元半年方差、澳元季度方差;欧元年方差、欧元半年方差、欧元季度方差

(资料来源：根据网站 www.cmegroup.com 2013 年 5 月相关资料整理)

表 8-5　洲际交易所—纽约期货交易所外汇期货品种

含美元的货币对期货合约	澳元/美元、美元/瑞典克朗、美元/挪威克朗、美元/瑞士法郎、英镑/美元、美元/日元、美元/南非兰特、新西兰元/美元、欧元/美元大型合约、美元/加元、欧元/美元、美元/ 匈牙利福林、美元/捷克克朗、美元/日元小型合约、美元/加元小型合约、美元/瑞士法郎、英镑/美元小型合约、澳元/ 美元小型合约、新西兰元/美元小型合约、印度卢比/美元、巴西雷亚尔/美元、加元/美元、哥伦比亚比索/美元、日元/美元、墨西哥比索/美元、新西兰元/美元、俄罗斯卢布/美元、瑞士法郎/美元、澳元/ 美元大型合约、英镑/美元大型合约、欧元/加元大型合约、美元/日元大型合约、美元/瑞士法郎大型合约、美元/瑞典克朗大型合约
交叉汇率外汇期货合约	澳元/新西兰元、澳元/加元、澳元/日元、英镑/瑞士法郎、英镑/日元、加元/日元、欧元/加元、欧元/英镑、欧元/日元、欧元/挪威克朗、欧元/瑞典克朗、欧元/美元、欧元/瑞士法郎、瑞士法郎/日元、欧元/匈牙利福林、欧元/捷克克朗、挪威克朗/瑞典克朗、欧元/ 南非兰特、英镑/澳元、英镑/新西兰元、英镑/加元、英镑/挪威克朗、英镑/南非兰特、英镑/瑞典克朗、新西兰元/日元、挪威克朗/日元、瑞典克朗/日元、英镑/日元小型合约、英镑/瑞士法郎
货币指数期货合约	美元指数(USDX)合约、欧元货币指数(ECX)合约、罗素指数(Russell Indexes)合约、信用指数(Credit Index)合约

(资料来源：根据网站 www.theice.com 2013 年 5 月相关资料整理)

在含美元的货币对期货中,有的以美元为基本货币,也有的以美元为目标货币。其中,主要货币对的期货交易量往往最大。

交叉汇率期货反映了美元之外的一种外币相对另一种外币的价值。

五、主要的外汇期货合约

（一）含美元的货币对期货合约

CME 交易的外汇期货合约中，最活跃的是欧元/美元、加元/美元、英镑/美元、日元/美元、澳元/美元、瑞士法郎/美元、墨西哥比索/美元期货（见表 8-6 和表 8-7）。这些合约在交易池和电子交易系统同时交易。

表 8-6 CME 欧元/美元期货合约

合约月份	6 个连续季月
交易单位	125 000 欧元
最小变动价位	0.000 1 点，每合约 12.50 美元；价差套利最小变动价位减半
每日价格波动限制	不设价格限制
交易时间	周一至周五上午 7:20 至下午 2:00（场内公开叫价）；周日下午 5:00 至次日下午 4:00，周一至周四下午 5:00 至次日下午 4:00，周五下午 4:00 收市，周日下午 5:00 重新开市（全球电子交易系统）
最后交易日	交割日期前第 2 个营业日（通常为星期一）的上午 9:16
交割日期	合约交割月份的第 3 个星期三
交割地点	结算所指定的各货币发行国银行
大户报告制度	每个交易者持有期货合约及期权合约头寸（包括所有月份）的净多或净空超过 10 000 张时，必须向交易所报告

表 8-7 CME 主要外汇期货合约的主要条款

币　　种	合约月份	交易单位	最小变动价位
欧元/美元	6 个连续季月	125 000 欧元	每欧元 0.000 1 美元 每合约 12.50 美元
英镑/美元	6 个连续季月	62 500 英镑	每英镑 0.000 2 美元 每合约 12.50 美元
日元/美元	6 个连续季月	12 500 000 日元	每日元 0.000 001 美元 每合约 12.50 美元
澳元/美元	6 个连续季月	100 000 澳元	每澳元 0.000 1 美元 每合约 10 美元
加元/美元	6 个连续季月	100 000 加元	每加元 0.000 1 美元 每合约 10 美元
瑞士法郎/美元	6 个连续季月	125 000 瑞士法郎	每瑞士法郎 0.000 1 美元 每合约 12.50 美元
墨西哥比索/美元	13 个连续月加上其后两个季月	500 000 墨西哥比索	每墨西哥比索 0.000 025 美元 每合约 12.50 美元

（二）交叉汇率外汇期货合约

交叉汇率期货合约反映了一种货币对另一种货币的价值。该类合约的推出为美元之外的货币间的交易提供了很好的保值工具(参见表 8-8 和表 8-9)。

表 8-8 CME 欧元/澳元交叉汇率期货合约

交易单位	125 000 欧元
点数描述	1 点＝每欧元 0.000 1 澳元＝每张合约 12.50 美元
挂牌合约	以 3 月份为循环的 6 个季月
交易场所	CME® Globex®(电子交易)
交易时间	周日至周五下午 5:00—下午 4:00
涨跌限制	无
最小变动价位	常规 0.000 1 每合约 12.5 澳元 跨期套利 0.000 05 每合约 6.25 澳元 全部成交否则取消指令 0.000 05 每合约 6.25 澳元

表 8-9 CME 交易池交叉汇率外汇期货合约的主要内容

交叉汇率	交易单位	最小变动价位	涨跌限制	交割月份
欧元/英镑	125 000 欧元	0.000 05 每合约 6.25 英镑 0.000 025 每合约 3.125 英镑	无	以 3 月份为循环的 6 个季月
欧元/捷克克朗	4 000 000 捷克克朗	0.000 002 每合约 8.00 欧元 0.000 001 每合约 4.00 欧元	无	以 3 月份为循环的 6 个季月
欧元/匈牙利福林	30 000 000 匈牙利福林	0.000 000 2 每合约 6.00 欧元 0.000 000 1 每合约 3.00 欧元	无	以 3 月份为循环的 6 个季月
欧元/日元	125 000 欧元	0.01 每合约 1 250 日元 0.005 每合约 625 日元	无	以 3 月份为循环的 6 个季月
欧元/波兰兹罗提	500 000 兹罗提	0.000 02 每合约 10.00 欧元 0.000 01 每合约 5.00 欧元	无	以 3 月份为循环的 6 个季月
欧元/瑞士法郎	125 000 欧元	0.000 1 每合约 12.5 瑞士法郎 0.000 05 每合约 6.25 瑞士法郎	无	以 3 月份为循环的 6 个季月
澳元/加元	200 000 澳元	0.000 05 每合约 10.00 加元	无	以 3 月份为循环的 6 个季月
澳元/新西兰元	200 000 澳元	0.000 05 每合约 10.00 新西兰元	无	以 3 月份为循环的 6 个季月
澳元/日元	200 000 澳元	0.005 每合约 1 000 日元	无	以 3 月份为循环的 6 个季月

（三）外汇指数期货合约

外汇指数期货中交易量最大、最有影响力的是美元指数期货(见表 8-10)。

20 世纪 70 年代之前，世界上绝大多数国家都盯住美元，因此衡量某种货币币值较为容易。随着 1971 年布雷顿森林体系解体，世界主要货币纷纷采用浮动汇率制，衡量某种货币“币值”的变动必须综合考虑其对一揽子货币的变化程度。1973 年开始编制的美元指数(USDX)被称为美元的晴雨表，它用来衡量美元对一揽子货币的变化。如果美元指数下跌，说明美元对其他的主要货币贬值；反之，则说明美元升值。当前的 USDX 水准反映了美元相对于 1973 年 3 月基准点的几何加权平均值，基准点为 100.00。美元指数期货的计算原则是以全球各主要国家与美国之间的贸易结算量为基础，以加权的方式计算出美元的整体强弱程度，以 100 为强弱分界线。目前，用来计算美元指数的 6 种货币为：欧元、日元、英镑、加元、瑞典克朗、瑞士法郎。

表 8-10 NYBOT 美元指数(USDX)外汇合约

合约规模	1 000 美元乘以指数值
报价	以 100 为基日值的指数点报价，计算到小数点后 2 位
合约月份	3、6、9、12 月
交易时间	下午 7:00—10:00 上午 2:00—8:05 上午 8:05—下午 3:00
最后交易日	到期月份第三个星期三前两个交易日
实物交割	到期月份第三个星期三
涨跌限制	无
最小变动价位	每指数点的 0.01 美元或每张合约 10 美元；套利交易可为半个价位

六、人民币期货合约

（一）芝加哥商业交易所推出的人民币期货合约

芝加哥商业交易所先后于 2006 年推出了人民币/美元、人民币/欧元、人民币/日元的期货和期权衍生品，于 2011 年推出了美元/人民币期货，又于 2012 年推出了美元/离岸人民币(CNH)期货。其中后两者设计了常规合约、小型合约两种规格。而美元/离岸人民币(CNH)期货用离岸人民币进行结算和交割，交割地点在香港。尽管这些衍生品目前的交易量并不理想，但芝加哥商业交易所这一举措充分体现出国际资本市场对于人民币汇率衍生产品的高度重视(见表 8-11、表 8-12 和表 8-13)。

表 8-11　CME 人民币/美元期货合约主要条款

合约规模	1 000 000 人民币
合约月份	13 个连续月份加上两个后续季月
交易场所	CME® Globex®(电子交易)
交易时间	周一至周四：下午 5:00—次日下午 4:00　周日与假期：下午 5:00—次日下午 4:00
涨跌限制	无
最小变动价位	每元人民币 0.000 01 美元,每手 10 美元 跨月套利：每元人民币 0.000 005 美元,每手 5 元人民币

表 8-12　CME 美元/人民币期货合约主要条款

<table>
<tr><td>合约规模</td><td colspan="2">100 000 美元</td></tr>
<tr><td>合约月份</td><td colspan="2">13 个连续月加上两个后续季月</td></tr>
<tr><td>结算程序</td><td colspan="2">现金交割,交割价格以中国人民银行于该合约最后交易日上午 9:15(北京时间)公布的汇率为准</td></tr>
<tr><td>持仓限制</td><td colspan="2">6 000 手;现货月 2 000 手</td></tr>
<tr><td>合约代码</td><td colspan="2">CME Globex 电子市场：CNY</td></tr>
<tr><td>最小价格变动</td><td colspan="2">每美元 0.001 元人民币,每手 100.00 元人民币;跨月套利：每美元 0.000 5 元人民币,每手 50.00 元人民币</td></tr>
<tr><td rowspan="2">交易时间</td><td>Globex(ETH)</td><td>周日：美中时间 17:00—次日 16:00
周一至周五：美中时间 17:00—次日 16:00,周五除外于 16:00 关闭,周日 17:00 重开</td></tr>
<tr><td>CME ClearPort</td><td>周日至周五 18:00—次日 17:15(芝加哥时间/美中时间 17:00—次日 16:15);每天于 17:15(美中时间 16:15)开始休息 45 分钟</td></tr>
<tr><td>最后交易日/时间</td><td colspan="2">合约最后交易时间为北京时间第三个星期三之前的一个交易日(通常为周二)上午 9:00,相当于美国冬季中部时间下午 7:00 或者夏令时中部时间次日下午 8:00</td></tr>
</table>

表 8-13　CME 美元/离岸人民币(CNH)期货合约主要条款

项　目	常规合约	小型合约
合约规模	100 000 美元	10 000 美元
合约月份	13 个连续月加上 8 个后续的季月	12 个连续月
最小变动价位	每美元 0.000 1 元人民币,每手 10 元人民币;跨币种套利为每手 5 元	每美元 0.000 1 元离岸人民币,每手 1 元离岸人民币
Globex 交易代码	CNH	MNH

续表

项　　目	常规合约	小型合约
计价方式	每日以离岸人民币形式结算	每日以离岸人民币形式结算
交易时间	每周日至周五的 17:00 至次日 16:00	每周日至周五的 17:00 至次日 16:00
最后交易日	合约月的第三个周三之前第一个香港交易日的 11:00(香港时间)	合约月的第三个周三之前第一个香港交易日的 11:00(香港时间)
交割日及程序	合约月的第三个周三之后,以离岸人民币交割	合约月的第三个周三之后,以离岸人民币交割
持仓报告标准	25 手	250 手

（二）香港交易所推出的人民币期货合约

2012 年 9 月 17 日,香港交易及结算所有限公司(香港交易所)推出了人民币期货(见表 8-14)。其具有如下特点:合约采用银行同业外汇报价标准;是全球首个进行实物交割的人民币期货合约;杠杆比率高达 80 倍;在衍生产品市场电子交易平台上交易,透明度高;由香港交易所下属的香港期货结算有限公司作为每笔交易的中央对手方;选定星展、美林国际和汇丰三家银行为做市商以提供足够的流动性。

表 8-14　香港交易所美元兑人民币期货合约细则

项　目	合约细则
合约	美元兑人民币(香港)期货
交易代码	CUS
合约月份	即月、下三个日历月及之后的三个季月
合约金额	100 000 美元
报价单位	每美元兑人民币(如 1 美元兑人民币 6.248 6 元)
最低波幅(最小变动价位)	人民币 0.000 1(小数点后第 4 位)
交易时间	上午 9 时至下午 4 时 15 分(到期合约月份在最后交易日收市时间为上午 11 时)
最后结算日	合约月份的第三个星期三
最后交易日	最后结算日之前两个营业日
最后结算价	香港财资市场公会在最后交易日上午 11 时 15 分公布的美元兑人民币(香港)即期汇率定盘价
结算方式	由卖方缴付合约指定的美元金额,而买方则缴付以最后结算价计算的人民币金额

第三节　外汇期货套期保值

汇率的大幅波动，使得外汇持有者、贸易商、银行、企业等均需要进行套期保值，以将汇率风险降至最低限度。

一、外汇多头套期保值案例

【例 8-1】 某日本出口商按协议计划 6 个月后向美国出口一批汽车，计价 5 000 万美元。此时日元对美元的汇率为 1 美元＝125.00 日元，按此汇率出口商可获得 62.5 亿日元的销售收入。该出口商预计 6 个月后日元兑美元将升值。为了避免日元升值导致的汽车出口收入减少，于是选择在芝加哥商业交易所进行套期保值。IMM 以日元/美元合约的合约规模为 12 500 000 日元。该进口商买入 500 手期货合约。6 个月后，美元兑日元达到 1 美元＝120.00 日元，出口商出口汽车收入为 60 亿日元，少收入 2.5 亿日元。6 月 1 日，该出口商将期货头寸平仓，盈利 2.505 亿日元，从而达到了规避日元升值风险的目的，稳定了出口收入。

其套期保值过程与结果分析如表 8-15 所示。

表 8-15　多头套期保值情形分析

时　间	现货市场	期货市场
12 月 1 日	按协议 6 个月后出口汽车，价值 5 000 万美元，当日即期汇率 1 美元＝125.00 日元，应获得销售收入 62.5 亿日元	买进 500 张 6 月份交割日元/美元期货合约，成交价 0.008 101
6 月 1 日	出口汽车，获销售收入 5 000 万美元，当日即期汇率为 1 美元＝120 日元，实际获得销售收入 60 亿日元	卖出 500 张 6 月份交割的日元/美元期货合约平仓，成交价 0.008 435
保值结果	少收入 62.5－60＝2.5(亿日元)	变动 334 点，共盈利 334×12.5×500＝2 087 500(美元)，按 6 月 1 日的即期汇率，可兑换为 2.505 亿日元
	期货市场的盈利足以弥补现货市场的亏损	

二、外汇空头套期保值案例

【例 8-2】 某美国出口商向加拿大出口价值 1 000 000 加元的货物，计价货币为加元，议定三个月后支付货款。在签订合同时，美元与加元的即期汇率为 1 美元＝1.160 0 加元。该出口商担心未来 3 个月内加元对美元贬值，到时将导致其收到的美元数量减少。

于是，12 月 1 日，该出口商选择在 CME 进行套期保值。由于 IMM 加元/美元合约的交易单位为 100 000 加元，所以该出口商以 0.850 1 的期货价格卖出 10 手加元/美元合约。加元期货合约的最小变动值为 10 美元。三个月后，加元果然贬值至 1 美元＝1.180 0 加元，该出口商亏损了 14 612 美元。但其在期货市场上以 0.835 5 的价格将期货合约平仓，可盈利 14 600 美元。期货市场上的盈利大致可以弥补现货市场上的亏损，起到了套期保值的效果。

其套期保值过程与结果分析如表 8-16 所示。

表 8-16 空头套期保值情形分析

时间	现货市场	期货市场
12 月 1 日	签进口合同，3 个月后获得 1 000 000 加元货款，当日即期汇率为 1 美元＝1.160 0 加元，折算为 1 加元＝0.862 1 美元，则共可获得 862 069 美元	卖出 10 张 3 月份交割的加元/美元期货合约，成交期货价为 0.850 1
3 月 1 日	买方支付货款，当日即期汇率为 1 美元＝1.180 0 加元，折算为 1 加元＝0.847 5 美元，则共可收到 847 457 美元	买进 10 张 3 月份交割的加元/美元期货合约平仓，成交期货价为 0.835 5
保值结果	少收入 862 069－847 457＝14 612(美元)	盈利(0.850 1－0.835 5)×100 000×10＝14 600(美元)
	大致可以用期货市场的盈利弥补现货市场的亏损	

三、外汇多头套期保值和空头套期保值分析

在外汇期货市场，交易者是采用多头套期保值还是空头套期保值，不仅取决于其在现货市场面临的情景，还取决于其所选期货合约的报价交易方式。

一般而言，交易者按其在现货市场面临的情形不同，可以分为两类：一类交易者拥有外币负债，或将来要偿付外币，如短期负债者和进口商，他们担心外币升值，本币贬值；另一类交易者拥有外币资产，或未来将收到外币，如有应收款的企业和出口商，他们担心本币升值，外币贬值。

值得注意的是，外汇与其他品种的套期保值交易有所不同。由于同一货币对可以采用不同的标价方式，同一货币对的外汇期货合约也可采用不同的币种进行报价与交易，这使得外汇期货套期保值的情形变得复杂化。因此，在即期外汇市场上处于空头地位的人并非一定会进行多头保值，而即期外汇市场上处于多头地位的人也并非一定会进行空头保值，其策略还取决于所选用合约的报价与交易方式。

比如，当投资者认为未来人民币兑美元升值会对自己的现货头寸造成不利影响，此

时，他有多种选择：其一，在CME用人民币/美元期货保值，因合约以美元交易与报价，此时对应于期货价格上升，应采用多头保值方式；其二，若用美元/人民币保值，合约以人民币交易与报价，此时，对应于期货价格下降，应采用空头保值方式。

因此，综上所述，如果保值者预测的汇率变动情形对应于外汇期货价格上升，则采用多头保值策略；反之，如果保值者预测的汇率变动情形对应于外汇期货价格下降，则采用空头保值策略。

第四节　外汇期货投机交易

外汇期货投机可分为多头投机和空头投机。当交易者预测汇率变动情形导致相应期货合约交易价格上升时，可进行多头投机交易；反之，当预测汇率变动情形导致相应期货合约交易价格下降时，可进行空头投机交易。

一、外汇期货多头投机策略及分析

【例8-3】 6月，某外汇投资者预测澳元兑美元汇率会上涨。因此，该投资者于6月4日在1澳元＝0.968美元的价位买入50手9月期芝加哥商业交易所的澳元/美元期货合约。此后市场汇率变动果然如他所料，7月17日，该交易者在1澳元＝1.030美元的价位将所持合约平仓。IMM澳元/美元期货合约的交易单位为100 000澳元。其交易情形如表8-17所示。

表8-17　外汇期货多头投机情形分析

时　间	操作策略
6月4日	买进50手9月份交割的澳元/美元合约，成交期货价为1澳元＝0.968美元
7月17日	卖出50手9月份交割的澳元/美元合约平仓，成交期货价为1澳元＝1.030美元
投机获利	盈利(1.030－0.968)×50×100 000＝310 000(美元)

（二）外汇期货空头投机策略及分析

【例8-4】 5月初，欧元兑美元汇率为1欧元兑换1.315 0美元。某投资者预测，受欧债危机的影响，欧元汇率今后还会继续滑坡。因此，5月3日他选择在芝加哥商业交易所进行投机交易，于是在1欧元＝1.310 9美元的价位卖出10手9月期欧元/美元期货合约。随后，市场汇率变动果然如他所料，7月，该投资者在1欧元＝1.225 9美元的价位将所持合约平仓。IMM欧元/美元期货合约的交易单位为125 000欧元。其交易情形如表8-18所示。

表 8-18　外汇期货空头投机情形分析

时　间	操作策略
5 月 3 日	卖出 10 手 9 月份交割的欧元/美元合约，成交期货价为 1.310 9
7 月 10 日	买进 10 手 9 月份交割的欧元/美元合约平仓，成交期货价为 1.225 9
投机获利	盈利(1.310 9－1.225 9)×125 000×10＝106 250(美元)

二、利用外汇指数合约投机获利

【例 8-5】 2013 年 5 月，某投资者认为美元指数将上涨。因此，他决定买空纽约期货交易所的美元指数期货合约，计划待指数值上涨到一定程度后再平仓获利。于是 5 月 2 日该投资者在 79.35 的指数水平买入 10 手 9 月期美元指数合约。6 月 11 日该投资者在 83.75 的指数水平将美元指数卖出平仓。NYBOT 美元指数(USDX)外汇合约的合约乘数为 1 000 美元。其交易情形如表 8-19 所示。

表 8-19　利用外汇指数合约投机获利

时　间	操作策略
5 月 2 日	买入 10 手 9 月份交割的美元指数期货合约，成交期货指数值为 79.35
6 月 11 日	卖出 10 手 9 月份交割的美元指数期货合约平仓，成交期货指数值为 83.75
投机获利	盈利(83.75－79.35)×1 000×10＝44 000(美元)

第五节　外汇期货套利交易

外汇期货套利可分为跨市套利、跨币种套利和跨期套利三种。

一、跨市套利

跨市套利是指交易者根据对同一种外汇期货合约在不同交易所的汇率差变化的预测，在一个交易所买入一种外汇期货合约，同时在另一个交易所卖出同种外汇期货合约，希望在日后汇率变化于己有利时再对冲获利。

【例 8-6】 1 月 19 日，某投资者观察到英镑兑美元正在升值阶段，而芝加哥商业交易所和纽约期货交易所的英镑/美元 6 月期货合约的汇率出现了差异，其中前者在 1 英镑＝1.544 9－1.544 1 美元之间，而后者在 1 英镑＝1.529 美元左右。芝加哥商业交易所和纽约期货交易所英镑/美元期货的合约规模分别为 62 500 英镑和 125 000 英镑。该投资者在芝加哥商业交易所以 1 英镑＝1.544 5 卖出 200 手合约，同时，在纽约期货交易所以 1 英镑＝1.523 5 美元的价位买入 100 手合约；1 月 23 日，两交易所的 6 月英镑/美元期货合约汇率差距缩小，于是，该投资者将所持合约同时平仓获利。其交易情形与结果分析如表 8-20 所示。

表 8-20　跨市场套利情形分析

<table>
<tr><th>时　间</th><th>芝加哥商业交易所</th><th>纽约期货交易所</th></tr>
<tr><td>1 月 19 日</td><td>卖出 200 手 6 月英镑/美元期货合约，成交期货价 1.544 5</td><td>买入 100 手 6 月英镑/美元期货合约，成交期货价 1.523 5</td></tr>
<tr><td>1 月 23 日</td><td>买进 200 手 6 月英镑/美元期货合约，成交期货价 1.544 7</td><td>卖出 100 手 6 月英镑/美元期货合约，成交期货价 1.544 6</td></tr>
<tr><td rowspan="2">结果</td><td>亏损(1.544 7－1.544 5)×62 500×200＝2 500(美元)</td><td>盈利(1.544 6－1.523 5)×125 000×100＝263 750(美元)</td></tr>
<tr><td colspan="2">两市场共盈利：263 750－2 500＝261 250(美元)</td></tr>
</table>

由以上分析可以看出，在进行跨市套利买入和卖出两期货合约时，合约所代表的货币金额应相同。在操作过程中，一般还应遵循如下原则。

(1) 如果两个市场均处于牛市状态，其中一个市场的涨幅大于另一个市场，则在涨幅大的市场买入，在涨幅小的市场卖出。

(2) 如果两个市场均处于熊市状态，其中一个市场的跌幅大于另一个市场，则在跌幅大的市场卖出，在跌幅小的市场买入。

二、跨币种套利

跨币种套利一般是在含相同货币的货币对之间进行。指交易者根据对同一交易所内到期月份相同的不同货币对期货合约的价格走势的预测，买进某一货币对期货合约，同时卖出另一货币对期货合约，从而进行套利交易。在买入和卖出两期货合约时，合约所代表的货币金额应相同。

【例 8-7】　6 月 10 日，CME 6 月期瑞士法郎/美元期货价格为 1 瑞士法郎＝0.877 4 美元，6 月期欧元/美元期货价格为 1 欧元＝1.211 6 美元，则隐含的套算汇率为 1 瑞士法郎＝0.72 欧元(0.877 4÷1.211 6)。某交易者预计 6 月 20 日瑞士法郎对欧元的汇率将上升，他在 CME 买入 100 手 6 月期瑞士法郎/美元期货，同时卖出 72 手 6 月期欧元/美元期货。(之所以卖出 72 手合约是因为瑞士法郎/美元期货与欧元/美元期货的合约规模不同，前者是 125 000 瑞士法郎，后者则是 125 000 欧元，而两者的套算汇率为 1∶0.72。因此，为保证实际价值基本一致，前者买入 100 手合约，后者则要卖出 72 手合约。)6 月 20 日，瑞士法郎对欧元的汇率果真从 0.72 上升为 0.73，该交易者将手中合约平仓。其交易过程如表 8-21 所示。

表 8-21 外汇期货跨币种套利交易

时 间	瑞士法郎/美元	欧元/美元
6 月 10 日	买入 100 手 6 月期瑞士法郎/美元期货价格： 1 瑞士法郎＝0.877 4 美元 总价值：10 967 500 美元	卖出 72 手 6 月期欧元/美元期货价格： 1 欧元＝1.211 6 美元 总价值：10 904 400 美元
6 月 20 日	卖出 100 手 6 月期瑞士法郎/美元期货价格： 1 瑞士法郎＝0.877 4 美元 1 瑞士法郎＝0.906 8 美元 总价值：11 335 000 美元	买入 72 手 6 月期欧元/美元期货价格： 1 欧元＝1.239 0 美元 总价值：11 151 000 美元
	结果盈利 367 500 美元	结果损失 246 600 美元

这里以美元为目标货币的货币对为例，在操作过程中，一般应遵循如下原则：

(1) 两种货币，若预期 A 货币对美元升值，B 货币对美元贬值，则买入 A 货币对应的期货合约，同时卖出 B 货币对应的期货合约；

(2) 若预期两种货币都对美元升值，且 A 货币升值速度较 B 货币快，则买入 A 货币对应的期货合约，同时卖出 B 货币对应的期货合约；

(3) 若预期两种货币都对美元贬值，且 A 货币贬值速度较 B 货币快，则卖出 A 货币对应的期货合约，同时买入 B 货币对应的期货合约；

(4) 若预期 A 货币对美元汇率保持不变，B 货币对美元升值，则买入 B 货币对应的期货合约，同时卖出 A 货币对应的期货合约；

(5) 若 A 货币对美元贬值，B 货币对美元汇率不变，则卖出 A 货币对应的期货合约，同时买入 B 货币对应的期货合约。

跨币种套利一般在含美元的货币对之间进行得较多，但近年来，随着大量交叉汇率期货合约的推出及其交易日渐活跃，不少投资者选择交叉汇率期货合约进行交易，使得跨币种套利交易大大减少。

三、跨期套利

跨期套利是指交易者根据对币种相同而到期月份不同的期货合约在某一交易所的价格走势预测，买进其某一月份的期货合约，同时卖出其另一月份的同币种合约，从而进行套利交易。通过买入近期合约、卖出远期合约来进行套汇赚取利润的交易策略称为牛市套利(bull spread)；而通过卖出近期合约、买入远期合约来进行套汇赚取利润的交易策略称为熊市套利(bear spread)。

【例 8-8】 10 月 1 日，美国的短期无风险年利率比欧元区低 2.2%，CME 欧元/美元期货合约，其 12 月期货价为 0.881 0，3 月期货价为 0.876 0。某交易商预计美元利率与欧元利率差将会缩小，即欧元远期汇率贴水变小，于是卖出 100 份 12 月欧元/美元期货，同时买进 100 份 3 月欧元/美元期货。11 月 1 日，美国短期无风险年利率比欧元低 1.5%。结果导致 3 月期货价比 12 月期货价贴水减少。此时，交易商分别以 0.875 5 和 0.874 5 的期货价将其所持有的 12 月和 3 月合约平仓。CME 欧元/美元期货合约规模为 125 000 欧元。其交易情形与结果可分析如表 8-22 所示。

表 8-22 跨期套利交易情形分析(一)

时间	12 月欧元/美元期货	3 月欧元/美元期货	价差(3 月期货比 12 月期货贴水)
10 月 1 日	卖出 100 份 12 月欧元/美元期货，成交期货价 0.881 0	买进 100 份 3 月欧元/美元期货，成交期货价 0.876 0	0.005 0
11 月 1 日	买进 100 份 12 月欧元/美元期货平仓，成交期货价 0.875 5	卖出 100 份 3 月欧元/美元期货平仓，成交期货价 0.874 5	0.001 0
结果	盈利(0.881 0－0.875 5)×100 000×100＝55 000(美元)	亏损(0.876 0－0.874 5)×100 000×100＝15 000(美元)	贴水减少 0.004 0
	3 月期货贴水减少 40 点，赚 40 点，共计 40×12.5×100＝50 000(美元)		

假定上例中的交易商认为美元和欧元的利率差不是缩小，而是扩大，这将导致欧元远期汇率贴水变大，于是该交易商决定采取以下策略：买进 100 份 12 月欧元/美元期货，同时卖出 100 份 3 月欧元/美元期货，11 月 1 日，美国短期无风险年利率比欧元低 2.9%。结果导致欧元 3 月期货价比 12 月期货价贴水增加。此时，交易商将其所持期货合约平仓。其交易情形与结果分析如表 8-23 所示。

表 8-23 跨期套利交易情形分析(二)

时间	12 月欧元/美元期货合约	3 月欧元/美元期货合约	价差(3 月期货比 12 月期货升水)
10 月 1 日	买进 100 份 12 月欧元/美元期货合约，成交期货价 0.881 0	卖出 100 份 3 月欧元/美元期货合约，成交期货价 0.876 0	0.005 0
11 月 1 日	卖出 100 份 12 月欧元/美元期货合约平仓，成交期货价 0.886 7	买进 100 份 3 月欧元/美元期货合约平仓，成交期货价 0.876 7	0.010 0
结果	盈利(0.886 7－0.881 0)×100 000×100＝57 000(美元)	亏损(0.876 7－0.876 0)×100 000×100＝7 000(美元)	贴水增加 0.005 0
	3 月期货贴水增加 50 点，赚 50 点，共计 50×12.5×100＝62 500(美元)		

由以上例子可以看出，在进行跨期套利时，买入和卖出的不同交割月份的期货合约的合约份数应相同。在操作过程中，一般还应遵循如下原则：

(1) 如果较远月份的期货合约有远期升水，且预计两国利差将缩小，则建仓时买入较近月份期货合约，同时卖出较远月份期货合约；

(2) 如果较远月份的期货合约有远期升水，且预计两国利差将扩大，则建仓时买入较远月份期货合约，同时卖出较近月份期货合约；

(3) 如果较远月份的期货合约有远期贴水，且预计两国利差将扩大，则建仓时买入较近月份期货合约，同时卖出较远月份期货合约；

(4) 如果较远月份的期货合约有远期贴水，且预计两国利差将缩小，则建仓时买入较远月份期货合约，同时卖出较近月份期货合约。

思考题 Exercise

1. 影响汇率的因素有哪些？

2. 什么是外汇期货？外汇期货有哪些主要种类？主要的外汇期货合约有哪些？

3. 外汇期货交易与远期外汇交易之间有什么不同？外汇期货交易与外汇按金交易有何不同？

4. 世界主要的外汇期货交易所有哪些？

5. 目前世界各地推出的人民币期货合约有哪些？观察其合约条款，分析其交易活跃或者不活跃的原因。

6. 举例说明分别在什么情况下应进行外汇多头套期保值或外汇空头套期保值。

7. 跨币种套利一般应遵循什么原则？

8. 当前的瑞士法郎/美元汇率为 1.368 0 瑞士法郎。3 个月期的美元利率为 1.05%，3 个月期的瑞士利率为 0.35%，都是以连续复利计算的年利率。一个外汇投资者注意到 3 个月期汇率的美元价格为 0.735 0。该投资者应如何套利？

9. 美国某投资者预期欧元兑美元将升值，在 CME 以每欧元 1.182 5 美元的价格买进 10 手 6 月份交割的欧元/美元期货合约，之后以每欧元 1.243 0 美元的价格卖出平仓，该投资者是否能盈利？(不计交易手续费等费用)

10. 6 月 10 日，CME 国际货币市场 6 月期瑞士法郎的期货价格为 0.876 4 美元/瑞士法郎，6 月期欧元的期货价格为 1.210 6 美元/欧元。某套利者预计 6 月 20 日瑞士法郎对欧元的汇率将上升，在国际货币市场买入 100 手 6 月期瑞士法郎/美元期货合约，同时卖出 72 手 6 月期欧元/美元期货合约。6 月 20 日，瑞士法郎对欧元的汇率由 0.72 上升为 0.73，该交易套利者分别以 0.906 6 美元/瑞士法郎和 1.239 0 美元/欧元的价格对冲手中合约，分析其套利的结果。

11. 2013 年 5 月，某英国出口商按协议计划 6 个月后向美国出口一批货物，计价 8 000 万美元。此时英镑对美元的汇率为 1 美元=0.67 英镑。该出口商预计 6 个月后英镑兑美元将升值，于是选择在芝加哥商业交易所进行套期保值。IMM 的英镑/美元期货合约的合约规模为 62 500 英镑，若 6 个月后英镑对美元的汇率为 1 美元＝0.65 英镑，试分析该英国出口商的套期保值策略及盈亏情况。

12. 2013 年 5 月，CME 6 月期欧元/美元期货的价格为 1.292 0 美元/欧元，6 月期英镑/美元期货的价格为 1.512 0 美元/英镑。某套利者预计欧元对英镑的汇率将上升，在 CME 买入 100 手 6 月期欧元/美元期货合约，同时卖出 72 手 6 月期英镑/美元期货合约。2013 年 6 月，欧元对英镑的汇率由 1.17 上升为 1.18，该交易套利者分别以 1.295 0 美元/欧元和 1.528 0 美元/英镑的价格对冲手中合约，则套利的结果怎样？

13. 4 月 1 日，美国的短期无风险年利率比加拿大低 0.8%，CME 加元/美元期货合约，其 12 月期货价为 1.201 0，3 月期货价为 1.196 0。某交易商预计美元利率与加元利率差将会缩小，即加元远期汇率贴水变小，于是卖出 100 份 12 月加元/美元期货，同时买进 100 份 3 月加元/美元期货。11 月 1 日，美国短期无风险年利率比加元低 1.5%。结果导致 3 月期货价比 12 月期货价贴水减少。此时，该交易商分别以 1.198 8 和 1.197 8 的期货价将其所持有的 12 月和 3 月合约平仓。CME 加元/美元期货合约规模为 100 000 加元。试分析该交易商的套利结果。

利率期货

本章主要介绍利率期货的主要交易所及其主要合约、我国的利率期货实践，阐明利率期货的报价与交割方式，分析套期保值及投机套利策略。

第一节　利率期货概述

小贴士　利率期货的产生和发展历程

利率期货是20世纪70年代利率市场化和债券市场发展的产物。

第二次世界大战后，各主要工业国家采用凯恩斯主义理论，推行低利率政策，以刺激消费需求和投资需求，控制利率、稳定利率是其金融政策的目标。而20世纪70年代，随着布雷顿森林体系的解体，各主要工业国家纷纷采用弗里德曼的货币主义理论，转而以控制货币供应量为主，利率逐渐成为政府调控经济、干预汇率的政策工具。这使得市场利率波动日益频繁，给各类经济体带来利率风险，市场迫切需要有效的利率风险管理工具，利率期货应运而生。

1975年10月20日，芝加哥期货交易所推出了政府国民抵押协会(Government National Mortgage Association, GNMA)抵押凭证期货合约，标志着利率期货这一新的金融期货类别的诞生。1976年1月，CME(IMM)推出了13周美国国债期货；1977年8月，CBOT上市了美国长期国债期货；1981年7月，CME(IMM)、CBOT同时推出了可转让定期存单期货；1981年12月，IMM推出了3个月欧洲美元期货，并首次在美国金融期货交易中引入了现金交割制度。继美国之后，其他国家和地区也纷纷推出了利率期货。

利率期货自产生后发展非常快，在全球期货市场占有较大的市场份额。

一、利率期货的标的

利率期货合约是标的资产价格仅依赖于利率水平的期货合约，其标的是各种利率工具。根据标的期限的不同，利率期货可分为短期和中长期利率期货两类。前者的标的是货币市场的各类债务凭证，其期限在一年以内，包括银行间拆借的货币资金、短期存单、短期国库券等；后者的标的是资本市场的各类债务凭证，主要包括中长期国债等。

（一）欧洲美元定期存单

欧洲美元是指美国境外的金融机构或美国金融机构设在境外的分支机构的美元存款和美元贷款。欧洲美元出现于20世纪50年代初，曾因其具有供应充裕、运用灵活、存贷不受任何国家管汇法令的干预和限制等特点，成为国际金融市场上最重要的融资工具之一。欧洲美元存单是一种大额定期存单，期限一般为3个月或6个月，利率往往高于美国国内存单。

欧洲美元伦敦同业银行拆借利率（London Interbank Offered Rate，LIBOR）反映了新发行的欧洲美元定期存单的利率行情。伦敦是欧洲美元的交易中心。LIBOR拆借期分为日、周、1～6个月期等，英国银行家协会（British Banker Associates，BBA）负责按照一定的规则进行统计并对外发布。目前LIBOR已经成为国际性同业贷款利率的基础和利率变动的风向标。

（二）欧洲银行间欧元同业拆借利率

欧元银行间拆放利率（EURIBOR）是指在欧元区资信较高的银行间欧元资金的拆放利率，自1999年1月开始使用。EURIBOR有隔夜、1周、2周、3周、1～12个月等各种不同期限的利率，最长的EURIBOR期限为1年，利率确定方法类似伦敦银行间拆放利率（LIBOR）。EURIBOR是欧洲市场欧元短期利率的风向标。

（三）短期和中长期国债

美国短期国债是美国货币市场的主要工具，美联储通过它进行公开市场业务的操作，即通过买卖短期国债调节短期贴现率影响市场基准利率。期限分为3个月（13周或91天）、6个月（26周或182天）或1年不等，通常采用贴现方式发行，到期按照面值进行兑付。比如，1 000 000美元面值的13周（91天）国债，按照4%的年贴现率发行，则其发行价为990 000美元，到期兑付1 000 000美元，因此10 000美元的差价相当于是利息，其年贴现率为10 000÷1 000 000×4＝4%。但该国债的年收益率为10 000÷990 000×4＝4.04%，要大于其年贴现率。

美国中长期国债是附息债券，基本上都以1 000美元的面值发行，每半年付息1次，到期偿还本金。其中中期国债期限一般为2年、3年、5年或10年，在到期之前不可赎回。长期债券的期限一般为20年或30年。与中期国债不同的是，有的长期国债可以提前赎回。中长期债券的二级流通市场很大，而且流动性很强。中长期国债的报价方式与短期国债不同，其报价以百分点和一个百分点的 1/32 表示，该价格表示中长期国债的价格占面额的百分比。

例如，99：16 表示价格为债券面值的 99%+1%×16/32=99.5%，如果面值为 1 000 美元，那么价格为 995 美元。

（四）利率互换

利率互换(interest rate swap)，指交易双方将同种货币不同利率形式的资产或者债务相互交换，是一项常用的债务保值工具，用于管理中长期利率风险。最常见的是在固定利率与浮动利率计算的利息之间进行转换，不涉及债务本金的交换。

利率互换出现于 20 世纪 80 年代。目前，利率互换市场已发展成为全球最大的金融市场之一，美国、欧洲、日本、中国香港等国家和地区是最主要的交易市场，其参与者相当广泛，包括商业银行、投资银行、非金融机构、保险公司、信托投资公司、政府机构等。由于利率互换市场的巨大规模与良好流动性，目前互换利率已成为欧洲市场和美国市场的基准利率之一。

各国在互换交易中确定浮动利率时常用的参考利率是货币市场工具的利率，如短期国库券利率、伦敦银行同业拆借利率(LIBOR)、商业票据利率、银行承兑票据利率、大额可转让存单利率、联邦基金利率等。

利率互换市场采用做市商制度，当 10 年期国库券收益率为 8.35%时，做市商的 10 年期互换报价如果为“40-50”，则表明该做市商在支付固定利率时互换利差为 40 个基点，而在得到固定利率时互换利差为 50 个基点。

（五）主权债券收益率利差

主权债券(sovereign bond)是各国政府在国际市场以外币(如美元、欧元等主要货币)所发行的政府债券。20 世纪八九十年代，以市场化的融资方式来弥补预算赤字成为全球主权债券市场迅速发展的主要因素。各国主权债券相对价值的投资策略非常盛行，并用于证券投资组合风险管理。

二、利率期货的种类

利率期货合约按其标的期限与特点不同，可分为短期利率期货合约、中长期利率期货合约、利率指数期货合约三大类，其中最主要的是前两类。

近年来全球活跃的利率期货品种中，短期的有芝加哥商业交易所的 3 个月欧洲美元期货，泛欧交易所—伦敦国际金融期货期权交易所的 3 个月欧元银行间拆放利率期货、3 个月英镑利率期货，巴西证券期货交易所的 1 天期银行间存单期货，墨西哥衍生品交易所的 28 天期银行间利率期货等；中长期的有 CBOT 的美国 2 年期、3 年期、5 年期、10 年期及长期国债期货；欧洲期货与期权交易所的德国短期、中期、长期国债期货；伦敦国际金融期货期权交易所的英国政府长期国债期货；悉尼期货交易所(SFE)的 3 年期澳大利亚国债期货等。

美国 CME 于 1989 年推出利率互换期货。在这之前，许多交易商只能用欧洲美元期货带(strips)、期货包(packs)和期货串(bundles)为利率互换保值。目前 CME 集团交易 2 年、5 年、10 年、30 年期实物交割利率互换期货，以及 5 年、7 年、10 年、30 年期现金交割利率互换期货；泛欧期货交易所交易 2 年期、5 年期和 10 年期美元利率互换和欧元利率互换期货。利率互换期货为利率互换交易和公司债务提供了最小基差风险的保值机会，投资者也可以通过买卖互换期货来增加或减少利率互换的久期，还可以进行套利交易。

10 年期主权债券收益率利差期货也是 CME 的新品种。目前，CME 共推出了美国—英国 10 年期主权债券收益率利差期货等 12 个合约，涵盖了美国、英国、意大利、荷兰、德国、法国的主权债券。

利率指数期货合约是利率期货中的新产品。2007 年 1 月 24 日，Euronext-liffe 与 EuroMTS Ltd (EuroMTS)联合推出了一系列以 EuroMTS 国债总收益指数为标的的债券指数期货合约，其中包括 7～10 年期欧元区政府债券指数期货、7～10 年期 MTS 法国国债指数期货、7～10 年期 MTS 意大利国债指数期货、7～10 年期 MTS 德国国债指数期货。

三、主要的利率期货交易所及其利率期货合约

2012 年全球利率期货合约排名如表 9-1 所示。

表 9-1　2012 全球利率期货合约排名

排名	合约名称	交易所名称	合约规模
1	欧洲美元期货	芝加哥商业交易所(CME)	1 000 000 美元
2	一天银行间同业存款期货	巴西期货交易所(BM&F)	100 000 巴西里尔
3	10 年期国债期货	芝加哥期货交易所(CBOT)	100 000 美元
4	长期欧元债券	欧洲期货交易所(EUREX)	100 000 欧元
5	3 月期欧元银行同业拆借期货	伦敦国际金融期货交易所(Liffe U. K.)	1 000 000 欧元
6	5 年期国债期货	芝加哥期货交易所(CBOT)	100 000 美元
7	3 个月英镑利率期货	伦敦国际金融期货交易所(Liffe U. K.)	500 000 英镑
8	中期欧元债券期货	欧洲期货交易所(EUREX)	100 000 欧元
9	短期欧元债券期货	欧洲期货交易所(EUREX)	100 000 欧元
9	30 年期美国国债期货	芝加哥期货交易所(CBOT)	100 000 美元
10	两年期国债期货	芝加哥期货交易所(CBOT)	200 000 美元

续表

排名	合约名称	交易所名称	合约规模
11	28天墨西哥银行间利率期货	墨西哥衍生品交易所(Mexder)	100 000 墨西哥比索
12	3年期美国国债期货	澳大利亚证券交易所(前身为悉尼期货交易所)(ASX 24)	100 000 澳元
13	英国政府债券期货	伦敦国际金融期货交易所(Liffe U. K.)	100 000 英镑

(资料来源：www. futuresindustry. org,按合约成交数量排名)

目前,利率期货的交易场所包括CME集团、Eurex、Euronext、巴西商品期货交易所(BM&F)、悉尼期货交易所(SFE)、瑞典斯德哥尔摩交易所(OM)、东京证券交易所(TSE)、新加坡交易所衍生部(SGX-DT)等。

下面将对全球交易量最大的三家利率交易场所及其利率期货品种进行简要介绍。

(一) CME集团及其利率期货合约

目前CME是世界上最大的利率期货与期权交易市场(见表9-2)。

表9-2 CME集团的主要利率期货品种

利率期货品种	标的工具	合约规模	最小变动价位	合约月份
3个月欧洲美元期货	3个月欧洲美元定期存单	面值1 000 000美元的存单	0. 01,每张合约25美元	40个以3月份为循环的季月以及最近4个连续月
欧洲美元期货	3个月欧洲美元定期存单	面值1 000 000美元的存单	一个基点的1/4,每张合约6.25美元;一个基点的1/2,每张合约12.5美元	3、6、9、12月
1个月欧洲美元期货	1个月欧洲美元定期存单	3 000 000美元	0. 002 5,每张合约6. 25美元	连续12个月
欧元银行间拆放款期货	欧元银行同业存款利息	1 000 000欧元	0. 01,每张合约25欧元	40个以3月份为循环的季月以及最近4个连续月
3个月隔夜指数掉期期货	银行同业存款	1 000 000美元	一个基点的1/4,每张合约6.25美元;一个基点的1/2,每张合约12.5美元	前8个月中的最近3个月份

续表

利率期货品种	标的工具	合约规模	最小变动价位	合约月份
美国国债期货	美国长期国债	面值 100 000 美元	每 100 点 1/32 点，每张合约 31.25 美元；跨期套利为每 100 点 1/32 点的 1/4，每张合约 7.812 5 美元	3、6、9、12 月
超长期美国国债期货	美国长期国债	面值 100 000 美元	每 100 点 1/32 点，每张合约 31.25 美元	3、6、9、12 月
30 天联邦基金期货	联邦基金利率	面值 5 000 000 美元	一个基点的 1/4，每张合约 10.417 5 美元；一个基点的 1/2，每张合约 20.835 美元	最近的 36 个月份
3 年期美国国债期货	美国中期国债	面值 200 000 美元	每 100 点 1/32 点，每张合约 15.625 美元	3、6、9、12 月
超长期国债期货	美国超长期国债	面值 1 000 000 美元的美国国债	每 100 点 1/32 点，每张合约 31.25 美元	3、6、9、12 月
德国—荷兰 10 年期主权债券收益率利差期货	德国和荷兰 10 年期国债收益率利差	100 欧元加上利差	0.25，每张合约 25 英镑	3、6、9、12 月
德国—意大利 10 年期主权债券收益率利差期货	德国和意大利 10 年期国债收益率利差	0.01 点＝1bp＝100 欧元（合约乘数）	0.002 5，每张合约 25 欧元	3、6、9、12 月
德国—法国 10 年期主权债券收益率利差期货	德国和法国 10 年期国债收益率利差	0.01 点＝1bp＝100 欧元（合约乘数）	0.002 5，每张合约 25 欧元	3、6、9、12 月
英国—意大利（UK-IT）10 年期主权债券收益率利差期货	英国和意大利 10 年期国债收益率利差	0.01 点＝1bp＝100 英镑（合约乘数）	0.002 5，每张合约 25 英镑	3、6、9、12 月
英国—法国（UK-FR）10 年期主权债券收益率利差期货	英国和法国 10 年期主权债券收益率利差	0.01 点＝1bp＝100 英镑（合约乘数）	0.002 5，每张合约 25 英镑	3、6、9、12 月
英国—德国（UK-DE）10 年期主权利率期货	英国和德国 10 年期主权债券收益率利差	0.01 点＝1bp＝100 英镑（合约乘数）	0.002 5，每张合约 25 英镑	3、6、9、12 月
美国—荷兰（US-ND）10 年期主权债券收益率利差期货	美国和荷兰 10 年期主权债券收益率利差	0.01 点＝1bp＝100 欧元（合约乘数）	0.002 5，每张合约 25 欧元	3、6、9、12 月

续表

利率期货品种	标的工具	合约规模	最小变动价位	合约月份
美国—意大利(US-IT)10年期主权债券收益率利差期货	美国和意大利10年期主权债券收益率利差	0.01点=1bp=100欧元(合约乘数)	0.002 5,每张合约25欧元	3、6、9、12月
美国—德国(US-DE)10年期主权债券收益率利差期货	美国和德国10年期主权债券收益率利差	0.01点=1bp=100欧元(合约乘数)	0.002 5,每张合约25欧元	3、6、9、12月
英国—荷兰(UK-ND)10年期主权债券收益率利差期货	英国和荷兰10年期主权债券收益率利差	0.01点=1bp=100英镑(合约乘数)	0.002 5,每张合约25英镑	3、6、9、12月
美国—法国(US-FR)10年期主权债券收益率利差期货	美国和法国10年期主权债券收益率利差	0.01点=1bp=100欧元(合约乘数)	0.002 5,每张合约25欧元	3、6、9、12月
美国—英国(US-UK)10年期主权债券收益率利差期货	美国和英国10年期主权债券收益率利差	0.01点=1bp=100英镑(合约乘数)	0.002 5,每张合约25英镑	3、6、9、12月
巴克莱美国综合债券指数期货	巴克莱美国综合债券指数	100欧元乘以巴克莱美国综合债券指数	0.20,每张合约20欧元	3、6、9、12月
LIBOR期货	1个月美元LIBOR	3 000 000美元	0.002 5,每张合约6.25美元	连续12个月
13周美国国债期货	3个月(13周)美国国债	面值1 000 000美元的美国国债	0.005,每张合约12.50美元	4个季月加上2个日历月
CME小型欧洲美元5年期期货串	3个月欧洲美元定期存单	名义价值为每边100 000美元,合约价值因子为5 000美元	0.002 5,每张合约12.50美元	3、6、9、12月
日本国债期货	3个月(13周)日本国债	面值10 000 000日元的日本国债	0.01,每张合约1 000日元	5个季月
互换期货	2、5、7、10、30年期美元利率互换利率	500 000美元(2年期),200 000美元(5年期),100 000美元(7、10、30年期)	0.002 5,每张合约25.00美元	2个合约(3、6、9、12月)
欧洲日元TIBOR期货	3个月日元TIBOR(东京银行间拆借利率)	100 000 000日元	一个基点的1/4,每张合约625日元;一个基点的1/2,每张合约1 250日元	20个合约(3、6、9、12月,跨5年)

续表

利率期货品种	标的工具	合约规模	最小变动价位	合约月份
欧洲日元 LIBOR 期货	3个月日元 LIBOR	100 000 000 日元	0.005，每张合约 1 250 日元	20 个合约(3、6、9、12 月，跨 5 年)
欧元区 HICP 期货	Eurostat 公布的欧元区消费者价格指数(HICP)	10 000 欧元乘以欧元区 HICP	0.01，每张合约 100 欧元	连续 12 个月
信用指数事件期货	CME 北美投资级公司高波动性指数系列 1	100 000 美元	0.005，每张合约 5 美元	3、6、9、12 月，跨 5 年
30 年期美国长期国债期货	美国长期国债	面值 100 000 美元	每 100 点 1/32 点，每张合约 31.25 美元；跨期套利为每 100 点 1/32 点的 1/4，每张合约 7.812 5 美元	3、6、9、12 月
10 年期美国国债期货	美国长期国债	面值 100 000 美元	每 100 点 1/32 点的 1/2，每张合约 15.625 美元(四舍五入)；跨期套利为每 100 点 1/32 点的 1/4，每张合约 7.812 5 美元	3、6、9、12 月
5 年期美国国债期货	美国中期国债	面值 100 000 美元	每 100 点 1/32 点的 1/2，每张合约 15.625 美元(四舍五入)；跨期套利为每 100 点 1/32 点的 1/4，每张合约 7.812 5 美元	3、6、9、12 月
3 年期美国国债期货	美国中期国债	面值 200 000 美元	每 100 点 1/32 点的 1/4，每张合约 15.625 美元	3、6、9、12 月
2 年期美国国债期货	美国中期国债	面值 200 000 美元	每 100 点 1/32 点的 1/4，每张合约 15.625 美元(四舍五入)	3、6、9、12 月
新(on-the-run)美国国债期货	2、5、10 年期美国债券	面值 100 000 美元(2 年期)	每 100 点 1/32 点的 1/4，每张合约 7.812 5 美元	每月

续表

利率期货品种	标的工具	合约规模	最小变动价位	合约月份
10年期利率互换期货	10年期利率互换。每半年互换一次利率，以3月LIBOR利率为基础将固定利率年利率6%交换为浮动利率	面值100 000美元	每100点1/32点的1/2，每张合约15.625美元（四舍五入）；跨期套利为每100点1/32点的1/4，每张合约7.812 5美元	3、6、9、12月中的最近3个月份
5年期利率互换期货	5年期利率互换。每半年互换一次利率，以3月LIBOR利率为基础将固定利率年利率6%交换为浮动利率	面值100 000美元	每100点1/32点的1/2，每张合约15.625美元（四舍五入）；跨期套利为每100点1/32点的1/4，每张合约7.812 5美元	3、6、9、12月中的最近3个月份
30日联邦基金利率期货	30日联邦基金利率	5 000 000美元	一个基点的1/4，每张合约10.417 5美元；一个基点的1/2，每张合约20.835美元	最近的24个月份
小型欧洲美元期货合约	3个月欧洲美元存单	500 000美元	一个基点的1/2，每张合约6.25美元	3、6、9、12月，20个合约可交易

（二）泛欧期货交易所（Euronext）

Euronext-liffe是目前利率期货品种最多的欧洲期货交易所，其短期利率期货期权合约品种涵盖了欧元、英镑、瑞士法郎和日元基准利率；EURIBOR（欧元银行间同业拆借利率）是欧元利率的基准之一，EURIBOR期货合约是Euronext-liffe最为活跃的期货品种（见表9-3）。欧元利率的另一个基准是欧洲隔夜平均指数（Euro Over-Night Index Average，EONIA），2003年2月4日，Euronext-liffe推出了以EONIA为基础的一个月欧洲隔夜平均指数（EONIA）期货。Euronext-liffe的交易都通过其电子交易平台——LIFFE CONNECT ®进行。

表9-3 Euronext的主要利率期货品种

利率期货品种	标的工具	合约规模	最小变动价位	合约月份
英国长期国债期货合约	英国长期国债	面值100 000英镑、息票率6%的英国长期国债	0.01，每张合约10英镑	3、6、9、12月，交易最近3个月份

续表

利率期货品种	标的工具	合约规模	最小变动价位	合约月份
日本国债期货	日本长期国债	面值 100 000 000 日元、息票率 6%的日本长期国债	0.01，每张合约 10 000 日元	3、6、9、12 月，交易最近两个月份
一个月欧洲隔夜平均指数(EONIA)期货	一个月欧洲隔夜平均指数(EONIA)	3 000 000 欧元	0.005，每张合约 12.50 欧元，以“100.00－利率”报价	连续月份，同时交易 9 个合约
3 个月欧元利率(EURIBOR)期货合约	3 个月欧元定期存款	1 000 000 欧元	0.005，每张合约 12.50 欧元，以“100.00－利率”报价	季月加上 4 个近期月份，其中最近 6 个月份为连续月，共有 25 个合约可以交易
3 个月欧洲美元期货	3 个月存单	1 000 000 美元	0.005，每张合约 12.50 美元，以“100.00－利率”报价	季月加上 4 个近期月份，其中最近 6 个月份为连续月，共有 24 个合约可以交易
3 个月英镑利率期货	3 个月存单	500 000 英镑	0.01，每张合约 12.50 英镑，以“100.00－利率”报价	季月加上两个近期月份，其中最近 3 个月份为连续月，共有 23 个合约可以交易
3 个月欧洲瑞士法郎利率期货	3 个月存单	1 000 000 瑞士法郎	0.01，每张合约 25 瑞士法郎，以“100.00－利率”报价	季月加上 4 个近期月份，共有 8 个合约可以交易
3 个月欧洲日元利率期货	3 个月存单	100 000 000 日元	0.005，每张合约 1 250 日元，以“100.00－利率”报价	季月，共有 12 个合约可以交易
2 年期欧元互换期货	2 年期、面值 100 000 欧元，票面固定利率 6.0%的互换	面值 100 000 欧元	0.005，每张合约 5 欧元，以每百欧元面值为基础报价	季月，共有两个最近的季月份合约可以交易

续表

利率期货品种	标的工具	合约规模	最小变动价位	合约月份
5年期欧元互换期货	5年期、面值100 000欧元,票面固定利率6.0%的互换	面值100 000欧元	0.01,每张合约10欧元,以每百欧元面值为基础报价	季月,共有两个最近的季月份合约可以交易
10年期欧元互换期货	10年期、面值100 000欧元,票面固定利率6.0%的互换	面值100 000欧元	0.01,每张合约10欧元,以每百欧元面值为基础报价	季月,共有两个最近的季月份合约可以交易
2年期美元互换期货	2年期、面值200 000美元,票面固定利率6.0%的互换	面值100 000美元	0.005,每张合约10美元,以每百美元面值为基础报价	季月,共有两个最近的季月份合约可以交易
5年期美元互换期货	5年期、面值100 000美元,票面固定利率6.0%的互换	面值100 000美元	0.01,每张合约10美元,以每百美元面值为基础报价	季月,共有两个最近的季月份合约可以交易
10年期美元互换期货	10年期、面值100 000美元,票面固定利率6.0%的互换	面值100 000美元	0.02,每张合约20美元,以每百美元面值为基础报价	季月,共有两个最近的季月份合约可以交易
2年期美国国债期货	美国中期债券	面值200 000美元	每100点1/32点的1/4,每张合约15.625美元	3、6、9、12月
5年期美国国债期货	美国中期债券	面值100 000美元	每100点1/32点的1/4,每张合约7.812 5美元	3、6、9、12月
10年期美国国债期货	美国长期债券	面值100 000美元	每100点1/32点的1/4,每张合约15.625美元	3、6、9、12月

(三)欧洲期货交易所(Eurex)

Eurex是由德国期货交易所(DTB)和瑞士期权及金融期货交易所(SOFFEX)于1997年9月4日合并成立的。在Eurex的利率期货中,成交最活跃的是Euro-Bund国债期货(见表9-4)。

表 9-4 Eurex 的主要利率期货品种

利率期货品种	标的工具	合约规模	最小变动价位	合约月份
Euro-Schatz 期货合约	德国政府发行的剩余期限在 1.75 至 2.25 年之间，息票率为 6%的债券	面值 100 000 欧元	0.005，每张合约 5 欧元	最近 3 个季月
Euro-Bobl 期货	德国政府发行的剩余期限在 4.5 至 5.5 年之间、息票率为 6%的债券	面值 100 000 欧元、息票率 6%的德国中期国债	0.01，每张合约 10 欧元	最近 3 个季月
Euro-Bund 期货	德国政府发行的剩余期限在 8.5 至 10.5 年之间、息票率为 6%的债券	面值 100 000 欧元、息票率 6%的德国中长期国债	0.01，每张合约 10 欧元	最近 3 个季月
Euro-Buxl 期货合约	德国政府发行的剩余期限在 24 至 35 年之间、息票率为 6%的债券	面值 100 000 欧元、息票率 6%的德国长期国债	0.02，每张合约 20 欧元	最近 3 个季月
CONF 期货	瑞士政府发行的剩余期限在 8 至 13 年之间、息票率为 6%的债券	面值 100 000 瑞士法郎	0.01，每张合约 10 瑞士法郎	最近 3 个季月
一个月 EONIA（欧洲央行计算的欧元隔夜平均指数）期货	1 个月期间欧元有效隔夜参考利率的平均利率	3 000 000 欧元	0.005，每张合约 12.50 欧元，以“100.00－利率”报价	12 个连续月份
3 月欧元利率期货	欧洲银行间 3 个月存单利率	1 000 000 欧元	0.005，每张合约 12.50 欧元，以“100.00－利率”报价	最近 12 个季月

四、利率期货价格的影响因素

通常利率期货价格和市场利率呈反方向变动。如何准确地分析和预测市场利率的变化对于投资者分析利率期货价格的走势和波动至关重要。影响市场利率以及利率期货价格的主要因素有以下几个。

1. 政策因素

一国的财政政策、货币政策、汇率政策对市场利率变动的影响最为直接与明显。

(1) 财政政策。扩张性的财政政策，通过财政分配活动来增加和刺激社会的总需求，造成对资金需求的增加，市场利率将上升；紧缩性的财政政策，通过财政分配活动来减少和抑制社会的总需求，会造成对资金需求的减少，市场利率将下降。

(2) 货币政策。扩张性的货币政策是通过提高货币供应增长速度来刺激总需求，在这种政策下，取得信贷更为容易，市场利率会下降；紧缩性的货币政策是通过削减货币供应的增长率来降低总需求水平，在这种政策下，取得信贷较为困难，市场利率也随之上升。

(3) 汇率政策。一国政府一般通过利用本国货币汇率的升降来控制进出口及资本流动以达到国际收支均衡之目的。汇率将通过影响国内物价水平、影响短期资本流动而间接地对利率产生影响。

首先，当一国货币汇率下降时，有利于促进出口、限制进口，进口商品成本上升，推动一般物价水平上升，引起国内物价水平的上升，从而导致实际利率下降。如果一国货币汇率上升，对利率的影响正好与上述情况相反。

其次，一国货币贬值，受心理因素的影响，往往使人们产生该国货币汇率进一步下降的预期，在本币贬值预期的作用之下，引起短期资本外逃，国内资金供应的减少将推动本币利率的上升；与此相反，一国货币升值，短期内将推动市场利率的下降。

如果一国货币汇率下降之后能够改善该国的贸易条件，随着贸易条件的改善将促使该国外汇储备的增加。假设其他条件不变的情况下，外汇储备的增加意味着国内资金供应的增加，资金供应的增加将导致利率的降低。相反，如果一国货币汇率上升将造成该国外汇储备的减少，则有可能导致国内资金供应的减少，而资金供应的减少将影响利率使之上升。

2. 经济因素

(1) 经济周期。在经济周期的不同阶段，商品市场和资金市场的供求关系会发生相应的变化，包括财政政策和货币政策在内的宏观经济政策也会随之作出相应调整，从而对市场利率水平及其走势产生重要影响。

(2) 通货膨胀率。通货膨胀率的高低不仅影响市场利率的变化，而且影响人们对市场利率走势的预期。市场利率的变动通常与通货膨胀率的变动方向一致。通货膨胀率上升，市场利率也上升；通货膨胀率下降，市场利率也下降。

(3) 经济状况。经济增长速度较快时，社会资金需求旺盛，市场利率会上升；经济增长速度放缓，社会资金需求相对减少，市场利率会下跌。

3. 全球主要经济体利率水平

由于国际间资本流动十分频繁，因此一国的利率水平很容易受到其他国家利率水平的影响。在经济全球化的今天，全球主要经济体的利率水平会直接或间接地影响一个国家的利率政策和利率水平。

4. 其他因素

包括人们对经济形势的预期、消费者收入水平、消费者信贷等其他因素也会在一定程度上影响市场利率的变化。

在分析影响市场利率和利率期货价格时，要特别关注宏观经济数据及其变化，主要包括国内生产总值、工业生产指数、消费者物价指数、生产者物价指数、零售业销售额、失业率、耐用品订单及其他经济指标等。经济统计数据的好坏直接影响经济政策的变化和投资者的市场预期，进而影响到市场利率水平的变动。

小贴士

利率风险

巴塞尔银行监管委员会将利率风险分为重新定价风险、基差风险、收益率曲线风险和选择权风险四类。

1. 重新定价风险

重新定价风险是最主要的利率风险，它产生于银行资产、负债和表外项目头寸重新定价时间(对浮动利率而言)和到期日(对固定利率而言)的不匹配。通常把某一时间段内对利率敏感的资产和对利率敏感的负债之间的差额称为“重新定价缺口”。只要该缺口不为零，则利率变动时，会使银行面临利率风险。20世纪70年代末和80年代初，美国储贷协会危机主要就是由于利率大幅上升而带来重新定价风险。该风险是普遍存在的，中国商业银行也面临着重新定价风险。

2. 基差风险

当一般利率水平的变化引起不同种类的金融工具的利率发生程度不等的变动时，银行就会面临基差风险。即使银行资产和负债的重新定价时间相同，但是只要存款利率与贷款利率的调整幅度不完全一致，银行就会面临风险。中国商业银行贷款所依据的基准利率一般都是中央银行所公布的利率，因此，基差风险比较小，但随着利率市场化的推进，特别是与国际接轨后，中国商业银行因业务需要，可能会以LIBOR为参考，其基差风险也将相应增加。

3. 收益率曲线风险

收益曲线风险是将各种期限债券的收益率连接起来而得到的一条曲线，当银行的存贷款利率都以国库券收益率为基准来制定时，由于收益曲线的意外位移或斜率的突然变化而对银行净利差收入和资产内在价值造成的不利影响就是收益曲线风险。收益曲线的斜率会随着经济周期的不同阶段而发生变化，使收益曲线呈现出不同的形状。正收益曲线一般表示长期债券的收益率高于短期债券的收益率，这时没有收益率曲线风险；而负收益率曲线则表示长期债券的收益率低于短期债券的收益率，这时有收益率曲线风险。国内商业银行的庞大国债余额将面临收益率曲线风险。

4. 选择权风险

选择权风险是指利率变化时，银行客户行使隐含在银行资产负债表内业务中的期权给银行造成损失的可能性。即在客户提前归还贷款本息和提前支取存款的潜在选择中产生的利率风险。

在利率下降过程中，许多企业纷纷“借新还旧”，提前偿还未到期贷款转借较低利率的贷款，以降低融资成本；同时个人客户的利率风险意识也不断增强，再加上中国对于客户提前还款的违约行为还缺乏政策性限制，因此，选择权风险在中国商业银行日益突出。

第二节 主要的利率期货合约

下面对几个具有代表性的利率期货品种进行简要介绍。

一、短期利率期货合约

（一）主要的短期利率合约

1. 13 周美国短期国债期货合约

CME 的 13 周美国短期国债期货（13-Week U. S. Treasury Bill Futures ）产生于 1976 年 1 月，该品种推出后立即吸引了大量投资者的积极参与，曾经是 20 世纪 70 年代交易最活跃的短期利率期货品种。

美国短期国债期货合约的主要内容如表 9-5 所示。

表 9-5 CME 美国 13 周短期国债期货合约的主要内容

合约单位	1 张面值为 1 000 000 美元的 3 个月期(13 周)美国短期国债	
报价方式	100 减去不带百分号的短期国债年贴现率(如贴现率 2.25%可表示为 97.75)	
最小变动价位	1/2 个基点，即 0.005(合约的变动值为 12.50 美元) (注：1 个基点为报价的 0.01，代表 1 000 000×0.01%×3/12=25 美元)	
合约月份	最近到期的三个连续月，随后四个循环季月(按 3、6、9、12 月循环)	
交易时间	公开喊价	周一至周五 上午 7:20—下午 2:00
	GLBOEX 电子交易	周日至下周五 下午 5:00—下午 4:00
最后交易日	交割月的第三个星期三 91 天期美国政府短期国债的拍卖日，到期合约交易于最后交易日中午 12:00 收盘	
交割方式	最初曾为实物交割，后改为现金交割，合约的交割结算价以最后交易日(合约月份第三个星期三)现货市场上 91 天期国债拍卖的最高贴现率为基础，用 100 减去不带百分号的该贴现率为最终交割结算价	

2. CME 的 3 月期欧洲美元期货合约

1981 年 12 月 9 日，CME 推出 3 月期欧洲美元(Eurodollar)期货合约，其交易量很快超过了短期国债期货,成为利率期货中交易最活跃的品种。

当初在进行合约设计时,需要解决两个方面的难题:一是欧洲美元存单不能转让与流通;二是各银行间信用风险的不一致性会影响期货合约的同质性。CME引入了现金交割方式,获得了巨大的成功。该设计一方面克服了存单不能转让带来的交割困难,同时,其现金结算价的特有设计也有效地保护了期货合约免受信用风险的危害。

欧洲美元期货诞生之时,正值利率互换和抵押证券等市场迅猛发展之时。作为利率风险管理工具,欧洲美元期货和利率互换具有一定的替代性,但两者又具有互补性。由于利率互换是一系列远期交易的组合,因而各个期间的远期利率的变动幅度以及变动方向都将对互换价值的变动产生不同影响。因此,在实际操作中,互换市场的做市商通常是利用欧洲美元期货串(bundle)进行套期保值,这使得成"串"的欧洲美元期货合约的交易非常活跃。此外,由于欧洲美元期货更具流动性,利率互换的定价是以欧洲美元期货隐含的利率为基准进行的。欧洲美元期货合约还可与欧洲美元期权合约结合起来应用,产生更为复杂与有效的保值与套利工具。

目前,CME3月欧洲美元期货在CME的场内交易池和电子交易系统都进行交易,并且也在新加坡交易所(SGX)交易,但不同交易系统的交易内容规定不尽相同。CME3月期欧洲美元期货合约的主要内容如表9-6所示。

表9-6 CME集团欧洲美元期货合约(摘要)

合约单位	本金为1 000 000美元,期限为3个月期的欧洲美元定期存单	
报价方式	IMM3个月欧洲美元伦敦拆放利率指数,或100减去按360天计算的不带百分号的年利率(比如年利率为2.5%,报价为97.500)	
最小变动价位	最近到期合约为1/4个基点,即0.002 5(合约的变动值为6.25美元);其他合约为1/2个基点,即0.005(合约的变动值为12.5美元) (注:1个基点为报价的0.01,代表1 000 000×0.01%×3/12=25美元)	
合约月份	最近到期的4个连续月,随后延伸10年的40个循环季月(3、6、9、12月)	
交易时间	公开喊价	周一至周五 上午7:20—下午2:00
	GLBOEX电子交易	周日至下周五 下午5:00—下午4:00
最后交易日	合约到期月份第三个星期三之前的第二个伦敦银行营业日,交易于伦敦时间上午11:00收盘	
交割方式	现金交割。交割结算价以最后交易日伦敦时间上午11:00的LIBOR抽样平均利率为基准,用100减去该抽样平均利率(不带百分号)便得到最后交割结算价	

CME欧洲美元期货合约是同时挂牌交易合约数量最多的期货品种,一般有44个合约在同时挂牌,到期日跨度长达10年,如表9-7所示。

表 9-7 2013 年 5 月挂牌交易的 CME3 月期欧洲美元期货合约

合约序号	合约月份	产品代码	第一个交易日	最后交易日	现金结算日
1	2013 年 6 月	EDM13	06/16/2003	06/17/2013	06/17/2013
2	2013 年 7 月	EDN13	01/14/2013	07/15/2013	07/15/2013
3	2013 年 8 月	EDQ13	02/19/2013	08/19/2013	08/19/2013
4	2013 年 9 月	EDU13	09/15/2003	09/16/2013	09/16/2013
5	2013 年 10 月	EDV13	04/15/2013	10/15/2013	10/15/2013
6	2013 年 11 月	EDX13	05/13/2013	11/18/2013	11/18/2013
7	2013 年 12 月	EDZ13	12/15/2003	12/16/2013	12/16/2013
8	2014 年 3 月	EDH14	03/15/2004	03/17/2014	03/17/2014
9	2014 年 6 月	EDM14	06/14/2004	06/16/2014	06/16/2014
10	2014 年 9 月	EDU14	09/13/2004	09/15/2014	09/15/2014
11	2014 年 12 月	EDZ14	12/13/2004	12/15/2014	12/15/2014
12	2015 年 3 月	EDH15	03/14/2005	03/16/2015	03/16/2015
13	2015 年 6 月	EDM15	06/13/2005	06/15/2015	06/15/2015
14	2015 年 9 月	EDU15	09/20/2005	09/14/2015	09/14/2015
15	2015 年 12 月	EDZ15	12/19/2005	12/14/2015	12/14/2015
16	2016 年 3 月	EDH16	03/13/2006	03/14/2016	03/14/2016
17	2016 年 6 月	EDM16	06/19/2006	06/13/2016	06/13/2016
18	2016 年 9 月	EDU16	09/18/2006	09/19/2016	09/19/2016
19	2016 年 12 月	EDZ16	12/18/2006	12/19/2016	12/19/2016
20	2017 年 3 月	EDH17	03/19/2007	03/13/2017	03/13/2017
21	2017 年 6 月	EDM17	06/18/2007	06/19/2017	06/19/2017
22	2017 年 9 月	EDU17	09/17/2007	09/18/2017	09/18/2017
23	2017 年 12 月	EDZ17	12/17/2007	12/18/2017	12/18/2017
24	2018 年 3 月	EDH18	03/17/2008	03/19/2018	03/19/2018
25	2018 年 6 月	EDM18	06/16/2008	06/18/2018	06/18/2018
26	2018 年 9 月	EDU18	09/15/2008	09/17/2018	09/17/2018
27	2018 年 12 月	EDZ18	12/15/2008	12/17/2018	12/17/2018
28	2019 年 3 月	EDH19	03/16/2009	03/18/2019	03/18/2019
29	2019 年 6 月	EDM19	06/15/2009	06/17/2019	06/17/2019
30	2019 年 9 月	EDU19	09/14/2009	09/16/2019	09/16/2019
31	2019 年 12 月	EDZ19	12/14/2009	12/16/2019	12/16/2019
32	2020 年 3 月	EDH20	03/15/2010	03/16/2020	03/16/2020
33	2020 年 6 月	EDM20	06/14/2010	06/15/2020	06/15/2020
34	2020 年 9 月	EDU20	09/13/2010	09/14/2020	09/14/2020
35	2020 年 12 月	EDZ20	12/13/2010	12/14/2020	12/14/2020
36	2021 年 3 月	EDH21	03/14/2011	03/15/2021	03/15/2021

续表

合约序号	合约月份	产品代码	第一个交易日	最后交易日	现金结算日
37	2021 年 6 月	EDM21	06/13/2011	06/14/2021	06/14/2021
38	2021 年 9 月	EDU21	09/19/2011	09/13/2021	09/13/2021
39	2021 年 12 月	EDZ21	12/19/2011	12/13/2021	12/13/2021
40	2022 年 3 月	EDH22	03/19/2012	03/14/2022	03/14/2022
41	2022 年 6 月	EDM22	06/18/2012	06/13/2022	06/13/2022
42	2022 年 9 月	EDU22	09/17/2012	09/19/2022	09/19/2022
43	2022 年 12 月	EDZ22	12/17/2012	12/19/2022	12/19/2022
44	2023 年 3 月	EDH23	03/18/2013	03/13/2023	03/13/2023

3. Euronext 的欧元利率期货合约

3 个月欧元利率期货合约(Three-Month Euro(EURIBOR) Interest Rate Futures Contract),全称为 3 个月欧元银行间同业拆放利率(EURIBOR)期货合约,最早在 1998 年由 Liffe 推出,目前交易量排在全球短期利率期货交易的前列(见表 9-8)。

表 9-8 Euronext-Liffe 3 个月欧元利率(EURIBOR)期货合约

交易品种	本金 1 000 000 欧元的 3 个月欧元定期存款
报价方式	指数式,指数=100－年利率(不带百分号)
合约月份	最近到期的 6 个连续月,随后的连续循环季月(3、6、9、12 月),共有 28 个合约
最小变动价位	0.005,即 1/2 个基本点,每张合约 12.5 欧元
交易时间(伦敦时间)	01:00—06:00, 07:00—21:00(伦敦时间)
最后交易日	合约月份第三个星期三往回数的第二个交易日,终止交易时间为上午 10:00(伦敦时间)
交割日	最后交易日后的第一个交易日
交割方式	现金交割
最终结算价	根据最后交易日布鲁塞尔时间 11:00(伦敦时间 10:00)欧洲银行家协会(EBF)公布的 3 月期欧元存款利率计算,计算方法是 100－EBF 公布的欧元同业拆借利率(不带百分号),四舍五入到小数点后 3 位

(二) 短期利率期货的报价

短期利率期货的报价方式为"100－年贴现率(不带百分号)",有别于其对应的现货市场以利率(贴现率)报价的方式。以美国短期国债为例,若期货价格为 97.75,则对应的年贴现率则为 2.25%,表示面值 1 000 000 美元的国债期货的对应价格为 1 000 000×(1－

2.25%÷4)，即 994 375 美元。

短期利率期货采用这一报价方式，比用贴现率报价更符合期货交易者的习惯。比如，当期货报价由 94.00 上升到 96.00 时，即上升了 200 个基点，多头交易者将获利 200×25=5 000(美元)。

二、中长期利率期货合约

(一) 主要的中长期利率期货合约

1. 美国中期国债期货合约

CBOT 交易的美国中期国债期货合约(U. S. Treasury Note Futures Contract)主要有 4 种：2 年期美国国债期货合约、3 年期美国国债期货合约、5 年期美国国债期货合约(见表 9-9)和 10 年期美国国债期货合约(见表 9-10)。

表 9-9 CME 集团 5 年期美国中期国债期货合约(摘要)

合约单位	1 张面值为 100 000 美元的美国中期国债	
报价方式	以面值 100 美元的标的国债价格报价。例如，报价为 118′227(或 118－227)，代表 118＋22.75/32＝118.710 937 5 美元，对应合约价值为 118 710.937 5 美元	
最小变动价位	1/32 点的 1/2(合约的变动值为 15.625 美元)。其中，跨月套利交易为 1/32 点的 1/4(变动值为 7.812 5 美元)(注："1 点"代表 100 000 美元/100＝1 000 美元，"1/32 点"代表 1 000×1/32＝31.25 美元)	
合约月份	最近到期的 5 个连续循环季月(3、6、9、12 月)	
交易时间	公开喊价	周一至周五 上午 7:20—下午 2:00
	GLOBEX 电子交易	周日至下周五 下午 5:30—下午 4:00
最后交易日	合约月份最后营业日之前的第七个营业日，到期合约交易截止时间为当日中午 12:01	
最后交割日	交割月份的最后营业日	
可交割品种	剩余期限离交割月第一个交易日为 4 年零 2 个月到 5 年零 3 个月的美国中期国债。发票价格等于结算价格乘以转换因子再加上应计利息。该转换因子是将面值 1 美元的可交割债券折成 6%的标准息票利率时的现值	
交割方式	实物交割	

表 9-10 CME 集团 10 年期美国中期国债期货合约(摘要)

合约单位	1 张面值为 100 000 美元的美国中期国债
报价方式	以面值 100 美元的标的国债价格报价。例如，报价为 121′085(或 121－085)，代表 121＋8.5/32＝121.265 625 美元

续表

最小变动价位	1/32 点的 1/2(合约的变动值为 15.625 美元)。其中,跨月套利交易为 1/32 点的 1/4(变动值为 7.8125 美元)(注:"1 点"代表 100 000 美元/100=1 000 美元,"1/32 点"代表 1 000×1/32=31.25 美元)	
合约月份	最近到期的 5 个连续循环季月(3、6、9、12 月)	
交易时间	公开喊价	周一至周五 上午 7:20—下午 2:00
	GLOBEX 电子交易	周日至下周五 下午 5:30—下午 4:00
最后交易日	合约月份最后营业日之前的第七个营业日,到期合约交易截止时间为当日中午 12:01	
最后交割日	交割月份的最后营业日	
可交割品种	剩余期限离交割月第一个交易日为 6 年半到 10 年的美国中期国债。发票价格等于结算价格乘以转换因子再加上应计利息。该转换因子是将面值 1 美元的可交割债券折成 6%的标准息票利率时的现值	
交割方式	实物交割	

2. 德国中期国债期货合约

德国国债期货主要在 Eurex 交易。Eurex 有多个中长期利率期货品种同时挂牌交易,包括德国、意大利和瑞士等国中长期国债期货品种。其中,德国国债期货交易量最大,近年来交易量排名一直在全球利率期货交易前列。

Eurex 挂牌交易的德国国债期货包括德国短期国债期货(Euro-Schatz Futures,剩余期限为 1.75 到 2.25 年)、德国中期国债期货(Euro-Bobl Futures,剩余期限为 4.5 到 5.5 年)、德国长期国债期货(Euro-Bund Futures,剩余期限为 8.5 到 10.5 年)三种(见表 9-11 和表 9-12)。

表 9-11 Eurex 德国中期国债(Euro-Bobl)期货合约(摘要)

合约标的	德国政府发行的剩余期限在 4.5 至 5.5 年,票面利率为 6%的德国国债
合约单位	100 000 欧元
报价方式	按面值 100 欧元国债价格报价(保留两位小数)
最小价格波动	0.01(10 欧元/手)
合约月份	最近的 3 个连续季月(3、6、9、12 月)
交易时间	中部欧洲时间 8:00 至 22:00
交割日	交割月的第十个日历日,如该日不是交易日,顺延至下一交易日
最后交易日	交割日之前第二个交易日,终止交易时间为中部欧洲时间 12:30
可交割品种	交割时剩余期限为 4.5 至 5.5 年的德国国债
交割方式	实物交割

表 9-12 Eurex 的 Euro-Bund 债券期货合约

合约标准	德国政府发行的剩余期限在 8.5 至 10.5 年之间、息票率为 6%的长期债券，该债券的发行量至少为 50 亿欧元
合约价值	100 000 欧元
报价方式	合约面值的百分数(保留两位小数)
合约月份	最近的 3 个季月
最小变动价位	0.01 个百分点(10 欧元/合约)
交易时间(中部欧洲时间)	上午 8:00 至下午 22:00
交割日	交割月第十个公历日，如不是交易日，顺延至下一交易日
最后交易日	交割日往回数第二个交易日，终止交易时间为下午 12:30
交割方式	实物交割

3. 美国长期国债期货合约

1977 年 8 月，CBOT 推出长期国债期货合约(U. S. Treasury Bond Futures Contract)，该品种一经上市便获得了空前成功(见表 9-13)。美国长期国债期货一度为全球交易量最大的期货品种。

表 9-13 CME 集团美国长期国债期货合约(摘要)

合约单位	1 张面值为 100 000 美元的美国长期国债	
报价方式	以面值 100 美元的标的国债价格报价。例如，报价为 122′08(或 122－08)，代表 122＋8/32＝122.25 美元	
最小变动价位	1/32 点(合约的变动值为 31.25 美元)。其中，跨月套利交易为 1/32 点的 1/4(变动值为 7.812 5 美元)(注："1 点"代表 100 000 美元/100＝1 000 美元，"1/32 点"代表 1 000×1/32＝31.25 美元)	
合约月份	最近的 3 个连续循环季月(3、6、9、12 月)	
交易时间	公开喊价	周一至周五 上午 7:20－下午 2:00
	GLOBEX 电子交易	周日至下周五 下午 5:30－下午 4:00
最后交易日	合约月份最后营业日之前的第七个营业日，到期合约交易截止时间为当日中午 12:01	
最后交割日	交割月份的最后营业日	
可交割品种	不可提前赎回的长期国债，其到期日从交割月第一个交易日算起至少 15 年以上，但不超过 25 年；如果是可以提前赎回的长期国债，其最早赎回日至合约到期日必须为至少 15 年以上。发票价格等于结算价格乘以转换因子再加上应计利息。该转换因子是将面值 1 美元的可交割债券折成 6%的标准息票利率时的现值	
交割方式	实物交割	

（二）中长期国债期货的报价

相对于德国国债期货而言，美国中长期国债期货的报价更为复杂。下面以美国为例，演示其报价方式。

美国期货市场中长期国债期货报价按 100 美元面值的标的国债价格报价。在美国中长期国债期货报价中，比如 118′222（或 118－222），报价由三部分组成：①118′；②22；③2。其中①部分可以称为国债期货报价的整数部分，②、③两个部分称为国债报价的小数部分。

① 部分的价格变动的"1 点"代表 100 000 美元/100＝1 000 美元；

② 部分数值为"00 到 31"，采用 32 进位制。此部分价格变动"1/32 点"代表 1 000×1/32＝31.25 美元；

③ 部分用 0、2、5、7 四个数字"标示"。其中 0 代表 0，2 代表 1/32 点的 1/4，即 0.25/32 点；5 代表 1/32 点的 1/2，即 0.5/32 点；7 代表 1/32 点的 3/4，即 0.75/32 点。

以美国 5 年期国债期货为例，报价 118′222（或 118－222）相当于价格 118＋22.25/32＝118.695 31205 美元，这是每 100 美元面值的价格。由于国债期货的面值为 100 000 美元，则有对应的合约价值为 118.695 312 55×100 000/100＝118 695.312 5 美元。

如果报价变为 119′245（或 119－245），则表示上升了 1－025（或 1′025），即合约价值上升了 1 078.125 美元（1 000 美元×1＋31.25 美元×2.5＝1 078.125 美元）。

（三）中长期国债合约的交割——转换因子和最便宜可交割债券

以美国的中长期国债为例进行说明。

1. 转换因子

中长期国债期货一般采用实物交割方式。卖方具有选择交付券种的权利。如 CME 集团的美国长期国债期货合约规定，空头可选择交割任何期限长于 15 年且在 15 年内不回赎的债券。在任意时刻，大约有 30 种债券可以用来交割，它们之间的票面利率和到期日区别很大，多头方交割时支付的资金也应不同。

转换因子（conversion factor）是将面值 1 美元的可交割债券折成 6%（每半年复利一次）的标准息票利率时的现值。通过转换因子，各种不同剩余期限、不同票面利率的可交割债券均可折算成期货合约标准交割债券。

例如，假设卖方以剩余期限为 21 年、息票率为 10% 的国债来交割。则该债券的转换因子可以用如下方法计算：

$$\sum_{t=1}^{42}\frac{\frac{0.10}{2}}{(1+3\%)^{t}}+\frac{1}{(1+3\%)^{42}}=1.185\,04+0.288\,96=1.474$$

即，该债券的转换因子是 1.474，这表明，它比标的券的价值更高。

用可交割债券的转换因子乘以期货交割价格，可以得到转换后该债券的价格。期货交易所为了方便投资者查对，通常会提前公布转换因子表。考虑应计利息，对交割每一面值为 100 美元的债券，空头方应收到的金额为：

空头方应收到的现金＝期货成交价×交割债券的转换因子＋交割债券的应计利息

长期国债期货合约每一合约必须交割面值为 100 000 美元的债券。若空头方的期货交易成交价为 96′00，所交割的债券的转换因子为 1.474，且在交割时每一面值 100 美元的债券的应计利息为 2.00 美元。则空方每 100 美元面值应收到的金额为

$$1.474\times 96.00+2.00=143.504(\text{美元})$$

发票金额为

$$127.20\times 100\,000=143\,504(\text{美元})$$

2. 最便宜可交割债券

由于空头方可以选择任意符合要求的中长期国债来交割，而不同债券在利息和到期日方面的区别很大，价值差别也大。理论上，空头方可从债券现货市场选购最便宜可交割债券(cheapest-to-deliver-bond)用于交割。

空头方收到的金额为

期货成交价×转换因子＋应计利息

而空头方从现货市场购买债券的成本为

债券的成交价＋累计利息

因而，对于空头方来说，最便宜可交割债券是以下值最小的债券：

债券成交价－期货成交价×转换因子

例如，某空头方决定实物交割，打算在三种债券中进行选择，其期货交易的成交价为 93′08，即 93.25。表 9-14 中给出了三种债券的转换因子以及各自在现货市场的价格。那么，空头方应选择哪一种债券用于交割？

表 9-14　三种债券

债券	价格	转换因子	债券	价格	转换因子
1	99.50	1.0382	3	119.75	1.2615
2	143.50	1.5188			

债券 1：$99.50-93.25\times 1.038\,2=2.69$

债券 2：$143.50-93.25\times 1.518\,8=1.87$

债券 3：$119.75-93.25\times 1.261\,5=2.12$

因此，在这三种债券中，债券 2 是最便宜可交割债券。

第三节　我国国债期货

一、我国国债期货试点历史回顾

我国的国债期货交易试点开始于1992年，结束于1995年5月，历时两年半。当时我国实行严格管制的固定利率制度，国债市场并不存在利率风险，影响国债价格变动的不是利率，而是因通货膨胀而实行的“保值贴补”等因素。市场参与者关注的也不是利率走向，而是保值贴补率的高低。因此，还不是真正意义上的“国债期货”。

1992年12月，上海证券交易所最先推出了12个品种的国债期货合约，只对机构投资者开放。1993年10月25日，上交所对国债期货合约进行了修订，并向个人投资者开放国债期货交易。1993年12月，原北京商品交易所推出国债期货交易，成为我国第一家开展国债期货交易的商品期货交易所。随后，原广东联合期货交易所和武汉证券交易中心等地方证券交易中心也推出了国债期货交易。

1994年第二季度开始，国债期货交易逐渐趋于活跃，交易金额逐月递增。1994年10月以后，中国人民银行提高3年期以上储蓄存款利率和恢复存款保值贴补，国库券利率也同样保值贴补，保值贴补率的不确定性为炒作国债期货提供了空间，国债期货市场日渐火爆。1995年以后，国债期货交易更加活跃，经常出现日交易量达到400亿元的市况，而同期市场上流通的国债现券不到1 050亿元。可供交割的国债现券数量远小于国债期货的交易规模，市场上的投机气氛越来越浓，风险也越来越大。1995年2月23日，上海证券交易所发生了著名的“327”国债期货交易违规操作事件，对市场造成了沉重的打击。

1995年2月25日，为规范整顿国债期货市场，中国证监会和财政部联合颁发了《国债期货交易管理暂行办法》；2月25日，中国证监会又向各个国债期货交易场所发出了《关于加强国债期货风险控制的紧急通知》，不仅提高了交易保证金比例，还将交易场所从原来的十几个收缩到沪、深、汉、京四大市场。一系列的清理整顿措施并未有效抑制市场投机气氛，透支、超仓、内幕交易、恶意操纵等现象仍然十分严重，国债期货价格继续狂涨。1995年5月11日，上海证券交易所再次发生“319”国债期货交易恶性违规事件。

1995年5月17日下午，中国证监会发出通知，决定暂停国债期货交易。5月31日，全国14个国债期货交易场所全部平仓完毕，我国首次国债期货交易试点以失败而告终。

二、我国债券市场概况

目前，我国债券市场形成了银行间市场、交易所市场和商业银行柜台市场三个基本子市场在内的统一分层的市场体系。其中，银行间市场是债券市场的主体，债券存量和交易量约占90%以上，市场参与者为各类机构投资者，交易实行双边谈判成交，逐笔结算；商业银行柜台市场是银行间市场的延伸；交易所市场参与者主要是除银行以外的各类社会投资者，采取集中交易机制。其中前者是大宗交易市场(批发市场)，后两者是零售市场。表 9-15 是三个市场的比较。

表 9-15 银行间、交易所和柜台市场对比表

比较项目	银行间债券市场	交易所债券市场	银行柜台债券市场
市场性质	场外交易	场内交易	场外交易
发行和交易券种	国债、金融债、央行票据、短期融资券、中期票据、企业债、资产证券化产品	国债、企业债、公司债、资产收益凭证	国债
衍生交易工具	远期利率协议、利率互换等	可分离交易可转债、普通可转债	
投资者类型	各类机构投资者	所有投资者(一部分商业银行除外)	个人和企业投资者
交易类型	现券交易、质押式回购、买断式回购、远期交易	现券交易、质押式回购	现券交易
交易方式	一对一询价交易	一对一询价交易和自动撮合	银行柜台报价
结算体制	逐笔全额结算	日终净额结算	逐笔全额结算
结算时间	$T+0$ 或 $T+1$	$T+0$	$T+0$
债券托管机构	中央国债登记结算有限公司	中国证券登记结算公司	商业银行

截至 2012 年 8 月，中国债券市场托管规模达到 22.74 万亿元，以金融债、国债、信用产品和央行票据为主，所占份额分别为 33.96%、31.36%、26.58%和 5.71%(见图 9-1)。

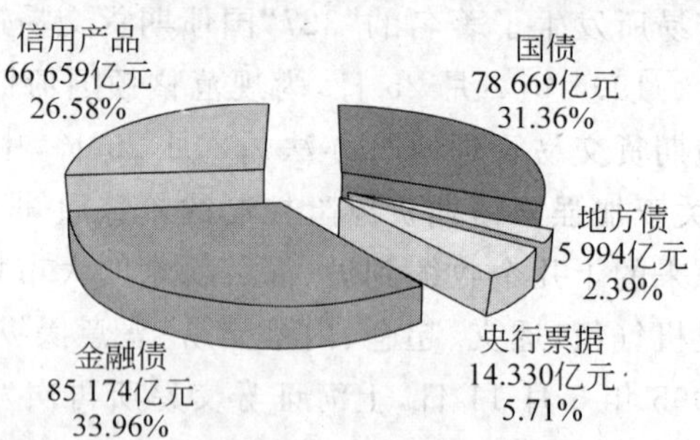

图 9-1 2012 年 8 月中国债券市场产品构成

截至 2012 年 8 月，我国存量国债为 7.866 9 万亿元，占国内证券市场的 31.36%，其中绝大部分为记账式国债(见表 9-16)。国债交易主要集中在银行间市场，存量国债以中长期限品种为主，银行类金融机构国债持有率较高，信用社、保险公司和投资基金等机构持有率相对较低。

我国国债市场交易主体主要包括：特殊结算成员，包括人民银行、财政部、政策性银行、交易所、中央国债公司和中证登公司等机构；商业银行和信用社，主要包括全国性商业银行、外资银行、城市商业银行、农村商业银行、农村合作银行、村镇银行和其他符合规定银行、各地的农村信用社；非银行金融机构，主要包括信托投资公司、财务公司、租赁公司和汽车金融公司；其他金融机构，包括证券公司、保险机构、基金管理公司、非金融机构；个人投资者及其他。

表 9-16　历年不同类型国债发行金额　　亿元

年份 债券种类	2005	2006	2007	2008	2009	2010	2011	2012
记账式国债	5 042	6 533.3	6 347	6 665	127 718.1	14 582	12 446.50	12 032.80
凭证式国债	2 000	1 950	1 600	1 300	2 000	1 900		
储蓄国债		400	34	650	1 700	1 400	1 551.41	1 529.46
特别国债			15 502					
总计	7 042	8 883.3	23 483	8 615	16 418.1	17 882	13 997.91	13 562.26

三、重启我国国债期货的尝试

目前，我国国债现货市场得到快速发展，利率市场化取得长足进展。重启国债期货交易，能够为债券市场提供有效的定价基准和风险管理工具，在促进债券发行、提高市场流动性、推动债券市场的统一互联和长远发展等方面具有重要意义。

（一）国债期货（仿真）合约

2012 年 2 月 13 日，中国金融期货交易所推出 5 年期国债期货仿真交易。具体内容如表 9-17 所示。

表 9-17　中国金融期货交易所 5 年期国债期货仿真交易合约（摘要）

项　　目	内　　容
合约标的	面额为 100 万元人民币票面利率为 3％的 5 年期名义标准国债
报价方式	百元净价报价
最小变动价位	0.002 个点（每张合约最小变动值 20 元）
合约月份	最近的 3 个季月（3、6、9、12 季月循环）
交易时间	9:15—11:30，13:00—15:15　最后交易日 9:15—11:30
每日价格最大波动限制	上一交易日结算价的±2 ％
最低交易保证金	合约价值的 2 ％
当日结算价	最后一小时成交价格按成交量加权平均价
最后交易日	合约到期月份的第二个星期五
交割方式	实物交割
最后交割日	最后交易日第三个交易日
可交割债券	在交割月首日剩余期限为 4～7 年（不含 7 年）的固定利率国债
交割结算价	最后交易日全天成交量加权平均价
合约代码	TF

（二）转换因子

中国金融期货交易所5年期国债期货（仿真）合约标的为面额为100万元人民币、票面利率为3%的5年期名义标准国债。采用实物交割，在交割月首日剩余期限为4～7年（不含7年）的固定利率国债都可用于交割。这包含了5年期、7年期两个财政部关键期限国债，债券供应量稳定，可交割国债存量大，抗操纵性强。比如，从2012年2月10日我国的债券存量来看，记账式国债中，剩余期限在4～7年的国债比例占比大致在26%，总额近5万亿元。

这些债券的票面利率、到期时间等各不相同，因此，必须确定各种可交割国债和期货标的名义国债之间的转换比例，这个比例就是转换因子。以TF1203国债期货为例，转换因子的实质是指面值1元的可交割债券在其剩余期限内（2012年3月14日至债券到期日）的现金流，用3%的标准票面利率所折算的净价。

一般来说，可交割债券实际票面利率高于国债期货合约票面利率的可交割债券，其转换因子大于1，并且剩余期限越长，转换因子越大；而实际票面利率低于国债期货合约票面利率的可交割债券，其转换因子小于1，并且剩余期限越长，转换因子越小。当可交割债券剩余期限越短时，转换因子就越接近于1。

交易所将定时公布国债期货可交割债券的转换因子，投资者只需查询交易所公告即能得到每一个可交割债券的转换因子，而不必自己动手计算。

（三）最便宜可交割债券

由于可交割债券之间存在票面利率和到期日的差异，尽管使用了转换因子，在交割时，各可交割债券之间还是有差异的，合约卖出方可以选择最便宜、对他最为有利的债券进行交割，该债券便是所谓的最便宜可交割债券(cheapest to deliver,CTD)。最便宜可交割债券是指最有利于卖方进行交割的债券。确切地说，是最便宜可交割债券决定了国债期货合约的价格。

（四）报价方式

国内中长期国债交易所市场报价采用净价交易、按百元面值国债报价。比如“100.416”的报价意味着面值为100元的债券价格为100.416元，为不含持有期利息的净价。中国金融交易所5年期国债期货（仿真）交易也采用了与现货市场相同的报价方式。

（五）国债期货的理论价格

理论上，国债期货价格就可以运用持有成本模型计算。即

期货价格＝现货价格＋持有成本＝现货价格＋资金占用成本－利息收入

下面通过一个实例说明国债期货的定价与估值。

【例9-1】 2011年10月发行的7年期附息国债，票面利率为3.65%，到期日为2018年10月13日。其距离2012年3月14日交割日约6.5年，符合可交割国债条件。

假设当前日期为 2011 年 11 月 16 日，11 附息国债 21 的报价为 100.597 5，TF1203 国债期货报价为 96.68。

由于该债券年付一次利息，最近的一次附息日(该例中为起息日)是 2011 年 10 月 13 日。至 11 月 16 日，共 34 天，应计利息为 0.339 1 元。

$$AI_{11.11.16}=\frac{T_{11.11.16-11.10.13}}{366}\times 3.65=\frac{34}{366}\times 3.65=0.3391(\text{元})$$

由于 11 附息国债 21 的报价为净价，即去掉未付的应计利息，所以，我们得 2011 年 11 月 16 日，11 附息国债 21 的全价为

$$\text{全价}=100.5975+0.3391=100.9366(\text{元})$$

转换因子的计算(CF 为到期收益率为 3%、面值为 1 元的可交割债券的净价)：

$$CF=\frac{1}{(1+y)^{\frac{d}{TS}}}\left(c+\frac{c}{(1+y)}+\cdots+\frac{c}{(1+y)^{n-1}}\right)-c\times\left(1-\frac{d}{TS}\right)=1.0381$$

其中，可交割国债的票面利率 $c=3.65\%$，名义标准券的票面利率 $y=3\%$，交割日距离下一次最近付息日的时间 $d=213$ 天，计息周期天数 $TS=366$ 天，$n=7$ 年。

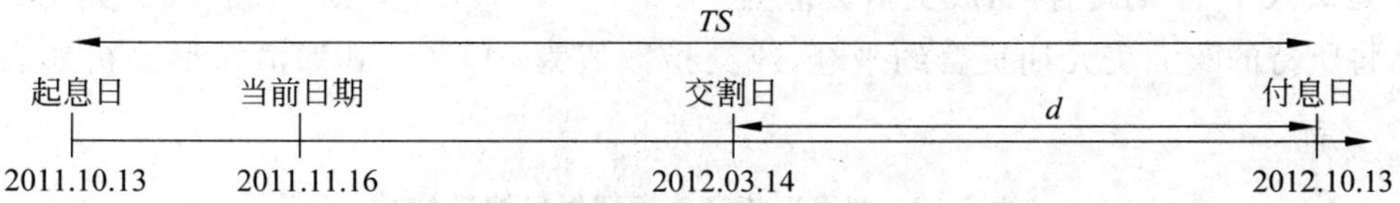

TS
起息日　当前日期　交割日　d　付息日
2011.10.13　2011.11.16　2012.03.14　2012.10.13

由贴现因子的性质，我们基于在 2011 年 11 月 16 日的现货价格和期货价格，得到：

$$\text{调整后的期货价格}=96.68\div 1.0381=99.72$$

$$\text{调整后的现货价格}=100.5975/1.0381=96.9054$$

由调整后的估值，我们可得 11 月 16 日，现货价格高于期货价格，基差为正。

$$\text{基差}=\text{现货价格}-\text{期货价格}\times\text{转换因子}=0.8775$$

在持有成本模型中，假设该国债为最便宜交割债券。通过之前的假设以及计算数据，可得到：

$$P_{11.11.16}=100.5975;\quad AI_{11.11.16-11.10.13}=0.3391;\quad AI_{12.03.14-11.10.13}=1.5258$$

同时，假设无风险利率 $r=0.035$，得 2011 年 11 月 16 日，TF1203 期货合约的理论价格为

$$F_{11.11.16}=\left[\frac{(P_{11.11.16}+AI_{11.11.16-11.10.13})\left(1+r\times\frac{T_{12.03.14-11.11.16}}{TS}\right)-AI_{12.03.14-11.10.13}}{CF}\right]$$

$$=\left[\frac{(100.5975+0.3391)\left(1+0.035\times\frac{119}{366}\right)-1.5258}{1.0381}\right]=96.97$$

第四节 利率期货套期保值

一、基本套期保值策略

利率期货为利率工具的投资者及各种类型的公司提供了回避利率风险的保值工具。一般而言，固定收益证券的价格与市场利率成反方向变动。而利率的上升（下降）将导致期货市场价格的下降（上升）。因此，当交易者预期市场利率将下降，并会对自己的现货头寸产生不利影响时，将采用多头套期保值的策略；反之，将采用空头套期保值的策略。以下分别举例说明。

（一）多头套期保值

【例 9-2】 8 月份时，某公司财务主管预计公司 11 月份将有 10 000 000 美元收入，打算到时以 LIBOR 利率存入银行。8 月份时 LIBOR 利率水平较高，为避免未来 3 个月因利率下降引起利息收入损失，该公司决定利用 CME3 月欧洲美元期货合约进行套期保值，于是买入 10 手期货合约，成交指数值为 91.00；11 月 5 日，该公司在收入的美元到账的同时，将所持的欧洲美元期货合约平仓，成交指数值为 91.50。其保值情形分析如表 9-18 所示。

表 9-18 利率期货多头套期保值情形分析

时 间	现 货 市 场	期 货 市 场
8 月 5 日	3 月 LIBOR 利率 8%	买入 10 手 12 月欧洲美元合约，成交价 91.00
11 月 5 日	3 月 LIBOR 利率 7.5%	卖出 10 手 12 月欧洲美元合约，成交价 91.50
结果	损失利息收入 12 500 美元①	盈利 12 500 美元②

表格中的结论计算如下：

① (8%－7.5%)×10 000 000×1/4＝12 500(美元)

② (91.50－91.00)×100×10×25＝12 500(美元)

因此，投资者通过套期保值，成功地以期货市场的盈利弥补了现货市场的利息损失，使实际收益率达到了 8%。

（二）空头套期保值

【例 9-3】 某投资基金持有一批面值为 1 000 000 美元的长期国债，由于预计未来一段时间市场利率会上升，这将给其债券投资组合带来损失，于是，基金经理决定利用 CBOT 长期国债期货套期保值。3 月 1 日，他卖出 10 份 12 月长期国债期货合约，成交价 92－05，12 月 1 日，将所持期货合约以 89－05 的价格平仓。其保值情形分析如表 9-19 所示。

表 9-19 利率期货空头套期保值情形分析

时间	现 货 市 场	期 货 市 场
3月1日	长期国债现货价格 86—01	卖出 10 份 12 月长期国债期货合约，成交价 92—05
12月1日	长期国债现货价格 82—09	买进 10 份 12 月长期国债期货合约平仓，成交价 89—05
结果	价值减少 37 500 美元①	盈利 30 000 美元②

表格中的部分计算如下：

① $\left(86\frac{1}{32}-82\frac{9}{32}\right)\times 1\,000\,000\times\frac{1}{100}=37\,500$(美元)

② $\left(92\frac{5}{32}-89\frac{5}{32}\right)\times 1\,000\,000\times\frac{1}{100}=30\,000$(美元)

二、利率期货的套期保值比率

选取最佳套期保值比率的目的是尽量降低基差风险，以取得更好的保值效果。由于需保值的现货债券的票面利率、剩余期限可能与所选期货合约的标的不同，因此，两者对利率变化的敏感程度也不同，因此，最佳的套期保值比率并不是 1。

若将保值者的现货与期货头寸视为一个组合，此时，保值期间组合的价值变动应为零，则可以达到完美的保值效果。有

$$\Delta s N_s + \Delta f N_f = 0$$

式中，Δs 和 Δf 分别表示保值期间现货价格和期货价格的变化，N_s 和 N_f 分别为现货和期货合约的数量。而套期保值比率为 N_f/N_s。

当现货头寸与期货头寸的价格敏感性越接近时，套期保值比率越近似于 1。否则，不能取 1。例如，若现货价格下降 10%，期货价格相应增加 5%，则国债现货价格敏感性是国债期货的两倍，套期保值比率为 2，即投资组合中每一单位的现货债券需要两倍金额的期货合约来为其保值。

在进行利率期货套期保值时，套期保值比率的计算方法主要有转换因子加权法、基点价值加权法和久期法三种。

三、基于转换因子的套期保值策略

（一）转换因子加权法

转换因子使国债现货与期货的价格敏感性接近相等，可以作为衡量套期保值比率的近似方法。例如，某国债现货的转换因子为 1.6432，表示现货价格敏感性约为期货价格敏感性的 164.32%。

转换因子加权法存在局限性。由于期货价格紧随着最便宜可交割债券的价格而变动，如果保值者的现货并不是最便宜可交割债券，则当期货价格变动时，会造成期货头寸的价值变动不能与保值者现货头寸的价值变动保持一致。

（二）优化后的套期保值策略

【例 9-4】 某投资者持有面值为 500 万美元的美国长期国债，且该债券是目前期货市场上的最便宜可交割债券。该投资者预期未来一段时间内市场利率将上升，担心会因此造成所持债券价格下降，于是，他决定卖出美国长期国债期货，以避免可能遭受的损失。有关数据如表 9-20 所示。

表 9-20 某长期国债有关数据

	第一天	第三十一天
投资者持有的债券的价格	131－02	130－05
息票利率	12％	
转换因子	1.378 2	
美国长期国债期货价格	94－22	94－03
短期借款年利率	8％	

由于该投资者持有的是当时的最便宜可交割债券，因此，可用转换因子加权法计算套期保值所需的合约数。

所需期货合约数＝投资者所持债券的面值÷长期国债期货合约面值×转换因子

＝5 000 000÷100 000×1.378 2

＝69(张)

因此，该投资者于保值开始的第一天以 94－22 的价格卖出 69 张期货合约，并于一个月后以 94－03 的价格将期货合约全部平仓。其套期保值的操作结果分析如表 9-21 所示。

表 9-21 套期保值操作结果分析 美元

	第一天	第三十一天
投资者所持债券的价格	6 553 125①	6 507 812.50②
投资者所持债券的应计利息		50 000.00③
期货市场的盈利		40 968.75④
债券的价值		6 598 781.25⑤
持有 30 天的投资报酬率		8.48％⑥

表中各数据的具体计算过程如下：

① (131＋2/32)×1 000×(5 000 000÷100 000)＝6 553 125(美元)

② (130＋5/32)×1 000×(5 000 000÷100 000)＝6 507 812.50(美元)

③ 12％×1/12×5 000 000＝50 000.00(美元)

④ [(94＋22/32)－(94＋3/32)]×1 000×69＝40 968.75(美元)

⑤ 6 507 812.50＋50 000.00＋40 968.75＝6 598 781.25(美元)

⑥ (6 598 781.25－6 553 125)÷6 553 125×365/30×100％＝8.48％

若不进行套期保值，则投资者所持债券的价值为

6 507 812.50＋50 000.00＝6 557 812.50(美元)

投资者持有债券 30 天的投资收益率为

(6 557 812.50－6 553 125)÷6 553 125×365/30×100％＝0.87％

因此，若不进行套期保值，投资者的投资收益率仅为 0.87％。

可见，通过套期保值操作，投资者有效地回避了利率变化带来的风险。

四、基于基点价值加权法的套期保值策略

(一) 基点价值加权法

基点价值(basis point value，BPV)是指债券收益率变化一个基点(0.01％)所引起的该债券价格的变化。即

基点价值＝债券价格变化/债券收益率变化

例如，久期还有 21 年的债券的收益率由 5％上升至 5.01％，导致该债券价格下跌了 42.31 美元，则在当时的久期及收益率下，该债券的基点价值为 42.31 美元。当收益率变动时，将基点价值乘以收益率变动的基点数，就可得出相应的债券价格变动值。当利率(收益率)发生变动时，由于现货债券与期货债券的基点价值可能不同，使得两者的价格变动不一致。因此，可以据此对套期保值比率进行估算。有

套期保值比率＝现货价格变化/期货价格变化
＝(现货基点价值×收益率变化)/(期货基点价值×收益率变化)
＝现货基点价值/期货基点价值

由于利率期货价格随着最便宜可交割债券的价格而变化，因此有

期货价格变化＝最便宜可交割债券的价格变化/转换因子

期货基点价值＝期货价格变化/收益率变化
＝(最便宜可交割债券的价格变化/转换因子)/收益率变化
＝(最便宜可交割债券的价格变化/收益率变化)/转换因子
＝最便宜可交割债券的基点价值/转换因子

对于美国长期国债期货而言，如果其最便宜可交割债券的收益率从 5.50％上升到 5.51％，导致每 100 000 美元面值债券的价格下降 116.83 美元。该最便宜可交割债券的转换因子为 1.085 8，则该最便宜可交割债券的基点价值为 116.83 美元。长期国债期货合约的基点价值为 107.60 美元(即 116.83 美元/1.085 8)。

基点价值加权法隐含的基本假设是，收益率的变化会同时影响现货与期货价格，且价格变化是唯一的变量。该方法是计算套期保值比率的有效方法，因为基点价值的绝对金额表示期货及现货头寸对收益率改变的价格敏感性。

（二）优化后的套期保值策略

【例 9-5】 假设某投资组合包含 5 个面值为 100 000 美元且基点价值为 80 美元的债券，其总面值为 400 000 美元，总基点价值为 400 美元。最便宜可交割债券每 100 000 美元的基点价值为 60 美元，转换因子为 1.2，则期货合约的基点价值为 60 美元/1.2＝50 美元。为了完全对冲该投资组合的风险，期货头寸与现货头寸的基点价值必须匹配。将投资组合的基点价值除以期货的基点价值，可以得到所需的期货合约数为 400/50＝8。

【例 9-6】 某公司预计 3 个月后将有 1 000 多万美元的收入，到时准备用来购买美国长期国债，并且该债券是目前的最便宜可交割债券。由于预期未来几个月市场利率很有可能下降，这将导致国债价格上升，从而使债券购买成本升高。于是，该公司财务主管决定买进利率期货进行套期保值，以提前锁定债券购买成本。有关数据如表 9-22 所示。

表 9-22 有关数据

	第一天	第九十一天
该公司 3 个月后将购买的债券的价格	126－00	127－04
息票利率	12%	
债券每 10 万美元面值的基点价值(BPV)	121.72	
转换因子	1.446 5	
美国长期国债期货价格	86－25	87－28
短期借款利率	8%	

在进行套期保值时，首先要确定套期保值所需的合约数。尽管公司将购买的债券在当时是最便宜可交割债券，但是，3 个月后不一定还是最便宜可交割债券。因此，可用基点价值法求得所需的期货合约数。

美国长期国债期货合约的基点价值为

期货基点价值＝最便宜可交割债券的基点价值÷转换因子
＝121.72÷1.446 5＝84.15(美元)

则所需的期货合约数为

所需期货合约数＝需保值现货债券的总基点价值÷期货合约的基点价值
＝(121.72×100)÷84.15＝145(张)

于是，该公司于第一天以 86－25 的价格买入 145 张长期国债期货合约；3 个月后，在债券市场购入现货债券的同时，以 87－28 的价格将期货合约卖出平仓。

其套期保值的结果分析如表 9-23 所示。

表 9-23　套期保值结果分析

	现 货 市 场	期 货 市 场
第一天	公司计划购买的债券的总金额 12 600 000 美元①	买入 145 张长期国债期货合约，成交价 86－25
第九十一天期货市场的盈利	公司实际购买债券的总金额 12 712 500 美元②	卖出 145 张长期国债期货合约平仓，成交价 87－28
结果	购入成本增加 112 500③	盈利 158 593.75④
	净购入成本 12 553 906.25⑤	

表中各数据的计算如下：

① 126×1 000×(10 000 000÷100 000)＝12 600 000

② (127＋4/32)×1 000×(10 000 000÷100 000)＝12 712 500

③ 12 712 500－12 600 000＝112 500

④ [(87＋28/32)－(86＋25/32)]×1 000×145＝158 593.75

⑤ 12 712 500－158 593.75＝12 553 906.25

五、基于久期的套期保值策略

(一) 久期法

债券的久期(duration)用来衡量债券的持有者在收到现金付款之前，平均需要等待的时间。也可以理解为债券在存续期间内现金流量的加权平均期间，其权重为债券现金流量的现值。期限为 n 年的零息票债券的久期为 n 年；期限为 n 年的附息票债券的久期小于 n 年(n 年以前已收到了一些利息)。

当利率上升时，债券本身的价格下降，但债券利息收入再投资的价值将增加；反之，当利率下降时，债券本身的价格上升，但债券利息收入再投资的价值将减少。久期正是这样一个时点，在这个时点上，利息收入再投资的收益(损失)正好可以弥补债券投资组合因利率变动而产生的损失(收益)。

久期这一概念是 F. R. Macaulay 于 1930 年提出的，该概念基于以下假设：收益率曲线是平坦的，因此贴现率保持不变。则久期可表示如下：

$$D=\frac{\sum_{t=1}^{T}\frac{C_t}{(1+R)^t}\times t}{\sum_{t=1}^{T}\frac{C_t}{(1+R)^t}} \tag{9.1}$$

式中，D 为久期，C_t 为 t 时的现金流量；R 为贴现率，为债券的到期收益率；t 为收到现金流量的时刻，T 为剩余期限，t 从 1 到 T。以上的久期被称为麦考利久期(Macaulay Duration)。

公式的分母为债券在剩余期间内的现金流量现值的总和，即债券的价值(均衡价格)

P。即

$$P = \sum_{t=1}^{T} \frac{C_t}{(1+R)^t} \tag{9.2}$$

将式(9.2)的等号左右两边对利率 R 求导，可得到如下公式：

$$\frac{\mathrm{d}P}{\mathrm{d}R} = \frac{-1}{1+R}\left[\frac{C_1}{1+R} + \frac{2C_2}{(1+R)^2} + \cdots + \frac{NC_N}{(1+R)^N}\right] \tag{9.3}$$

公式反映了当利率发生很小变动时债券价值发生的变动，实际上就是基点价值。将公式两边同时除以债券价格，可得到利率百分比变动一个单位时债券价格变动的百分比。

$$\frac{\mathrm{d}P}{\mathrm{d}R} \times \frac{1}{P} = \frac{-1}{1+R}\left[\frac{C_1}{1+R} + \frac{2C_2}{(1+R)^2} + \cdots + \frac{NC_T}{(1+R)^T}\right] \times \frac{1}{P} \tag{9.4}$$

公式是修正久期(Modified Duration)的表达式。中括号中的项是麦考利久期公式的分子。修正久期显示了收益率的微小变动引起的债券价格变动百分比。

在使用久期估算套期保值比率时，可以先将其转换为基点价值。债券基点价值与修正久期存在如下关系：

$$\text{BPV} = D_m \times P \times 0.0001 \tag{9.5}$$

式中，BPV 表示债券的基点价值，P 是债券价格。D_m 表示修正久期。

例如，假设某债券的市场价格为 166.211 9 美元，每百元面值债券的应计利息为 2.445 7 美元，修正久期为 9.24。则该债券的基点价值为

$$9.24 \times (166.2119 + 2.4457) \times 0.0001 = 0.1558$$

此外，若以连续复利计，久期也可表示为

$$D = \sum_{t=1}^{N} T_t \left[\frac{C_t \mathrm{e}^{-RT_t}}{P}\right] \tag{9.6}$$

$$P = \sum_{t=1}^{N} C_t \mathrm{e}^{-RT_t} \tag{9.7}$$

上式的左右两边对利率求导，有

$$\frac{\partial P}{\partial R} = -\sum_{t=1}^{N} C_t T_t \mathrm{e}^{-RT_t} \tag{9.8}$$

也可表示为

$$\frac{\Delta P}{\Delta R} = -PD$$

则有

$$\frac{\Delta P}{P} = -D\Delta R \tag{9.9}$$

这表明债券价格变化的百分比等于其久期乘以收益曲线的平行增量。令 S、F、ΔS

和 ΔF 分别为需进行套期保值的现货资产的价值、利率期货合约的合约价格、保值期间现货价格和期货价格的变化，有

$$\Delta S = - SD_S \Delta R \quad \Delta F = - FD_F \Delta R$$

其中，D_F 和 D_S 分别为利率期货合约的标的资产和需进行套期保值的现货资产的久期。则套期保值所需的期货合约份数为

$$N^* = \frac{SD_S}{FD_F} \tag{9.10}$$

N^* 为基于久期的套期保值比率(duration-based hedge ratio)，它使整个头寸的久期为零。

久期的最大作用在于比较不同票面利率和到期期限的债券的价格敏感性。通常，价格的敏感性随久期变化而同方向变化，投资者可根据对收益率变化的预期来维持或调整投资组合的价格敏感性。当投资目的确定后，投资者可以通过利率期货来增加或减少投资组合的久期。如果预期市场利率将上升，投资者可以卖出期货，降低投资组合的久期，以减少债券价格下跌所带来的损失；反之，则可以买进期货，增加投资组合的久期，以更多地获取债券价格上涨的利润。投资者还可以通过调整投资组合的久期，将某一特定期间内的收益锁定在一定的水平，达到回避风险的目的。

（二）优化后的套期保值策略

【例 9-7】 5 月 20 日，公司的财务主管得知将于 8 月 5 日收到 3 300 000 美元，计划于下一年 2 月份用于一项重要的资本投资项目。财务主管打算在收到款项时就将它投资于 6 个月期的短期国债。5 月 20 日，6 个月期短期国债收益率为 11.20%，每半年复利一次。该财务主管担心在 5 月 20 日到 8 月 5 日之间短期国债的收益率可能会下降，于是决定买入 CME 3 月欧洲美元期货合约进行套期保值。公司选择了 9 月份到期的期货，该期货合约在 5 月 20 日的指数值为 89.44，求基于久期的套期保值比率。

首先要计算期货合约的合约价格，1 份欧洲美元期货代表的合约规模为面值 1 000 000 美元，因此，其合约价格为

$$1\,000\,000 \times [1 - (100\% - 89.44\%) \div 4] = 973\,600(\text{美元})$$

有

$$D_F = 3\text{ 个月} = 0.25\text{ 年}$$
$$D_S = 6\text{ 个月} = 0.5\text{ 年}$$

所以，应购买的合约数为

$$N = \frac{3\,300\,000 \times 0.5}{973\,600 \times 0.25} = 6.78(\text{份})$$

【例 9-8】 8 月 2 日，基金管理者已将 10 000 000 美元投资到政府债券中，预计下 3 个月利率变动剧烈。基金经理决定用 12 月长期国债期货合约进行套期保值。当时的期货

价为 93-02(93.062 5)。因此合约价格为 93 062.50 美元。在下 3 个月，$D_S=6.80$ 年，在长期国债合约交割中，最便宜债券是 20 年期年息票利率 12%的债券。当时该债券年收益率为 8.8%，期货合约到期时，该债券久期为 9.20 年。则应卖空的期货合约数为

$$(100\,000\,000\times6.80)/(93062.50\times9.20)=79.42(份)$$

六、基于β系数的套期保值策略

（一）利用β系数调整套期保值比率

运用利率期货不仅可以为标的相同的利率工具进行保值，也可以为标的不同的利率工具如公司债券、抵押债券、其他国家的债券等进行保值，这种保值就是利率期货的交叉保值(cross hedge)。

在进行交叉保值时，由于政府债券与公司债券等的信用风险不同，套期保值比率还必须根据债券信用风险等其他因素进行调整。

常用β系数对套期保值比率进行调整，其目的是消除因信用风险所带来的需保值合约和期货合约之间的收益率变动差异。以需保值的现货债券的收益率的变动率为因变量，以期货合约的最便宜可交割债券收益率的变动率为自变量，进行回归分析，得出的相关系数即为β系数。例如，某公司债券的β系数大于 1，这表明，当市场收益率变化时，该公司债券的收益率变化幅度大于国债期货的收益率变化幅度。由于β系数大于 1，再乘以由基点价值或久期算出的套期保值比率，得出修正后的套期保值比率要大于修正前的套期保值比率。这表明，为了达到完全避险的目的，需运用更多的期货合约。

（二）利用β系数调整套期保值比率的交叉套期保值策略

投资者进行交叉套期保值时，最好选择与需保值债券价格相关性强的合约，此外，还必须确定该合约在保值期间能保持较好的流动性。

【例 9-9】 某投资者持有面值 1 000 万美元的欧洲债券组合，由于预期市场利率将上升，会导致所持债券价格下降，决定利用期货市场来回避价格风险。因为当时美国期货市场上没有欧洲债券期货可以选择，该投资者决定选用与欧洲债券的价格相关性较强且流动性很好的美国国债期货合约来进行保值。有关数据如表 9-24 所示。

表 9-24 例 9-9 数据

		第一天	第九十一天
欧洲债券组合	现在的价值	9 825 000	9 628 500
	平均票面利率	8.25%	
	基点价值	3 890.70	
	收益率β系数	0.886	

续表

		第一天	第九十一天
美国 5 年期国债	价格	100—00	
	每 10 万美元的基点价值	39.10	
	转换因子	1.058 1	
美国 10 年期国债	价格	97—03	
	每 10 万美元的基点价值	62.50	
	转换因子	1.067 5	
美国长期国债的价格	价格	97—09	
	每 10 万美元的基点价值	99.47	
	转换因子	1.098 6	
美国 5 年期国债期货价格		94—07	92—04
美国 10 年期国债期货价格		90—20	
美国长期国债期货价格		88—06	

首先，对美国 5 年期、10 年期和长期国债进行比较，从中选出最合适的期货合约来进行套期保值。方法是先求出三种期货合约的基点价值，然后将欧洲债券组合的基点价值分别与之对比，选择与欧洲债券组合的基点价值最接近的期货合约进行保值。

美国 5 年期国债期货的基点价值＝39.10÷1.0581＝36.95(美元)

美国 10 年期国债期货的基点价值＝62.50÷1.067 5＝58.55(美元)

美国长期国债期货的基点价值＝99.47÷1.098 6＝90.54(美元)

对于 5 年期国债期货来说，其每 1 000 万美元面值的基点价值为 3 695 美元，与该投资者需保值的欧洲债券组合的基点价值 3 890.70 最接近，所以，可选择 5 年期国债期货合约进行保值。

可算出保值所需要的合约数为

3 890.70÷36.95＝105(张)

由于是交叉保值，还须考虑债券间价格变动的相关性，即，应根据收益率 β 系数调整上述合约数量：

105×0.886＝93(张)

于是，该投资者第一天以市价 100—00 卖出 93 张美国 5 年期国债期货合约，在 3 个月后以 97—16 的价格将期货合约买入平仓。其保值操作结果分析如表 9-25 所示。

表 9-25 保值操作结果分析

	第一天	第九十一天		第一天	第九十一天
欧洲债券组合总值	9 825 000	9 628 500	净值		10 041 968.75③
应计利息		218 750①	年报酬率		9.0%④
期货盈利		194 718.75②			

表中有关数据计算如下：

① 10 000 000×8.75%×3/12＝218 750(美元)

② [(94＋7/32)－(92＋4/32)]×1 000×93＝194 718.75(美元)

③ 9 628 500＋194 718.75＝10 041 968.75(美元)

④ (10 041 968.75－9 825 000)÷9 825 000×365/90×100%＝9.0%

相比之下，若该投资者不利用期货进行套期保值，则在第 91 天，其债券组合的总值为 9 628 500 美元，加上应计利息 218 750 美元，其净值仅为 9 847 250 美元，相当于年报酬率为 0.92%。计算如下：

(9 847 250－9 825 000)÷9 825 000×365/90×100%＝0.92%

可见，通过交叉套期保值，投资者成功地以国债期货市场的盈利弥补了欧洲债券现货市场的亏损。

【例 9-10】 某公司计划在 3 个月后发行总额为 2 500 万美元、期限为 10 年的公司债券。根据分析，在债券发行时，市场利率极有可能上升，到时，公司为了顺利发行债券只能提高利率或降低债券售价，这会造成公司融资成本增加或融资总额减少。该公司认为，以当前的利率水平筹资较为合适。为了将债券的价格和利率锁定在当前的水平上，该公司决定用芝加哥期货交易所的 10 年期国债期货进行交叉套期保值。有关数据如表 9-26 所示。

表 9-26 有关数据

	第一天	第九十一天
公司债券的基点价值	14 377.50	
美国 10 年期国债每 10 万美元的基点价值	57.13	
转换因子	1.056 2	
美国 10 年期国债期货价格	91－28	89－15
市场基准利率/%	8	9.5
公司债券发行利率/%	10.5	11

首先需计算套期保值所需的期货合约数。

10 年期国债期货的基点价值为

57.13÷1.056 2＝54.09(美元)

所需的期货合约数为

14 377.50÷54.09＝265(张)

于是，该公司于第一天以 91－28 的价格卖出 265 张期货合约，并于第九十一天以 89－15 的价格平仓。

其套期保值的操作情形分析如表 9-27 所示。

表 9-27　套期保值的操作情形分析

	现货市场	期货市场
第一天	公司债券发行利率 10.5%	卖出 265 张 10 年期国债期货合约，价格 91－28
第九十一天	市场利率 11%	买进 265 张 10 年期国债期货合约平仓，价格 89－15
结果	实际发行利率约为 10.74%②	盈利 637 656.25(美元)①

表格中有关数据计算如下：

① $\left(91\frac{28}{32}-89\frac{15}{32}\right)\times 100\,000\times\frac{1}{100}\times 265=637\,656.25$(美元)

② 637 656.25÷25 000 000÷10×100%＝0.255 1%

11%－0.255 1%＝10.74%

第五节　利率期货套利交易

利率期货的套利方式主要有跨期套利和跨品种套利。在利率期货交易中，由于不同期限及不同品种利率期货合约对利率变化的敏感程度不同，合约间价差会经常发生波动，因此，在市场上存在着大量的套利机会。利率期货的定价机制较为复杂，利率期货套利交易的技巧性和复杂程度也较高。

一、跨期套利交易

（一）利率期货跨期套利的基本原理

跨期套利(calendar spread)是针对同一品种但不同交割月份的期货合约间的价差进行交易，可分为买入跨期套利交易(long or buy calendar spread)和卖出跨期套利交易(short or bull calendar spread)。买入跨期套利交易是指买入一个近期月份期货合约的同时卖出一个远期月份期货合约；而卖出跨期套利交易是指买入一个远期月份期货合约的同时卖出一个近期月份期货合约。当近期月份合约与远期月份合约的价差变大时，买入跨期套利交易将会有盈利，且价差越大，买入跨期套利交易的盈利越大；反之，当近期月份合约与远期月份合约的价差变小时，卖出跨期套利交易将会有盈利，且价差越小，卖出跨期套利交易的盈利越大。

造成不同交割月份合约间价格差异的主要原因是其对应的不同月份的现货债券的持有成本不同。在持有成本为正，收益率曲线向上倾斜时，利率期货合约的交割期限越长，其价格越低；反之，在持有成本为负，收益率曲线向下倾斜时，利率期货合约的交割期限越长，其价格越高。市场短期利率水平的改变通常会影响到最便宜可交割债券的持有成本，进而影响到不同交割月份的利率期货合约之间的价差变化。投资者可以据此来进行交易。

跨期套利的实质是对收益率曲线形状的变化进行投机。当市场利率发生变动时，不同期限的利率水平的变化通常不同，收益率曲线的形状会发生变化，这时就会产生跨期套利的机会。当交易者预测收益率曲线变得更陡峭时，意味着两合约间价差变大，交易者将进行买入跨期套利交易，待将来收益率曲线变得更陡后，再将两合约反向对冲获利。当市场有如下预期时，收益率曲线将变得更陡峭：市场预期长期利率比短期利率上升得快；市场预期长期利率保持稳定，而短期利率下降。相反，当交易者预测收益率曲线变得更平坦时，意味着两合约间价差变小，交易者将进行卖出跨期套利交易。

在跨期套利实际操作中，最典型的情况是当预期收益率曲线的形状即将由向下倾斜变为向上倾斜时，利率期货的价格曲线将由向上倾斜变为向下倾斜，表现在近、远期合约的价格关系上，近期合约的价格将由低于远期合约价格变为高于远期合约价格。如图 9-2 显示了这种情形，此时，现货收益率曲线由图 9-2(a)所示情形变为图 9-2(c)所示情

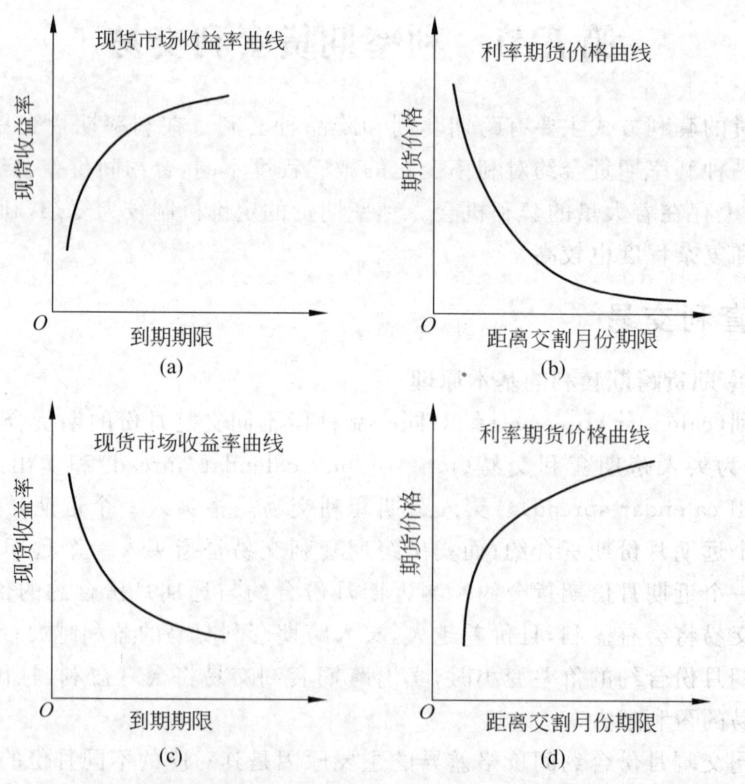

图 9-2 收益率曲线形状的变化对不同交割月份利率期货价格的关系影响示意图

形，利率期货价格曲线随之将由图 9-2(b)所示情形变为图 9-2(d)所示情形。在这种情况下，投资者可以进行买入跨期套利交易；反之，当预期收益率曲线的形状即将由向上倾斜变为向下倾斜时，投资者可以进行卖出跨期套利交易。这对应的情形为现货收益率曲线由图 9-2(c)所示情形变为图 9-2(a)所示情形。

在许多利率期货品种的交易中，跨期套利占了交易量的很大一部分，如在 CME，跨期套利是欧洲美元期货市场流动性的主要提供者之一。目前，不少期货交易所都对跨期套利交易的最小变动价位和最小变动值、保证金要求等提出了不同于一般投机交易的要求，以方便套利交易的进行。其中最小变动价位和最小变动值一般都比一般投机交易要小；而保证金和手续费等一般远低于一买一卖两笔单向交易。如在芝加哥期货交易所，30 年期国债期货的最小变动值为 31.25 美元，而跨期套利的最小变动值仅为 7.812 5 美元。跨期套利交易的报价为两个不同月份期货合约间的价差，用近期月份合约价格减去远期月份合约价格。一般来说，合约间的价差波动远小于合约本身的价格波动，因此，跨期套利交易者面临的风险也比单向投机小得多。

（二）利率期货跨期套利的实例分析

【例 9-11】 某投资者预期美国联邦储备银行可能会降低利率，而利率下调将会引起长期债券价格的大幅度变动。该投资者认为近期月份国债期货合约的价格上涨幅度将大于远期月份期货合约的价格上涨幅度，于是，他决定利用芝加哥期货交易所 9 月份与 12 月份的美国长期国债期货进行买入跨期套利交易。他于 6 月 11 日下达买入套利指令，买入 10 手 9 月合约，同时卖出 10 手 12 月合约；7 月 3 日，他又下达一卖出套利指令，将上述合约全部平仓。有关交易数据及结果分析如表 9-28 所示。

表 9-28　交易数据及结果分析

时　间	9 月长期国债期货	12 月长期国债期货	价差
6 月 11 日	95—15	95—10	5
7 月 3 日	96—22	96—09	13
盈亏			8

可见，投资者每一面值为 100 美元的跨期套利交易可盈利 8/32 美元，因为长期国债期货的合约规模为 100 000 美元，则该投资者总共盈利为：

$$\frac{8}{32}\times 100\,000\times\frac{1}{100}\times 10=2\,500(\text{美元})$$

【例 9-12】 由于经济持续低迷，美联储可能还将降低利率。交易者预期长期利率将保持稳定，短期利率将下降，收益率曲线将因此变得更陡峭，而这在欧洲美元期货市场，意味着远期合约与近期合约间的价差将变大。于是交易者决定利用 CME3 月欧洲美元期货合约进行跨期套利。他买入 1 手 2012 年 12 月到期的欧洲美元期货合约，成交指数值为 95.57，同时卖出 1 手 2014 年 12 月到期的欧洲美元期货合约，成交指数值为 95.47，价差 10 个基点，当合约间价差变为 18 时，交易者将两个合约同时对冲，获利(18－10)×25＝200(美元)。其交易情形分析如表 9-29 所示。

表 9-29 交易情形分析

时 间	2012 年 12 月到期的欧洲美元期货	2014 年 12 月到期的欧洲美元期货	价差
10 月 5 日	买入 1 手，成交价 95.57	卖出 1 手，成交价 95.47	0.10
10 月 30 日	卖出 1 手平仓，成交价 95.66	买入 1 手平仓，成交价 95.48	0.18
结果	赚 8 个基本点，获利(18－10)×25＝200(美元)		

在 CME3 月欧洲美元期货市场，跨期套利非常普遍，当投资者预测收益率曲线变得更陡峭时，就可以采用上述的买入跨期套利交易策略。

【例 9-13】 市场预期经济将继续走强，美联储可能提高短期利率以控制潜在的通货膨胀。交易者预测收益率曲线将因此变得更平坦，而这在欧洲美元期货市场，意味着远期合约与近期合约间的价差将变小。于是交易者决定利用 CME3 月欧洲美元期货合约进行跨期套利。他卖出 1 手 2012 年 3 月到期的欧洲美元期货合约，成交指数值为 95.58，同时买入 1 手 2015 年 3 月到期的欧洲美元期货合约，成交指数值为 95.36，价差 22 个基点，当合约间价差变为 12 时，交易者将两个合约同时对冲，获利(22－12)×25＝250(美元)。其交易情形分析如表 9-30 所示。

表 9-30 交易情形分析

时 间	2012 年 3 月到期的欧洲美元期货	2015 年 3 月到期的欧洲美元期货	价差
1 月 20 日	卖出 1 手，成交价 95.58	买入 1 手，成交价 95.36	0.22
2 月 11 日	买入 1 手平仓，成交价 95.47	卖出 1 手平仓，成交价 95.35	0.12
结果	赚 10 个基本点，获利(22－12)×25＝250(美元)		

在 CME3 月欧洲美元期货市场，当投资者预测收益率曲线变得更平坦时，就可以采用上述的卖出跨期套利交易策略。

(三) 蝶式套利策略

蝶式套利是复杂跨期套利的一种。当交易者预测未来期货合约间的净价差将出现变化，并且寻求比单向的买空卖空交易和跨期套利波动性更小的交易方式时，可采用蝶式套利策略。

蝶式套利包含了 3 个不同到期日的同一品种的期货合约，可用 3 个连续月份的合约构造，如果有可能的话，也可由 3 个相隔 6 个月、1 年，甚至 2 年的合约构造。3 个合约的数量比为 1∶2∶1，可以以套利合约的形式同时执行，也可以以打包的形式同时执行。

以 CME3 月欧洲美元期货合约为例，其蝶式套利策略包括两只翅膀和一个躯干：

第一只翅膀——1个合约——第一个到期日的CME欧洲美元期货合约；

躯干——2个合约——第二个到期日的CME欧洲美元期货合约；

第二只翅膀——1个合约——第三个到期日的CME欧洲美元期货合约。

蝶式套利也分为多头蝶式套利和空头蝶式套利两种形式。其中多头蝶式套利的构造方式为：

买入第一只翅膀(1倍)/卖出躯干(2倍)/买入第二只翅膀(1倍)，当蝶式套利价差变大时，该策略将会获利。

空头蝶式套利的构造方式为：

卖出第一只翅膀(1倍)/买入身体躯干(2倍)/卖出第二只翅膀(1倍)，当蝶式套利价差变小时，该策略将会获利。

蝶式套利的价差计算有特别的规定，以CME3月欧洲美元期货合约为例，蝶式套利价差的计算如表9-31所示。

表9-31　蝶式套利的价差计算

CME欧洲美元期货合约	2012年9月合约	2012年9月与2013年9月合约间价差 S_1	2013年9月合约	2012年9月与2013年9月合约间价差 S_2	2013年9月合约	蝶式套利价差 S_1-S_2
价格或价差	95.53	0.07	95.46	0.05	95.41	0.02

可以看出，计算 S_1 和 S_2 时，都是以较近期月份合约的价格减去较远期月份合约的价格；而计算蝶式套利价差时，是以较近期月份合约间的价差减去较远期月份合约间的价差。

(四) 秃鹰式套利策略

秃鹰式套利也是一种复杂的跨期套利形式，涉及4个不同到期日的同一品种的期货合约，可用4个连续月份的合约构造，如果有可能的话，也可由4个相隔6个月、1年甚至2年的合约构造。秃鹰式套利由3个背靠背的跨期套利构成，用到了4个不同交割月的期货合约。与蝶式套利类似，4个合约可以以套利合约的形式同时执行，也可以以打包的形式同时执行。4个合约的数量比例为1∶1∶1∶1。

以CME3月欧洲美元期货合约为例，其秃鹰式套利策略包括两只翅膀和两个躯干：

第一只翅膀——1个合约——第一个到期日的CME欧洲美元期货合约；

第一个躯干——1个合约——第二个到期日的CME欧洲美元期货合约；

第二个躯干——1个合约——第三个到期日的CME欧洲美元期货合约；

第二只翅膀——1个合约——第四个到期日的CME欧洲美元期货合约。

秃鹰式套利也分为多头秃鹰式套利和空头秃鹰式套利两种形式。其中多头秃鹰式套利的构造方式为：

买入第一只翅膀(1倍)/卖出第一个躯干(1倍)/卖出第二个躯干(1倍)/买入第二只

翅膀(1 倍),当秃鹰式套利价差变大时,该策略将会获利。

空头秃鹰式套利的构造方式为:

卖出第一只翅膀(1 倍)/买入第一个躯干(1 倍)/买入第二个躯干(1 倍)/卖出第二只翅膀(1 倍),当秃鹰式套利价差变小时,该策略将会获利。

与蝶式套利类似,秃鹰式套利的价差计算也有特别的规定。以 CME3 月欧洲美元期货合约为例,其价差的计算如表 9-32 所示。

表 9-32 秃鹰式套利的价差计算

CME 欧洲美元期货合约	2006 年 9 月合约	2006 年与 2007 年合约间价差 S_1	2007 年 9 月合约	2007 年与 2008 年合约间价差 S_2	2008 年 9 月合约	2008 年与 2009 年合约间价差 S_3	2009 年 9 月合约	秃鹰式套利价差 $S_1-S_2-S_3$
价格或价差	95.53	0.07	95.46	0.05	95.41	0.09	95.32	−0.07

可以看出,计算 S_1、S_2 和 S_3 时,都是以较近期月份合约间的价格减去较远期月份合约的价格;而计算秃鹰式套利价差时,是以较近期的价差减去后两个较远期的价差。

当蝶式套利者和秃鹰式套利者观察到中间合约(躯干)的价值相对于两旁合约(翅膀)的价值被高估时,将进行多头套利;反之,则进行空头套利。在实际操作中,交易者将对蝶式套利和秃鹰式套利的价差进行分析,当他们预测价差已达到了一段时间内的最高水平时,将进行空头套利;反之,当预测价差已达到了一段时间内的底部时,将进行多头套利。在以上两种情形下,套利价差都会变化得非常慢,而且价差的变动幅度也相对于单向投机的价格变动幅度小得多。因此,进行蝶式套利和秃鹰式套利的都是耐心交易者,他们寄希望于以相对很低的风险获得利润。但是,他们每次的交易量都较大,往往至少达几百手。

二、跨品种套利交易

跨品种套利交易是指在同一交易所买进(或卖出)某一利率期货工具的同时,卖出(或买进)另一个与其价格有较强相关性的利率工具的期货合约,在两合约到期之前将其同时平仓,希望利用合约间的价差变动获利。值得注意的是,利率期货跨品种套利所涉及的利率期货合约的到期日相同。

某些固定收益证券之间存在着特定的价差关系,随着市场条件的变化,两合约间价差也会不断变动,使得合约间存在套利机会。在芝加哥期货交易所,跨品种套利交易非常普遍。交易所也对相关品种间的套利交易的交易保证金等进行了专门规定,并有专门的报价。表 9-33 所示为芝加哥期货交易所 2013 年 5 月 24 日利率期货跨品种套利行情。以 CBOT 为例,常见的跨品种套利为 10 年期/长期国债期货套利交易(T-notes over T-bonds spread,NOB)、5 年期/长期国债期货套利交易(five-year T-notes over T-bonds spread,FOB)、5 年期/10 年期国债期货套利交易(five-year T-notes over Ten-year T-notes spread,FITE)等。其中 10 年期/长期国债期货套利交易 NOB 最为活跃。

表 9-33　CBOT 利率期货跨品种套利行情(2013 年 5 月 24 日)

产品	到期日	最新价	净变化	前一结算价	开盘价	最高价	最低价	收盘价
美国国债期货	2013 年 6 月	142′30	—2	143′00	143′01 7:20	143′14 10:47	142′23 7:21	143′08
10 年期美国国债	2013 年 6 月	130′095	10	130′085	130′040 7:20	130′250 12:02	129′290 7:24	130′085
产品	**到期日**	**最新价**	**净变化**	**前一结算价**	**开盘价**	**最高价**	**最低价**	**收盘价**
美国国债期货	2013 年 6 月	142′30	—2	143′00	143′01 7:20	143′14 10:47	142′23 7:21	143′08
5 年期美国国债	2013 年 6 月	123′207	7	123′200	123′197 7:22	123′232 10.42	123′185 7:20	123′200
产品	**到期日**	**最新价**	**净变化**	**前一结算价**	**开盘价**	**最高价**	**最低价**	**收盘价**
美国国债期货	2013 年 6 月	142′30	—2	143′00	143′01 7:20	143′14 10:47	142′23 7:21	143′08
2 年期美国国债	2013 年 6 月	110′075	—2	110′077	110′077	110′077	110′072 7:22	110′072
产品	**到期日**	**最新价**	**净变化**	**前一结算价**	**开盘价**	**最高价**	**最低价**	**收盘价**
美国国债期货	2013 年 6 月	142′30	—2	143′00	143′01 7:20	143′14 10:47	142′23 7:21	143′08
超长期美国国债	2013 年 6 月	156′10	—3	156′13	156′17 7:22	157′03 10:42	156′02 7:20	156′13
产品	**到期日**	**最新价**	**净变化**	**前一结算价**	**开盘价**	**最高价**	**最低价**	**收盘价**
10 年期美国国债	2013 年 6 月	130′095	10	130′085	130′040 7:20	130′250 12:02	129′290 7:24	130′085
2 年期美国国债	2013 年 6 月	110′075	—2	110′077	110′077	110′077	110′072 7:21	110′072
产品	**到期日**	**最新价**	**净变化**	**前一结算价**	**开盘价**	**最高价**	**最低价**	**收盘价**
10 年期美国国债	2013 年 6 月	130′095	10	130′085	130′040 7:20	130′250 12:02	129′290 7:24	130′085
5 年期美国国债	2013 年 6 月	123′207	7	123′200	123′197 7:22	123′232 10:42	123′185 7:20	123′200
产品	**到期日**	**最新价**	**净变化**	**前一结算价**	**开盘价**	**最高价**	**最低价**	**收盘价**
10 年期美国国债	2013 年 6 月	130′095	10	130′085	130′040 7:20	130′250 12:02	129′290 7:24	130′085
超长期美国国债	2013 年 6 月	156′10	—3	156′13	156′17 7:22	157′03 10:42	156′02 7:20	156′13

续表

产品	到期日	最新价	净变化	前一结算价	开盘价	最高价	最低价	收盘价
5年期美国国债	2013年6月	123′207	7	123′200	123′197 7:22	123′232 10:42	123′185 7:20	123′200
2年期美国国债	2013年6月	110′075	−2	110′077	110′077	110′077	110′072 7:21	110′072
产品	到期日	最新价	净变化	前一结算价	开盘价	最高价	最低价	收盘价
2年期美国国债	2013年6月	110′075	−2	110′077	110′077	110′077	110′072 7:21	110′072
超长期美国国债	2013年6月	156′10	−3	156′13	156′17 7:22	157′03 10:42	156′02 7:20	156′13
产品	到期日	最新价	净变化	前一结算价	开盘价	最高价	最低价	收盘价
5年期美国国债	2013年6月	123′207	7	123′200	123′197 7:22	123′232 10:42	123′185 7:20	123′200
超长期美国国债	2013年6月	156′10	−3	156′13	156′17 7:22	157′03 10:42	156′02 7:20	156′13

跨品种套利交易可以分为买入套利交易和卖出套利交易两类。其中买入套利交易是指买入期限较短债券的期货合约，同时卖出期限较长债券的期货合约；而卖出套利交易则是指卖出期限较短债券的期货合约，同时买入期限较长债券的期货合约。例如，买入10年期/长期国债期货套利交易（买入NOB）指的是买入该10年期国债期货合约，同时卖出长期国债期货合约；反之，卖出10年期/长期国债期货套利交易（卖出NOB）指的是卖出该10年期国债期货合约，同时买入长期国债期货合约。

由于影响债券价格敏感性的最重要的因素是债券的剩余期限，在其他条件不变的情况下，剩余期限越长，收益率变动对债券价格变化的影响越大。当市场收益率发生变化时，长期债券的价格变动幅度要大于短期债券。利率期货的跨品种套利交易，就是利用不同到期期限的债券价格对收益率变动的敏感性不同来进行的。当投资者预期收益率将上升时，可以买入套利交易，如果预期正确，则两个期货合约的价格将同时下跌，而其中期限较长合约的跌幅更大一些，导致两者的价差变大，此时，买入套利交易就会产生盈利。反之，当投资者预期收益率将下降时，可以卖出套利交易，如果预期正确，则两个期货合约的价格将同时上升，而其中期限较长合约的涨幅更大一些，导致两者的价差变小，此时，卖出套利交易就会产生盈利。

【例9-14】 某投资者估计未来一段时间内市场利率可能下降，他认为，由于长期国债期货的价格敏感性较高，所以其价格上涨幅度应较短期国债期货大，于是，他决定在芝加哥期货交易所卖出NOB。他于7月2日卖出10手9月交割的10年期国债期货合约，同时买入10手9月交割的30年期国债期货合约；于7月31日将上述合约全部平仓。有关交易数据及结果分析如表9-34所示。

表9-34　跨品种套利分析

	10年期国债期货	30年期国债期货	NOB价差
7月2日的现券收益率	6.08%	6.26%	
7月2日的期货价格	98－19	97－29	22
7月31日的现券收益率	5.98%	6.16%	
7月31日的期货价格	99－20	99－18	2
盈亏			20

该投资者卖出跨品种套利交易的盈亏结果为：每一面值为100美元的套利交易可盈利20/32美元，而10年期与30年期国债期货的合约规模为100 000美元，则该投资者总共可盈利

$$\frac{20}{32}\times 100\ 000\times\frac{1}{100}\times 10=6\ 250(\text{美元})$$

在以上的分析中，隐含了不同期限债券的收益率同步变动的假设。实际上，现实中不同期限债券的收益率极少有同步变化的情形，在绝大多数情况下收益率曲线不是平行移动的。因此，在实际操作中，收益率变动对利率期货跨品种套利交易的影响是非常具体而复杂的。同时，在进行利率期货跨品种套利时，还需考虑到，价差还受许多其他因素的共同作用，如市场供求关系、季节性的信用需求与新债发行计划等。

在实际操作中，不同期限收益率的非同步变动可能会使理论上能够盈利的套利交易盈利水平降低甚至产生亏损。例如，当市场利率上升时，若10年期与30年期债券的收益率同步变动，则NOB的价差数值通常会变大，但是，如果10年期利率的上涨幅度大于30年期利率的上涨幅度，使原来的正向收益率曲线的斜率减小，收益率曲线变得平直，那么NOB的价差变化将取决于10年期利率的相对上涨幅度与30年期债券较高的价格敏感性二者相互抵消的程度。在某些情况下，由于收益率曲线形状的改变，NOB价差反而会缩小。

由此可见，当进行利率期货的跨品种套利交易时，一定要考虑收益率曲线形状变化可能产生的影响。投资者若要从收益率曲线的形状改变中获利，那么在进行套利交易时，就应该使两种债券间的相对价格敏感性保持不变，这可以通过设定一定的套利系数来实现。套利系数可以由两种期货合约各自所对应的最便宜可交割债券(CTD)的基点价值(BPV)及其转换因子(CF)计算。以NOB套利交易为例，10年期国债期货合约对30年期国债期货合约的套利系数计算公式为

$$套利系数=\frac{30年期国债期货的基点价值}{10年期国债期货的基点价值}=\frac{\dfrac{30年期国债期货价格CTD的基点价值}{30年期国债期货CTD的转换因子}}{\dfrac{10年期国债期货价格CTD的基点价值}{10年期国债期货CTD的转换因子}}$$

$$=\frac{\dfrac{30年期国债期货价格CTD的基点价值}{10年期国债期货价格CTD的基点价值}}{\dfrac{10年期国债期货CTD的转换因子}{30年期国债期货CTD的转换因子}}$$

当各种期限的收益率发生不同步的变化时，收益率曲线的形状会发生变化。如果预期收益率曲线变得更为陡峭，投资者应按照套利系数买入套利交易；如果预期收益率曲线变得更为平坦，投资者应按照套利系数卖出套利交易。

【例 9-15】 某投资者预期，未来一定时间内，收益率的水平将会下降，但不同期限的收益率下降的幅度可能不一致。他估计 10 年期国债的收益率下降幅度会大于长期国债收益率的下降幅度，收益率曲线因此将变得更为陡峭。于是，他决定买入 NOB 套利交易，又出于保险起见，他决定按照一定的套利系数进行交易，使 10 年期国债期货与 30 年期国债期货的基点价值相等，以抵消 30 年期国债期货所具有的较高的价格敏感性。有关交易数据及结果分析如表 9-35 所示。

表 9-35 跨品种套利分析

	10 年期国债期货	30 年期国债期货	NOB 价差
6 月 4 日 CTD 收益率	10.38%	10.63%	
6 月份交割的期货价格	86－06	80－06	192
6 月 4 日 CTD 基点价值	60.80 美元	91.12 美元	
6 月 4 日转换因子(CF)	1.150 1	1.435 8	
6 月 19 日 CTD 收益率	9.88%	10.22%	
6 月份交割的期货价格	88－31	82－31	192

根据 30 年期国债期货 CTD 与 10 年期国债期货 CTD 的基点价值和转换因子，可计算出能使 30 年期国债期货与 10 年期国债期货的价格敏感性相等的套利系数：

$$\frac{91.12}{60.80}\times\frac{1.1501}{1.4358}=1.2$$

该投资者根据套利系数，于 6 月 4 日买入 6 月份交割的 10 年期国债期货合约 12 手，同时卖出 6 月份交割的 30 年期国债期货合约 10 手。6 月 19 日，该投资者将所持合约全部平仓。

结果，10 年期国债期货合约平仓后，每手盈利 2－25，12 手合约共盈利：

$$(32\times2+25)\times31.25\times12=33\,375(美元)$$

30 年期国债合约平仓后，每手亏损 2－25，10 手合约共亏损：

$$(32\times2+25)\times31.25\times10=27\ 812.5(\text{美元})$$

该投资者共盈利：

$$33\ 375-27\ 812.5=5\ 562.5(\text{美元})$$

Exercise 思考题

1. 什么是利率期货？其常见的标的有哪些？

2. 利率期货有哪些种类？

3. 目前世界主要的利率期货交易所有哪些？其主要期货合约有哪些？

4. 利率期货价格的影响因素有哪些？

5. 巴塞尔银行监管委员会是怎样定义利率风险并对利率风险分类的？

6. 长期利率期货和短期利率期货报价方式有什么不同？

7. 什么是转换因子？如何计算？

8. 什么是最便宜可交割债券？如何选择？

9. 我国20世纪90年代的国债期货合约有什么特点？讨论为什么在当时利率非市场化的背景下，国债期货交易如此活跃。

10. 中国金融期货交易所5年期国债期货仿真交易合约是如何设计的？讨论其合约条款。

11. 举例说明，分别在什么情况下适合进行利率期货多头套期保值和空头套期保值。

12. 如何确定利率期货的最佳套期保值比率？转换因子加权法、基点价值加权法、久期法各有什么特点？

13. 进行交叉套期保值时，如何利用β系数调整套期保值比率？

14. 简述利率期货跨期套利的基本原理。

15. 举例说明如何构造利率期货的蝶式套利和秃鹰式套利策略。

16. 什么是利率期货跨品种套利的买入套利交易和卖出套利交易？

17. 假设银行能够以同样的利率在LIBOR市场中进行借贷，91天的利率为年利10%，182天的利率为年利10.2%，两者均按连续复利计。91天后到期的欧洲美元期货报价为89.5。分析对于银行而言是否有套利机会。

18. 一名经理计划使用长期国债期货合约在未来6个月中对债券组合进行套期保值。组合价值1亿美元，6个月后的久期为4.0年。期货价格为132，每份合约交割10万美元的债券。预期的最便宜可交割债券在期货到期时的久期为9.0年。如果1个月后最便宜可交割债券变成了久期为7年的债券，应对套期保值进行怎样的调整？

19. 一种 5 年期债券的到期收益率为 12%(按连续复利计),每年年末支付 8%的利息。问债券的价格和久期是多少?

20. 假设一种债券组合的久期是 10 年,打算使用标的资产的久期为 3 年的期货合约为其保值,如果 10 年期利率的波动性比 3 年期利率的波动性小,这对套期保值有何影响?

21. 一名投资者在长期国债期货市场上寻求套利机会。空头方有权选择任何一种期限超过 10 年的债券用于交割,这给他寻找套利机会增加了怎样的复杂性?

22. 解释为什么远期利率会低于对应的从欧洲美元期货中计算出的期货利率。

23. 某投资者以 96.78 的价格在 CME 买入欧洲美元期货两手,在价格变为 96.96 时平仓,分析其盈亏。

24. 假定国债期货的价格为 101—12,表 9-36 的 4 个债券中哪一个为最便宜交割债券?

表 9-36 债券情况

债券	价格	转换因子
1	125—05	1.213 1
2	142—15	1.379 2
3	115—31	1.114 9
4	144—02	1.402 6

25. 8 月 1 日,某基金经理的债券组合为 1 000 万美元,债券组合的久期为 7 年。12 月份国债期货的价格为 91—12,并且最便宜可交割债券在期货到期时的久期为 8 年。该基金经理应如何才能使债券价值不受接下来的两个月利率变化的影响?

26. 10 月 20 日,某投资者认为未来的市场利率水平将会上升,于是以 97.800 的价格卖出 25 手 12 月份到期的欧洲美元期货合约,一周之后,该期货合约的价格降至 97.300,投资者以此价格平仓。若不计交易费用,则该投资者是否获利?

27. CME3 个月国债期货合约,面值 1 000 000 美元,成交价格为 93.58,这意味着该债券的成交价为多少?

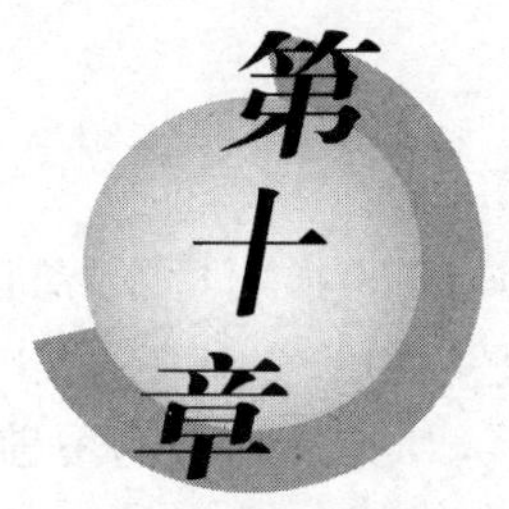

CHAPTER 10

股票指数期货

本章将介绍主要的股指期货交易所及其合约，阐明我国沪深300指数期货合约及其交易规则，分析期现套利、跨期套利策略与技巧。

第一节　股票指数与股指期货

一、股票价格指数的概念

股票价格指数是衡量和反映一揽子特定股票价格变动的指标，分为综合指数、成分指数和分类指数。综合指数一般以所有上市股票为编制样本；而成分指数的编制需遵循一定的规则且选择有代表性的样本股票，并定时对样本进行调整；分类指数的样本股是某一类股票中的所有股票。

二、股指期货的产生与发展

1977年，能源危机使石油价格暴涨，加上20世纪70年代利率的提高，使股票市场经历了动荡的岁月。在这种背景下，1982年2月，堪萨斯期货交易所推出了价值线综合平均指数期货。1982年4月，芝加哥商业交易所(CME)推出了标准普尔500股票指数期货。英国伦敦也于1984年2月推出了金融时报100种股票指数期货。1984年7月，美国芝加哥商业交易所又推出主要市场价格指数期货。1986年，香港期货交易所正式开展恒生指数期货的交易。随后，在80年代末和90年代，全球各地纷纷推出以本国(地区)股价指数为标的的期货合约。迄今，全球有大约100只股指期货，已成为各地的重要投资与保值工具。

三、世界主要股指期货合约

1. 标准普尔 500 综合股票指数期货

1982 年 4 月，美国芝加哥商业交易所（CME）推出标准普尔（S&P）股指期货。标准普尔股票指数的样本含 500 种股票。以 1941—1943 年样本股票的平均市价为基期，以上市股票数为权数，基点数为 10。由于 S&P500 指数包括股票数量多，对美国股市的覆盖面与代表性高于道琼斯指数，且计算方法采用加权算术平均法，能够精确地反映美国股票市场的变化，因此备受世界各国的关注。

1996 年 CME 又推出了小型 S&P500 指数期货及期权合约，它们的合约价值为常规合约的 1/5。

2. NASDAQ-100 期货与小型 NASDAQ-100 期货

继推出标准普尔股票指数期货合约获得巨大成功之后，CME 于 1996 年又上市了 NASDAQ-100 指数期货及期货期权合约。该指数包括在 NASDAQ 股票市场上市的、100 只美国最大的非金融类普通股，以调整过的市值加权。指数反映了计算机硬件和软件、电信、零售/批发交易、医药制品和生物技术行业迅速成长的公司的变化。1999 年 CME 推出了小型 NASDAQ-100，合约价值为常规 NASDAQ-100 的 1/5。

3. 道琼斯价格平均指数期货

道琼斯指数的全称是股票价格平均指数，它是一种算术平均股价指数。道琼斯平均价格指数包括：道琼斯工业平均指数（DJIA）、道琼斯运输业平均指数（DJTA）、道琼斯公用事业平均指数（DJUA）和道琼斯综合平均指数（DJCA），分别用以反映工业、交通运输业、公共事业以及上述三类行业综合的运行情况。在这一系列指数中，道琼斯工业平均指数最为著名，并被广大媒体作为道琼斯指数而加以引用。它属于价格加权型指数，其成分股由美国最大和最具流动性的 30 只工业蓝筹股构成。1928 年后，道琼斯股票价格平均数改用新的计算方法，即在股票除权或除息时采用修正连接技术，修正通过改变指数除数进行，此举保持了指数的连续性，从而使指数得到了完善，并逐渐被推广到全世界。

世界上不少交易所推出了道琼斯股指期货。如截至 2006 年 3 月，CBOT 共推出了以道琼斯工业平均数（DJIA）为标的的小型、中型和大型三个品种的期货合约，合约乘数分别为 5、10、25 美元，以满足不同交易者的需要。香港交易及结算所有限公司于 2002 年 5 月 6 日推出道琼斯工业平均指数期货。Eurex 上市交易的有道琼斯欧洲斯托克 50 股指期货与期权、道琼斯斯托克 600 指数期货、道琼斯全球巨人 50 指数期货、道琼斯意大利巨人 30 指数期货合约。新加坡国际金融交易所（SIMEX）推出了以道琼斯马来西亚指数为标的的马来西亚股指期货合约及以道琼斯泰国股票指数为标的的泰国股指期货合约等。

4. 香港恒生指数期货(HIS)和小型恒指期货

恒生指数是由香港恒生银行与财经人士于 1969 年 11 月 24 日开始编制的用以反映香港股市行情的一种股票指数。该指数的成分股最初由在中国香港上市的较有代表性的 33 家公司的股票构成,其中金融业 4 种、公用事业 6 种、地产业 9 种、其他行业 14 种。恒生指数最初以 1964 年 7 月 31 日为基期,基期指数为 100,以成分股的发行股数为权数,采用加权平均法计算。由于技术原因改为以 1984 年 1 月 13 日为基期,基期指数定为 975.47。恒生指数现已成为反映中国香港政治、经济和社会状况的主要风向标。

1986 年 5 月 6 日香港期货交易所推出恒生指数期货合约;2000 年 10 月 9 日,为满足小额投资者的需要,香港期货交易所又推出了小型恒生指数期货合约(简称"小指"),其合约乘数为常规合约的 1/5,即 10 港币。

5. 日经 225 指数期货

日经 225 股价指数(Nikkei225)是《日本经济新闻》编制和公布的反映日本股票市场价格变动的股价指数。这一指数以在东京证券交易所第一市场上市的 225 种股票为样本股,包括制造业、金融业、运输业等行业。该指数从 1950 年 9 月开始编制,最初根据东京证券所第一市场上市的 225 家公司的股票算出修正平均股价,1975 年 5 月 1 日《日本经济新闻》采用道式修正法计算。日经指数的样本股原则上固定不变,以 1950 年算出的平均股价 176.21 元为基数。由于该指数从 1950 年起连续编制,具有较好的可比性,成为反映和分析日本股票市场价格长期变动趋势最常用和最可靠的指标。

1988 年 9 月 3 日,日本大阪证券交易所推出了日经 225 指数期货。

6. 韩国 KOSP1200 股指期货

1996 年 3 月 3 日,韩国证券交易所推出 KOSP1200 股指期货交易,次年 7 月,又推出股指期权交易。1999 年 4 月,为加强对期货交易的专门管理,韩国政府成立了韩国期货交易所,并于 2004 年把 KOSP1200 股指期货与期权交易从韩国股票交易所移到韩国期货交易所,目前韩国股票交易所与期货交易所也已合并,进一步促进了韩国在国际金融衍生品交易中的地位。

7. 道琼斯欧洲 STOXX50 指数期货

道琼斯欧洲 STOXX50 (DJ Euro STOXX 50)指数由在欧盟成员国法国、德国等 12 国资本市场上市的 50 只超级蓝筹股组成,是欧洲股市的基准指数之一。该指数由 STOXX 公司设计,于 1998 年 2 月 28 日引入市场,基准值为 1 000 点,基准日期为 1991 年 12 月 31 日,并定于每年 9 月修订一次。道琼斯欧洲 STOXX50 指数以成分股的市值作为权数来计算,同时规定任意一只成分股在指数中的权重上限为 10%。STOXX50 指数成分股涵盖了银行、公用、保险、电信、能源、技术、化工、工业品、汽车、食品饮料、医疗、原材料等大部分行业。

2006 年 6 月,道琼斯欧洲 STOXX50 指数期货第一次成为 Eurex 成交最活跃的品种,共成交 2 980 万手，同时道琼斯欧洲 STOXX50 指数期权也达到了创纪录的 1 650 万手。

8. 金融时报指数期货

金融时报指数（又称富时指数）是由英国伦敦证券交易所编制，并在《金融时报》（*Financial Times*）上发表的股票指数。根据样本股票的种数，金融时报指数分别有 30 种股票指数、100 种股票指数及 500 种股票指数三种指数。其中，伦敦金融时报 100 指数（FTSE 100）是英国最具代表性的股价指数，该指数自 1984 年 1 月 3 日起编制并公布，指数基值定为 1 000，挑选了 100 家有代表性的大蓝筹公司股票，代表了伦敦股票市场 81% 的市值，被称为反映英国经济的"晴雨表"。

1984 年 1 月，英国伦敦国际金融期货和期权交易所（LIFFE）推出了金融时报 100 指数期货和金融时报欧洲股票价格指数等两个股指期货品种，一年后金融时报指数期权开始上市。

9. 俄罗斯 RTS 指数期货

俄罗斯 RST 指数期货于 2005 年在俄罗斯 Micex-RTS 交易所上市交易。其标的为俄罗斯指数，又称莫斯科指数，由俄罗斯 Micex-RTS 交易所发布，该指数收集了莫斯科交易所内的 50 大最著名的上市公司股票，并于每三个月重新审核指数成分股。该指数合约乘数仅为 2 美元，因合约规模小，吸引了众多的交易者，近年来，该合约交易手数在世界排名靠前。

10. 标准普尔 CNX Nifty 指数期货

标准普尔 CNX Nifty 指数（Nifty 50）期货于 2000 年 6 月 12 日在印度国家证券交易所（NSE）推出。其标的指数涵盖了印度股票市场上 50 只极具代表性的蓝筹股票，指数中前十大比重股份约占指数总市值的 55%，该指数的总市值约占印度股票市场总市值的 60%～70%。指数中前三大行业比重分别为金融业（29%）、科技业（12%）和能源业（12%）。S&P CNX Nifty 指数是一个自由流通市值加权指数，指数的基期为 1995 年 11 月 3 日，基准值被定在 1000，以市值加权计算。目前，该指数期货交易量占印度股票及股票指数期货交易量的 99%以上，已经成为印度在世界上影响力最大的金融产品，极大地推动了印度金融衍生品市场的快速增长。

2012 年全球股指期货合约交易情况见表 10-1。

表 10-1 2012 全球股指期货合约排名（按成交量）

合约名称	交易所名称	合约乘数
标普 500 小型股指期货合约	芝加哥商业交易所（CME）	50 美元
欧洲 STOXX50 股指期货合约	欧洲期货交易所（Eurex）	10 欧元
俄罗斯 RTS 股指期货合约	俄罗斯 Micex-RTS 交易所（Micex-RTS）	2 美元

续表

合约名称	交易所名称	合约乘数
小型日经 225 股指期货合约	大阪证券交易所(OSE)	100 日元
标普 CNX Nifty 股指期货合约	印度国家证券交易所(NSE India)	100 印度卢比
沪深 300 股指期货合约	中国金融期货交易所(CFFEX)	300 人民币
Kospi 200 股指期货合约	韩国交易所(KRX)	100 000 韩元
Nasdaq 100 小型股指期货合约	芝加哥商业交易所(CME)	20 美元

(资料来源：www. futuresindustry. org)

第二节　沪深 300 股指期货

沪深 300 股指期货自 2010 年 4 月 16 日起正式在中国金融期货交易所上市交易。这是我国第一个金融期货品种，它的推出具有里程碑意义。

一、沪深 300 股指期货合约的主要条款

其具体内容见表 10-2。

表 10-2　沪深 300 股指期货合约主要条款

合约标的	沪深 300 指数
合约乘数	每点 300 元
报价单位	指数点
最小变动价位	0.2 点
合约月份	当月、下月及随后两个季月
交易时间	上午 9:15—11:30；下午 13:00—15:15
最后交易日交易时间	上午 9:15—11:30；下午 13:00—15:00
每日价格最大波动限制	上一个交易日结算价的±10%
最低交易保证金	合约价值的 12%
最后交易日	合约到期月份的第三个周五，遇法定节假日顺延
交割日期	同最后交易日
手续费	手续费标准为成交金额的万分之零点二五
交割方式	现金交割
交易代码	IF
上市交易所	中国金融期货交易所

(一) 合约标的

合约标的为沪深 300 指数。该指数由中证指数有限公司编制，以 2004 年 12 月 31 日

为基期，基期指数为 1 000 点。从上海和深圳证券市场中选取 300 只 A 股作为样本，选择标准为规模大、流动性好的股票。样本每半年定期调整一次，每次调整比例一般不超过 10%。调整股本是对自由流通股本分级靠档后获得的，以调整后的自由流通股本为权重。指数样本覆盖了沪深市场六成左右的市值，具有良好的市场代表性。

（二）合约乘数

合约价值＝股指期货指数点×合约乘数

股票指数点越大，或合约乘数越大，则股指期货合约价值也就越大。沪深 300 股指期货的合约乘数为每点人民币 300 元。如当沪深 300 股指期货指数点为 2 200 点时，合约价值等于 66 万元。

若合约乘数设定得过大，则入市门槛高，意味着投资者需要更多的保证金才能进入市场，将影响市场流动性；反之，小的合约乘数更方便小投资者入市，有利于提高市场流动性。

（三）最小变动价位

股指期货合约以指数点报价。报价变动的最小点数即为最小变动价位。沪深 300 股指期货的最小变动价位为 0.2 点，意味着合约交易报价的指数点必须为 0.2 点的整数倍。合约最小变动值＝0.2×300，即 60 元。

（四）合约月份

在境外期货市场上，股指期货合约月份的设置主要有两种方式：一种采用季月模式，以 3 月、6 月、9 月、12 月为循环月份；另一种以近期月份为主，再加上远期季月。欧美市场一般采用季月模式；而我国香港的恒生指数期货和我国台湾的台指期货采用后者，为两个近月加上两个季月。

沪深 300 股指期货合约的合约月份为当月、下月及随后两个季月，共四个月份合约。如果当前时间是 2013 年 5 月 8 日，则挂牌上市的合约有 IF1305、IF1306、IF1309、IF1312。

（五）每日价格最大波动限制

为了防止价格大幅波动所引发的风险，国际上通常对股指期货交易规定每日价格最大波动限制。沪深 300 股指期货的每日价格波动限制为上一交易日结算价的±10%。季月合约上市首日涨跌停板幅度为挂盘基准价的±20%。上市首日有成交的，于下一交易日恢复到合约规定的涨跌停板幅度；上市首日无成交的，下一交易日继续执行前一交易日的涨跌停板幅度。沪深 300 股指期货合约最后交易日涨跌停板幅度为上一交易日结算价的±20%。

（六）保证金比例

沪深 300 股指期货所有合约的交易保证金为 12%。当指数为 2 500 点时，投资一手合约需要占用的保证金为 2 500×300×12%＝90 000 元。与国内商品期货投资相比较，入市门槛较高。

沪深300股票指数

（一）指数计算

沪深300指数的选样方法是对样本空间股票在最近一年（新股为上市以来）的日均成交金额由高到低排名，剔除排名后50%的股票，然后对剩余股票按照日均总市值由高到低进行排名，选取排名在前300名的股票作为样本股。指数以调整股本为权重，采用派许加权综合价格指数公式进行计算。其中，调整股本根据分级靠档方法获得。

原则上对指数成分股每半年调整一次，一般在1月初和7月初进行，提前两周公布调整方案。每次调整的比例不超过10%，样本股设置缓冲区，排名在240名内的新样本优先进入，排名在360名之前的老样本优先保留。最近一次财务报告亏损的股票原则上不进入新选样本，除非这只股票影响指数的代表性。计算公式为

报告期指数＝报告期成分股的调整市值/基日成分股的调整市值×1 000

其中，调整市值＝$\sum$（市价×调整股本数），基日成分股的调整市值亦称为除数，调整股本数采用分级靠档的方法对成分股股本进行调整。

（二）指数编制技术

沪深300指数的编制采用缓冲区技术和分级靠档技术。缓冲区技术的采用使每次指数样本定期调整的幅度得到一定程度的控制，使指数能够保持良好的连续性。分级靠档技术的采用可以使在样本公司股本发生微小变动时保持用于指数计算的样本公司股本数的稳定，可以降低股本变动频繁带来的跟踪投资成本，便于投资者进行跟踪投资。样本股调整幅度的降低可以减少投资者跟踪投资指数的成本。

（三）指数成分股介绍

沪深300指数成分股覆盖银行、钢铁、石油、电力、煤炭、水泥、家电、机械、纺织、食品、酿酒、化纤、有色金属、交通运输、电子器件、商业百货、生物制药、酒店旅游、房地产等数十个主要行业的龙头企业。排名在前20的成分股往往成为投资者关注的焦点，其与沪深300指数的走势相关性较强，然而这些权重排名并非一成不变，而是每天随着股票价格变化而进行位置调整。表10-3为（数据截至2013年5月2日）沪深300指数前20只成分股排名和权重。

（四）成分股选取标准

（1）上市交易时间超过一个季度，除非该股票上市以来日均A股总市值在全部沪深A股中排在前30位。

（2）非ST、*ST股票，非暂停上市股票。

（3）公司经营状况良好，最近一年无重大违法违规事件、财务报告无重大问题。

（4）股票价格无明显的异常波动或市场操纵。

（5）剔除其他经专家认定不能进入指数的股票。

表 10-3 沪深 300 指数前 20 只股票

排名	股票代码	公司名称	权重%	排名	股票代码	公司名称	权重%
1	000001	平安银行	0.96	11	000063	中兴通讯	0.48
2	000002	万科 A	2.18	12	000069	华侨城 A	0.42
3	000009	中国宝安	0.22	13	000100	TCL 集团	0.49
4	000012	南玻 A	0.20	14	000157	中联重科	0.64
5	000024	招商地产	0.36	15	000338	潍柴动力	0.39
6	000039	中集集团	0.16	16	000401	冀东水泥	0.12
7	000046	泛海建设	0.14	17	000402	金融街	0.28
8	000059	辽通化工	0.06	18	000422	湖北宜化	0.12
9	000060	中金岭南	0.24	19	000423	东阿阿胶	0.43
10	000061	农产品	0.11	20	000425	徐工机械	0.25

（数据来源：中证指数公司，截至 2013 年 5 月 2 日）

二、沪深 300 股指期货的交易与结算制度

（一）持仓限额制度

沪深 300 股指期货的会员和客户持仓限额具体规定为：进行投机交易的客户号某一合约单边持仓限额为 300 手；某一合约结算后单边总持仓量超过 10 万手的，结算会员下一交易日该合约单边持仓量不得超过该合约单边总持仓量的 25%；进行套期保值交易和套利交易的客户号的持仓按照交易所有关规定执行，不受该持仓限额限制。

（二）交易指令

沪深 300 股指期货的交易指令分为市价指令、限价指令及交易所规定的其他指令。

交易指令每次最小下单数量为 1 手，市价指令每次最大下单数量为 50 手，限价指令每次最大下单数量为 100 手。

（三）每日结算价

在股指期货交易中，大多数交易所采用当天期货交易的收盘价作为当天的结算价，如芝加哥商业交易所的 S&P500 期指合约与香港的恒生指数期货合约交易都采用此法。

沪深 300 股指期货当日结算价是某一期货合约最后一小时成交价格按照成交量的加权平均价，计算结果保留至小数点后一位。最后一小时因系统故障等原因导致交易中断的，扣除中断时间后向前取满一小时视为最后一小时。合约最后一小时无成交的，以前一小时成交价格按照成交量的加权平均价作为当日结算价。该时段仍无成交的，则再往前推一小时。以此类推。合约当日最后一笔成交距开盘时间不足一小时的，则取全天成交量的加权平均价作为当日结算价。合约当日无成交的，当日结算价计算公式为：当日结算价＝该合约上一交易日结算价＋基准合约当日结算价－基准合约上一交易日结算价，

其中，基准合约为当日有成交的离交割月最近的合约。合约为新上市合约的，取其挂盘基准价为上一交易日结算价。基准合约为当日交割合约的，取其交割结算价为基准合约当日结算价。根据本公式计算出的当日结算价超出合约涨跌停板价格的，取涨跌停板价格作为当日结算价。采用上述方法仍无法确定当日结算价或者计算出的结算价明显不合理的，交易所有权决定当日结算价。

（四）交割方式

股指期货合约的交割普遍采用现金交割方式，不需要交割一揽子股票指数成分股，而是用交割结算价进行盈亏结算来了结头寸。沪深 300 股指期货也采用现金交割方式；股指期货合约最后交易日收市后，交易所以交割结算价为基准，划付持仓双方的盈亏，了结所有未平仓合约。

（五）交割结算价

股指期货的交割结算价通常是依据现货指数来确定的，这可以有效地保证期指与现指的到期趋同。交割结算价的选取不同交易所存在差异，例如美国芝加哥商业交易所的 S&P500 指数期货的交割结算价是以最后结算日（即周五上午）现指特别开盘报价（special opening quotation，SOQ）为交割结算价；中国香港的恒生指数期货采取最后交易日现指每 5 分钟报价的平均值整数为交割结算价。

沪深 300 股指期货的交割结算价为最后交易日标的指数最后两小时的算术平均价。计算结果保留至小数点后两位。交易所有权根据市场情况对股指期货的交割结算价进行调整。

（六）股指期货投资者适当性制度

沪深 300 股指期货市场实行股指期货投资者适当性制度。该制度按照“把适当的产品销售给适当的投资者”的原则，从资金实力、投资经历、知识测试等方面对投资者进行了限制性的规定，从而规避了中小投资者因盲目参与而遭受较大损失的可能。

股指期货投资者适当性制度主要包含以下要点：①自然人申请开户时保证金账户可用资金余额不低于人民币 50 万元；②具备股指期货基础知识，开户测试不低于 80 分；③具有累计 10 个交易日、20 笔以上的股指期货仿真交易成交记录，或者最近三年内具有 10 笔以上的商品期货交易成交记录。对于一般法人及特殊法人投资者申请开户除具有以上三点要求外，还应该具备：①一般法人投资者申请开户，净资产不低于人民币 100 万元。②一般法人申请开户，还应当具备相应的决策机制和操作流程；决策机制主要包括决策的主体与决策程序，操作流程应当明确业务环节、岗位职责以及相应的制衡机制。③特殊法人投资者申请开户，还应当提供相关监管机构、主管机构的批准文件或者证明文件。

第三节 股指期货套期保值

一、β 系数及其估算

（一）β 系数——股票系统性风险度量指标

风险由系统风险和非系统风险构成，其中非系统风险可以通过恰当构造的投资组合加以分散，而系统风险则无法分散。β 系数是测量系统风险大小的一个指标，可以度量个股收益率对市场收益率的敏感程度。而根据经典的投资学理论，股票的风险报酬只与其承担的系统风险有关。因此，β 系数对于投资者具有非常重要的意义。发达国家的证券市场都定期在权威报刊上公布每种股票的 β 系数，国际上著名的投资咨询公司提供的上市公司研究报告中也要列出股票的 β 系数。在我国，从 1996 年 7 月开始，上海证券报开始定期刊登 A 股股票的 β 系数一览表。

（二）β 系数的估算

在实际中，常以证券特征线来估算股票的 β 系数，并用某股票指数代表市场指数。证券特征线实际上是一条描述股票收益率与股票指数收益率之间关系的回归线，有

$$r_{it} = \alpha_i + \beta_i r_{mt} + e_{it}$$

式中，r_{it} 和 r_{mt} 分别表示股票 i 和指数在 t 时刻的收益率，α_i 是截距，β_i 表示回归线的斜率，e_{it} 是第 t 期股票 i 的收益率对回归线的偏离。

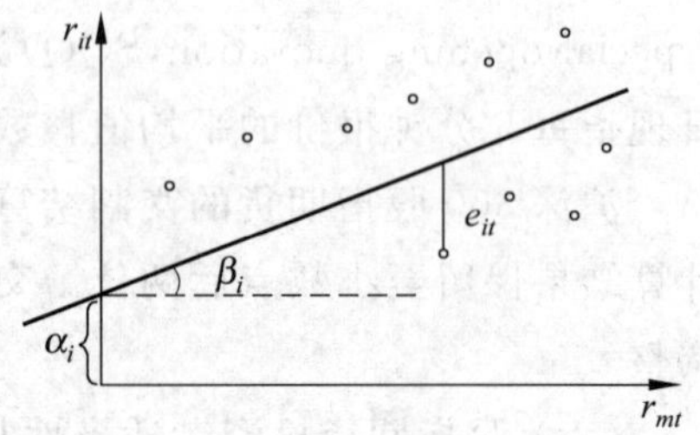

图 10-1 某股票收益率和指数收益率的散点图和拟合直线

β 的计算公式如下：

$$\beta_i = \frac{\mathrm{Cov}(r_i, r_m)}{\sigma_m^2}$$

如果 β 系数等于 1，则表明股票收益率的增减幅度与指数收益率的增减幅度保持一致；若 β 系数大于 1，说明股票的波动或风险程度高于以指数衡量的整个市场的波动；而当 β 系数小于 1 时，说明股票的波动或风险程度低于指数波动幅度。

（三）股票组合的 β 系数

当投资者拥有一个股票组合时，就要计算这个组合的 β 系数 β_P，则有

$$\beta_P = \sum_{i=1}^{n} W_i \beta_i$$

式中，W_i 是股票 i 价值占整个股票组合价值的比重。

二、股指期货套期保值中合约数量的确定

用股指期货进行套期保值时，需要确定买卖的合约数量。根据马柯维茨的投资组合

理论与思想，可以将套期保值者在现货和期货市场的头寸当作一个投资组合，考虑整个组合的价值在保值期间的变化。

假设需保值的股票或股票组合的现值为 S，在保值期间内每元的变动为 Δ_1；股指期货标的指数的现值为 F，在保值期间内每元的变动为 Δ_2，有 $\Delta_1=\beta\Delta_2$，则保值期间内股票组合的价值变动为 $S\Delta_1$，可表示为 $\beta S\Delta_2$，也可表示为

$$\beta\frac{S}{F}\times F\Delta_2$$

而期货合约价格的变动约为 $F\Delta_2$。

因此，保值所需期货合约数量 N 为

$$N=\beta\frac{S}{F}$$

即，所需期货合约数量＝股票或股票组合的价值÷(期货指数点×每点乘数)×β 系数，式中"期货指数点×每点乘数"是一张期货合约的价值。

三、股指期货多头套期保值策略

多头(买入)套期保值是指交易者通过在股指期货市场买入股票指数的操作，来对冲股票市场价格上涨的风险。进行买入套期保值的情形主要是：投资者在未来计划持有某种股票组合，但是担心股市大盘上涨而使购买股票组合的成本上升。

【例 10-1】 3 月初，某金融机构预计 6 月初会有 1 000 万元资金入账，该机构计划在资金到账后构建一个多样化的投资组合(投资组合的 β 系数为 1.2)，但是该机构担心几个月后行情会上涨，于是决定买入 6 月到期的沪深 300 指数期货合约进行套期保值。当时沪深 300 指数期货合约点位为 2 700 点。

则该买入的合约份数＝10 000 000/(2 700×300)×1.2＝15(张)

具体套期保值效果见表 10-4。

表 10-4　股指期货买入套期保值

日期	股 票 市 场	股指期货市场
3 月初	欲买股票组合 1 000 万元	以 2 700 点买入 15 张 6 月沪深 300 期货合约
6 月初	买入股票成本提至 1 060 万元	以 2 850 点卖出 15 张 6 月沪深 300 期货合约
成本变化	成本增加 60 万元	期货市场获利(2 850－2 700)×300×15，共 67.5(万元)

由此可见，该机构在现货市场上成本增加了 600 000 元，但是由于该机构在指数期货上做了多头保值，6 月初将期指合约卖出平仓，获得盈利 67.5 万元，超过在现货市场购买股票组合增加的成本。当然，如果到了 6 月时股票价格不是上涨反而下跌了，那么进行买入套期保值会导致该机构在现货市场的盈利被期货市场的亏损抵消。

四、股指期货空头套期保值策略

空头(卖出)套期保值是指交易者通过在股指期货市场卖出股票指数的操作,来对冲股票市场价格下跌的风险。进行卖出套期保值的情形主要是:投资者持有股票组合,担心股市大盘下跌而影响股票组合的收益。

【例 10-2】 国内某证券投资基金在 9 月 5 日时,其收益率已达到 25%,鉴于后市不太明朗,下跌的可能性很大,为了保持这一业绩到年底,决定利用沪深 300 股指期货保值。其股票组合的现值为 1.125 亿元,并且其股票组合与沪深 300 指数的 β 系数为 1.2。假设 9 月 5 日的现货指数为 2 200 点,而 12 月到期的期货合约为 2 250 点。该基金应卖出期货合约数为

$$卖出的期货合约数=112\,500\,000\div(2\,250\times300)\times1.2=200(张)$$

12 月 5 日,现货指数跌到 2 100 点,而期货指数跌到 2 150 点,这时该基金买进 200 张期货合约进行平仓,则该基金的情形如表 10-5 所示。

表 10-5 股指期货卖出套期保值分析

日期	现货市场	期货市场
9 月 5 日	股票总值 1.125 亿元,沪深 300 现指为 2 200 点	卖出 200 张 12 月到期的沪深 300 股指期货合约,期指为 2 250 点
12 月 5 日	沪深 300 现指跌至 2 100 点,该基金持有的股票价值缩水为 1.065 亿元	买进 200 张 12 月到期的沪深 300 股指期货合约平仓,期指为 2 150 点
损益	缩水 600 万元	获利为:(2 250−2 150)×200×300=600(万元)

如果到了 12 月 5 日,股票指数和股指期货合约价格都上涨了,结果就是期货市场出现亏损,但股票组合升值,盈亏相抵之后,基本上仍能保持以往的收益率业绩。

五、股指期货套期保值策略优化

下面介绍 Beta 系数与最佳套期保值比率。

在之前的分析中,我们以某一股票指数的收益率代替了整个市场的收益率,假设其 β 系数为 1。但实际上,它们还是有区别的。有些股指期货,其标的股指的 β 系数接近 1;而有些股指期货,其标的股指的 β 系数与 1 差距较大。如果是后一种情况,在进行套期保值时,应计算其最佳套期保值比率。

$$h=\frac{\beta}{\beta_F}$$

式中:β_F 是股指期货标的指数的股票组合的 β 系数,β 为需保值的股票组合的 β 系数。则有,保值所需的合约份数为

$$N = h\frac{S}{F} = \frac{\beta}{\beta_F} \times \frac{S}{F}$$

【例 10-3】 英国某基金有一个价值 270 万英镑的股票组合，其相对于市场证券组合的 β 系数为 2.2。该基金计划从 1 月 4 日起到 4 月 5 日之间进行保值，于是在 1 月 4 日以 2 700 点卖出了 6 月份 FTSE100 指数期货，该指数合约乘数为 10 英镑，其 β 系数为 1.1。则最佳套期保值比为 2.2/1.1=2。一张期货合约的价值为 2 700×10=27 000(元)。

因此，该基金应当卖出(2 700 000÷27 000)×2=200 张期货合约。

六、利用股指期货改变β系数

当股市看涨时，投资者希望持 β 系数值大的股票；而当股市看跌时，投资者希望持 β 系数值小的股票。在实际中，投资者可以通过改变组合内的股票来调整组合的 β 系数，但这样做非常不方便，而且操作成本高。

通过买卖股指期货可以改变股票组合的 β 系数。以 β_1 和 β_2 分别表示调整前后的 β 系数值。具体计算如下：

若对市场看跌，希望降低股票组合的 β 系数值，即有 $\beta_1 > \beta_2$，则需出售合约份数为

$$N = \frac{S}{F\beta_F}(\beta_1 - \beta_2)$$

反之，若对市场看涨，希望提高股票组合的 β 系数值，即有 $\beta_1 < \beta_2$，则需买入合约份数为

$$N = \frac{S}{F\beta_F}(\beta_2 - \beta_1)$$

第四节　股指期货期现套利

期现套利是指通过卖出高估的现货(或期货合约)同时买入被低估的期货合约(或现货)的方式达到获利的目的。

一、无风险期现套利理论

由于股指期货的制度设计，在到期日时股指期货的价格和指数的现货价格被强制相等。这一制度设计保证了股指期货与股指现货之间存在紧密的联系，两者的价格关系一旦失衡，价差超过交易成本，就会产生套利机会。

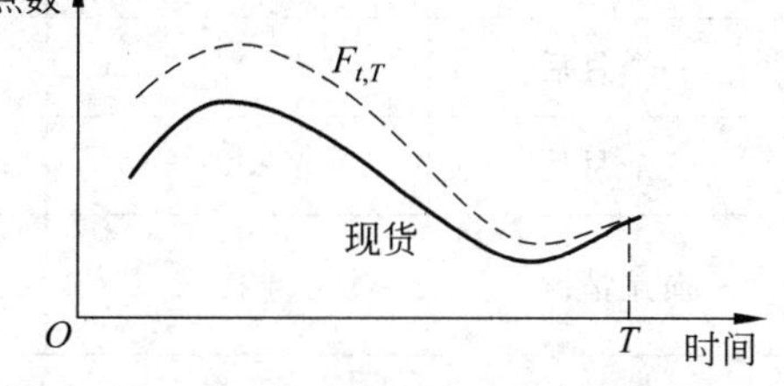

图 10-2　股指期货与指数现货之间的关系

经典的股指期货定价理论由 Cornell & French(1983)提出，该模型主要基于持有成本的考虑，其中持有成本包括资金占用成本和持有期间可能得到的股票红利两部分：

指数期货理论价格＝现货指数价格＋融资成本－股息收入

一般来讲，市场利率总是大于股票分红率，因此持有成本通常大于零，即期货价格高于指数现货价格。假设沪深300指数为2 000点，市场年利率为6%。一个月后将获得红利收入，红利水平为1%，获得红利后以6%的利率水平贷出，三个月后获得本利。则三个月后到期的股指期货理论价格可由以下公式计算：

$$F_{t,T}=S_{t,T}\times[1+i\times(T-t)/360-d\times(T-t)/360]$$

其中，$F_{t,T}$为到期日为T的股指期货合约在t时刻的理论价格；$S_{t,T}$为标的股指现货在t时刻的价格水平；i为资金成本；d为t到T期间指数现货的股息率。按照上式的计算三个月后到期的股指期货合约的理论价格：

① 资金占用成本：2 000×6%×3÷12＝30；

② 股票红利的本利和：2 000×1%×[1＋6%×2÷12]＝20.2。

由此可知，三个月后到期的股指期货合约理论价格为2 000＋30－20.2＝2 009.8点。

二、股指期现套利机会分析

在完全市场条件下，当市场价格不同于理论价格时，即出现了无风险的套利机会。当股指期货价格高于理论价格时，卖出期货、买入现货（与指数对应的股票组合或该指数对应的ETF）并持有到期，在到期日或到期日前出现有利情况时，将股指期货头寸与现货头寸同时平仓了结，即正向套利；当股指期货价格低于理论价格时，买入股指期货并卖出现货（与指数对应的股票组合或该指数对应的ETF），在到期日或到期日前出现有利情况时，同时了结期货与现货头寸，即反向套利。

续前例中所述，三个月后到期的股指期货合约理论价格为2 009.8点，若实际期货合约的市场价格为2 209.8点，即比理论价格高2 209.8－2 009.8＝200点。此情形下应进行正向套利（见表10-6）。

表10-6 正向套利损益情况

时 间	期货市场	现货市场	备 注
当前	2 209.8	2 000	期货市场为空头头寸 股票市场为多头头寸
一个月后		20.2	股票市场红利收入
三个月后	2 250	2 250	期货价格与现货价格相等
损益情况	－40.2	250	资金成本为30 红利融出的收入和为20.2
总损益	－40.2＋250－30＋20.2＝230		

由上例可见，正向套利策略获得的收益为市场价格与理论价格之差。

在实际市场环境中，由于借贷利率不一致、交易成本、冲击成本等因素会影响套利策略的实施。这类市场因素的存在，使得股指期货的价格关系中出现一个无套利机会的区间，只有在超出该区间的范围中才会出现真正的无风险套利机会（如图 10-3 所示）。考虑了市场因素后的无风险套利区间为

上界 $F_{t,T}^{+}$：完全市场下的理论价格（使用借款利率计算资金占用成本）＋交易成本＋冲击成本＋现货拟合跟踪误差（使用 ETF 或股票组合替代指数时产生的误差）

下界 $F_{t,T}^{-}$：完全市场下的理论价格（使用贷款利率计算资金占用成本）－交易成本－冲击成本－现货拟合跟踪误差（使用 ETF 或股票组合替代指数时产生的误差）

无套利区间：$F_{t,T}^{-} \leqslant F_{t,T} \leqslant F_{t,T}^{+}$

当 $F_{t,T}$ 高于 $F_{t,T}^{+}$ 时，说明期货价格偏高，出现了正向套利的机会（期货市场上持空头头寸，ETF 上的多头头寸）；当 $F_{t,T}$ 低于 $F_{t,T}^{-}$ 时，说明期货价格偏低，出现了反向套利的机会（期货市场上持多头头寸，现货市场上的空头头寸）。

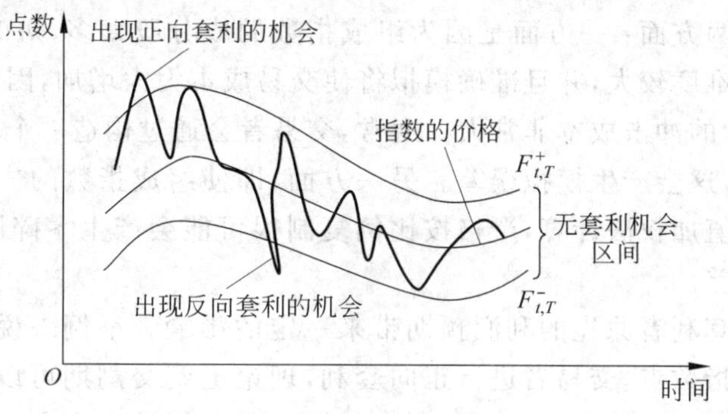

图 10-3　期现套利机会示例

在现实的市场环境中，因股票市场卖空机制缺失，造成反向套利策略受限。同样，国内推出股指期货合约后，在寻找期现套利的机会时，大多数情况只能局限于正向套利策略。

续前例，如果考虑了市场上的交易成本、期货及现货市场上的冲击成本、使用 ETF 拟合沪深 300 指数时产生的跟踪误差后，除了资金成本以外的成本水平为 5‰，则套利的上界为 2 009.8×(1＋5‰)＝2 019.849 点。当实际的市场价格为 2 250 点时，高于无风险套利区间的上界，因此正向套利策略仍然可行，但套利策略的获利空间会被压缩（见表 10-7）。

表 10-7 无套利区间计算

项 目	各项价格	
现货价格	2 000	
考虑资金成本、红利后的理论价格	2 009.8	
包含交易成本、冲击成本、拟合误差在内的总成本水平	5‰	
价格区间	上界	下界
	2 019.849	1 999.751

三、股指期现套利交易中的模拟误差

准确的套利交易意味着卖出或买进股指期货合约的同时，买进或卖出与其相对应的股票组合。如果实际交易的现货股票组合与指数的股票组合不一致，势必导致两者未来的走势或回报不一致，从而导致一定的误差。这种误差，通常称为模拟误差。

模拟误差来自两方面：一方面是因为组成指数的成分股太多，短时期内同时买进或卖出这么多的股票难度较大，并且准确模拟将使交易成本大大增加，因为对一些成交不活跃的股票来说，买卖的冲击成本非常大。通常，交易者会通过构造一个取样较小的股票投资组合来代替指数，这会产生模拟误差。另一方面，即使组成指数的成分股并不太多，但由于指数大都以市值加权法计算，严格按比例复制很可能会产生零碎股，无法完成交易，这也会产生模拟误差。

模拟误差会给套利者原先的利润预期带来一定的影响。举例来说，如果期价高出无套利区间上界 5 个指数点，交易者进行正向套利，理论上到交割期可以稳挣 5 个点；但是如果买进的股票组合(即模拟指数组合)到交割期落后于指数 5 个点，套利者将什么也挣不到。当然，如果买进的股票组合到交割期领先指数 5 个点，那该套利者就将挣到 10 个点。这会增加套利结果的不确定性，因而，在套利交易活动中，套利者应该对模拟误差给予足够的重视。

四、期现套利程序化交易

期现套利交易对时间要求非常高，必须在短时间内完成期指的买卖以及许多股票的买卖，传统的报价交易方式难以满足这一要求，因此必须依赖程序化交易(program trading)系统。

程序化交易系统由四个子系统组成：套利机会发觉子系统、自动下单子系统、成交报告及结算子系统、风险管理子系统。

套利机会发觉子系统在运作时必须同步链接股票现货市场与股指期货市场的行情信

息。除此之外，子系统内要预置与套利者自身有关的信息模块，如无套利区间计算所需要的各种参数、各种股票组合模型及相应的误差统计、套利规模的设定等。按此设计的套利机会发觉子系统将会及时发现市场是否存在套利机会，或及时发现对已有的套利头寸是否存在了结的机会，一旦产生机会，便会向交易者发出提示或按照预定的程序向自动下单子系统发出下单指令。

成交报告及结算子系统的作用是对成交情况迅速进行结算并提供详尽的报告，使套利者可以动态掌握套利交易的情况，对其进行评估，并在必要时对原有套利模式进行修正。

风险管理子系统可以对模拟误差风险及其他风险进行控制，同时它也会发挥管理指数期货保证金账户的作用。

通过运用程序化交易，套利者可以在较短时间内发现套利机会，并且快速执行套利操作，从而有效获取套利收益。

第五节　股指期货跨期套利

跨期套利是在同一交易所同一期货品种不同交割月份期货合约间的套利。同一般的跨期套利相同，它是利用不同月份的股指期货合约的价差关系，买进（卖出）某一月份的股指期货的同时卖出（买进）另一月份的股指期货合约，并在未来某个时间同时将两个头寸平仓了结的交易行为。

一、不同交割月份期货合约间的价格关系

股指期货一般都有两个以上合约，其中交割期离当前较近的称为近期合约，交割月离当前较远的称为远期合约。当远期合约价格大于近期合约价格时，称为正常市场或正向市场，近期合约价格大于远期合约价格时，称为逆转市场或反向市场。

在正常市场中，远期合约与近期合约之间的价差主要受持有成本的影响。股指期货的持有成本相对低于商品期货，而且可能收到的股利在一定程度上可以降低股指期货的持有成本。当实际价差高于或低于正常价差时，就存在套利机会。例如，假定 3 月和 2 月沪深 300 股指期货的正常价差为 20 点，当 3 月和 2 月沪深 300 股指期货的实际价差为 30 点，明显高于 20 点的水平时，可通过买入低价合约，同时卖出高价合约的做法进行套利，可以获取稳定利润。当然，价差随着这种活动而逐渐减少，直至回归合理价差。

在逆转市场上，两者的价格差没有限制，取决于近期供给相对于需求的短缺程度，以及购买者愿意花费多大代价换取近期合约。

根据以上关系，再结合具体的市场行情及对市况发展趋势的分析预测，就可以判断不同交割月份合约价格间的关系是否正常。如果不正常，无论价差过大还是过小，投资者都可以相机采取套利交易，待价格关系恢复正常时同时对冲了结，以获取套利利润。

二、不同交割月份期货合约间存在理论价差

根据股指期货定价理论，可以推算出不同月份的股指期货之间存在理论价差。现实中，两者的合理价差可能包含更多因素，但基本原理类似。

设：$F(T_1)$为近月股指期货价格；$F(T_2)$为远月股指期货价格；S为现货指数价格；r为利率；d为红利率。

则根据期-现价格理论有

$$F(T_1) = S[1+(r-d)T_1/365]$$
$$F(T_2) = S[1+(r-d)T_2/365]$$

可推出：

$$\begin{aligned} F(T_2)-F(T_1) &= S[1+(r-d)T_2/365]-S[1+(r-d)T_1/365] \\ &= S(r-d)T_2/365-S(r-d)T_1/365 \\ &= S(r-d)(T_2-T_1)/365 \end{aligned}$$

此即为两个不同月份的股指期货的理论价差，当实际价差与理论价差出现明显偏离时，可以考虑进行套利交易，等到价差回归到合理水平时了结头寸结束交易。

由于股指期货的价格受众多因素的影响，实际价格可能会经常偏离理论价格，因此完全依据理论价格进行套利分析和交易可能会面临较大的不确定性。

股指期货跨月套利也可以完全根据价差/价比分析法进行分析和操作。可分析两个不同月份期货合约的价差和价比数据，并观察和统计数据分布区间及其相应概率：当实际价差出现在大概率分布区间之外时可以考虑建立套利头寸，当价差或价比重新回到大概率区间时，平掉套利头寸获利了结。

【例 10-4】 假定利率比股票分红高 3%，即 $r-d=3\%$。5 月 10 日，沪深指数为 2 700 点，沪深 300 股指期货 9 月合约价格为 2 800 点，6 月合约价格为 2 750 点，9 月期货合约与 6 月期货合约之间的实际价差为 50 点，而理论价差为：$S(r-d)(T_2-T_1)/365=2\,700\times3\%\times3/12=20.25$ 点，因此投资者认为不久价差很可能缩小，于是买入 6 月合约，卖出 9 月合约。一周后，9 月合约涨至 2 890 点，6 月合约涨至 2 880 点，9 月期货合约与 6 月期货合约之间的实际价差缩小为 30 点。在不考虑交易成本的情况下，投资者平仓后每张合约获利为 20 点×300 元/点＝6 000 元。

表 10-8 跨期套利损益示意图

5 月 10 日	买入 1 手 6 月合约，价格为 2 750 点	卖出 1 手 9 月合约，价格为 2 800 点	价差 50 点
5 月 17 日	卖出 1 手 6 月合约，价格为 2 880 点	买入 1 手 9 月合约，价格为 2 890 点	价差 10 点
每张合约损益	＋130 点	－90 点	价差缩小 40 点
最终盈亏	盈利 40 点×300 元/点＝12 000 元		

Exercise 思考题

1. 股指期货在合约设计方面有什么特点?

2. 股指期货的理论价格是如何计算的?

3. 如何利用股指期货调整投资组合的β系数?

4. 国内某证券投资基金,在2012年6月1日时,其股票组合的收益达到了40%,总市值为3亿元。该基金预期,由于基本面的变化,股票可能出现短期下调,为了避免价格风险,该基金决定用沪深300指数期货进行保值。

假设其股票组合与沪深300指数的β系数为0.9。6月1日的沪深300指数现货指数为2 633点,假设9月期货为2 632点。那么,该基金应如何进行套期保值操作?假设到了7月2日,股票市场企稳,沪深300指数现货指数为2 465点,9月期货为2 480点,该基金套期保值效果如何?

5. 7月6日,沪深300指数现货当日收盘2 472点,9月沪深300指数期货合约为2 497点。假设沪深300指数预计红利为3 000元,该期间的无风险利率为6%。那么,市场是否存在套利机会?如果存在,应如何进行套利操作?

6. 一名投资组合经理持有价值1 000万元的股票组合,计划用标准普尔500股票指数期货保值。该组合相对于标准普尔500股票指数的β值为1.5。股指期货的当前价格为1 400,乘数为250。

计算:

(1) 期货合约的名义价值。

(2) 保值所需的期货合约数量。

7. 程序化交易系统由哪几个系统构成?

8. 什么叫模拟误差?模拟误差主要来源于哪两个方面?

9. 我国沪深300股指期货市场实行的投资者适当性制度主要包含哪些要点?

10. 什么叫无套利区间?

11. 什么叫正向套利?什么叫反向套利?

12. 股指期货合约是否可以低于基础产品(现货指数)的价格成交?为什么?

13. 假设2013年5月你得到订单,需要构建一组纳斯达克股票的投资组合。但是投资所用资金需等到9月才能到账。你打算如何通过套期保值对冲股票价格上涨的风险?

14. 假设你持有一组复制STOXX50收益的股票投资组合,市值为300万欧元,计划用欧洲期货交易所的欧洲STOXX50股指期货保值。已知投资组合相对于该指数的β系数为1.15。上网查一下当前的现货指数点和可用来保值的期货合约的指数点,计算需要多少份合约进行保值？说说你的策略。

15. 某基金有一个价值2 000万元的股票组合，其相对于市场证券组合的β系数为1.5。基金计划从1月4日起到4月5日之间进行保值，于是在1月4日以2 500点卖出了6月份沪深300指数期货，假设该指数合约的β系数为1.1。则该基金应当卖出多少张期货合约？

16. 2013年5月22日，6月沪深300期货指数点为2 618.03点，试计算一份沪深300合约价值为多少。若交易保证金为12%，当天的计算价为2 618点，计算当天投资一手合约需要占用的保证金。

17. 某基金持有价值1 000万元的股票组合，其相对于市场证券组合的β系数为1.5。若该基金对市场看跌，希望降低股票组合的β系数值至0.9，应该怎样利用沪深300指数期货达到目的？

18. 美国某投资基金为了防止后市出现下跌，决定用S&P500股指期货进行套期保值，假设其股票组合现值为2.24亿美元，其与S&P500指数的β值为0.9，假定到了12月期货合约指数为1 400点。求该投资基金要卖出多少份期货合约才能进行有效的套期保值？

19. 某人持有价值100万美元的股票投资组合，其β值为1.2。假设S&P500期货指数为1 500点，为防范股票下跌的风险，该投资者应如何操作？

20. 标普500指数期货合约的交易单位是每指数点250美元，某投机者3月份在1 250点位买入3张9月份到期的指数期货合约，并于7月份在1 300点将其平仓。问在不考虑其他费用的情况下，他的净收益为多少？

21. 某日收盘时，沪深300股指期货主力合约的结算价是3 000点，收盘价是3 100点，若该合约在下一交易日遭遇涨停板，则涨停板价格应为多少点？

22. 假设沪深300指数为2 400点，市场年利率为5%。一个月后将获得红利收入，红利水平为1%，获得红利后以5%的利率水平贷出，三个月后获得本利。若除了资金成本以外的成本(含交易成本、市场冲击成本、使用ETF拟合沪深300指数时产生的跟踪误差等)为5‰，当沪深300指数期货的市场价格为2 500点时，有没有套利机会？应如何操作？

23. 假定利率比股票分红高4%。5月10日，沪深300指数为2 590点，沪深300股指期货9月合约价格为2 627点，6月合约价格为2 588点，投资者认为不久9月和6月期货间的价差很可能会缩小，于是买入6月合约，卖出9月合约。一周后，9月合约涨至2 630点，6月合约涨至2 610点。分析该套利者的盈亏情况(不考虑交易成本)。

24. 假设4月1日现货指数为1 500点，市场利率为5%，交易成本总计为15点，年指数股息率为1%。计算该指数2个月后到期的期货合约的价格是多少。

第四部分

期　权

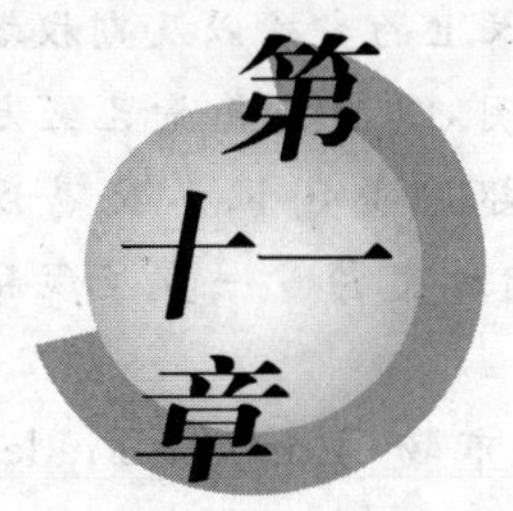

CHAPTER 11

期权与期权交易

本章首先介绍期权交易的基本知识，包括概念、分类、合约要素、交易指令、头寸的了结方式、保证金计算等；接着研究期权的定价，分析期权价格的构成——时间价值与内涵价值，分析影响期权价格的因素，阐述 Black-Scholes 期权定价模型、二叉树定价方法；再次分析期权的交易策略与运用，包括基本策略、合成期货与合成期权、价差期权与组合期权等；最后介绍新型期权的衍生方法及主要类型。

第一节　期权交易概述

小贴士　　期权的产生及发展概况

早在 18 世纪至 19 世纪时期，在工业革命和运输贸易的刺激下，欧洲和美国相继出现了有组织的场外期权交易，标的物以农产品为主。在英国，以证券为标的物的期权交易一度被宣布为非法，但即使如此，期权交易也从未停止过。进入 20 世纪，期权交易因为投机者的滥用而使其声誉颇为不佳。1929 年的股灾发生以后，美国证券交易委员会建议国会取缔期权交易。在激烈的辩论后，国会认为期权交易方式有其存在的经济价值，但必须对其加强监管。

1973 年 4 月 26 日，第一个以股票为标的物的期权交易所——芝加哥期权交易所(Chicago Board Options Exchange，CBOE)成立，这标志着现代意义的期权市场——交易所市场的诞生。

1973 年 7 月，费希尔·布莱克(Fisher Black)和迈伦·斯克尔斯(Myron Scholes)、罗伯特·墨顿(Robert Merton)先后发表了期权定价公式，不久，得克萨斯仪器公司推出了装有计算期权价值程序的计算器。理论和技术上的突破以及期权场内交易和其自身的优越性使 CBOE 的成长非常迅速，成立仅一个月，其日交易量已经超过了场外交易市场，1974 年全年成交的合约所代表的股数已超过美国证券交易所(American Stock Exchange，AMEX)全年股票的成交量。之后，期权交易量一直呈现稳步增长态势。

20 世纪 70 年代末，伦敦证券交易所开辟了伦敦期权交易市场(London Traded Options Market，LTOM)，荷兰成立了欧洲期权交易所(European Options Exchange，EOE)，1982 年芝加哥期货交易所推出了美国长期国债期货期权合约，标志着金融期货期权的诞生，引发了期货交易的又一场革命。同年，新加坡的数字保险市场(Digital Insurance Market Exchange，DIMEX)开始交易期权合约，此后，费城股票交易所(Philadelphia Stock Exchange，PHLX)推出了外币期权交易，加拿大、瑞典、法国、瑞士、日本、马来西亚和中国香港也先后推出了期权交易。而德国、比利时、新加坡等国，更是在期货交易所成立 3～5 年的时间内，便推出了期权交易。期权标的物从最初的股票扩展到目前包括农产品、金属、燃油等大宗商品，债券、股指、外汇等金融产品以及黄金白银等贵金属在内的近百个品种。

自 CBOE 成立之后，全球期权市场的发展速度超过了期货。期权交易之所以受到市场的欢迎，与该交易方式自身具有的特点有关。从理论上说，任何金融产品都可以分解成若干期权组合，通过期权组合也可以构建任意一种金融产品。20 世纪 80 年代末，金融工程师们对传统期权的内容进行了改造，创造出一大批新型期权，并且形成了数百种期权组合，为投资者提供了广阔的选择空间，使得金融产品构架发生了深刻变化。

一、期权的概念

期权(option)也称选择权，是指以对一定标的物或其合约的选择性买卖权利为核心，赋予买方在将来一定时间内以事先商定的价格选择是否买入(或卖出)一定数量和规格的某种标的物或其合约的权利，而卖方有义务按规定满足买方未来买卖的要求。期权和期货一样也以合约形式存在。

二、期权的分类

由于期权的含义涉及众多要素，因此可以从不同的角度将其划分为不同的类型。

(一) 欧式期权和美式期权

按期权的执行时间来划分，主要有欧式期权和美式期权两类。欧式期权是指仅在期权合约期限到期后买方才能按敲定价格行使其买或卖的权力，期权买方在期权合约到期日之前不能行使权利。而美式期权则给买方以更大的灵活选择权利，期权买方既能在期权合约到期日行使权力，也能在期权到期日之前的任何一个交易日行使权利。因此，美式期权购买者一般无须支付更高的权利金。欧式期权和美式期权的分类与地理概念毫无关系，纯粹只是命名的不同而已，在美国场外交易的外汇期权大都是欧式期权。

（二）看涨期权和看跌期权

按照期权赋予的权利来划分，可将期权分为看涨期权和看跌期权。其中看涨期权又称买权（call option），是指期权的买方向卖方支付一定数额的权利金后，即拥有在期权合约的有效期内，按敲定价格向期权卖方买入一定数量的标的物的权利，但不负有必须买进的义务。

看跌期权又称卖权（put option），是指期权的买方向卖方支付一定数额的权利金后，即拥有在期权合约的有效期内，按敲定价格向期权卖方卖出一定数量标的物的权利，但不负有必须卖出的义务。

（三）交易所交易期权和柜台交易（OTC）期权

按期权的交易场所来划分，可将期权分为交易所交易期权和柜台交易（OTC）期权，其中交易所交易期权也称场内交易期权，一般是在交易所的交易大厅内公开竞价，所交易的都是标准化期权合约，即由交易所预先制定每一份合约的交易规模（如股票期权为100股，与股票交易相对应）、敲定价格、通知日、到期日、交易时间等，合约的唯一变量是权利金。

交易所期权采用类似股票交易所的做市商制度，每种期权在交易厅都有具体位置，某一确定的期权由特定做市商负责，投资者的经纪人可向做市商询问买价和卖价。做市商可以增加场内期权的流动性，他本身从买卖差价中获利。

柜台式期权也称场外交易期权，是卖方为满足某一购买者特定需求而产生的。它并不在交易所大厅内进行交易，因此没有具体的交易地点。其成交额、敲定价格、到期日等都由买卖双方自行协商。柜台式期权合约不经过结算所结算，也没有担保，它的履约与否全看期权出售者是否履行合约。

与场内期权相比，场外期权具有如下特点。

（1）合约非标准化。交易所期权合约是标准化的，场外期权合约是非标准化的。

（2）交易品种多样、形式灵活、规模巨大。由于场外交易双方可以直接商谈，期权品种、交易形式和交易规模等均可以按照交易者的需求进行定制，所以场外期权更能够满足投资者的个性化需求，场外期权交易也促进了新的复杂产品的诞生和交易。

（3）交易对手机构化。场外期权交易多在机构投资者之间进行，对于一般法人和机构投资者，其交易对手多为经验丰富的投资银行、商业银行等专业金融机构，期权合约的内容、交易方式等均由经验丰富的交易对手设计。

（4）流动性风险和信用风险大。交易所期权随时可以转让，结算机构可以保证卖方履约，而场外期权交易以上两点都无法保证。所以，场外交易具有较高的流动性风险和信用风险。

现举例说明场外交易期权：某上市公司欲以每股40美元发行500万新股，由于担心新股发行不顺，为了使股票更加具有吸引力，该上市公司采取了期权策略，即每购100股新股，就送购买者一份卖权，使其在未来两年内有权按每股30美元的价格卖掉100股股票。这样购买者损失就限制在每股10美元以内；而一旦股价上涨，他们的获益潜力很大。

由以上例子可以看出，期权在场外交易很普遍，常用于发行新股，也用于债券交易、房产交易中。但本章目的是探讨更为规范和标准化的场内期权，因此以后章节若不另行指明，所说的期权交易都是指场内期权交易。

（四）现货期权和期货期权

按照期权合约标的物的不同来划分，可将其分为现货期权和期货期权。标的物为现货商品的期权被称为现货期权。现货期权又有金融现货期权和商品现货期权之分。金融现货期权的标的物是金融现货资产；商品现货期权的标的物是实物现货资产。

标的物为期货合约的期权被称为期货期权。期货期权又有金融期货期权和商品期货期权之分。金融期货期权的标的物是金融期货合约；商品期货期权的标的物是实物商品期货合约。

三、期权的类、属、种

在任何给定的时间，对于任何给定的资产，可能有多个不同的期权合约同时在交易。如某一股票，如果具有4个到期日和5种敲定价格的期权在同时交易，考虑到每一个到期日和每一个敲定期权都有看涨和看跌期权在进行交易，则共有40种不同的期权合约。按照惯例，同一标的物所有看涨期权属于同一大类，所有看跌期权属于同一大类。同一"类"中具有同一到期日的属于同一"属"。

例如，CBOE美国长期国债期货的看跌期权是同一"类"，其中所有同时在2013年9月到期的，叫做同一"属"。在同一"属"的期权中，还可以按期权的敲定价格不同分为不同的"种"。如在2013年9月到期的美国国债期货看跌期权，敲定价格分别为90、92、94、96、98的，分别属于不同的"种"。

四、期权的基本要素

期权合约(option contract)的买入者或持有者以支付保证金——期权费(option premium)的方式拥有权利；合约卖出者或立权者收取期权费，在买入者希望行权时，必须履行义务。

即期权交易的买方通过付出一比较小的权利金费用，便得到一种权利，在期权的有效期内，若标的物价格朝有利于买方的方向变动，买方可以选择履约；在期权合约有效期内，期权也可以转让；超过规定期限，合约失效，买主的权利随之作废，卖主的义务也被解除。例如，某投资机构在 2013 年年初决定买进一份 IBM 股票的该年 9 月份卖权，敲定价为 180 美元。这意味着，在该期权到期前或到期时，如果股票价格低于 180 美元，该机构仍然可以 180 美元的价格卖出；如果价格高于 180 美元，该机构则放弃权利而不履约。

一般来说，期权合约包括以下基本要素。

(1) 期权的买方(taker)：购买期权的一方，即支付权利金，获得权利的一方，也称为期权的多头方。

(2) 期权的卖方(grantor)：出售权利的一方，获得权利金，因而具有接受买方选择的义务。期权的卖方也称为期权的空头方。

(3) 权利金(premium)：买方为获得权利而向卖方支付的费用，它是期权合约中的唯一变量，相当于期货合约的价格。其大小取决于期权合约的性质、到期月份及敲定价格等各种因素。

(4) 敲定价格(strike price)：也称为协定价格或执行价格，即事先确定的标的资产或期货合约的交易价格。

在期权合约中，通常会列出敲定价格的推出规则、敲定价格间距等相关规定，或在交易规则中给出相关规定。不同交易所，或同一交易所不同的期权合约，敲定价格的推出方式和给出数量不同，同一期权合约不同的敲定价格段，敲定价格的间距也不相同。通常，标的物价格越高，其价格波动越大，期权的敲定价格间距也越大。

(5) 通知日(declaration date)：当期权买方要求履行标的物(或期货合约)的交货时，他必须在预先确定的交货和提运日之前的某一天通知卖方，以便让卖方做好准备，这一天就是"通知日"。

(6) 到期日(prompt date)：也称为"履行日"，在这一天，一个预先做了声明的期权合约必须履行交货。通常，对于期货期权而言，期权的到期日应先于其标的资产——期货合约的最后交易日。

例如，以香港交易所的中国农业银行标准期权合约为例，报价行情如下：

5	ABC	DEC-13	4.0HKD	PUT	Premium 0.59
合约份数	标的物名	期权到期日	敲定价	卖权	权利金

其含义是：5 份中国农业银行(代码为 ABC)的敲定价为每股 4.0 港元的 2013 年 12 月到期的股票卖权(put)，权利金为每股 0.59 港元。

五、期货期权与期货的比较

(一) 相似之处

(1) 它们都是在有组织的场所(期货交易所或期权交易所)内进行。由交易所制定有关规则、合约内容，由交易所对交易时间、过程进行规范化管理。

(2) 在设计期货期权合约时，相关条款要考虑标的期货合约的条款。因此，期权合约条款与标的期货合约存在一定的关系。

(3) 由统一的结算机构负责结算，结算机构对交易起担保作用。结算所都是会员制，结算体系采用分级结算的方式，即结算所只负责对会员名下的交易进行结算，而由会员负责其客户的结算。

(4) 都具有杠杆作用。交易时只需交相当于合约总额的很小比例的资金(保证金或权利金)，使投资者能以小博大，从而成为投机和风险管理的有效工具。

(二) 主要区别

1. 期权的标准化合约与期货标准化合约内容不同

期货期权合约内容不涉及交割及相关内容，而期货合约中则必须列明交割等级、最后交割日等条款；期权合约中有行权及相关条款，期货合约中则没有。

在期限上，期货期权的到期日应先于其标的期货合约到期日，期货期权的最后交易日一般定在期货交割月的前一个月份。

2. 履约保证金规定不同

期货交易的买卖双方都要交付保证金；期权的买方成交时支付了权利金，他最大的损失就是权利金，所以他不必交纳保证金；而期权的卖方收取权利金，出卖了权利，他的损失可能会很大，所以期权的卖方要支付保证金，且随价格的变化，有可能追加保证金。

3. 买卖双方权利与义务不同

在期货交易中，期货合约的买卖双方都有相应的权利和义务在期货合约到期时履行交割，且大多数交易所都是采用卖方申请交割的方式；而在期权交易中，买方有权决定是执行权利还是放弃权利，卖方只是有义务按买方的要求去履约，买方放弃此权利时卖方才不执行合约。

4. 两种交易的风险有所不同

期货交易的买卖双方风险和收益结构对称，而期权交易的买卖双方风险和收益结构不对成。在期权交易中，买方的最大亏损是权利金，而卖方的风险很大，所以交易所只对卖方收取保证金，而不对买方收取保证金。

以上的分析启示投资者，在选择投资和保值工具时，需要注意期货交易策略最好在牛市和熊市中采用，在市场整理阶段则难以操作。而期权在任何市场条件下均可采用，如熊市、牛市、持稳市场、略有上扬及略有下跌的市场等各种条件下都可以选择不同的期权投资方式。

另外，在现实交易中，稳健的投资者往往会将期货与期权交易策略组合起来，灵活运用。

表 11-1　CME 集团上市的大豆期货期权合约

<table>
<tr><td>合约单位</td><td colspan="2">一张 5 000 蒲式耳的大豆期货合约</td></tr>
<tr><td>最小变动价位</td><td colspan="2">1/8 美分/蒲式耳（每份合约 6.25 美元）</td></tr>
<tr><td>敲定价格间距</td><td colspan="2">10 美分/蒲式耳和 20 美分/蒲式耳的整数倍。更详细的关于敲定价格间隔的规定参见 11A01.E 规则</td></tr>
<tr><td>合约月份/符号</td><td colspan="2">1 月(F)，3 月(H)，5 月(K)，7 月(N)，8 月(Q)，9 月(U)，11 月(X)；当近期月份不是标准期权合约月份时，则安排一个月度的(系列)期权合约，该系列期权合约在执行时将转为最近月份的期货合约。例如，10 月份的系列期权合约执行后转为11 月份的期货合约</td></tr>
<tr><td>每日价格限制</td><td colspan="2">0.7 美元/蒲式耳，当临近收盘限制买入或卖出时，可扩大到 1.05～1.60 美元/蒲式耳。最后交易日不设价格限制</td></tr>
<tr><td>最后交易日</td><td colspan="2">标准和连续期权合约：期权月份前一月份的最后一个交易日至少前数两个交易日之前的最后一个星期五</td></tr>
<tr><td>行权</td><td colspan="2">在期权到期前的任何交易时间，期权买方都可以执行期权，但必须在芝加哥时间下午 6:00 前通知结算所。期权执行结果将转为标的期货头寸。实值期权在最后交易日将被自动执行</td></tr>
<tr><td>到期</td><td colspan="2">在最后交易日下午 7:00，没有被执行的期货期权到期作废</td></tr>
<tr><td rowspan="2">交易时间</td><td>芝价哥商业交易所电子交易平台</td><td>周日到周五，美国中部时间下午 6:00—上午 7:15，上午 9:30—下午 1:15</td></tr>
<tr><td>公开喊价(交易所内的交易场地)</td><td>周一到周五，美国中部时间上午9:30—下午 1:15</td></tr>
<tr><td rowspan="2">代码</td><td>芝价哥商业交易所电子交易平台</td><td>OZS S=Clearing</td></tr>
<tr><td>公开喊价(交易所内的交易场地)</td><td>看涨期权 CZ/看跌期权 PZ</td></tr>
<tr><td>交易规则</td><td colspan="2">本合约列出的以及服从 CBOT 的交易规则和制度</td></tr>
</table>

注：

① 标准期权合约(standard option contract)：合约月份中列示的合约，它们循环挂牌交易，当某月份合约到期时，下一年度相同月份的合约或下一期到期的合约会上市；

② 系列期权合约(monthly (serial) option contract)：合约月份中未列示的合约，只在临近交割月才上市。

六、期权的交易指令

期权交易指令中一般应明确如下内容：①开仓或平仓；②交易方向(买入或卖出)；③合约数量；④合约代码；⑤合约名称(含标的资产、合约月份及年份、敲定价格、期权类型——看涨或看跌)；⑥报价——权利金；⑦指令种类(分为市价指令、限价指令等)。

如某客户某日在 CME 卖出 DEC12 原油期货看涨期权，通过交易系统下达了以 5.13 美元/桶的价格卖出 2012 年 12 月到期的敲定价格为 88 美元/桶的原期货看涨期权，交易指令为(标的期货价格为 90.05 美元/桶)：

s15yc Z12 8800c513lmt，指令各部分的意义见图 11-1 及注释。

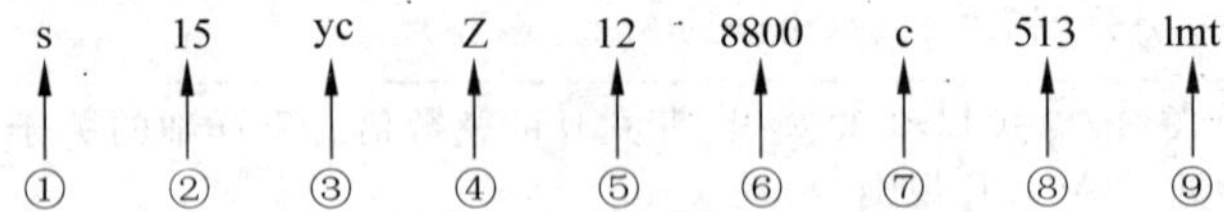

图 11-1 期权报价指令示意

注释：图 11-1 所表达的内容及申报规定如下：

① 申报交易方向。s 表示卖出；b 表示买入。

② 申报数量，以手数形式报出。

③ 标的物代码，yc 表示原油代码。

④ 合约月份代码，Z 为 12 月合约代码。

⑤ 合约到期年份，12 表示该期权合约 2012 年到期。

⑥ 敲定价格，8800 美分/桶。

⑦ 期权类型。C 表示看涨期权；P 表示看跌期权。

⑧ 权利金，513 表示该交易者愿意以 513 美分/桶出售该期权。

⑨ 指令种类。lmt 表示限价指令，mkt 表示市价指令。

七、期权头寸的了结

(一) 期权头寸的了结方式

期权具有一定的期限，过期后会变得没有任何价值，因此，交易者会在到期日或到期前了结持有的头寸。期权头寸的了结方式有对冲平仓、买方行权(卖方接受买方行权)了结、到期自动行权三种。

1. 对冲平仓

期权买方和卖方可选择对冲平仓的方式了结其期权头寸。即卖出(买进)相同的看涨期权或看跌期权。

例如，某交易者已经以 5.13 美元/桶的价格卖出了 15 手“12 月到期敲定价格为 88 美元/桶的看涨期权”，对冲平仓的方式是买进“12 月到期敲定价格为 88 美元/桶的看涨期权”。若买进时成交的权利金为 3 美元/桶，则该交易者盈利 2.13 美元/桶。

2. 买方行权(卖方接受买方行权)了结

期权买方也可选择在到期之前以行权的方式了结其头寸，而卖方此时必须接受买方行权。看涨期权买方行权，按敲定价格买入标的资产；看跌期权买方行权，按敲定价格卖出标的资产。行权后，期货期权的交易双方则获得相应的期货头寸(见表 11-2)。

表 11-2　期货期权买方行权后期权买方、卖方获得的期货头寸

	看涨期权	看跌期权
期权买方	获得多头期货头寸	获得空头期货头寸
期权卖方	获得空头期货头寸	获得多头期货头寸

3. 到期自动行权

期权买卖方还可以选择持有期权合约至到期。如果此时期权为实值期权，交易所将自动执行期权；否则，期权将自动失效。

（二）对三种方式的选择

从理论上分析，期权行权的机会很小，因为行权只能得到内涵价值，而平仓还可以得到时间价值。但对于深实值期权而言，由于市场流动性差，多头方不得不通过行权了结头寸；此外，一些套期保值者也会要求行权。

八、期权交易的保证金

（一）有保护的期权和无保护的期权

在期权交易中，买方最大的损失为交易时支付的权利金，所以没有额外的保证金要求。而卖方只有义务没有权利，承担的风险很大，结算机构会要求其交付保证金。

期权的卖方可分为两种情况：持有有保护的期权（covered option）或持有无保护的期权（naked option）。如果期权的卖方拥有可以用来抵偿期权风险的头寸，则其持有的期权就称为有保护的期权；否则，其期权就是无保护的期权。看涨期权的卖方在持有标的资产或标的期货合约多头时，是有保护的。看跌期权的卖方在下列情况下是有保护的：买进到期时间相同或更晚的同标的的看跌期权，其敲定价格等于或高于卖出期权的敲定价格。

如果卖出的是有保护的期权，则可以考虑将保护期权的资产或期货合约充当保证金。例如，如果某投资者拥有 200 股 IBM 股票，他卖出 2 份 12 月到期、敲定价格为 120 美元的 IBM 看涨期权，那么该投资者是有保护的，当买方选择执行合约时，他可以将拥有的股票交割。他不再被要求缴纳额外的保证金。

通常情况下，交易所或结算公司会依据行权期限、交易品种、期权类型、期权所处状态、是出售无保护期权还是组合期权等的不同，决定计算和收取保证金的数值和方法。

（二）卖出无保护期权的保证金要求

下面以美国有关的规定说明期权保证金的结算及交纳方式。

客户和会员的保证金分为初始保证金和维持保证金。期权交易者开仓卖出期权时，须按规定缴纳保证金，此保证金称为初始保证金；客户持仓期间，其保证金账户的资金还必须维持在一定的水平上，此水平被称为维持保证金。当客户或会员保证金账户的资金达不到维持保证金水平时，会收到交易所或结算公司追加保证金的通知，如果客户或会员

不能及时补足保证金，交易所或结算公司有权将其部分或全部持仓进行平仓，使其保证金账户可用资金达到规定额度。

初始保证金是按以下两种计算结果中选取金额较大的一个(以股票期权为例)：

(1) 初始保证金＝全部权利金收入＋0.2×标的股票的市场价值－期权处于虚值状态的数额；

(2) 初始保证金＝全部权利金收入＋0.1×标的股票的市场价值。

对于股指期权，应将上列(1)中第二项的系数0.2替换为0.15，因为股指波动性较小。

【例11-1】 某投资者卖出4份无保护的某股票的看涨期权，权利金为5美元，敲定价为40美元，成交时股票市价为38美元；这时处于虚值，对期权卖方有利，虚值为2美元，故按式(1)计算得：初始保证金＝4×1.0×5＋0.2×400×38－400×2＝4 240美元；按式(2)计算得：初始保证金＝4×100×5＋0.1×4.0×38＝3 520美元。

初始保证金应取较大者，即4 240美元。交纳时权利金收入2 000美元可作为保证金账户中的一个部分。

【例11-2】 其他情形和数据同上例，唯有卖出的是看跌期权。这时期权处于实值状态，对卖方不利，故式(1)中没有第三项。按式(1)算得初始保证金为400×(5＋0.2×38)＝5 040美元，比式(2)结果大。保证金取为5 040美元。

需要指出，前例卖出看涨期权，若股票市价下跌到27美元，虚值达到13美元，则按式(1)计算的初始保证金5 040－5 200＝－160，这时按式(2)计算的结果确定保证金为2 000＋0.1×400×27＝3 080美元。

同样按逐日盯市原则，逐日重新计算初始保证金，保证金账户不足时仍要追加保证金。

第二节 期权价格

期权合约要素中唯一的变量是权利金，权利金就是期权的价格，因此，期权价格的确定就是对权利金的理论值进行确定。影响权利金的因素有很多，使期权定价成为一个很复杂的问题。一般来说，期权价格又称为权利金、期权费或保险费(premium)，是买进(或卖出)期权合约时所支付(或收取)的费用，更确切地说，是期权买方为取得期权合约所赋予的权利而支付给卖方的费用。

一、期权价格的构成

期权价格主要由内涵价值和时间价值组成。

(一) 内涵价值

1. 内涵价值的含义及计算

期权的内涵价值(internal value)是指在不考虑交易费用和期权费的情况下，买方立

即执行期权合约可获取的行权收益。它反映了期权合约敲定价格与标的物市场价格之间的关系。计算公式为

看涨期权的内涵价值＝标的物的市场价格－敲定价格

看跌期权的内涵价值＝敲定价格－标的物的市场价格

如果计算结果小于0,则内涵价值等于0。所以,期权的内涵价值总是大于等于0。

2. 实值期权、虚值期权和平值期权

随着时间的变化,标的物价格会不断变化,同一期权的状态也会不断变化,按照期权敲定价格与标的物市场价格关系的不同,可将期权分为实值期权、虚值期权和平值期权。

实值期权(in-the-money option),也称期权处于实值状态,是指敲定价格低于标的物市场价格的看涨期权和敲定价格高于标的物市场价格的看跌期权。在不考虑交易费用和期权权利金的情况下,买方立即履行期权合约能够获得行权收益。所以,实值期权具有内涵价值,其内涵价值大于0。

当看涨期权的敲定价格远远低于标的物的市场价格,看跌期权的敲定价格远远高于标的物的市场价格时,该期权称为深度或极度实值期权。

虚值期权(out-of-the-money option),也称期权处于虚值状态,是指敲定价格高于标的物市场价格的看涨期权和敲定价格低于标的物市场价格的看跌期权。在不考虑交易费用和期权权利金的情况下,买方立即履行期权合约将产生亏损。所以,虚值期权不具有内涵价值,其内涵价值等于0。

当看涨期权的敲定价格远远高于标的物的市场价格,看跌期权的敲定价格远远低于标的物市场价格时,被称为深度或极度虚值期权。

平值期权(at-the-money option),也称期权处于平值状态,是指敲定价格等于标的物市场价格的期权。在不考虑交易费用和期权权利金的情况下,买方立即履行期权合约收益为0。平值期权也不具有内涵价值,其内涵价值等于0。

表11-3　实值、平值与虚值期权的关系

期权种类	看涨期权	看跌期权
实值期权	敲定价格＜标的物的市场价格	敲定价格＞标的物的市场价格
虚值期权	敲定价格＞标的物的市场价格	敲定价格＜标的物的市场价格
平值期权	敲定价格＝标的物的市场价格	敲定价格＝标的物的市场价格

如果某个看涨期权处于实值状态,敲定价格和标的物相同的看跌期权一定处于虚值状态。同样,如果某个看跌期权处于实值状态,则敲定价格和标的物相同的看涨期权一定处于虚值状态。

值得注意的是,对于实值期权,在不考虑交易费用和期权费的情况下,买方的行权收

益大于0,所以实值期权的内涵价值大于0;对于虚值期权和平值期权,由于买方立即执行期权不能获得行权收益,或行权收益小于等于0,所以虚值和平值期权不具有内涵价值,其内涵价值等于0。

【例 11-3】 敲定价格为450美分/蒲式耳的玉米看涨和看跌期权,当标的玉米期货价格为400美分/蒲式耳时,看涨期权和看跌期权的内涵价值各为多少?

解析

(1) 看涨期权的内涵价值:由于敲定价格高于标的物市场价格,所以看涨期权为虚值期权,内涵价值=0。

(2) 看跌期权的内涵价值=450−400=50(美分/蒲式耳)。

(二) 时间价值

1. 时间价值的含义

期权的时间价值(time value)又称外涵价值,是指权利金扣除内涵价值的剩余部分,它是期权有效期内标的物市场价格波动为期权持有者带来收益的可能性所隐含的价值。显然,标的物市场价格的波动率越高,期权的时间价值就越大;期权有效期越长,期权的时间价值就越大。如在2013年5月某日某时点,对于相同敲定价相同标的物的买权来说,该年12月到期的期权比9月到期的期权权利金要高,但随着期权到期日的临近其时间价值也逐渐变小;当该期权到期时,则不再具有时间价值。

2. 时间价值的计算

时间价值的计算公式为

$$时间价值=权利金-内涵价值$$

例如,若某股票在2013年3月时价格为37美元,该年8月看跌期权(敲定价40)的权利金为4,则该期权内涵价值为(40−37)=3,时间价值为(4−3)=1;若该年12月看跌期权(敲定价35)的权利金为2,则该期权内涵价值为0,时间价值为2。

表 11-4 期权到期日与时间价值之间的关系示例

期权标的资产	履约价格	买权收盘价			卖权收盘价		
		7月	8月	9月	7月	8月	9月
原油	92.00	3.67	4.74	5.08	1.39	2.29	3.21
铜	330.0	0.149	0.189	0.447 5	0.068 5	0.102 5	0.294 5
大豆	1280.0	64′1	136′0	215′3	1′2	10′6	44′1
欧洲美元	9 950.0	20.5	21	21.25	0.5	1	1.25

由表11-4可看出,当其他条件相同时,距离到期日的时间越长,期权的时间价值越高,权利金也越高。

3. 不同期权的时间价值

(1) 平值期权和虚值期权的时间价值总是大于等于0。

由于平值和虚值期权的内涵价值等于0,而期权的价值不能为负,所以平值期权和虚值期权的时间价值总是大于等于0。

(2) 美式期权的时间价值总是大于等于0。

对于实值美式期权,由于美式期权在有效期的正常交易时间内可以随时行权,如果期权的权利金低于其内涵价值,在不考虑交易费用的情况下,买方立即行权便可获利。因此,在不考虑交易费用的情况下,权利金与内涵价值的差总是大于0,或者说,处于实值状态的美式期权的时间价值总是大于等于0。

由于平值期权和虚值期权的时间价值也大于0,所以,美式期权的时间价值均大于等于0。

(3) 实值欧式期权的时间价值可能小于0。

欧式期权由于只能在期权到期时行权,所以在有效期的正常交易时间内,当期权的权利金低于内涵价值时,即处于实值状态的欧式期权具有负的时间价值时,买方并不能够立即行权。因此,处于实值状态的欧式期权的时间价值可能小于0,特别是,处于深度实值状态的欧式看涨期权和看跌期权,由于标的物的市场价格与敲定价格的差距过大,标的物市场价格的进一步上涨或下跌的难度较大,时间价值小于0的可能性更大。

小贴士　期权的权利金、时间价值和内涵价值

表11-5为2013年5月22日CME集团6月GBP/USD期权合约的市场价格,以及依据标的期货合约和期权价格计算出的内涵价值和时间价值。该交易所GBP/USD期权合约既有欧式期权,也有美式期权。当日标的期货合约结算价(汇率)为1.503 5,该日推出的敲定价格从1.24至1.57(交易所列出的敲定价格数据较实际值放大了1 000倍),间隔为0.01,看涨和看跌期权各有72个,加上欧式和美式,共有4×72=284个期权。但敲定价格过高(高于1.57)的看涨期权和敲定价格过低(低于1.24)的看跌期权没有交易,表11-5仅列出了部分期权的交易数据。

表11-5　2013年5月22日CME集团上市的6月份GBP/USD期权合约的相关数据

敲定价格	美式期权	权利金	内涵价值	时间价值	欧式期权	权利金	内涵价值	时间价值
1 240	Call	0.263 5	0.263 5	0	Call	0.263 4	0.263 5	−0.000 1
1 250	Call	0.253 5	0.253 5	0	Call	0.253 4	0.253 5	−0.000 1
1 260	Call	0.243 5	0.243 5	0	Call	0.243 4	0.243 5	−0.000 1
1 270	Call	0.233 5	0.233 5	0	Call	0.233 4	0.233 5	−0.000 1
⋮	⋮	⋮	⋮	⋮	⋮	⋮	⋮	⋮

续表

敲定价格	美式期权	权利金	内涵价值	时间价值	欧式期权	权利金	内涵价值	时间价值
1 410	Call	0.093 5	0.093 5	0	Call	0.093 5	0.093 5	0
1 420	Call	0.083 6	0.083 5	0.000 1	Call	0.083 6	0.083 5	0.000 1
1 430	Call	0.073 7	0.073 5	0.000 2	Call	0.073 7	0.073 5	0.000 2
1 440	Call	0.063 8	0.063 5	0.000 3	Call	0.063 8	0.063 5	0.000 3
1 450	Call	0.054 1	0.053 5	0.000 6	Call	0.054 1	0.053 5	0.000 6
1 460	Call	0.044 6	0.043 5	0.000 9	Call	0.044 6	0.043 5	0.000 9
1 470	Call	0.035 4	0.033 5	0.001 9	Call	0.035 5	0.033 5	0.002 0
1 480	Call	0.026 8	0.023 5	0.003 3	Call	0.027 0	0.023 5	0.003 5
1 500	Call	0.007 5	0.003 5	0.004 0	Call	0.012 8	0.003 5	0.009 3
1 550	Call	0.000 6	0	0.000 6	Call	0.000 5	0	0.000 5
1 570	Call	0.000 1	0	0.000 1	Call	0.000 1	0	0.000 1
1 420	Put	0.000 1	0	0.000 1	Put	0.000 1	0	0.000 1
1 440	Put	0.000 1	0	0.000 1	Put	0.000 3	0	0.000 3
1 460	Put	0.000 5	0	0.000 5	Put	0.001 1	0	0.030 8
1 500	Put	0.003 9	0	0.003 9	Put	0.009 3	0	0.009 3
1 580	Put	0.041 4	0.076 5	0	Put	0.076 5	0.076 5	0
1 760	Put	0.256 5	0.255 6	0.000 9	Put	0.256 4	0.255 6	0.000 8
1 770	Put	0.266 5	0.266 5	0	Put	0.266 4	0.266 5	−0.000 1
1 780	Put	0.276 5	0.276 5	0	Put	0.276 4	0.276 5	−0.000 1
1 790	Put	0.286 5	0.286 5	0	Put	0.286 4	0.286 5	−0.000 1
1 800	Put	0.296 5	0.296 5	0	Put	0.296 4	0.296 5	−0.000 1
1 870	Put	0.366 5	0.366 5	0	Put	0.366 3	0.366 5	−0.000 2

由表 11-5 可见，美式看涨和看跌期权的时间价值均大于或等于 0；处于深度实值状态的欧式看涨和看跌期权的时间价值均出现了小于 0 的情形。

二、影响期权价格的基本因素

影响期权价格的基本因素主要有 5 个：标的物市场价格(S)、敲定价格(X)、标的物市场价格波动幅度(V)、距到期时剩余时间($T-t$,其中 T 为期权到期时间，t 为当前时间)、无风险利率(r)等。

（一）标的物市场价格和敲定价格

期权的敲定价格与标的物的市场价格是影响期权价格的重要因素。两种价格的相对差额不仅决定着内涵价值，而且影响着时间价值。

敲定价格与市场价格的相对差额决定了内涵价值的有无及其大小。就看涨期权而言，市场价格较敲定价格高时，期权具有内涵价值，高出越多，内涵价值越大；当市场价格等于或低于敲定价格时，内涵价值为0。就看跌期权而言，市场价格较敲定价格低时，期权具有内涵价值，低得越多，内涵价值越大；当市场价格等于或高于敲定价格时，内涵价值为0。

在标的物市场价格一定且高于敲定价格时，敲定价格的大小决定着期权内涵价值的高低。对看涨期权来说，若敲定价格提高，则期权的内涵价值减少；若敲定价格降低，则内涵价值增加。对看跌期权来说，若敲定价格提高，则期权的内涵价值增加；若敲定价格降低，则期权的内涵价值减少。即当期权处于实值状态，敲定价格与看涨期权的内涵价值呈负相关关系，与看跌期权的内涵价值呈正相关关系。同样，在敲定价格一定且低于标的物市场价格时，标的物市场价格的上涨或下跌决定着期权内涵价值的大小，对于实值期权，标的物市场价格与看涨期权的内涵价值呈正相关关系，与看跌期权的内涵价值呈负相关关系。

由于虚值和平值期权的内涵价值总为0，所以，当期权处于虚值或平值状态时，标的物市场价格的上涨或下跌及敲定价格的高低不会使内涵价值发生变化。

此外，期权的价格虽然由内涵价值和时间价值组成，但由期权定价理论可以推得，内涵价值对期权价格高低起决定作用，期权的内涵价值越高，期权的价格也越高。

敲定价格与标的物市场价格的相对差额也决定着时间价值的有无和大小。一般来说，敲定价格与标的物市场价格的相对差额越大，则时间价值就越小；反之，相对差额越小，则时间价值就越大。

当期权处于深度实值或深度虚值状态时，其时间价值将趋于0，特别是处于深度实值状态的欧式看涨和看跌期权，时间价值还可能小于0；而当期权正好处于平值状态时，其时间价值却达到最大。因为时间价值是人们因预期市场价格的变动能使虚值期权变为实值期权，或使有内涵价值的期权变为内涵价值更大期权而付出的代价。所以，当期权处于深度实值状态时，市场价格变动使它继续增加内涵价值的可能性已极小，而使它减少内涵价值的可能性则极大，因而人们都不愿意为买入该期权并持有它而支付时间价值，或付出比当时的内涵价值更高的权利金；当期权处于深度虚值状态时，人们会认为变为实值期权的可能性十分渺茫，因而也不愿意为买入这种期权而支付时间价值或支付权利金。

在敲定价格与市场价格相等或相近时，即在期权处于或接近于平值期权时，市场价格的变动才最有可能使期权增加内涵价值，人们也才最愿意为买入这种期权而付出代价，所以此时的时间价值应为最大，任何敲定价格与标的物的市场价格的偏离都将减少这一价值。

无论是美式还是欧式期权，当标的物市场价格与敲定价格相等或接近，即期权处于或接近平值状态时，时间价值最大；当期权处于深度实值和深度虚值状态时，时间价值最小。

（二）标的物价格波动幅度

标的物市场价格波动幅度是影响期权价格水平的重要因素之一。

在其他因素不变的条件下，标的物市场价格波动幅度越高，标的物上涨很高或下跌很深的机会会随之增加，标的物市场价格涨至损益平衡点之上或跌至损益平衡点之下的可能性和幅度也就越大，买方获取较高收益的可能性也会增加，而损失却不会随之增加，但期权卖方的市场风险却会随之大幅增加。所以，标的物市场价格的波动幅度越高，期权的价格也应该越高。

小贴士 期权的历史波动率和隐含波动率

在期权定价中标的资产的波动率可用历史数据估计，也可通过期权价格推出。前者被称为历史波动率，后者被称为隐含波动率。如果历史波动率大于隐含波动率，意味着标的资产未来有加大波动的可能；反之，如果历史波动率小于隐含波动率，则意味着标的资产波动率有减小的可能。

（三）期权合约的有效期

期权合约的有效期是指距期权合约到期日剩余的时间。在其他因素不变的情况下，期权有效期越长，美式看涨期权和看跌期权的价值都会增加。这是因为对于美式期权来说，有效期长的期权不仅包含了有效期短的期权的所有的执行机会，而且有效期越长，标的物市场价格向买方所期望的方向变动的可能性就越大，买方行使期权的机会也就越多，获利的机会也就越多。所以，在其他条件相同的情况下，距最后交易日长的美式期权价值不应该低于距最后交易日短的美式期权的价值。

随着有效期的增加，欧式期权的价值并不必然增加。这是因为对于欧式期权来说，有效期长的期权并不包含有效期短的期权的所有执行机会。即便在有效期内标的物市场价格向买方所期望的方向变动，但由于不能行权，在到期时也存在再向不利方向变化的可能，所以随着期权有效期的增加，欧式期权的时间价值和权利金并不必然增加，即剩余期限长的欧式期权的时间价值和权利金可能低于剩余期限短的欧式期权的时间价值和权利金。

由于美式期权的行权机会多于相同标的和剩余期限的欧式期权，所以，在其他条件相同的情况下，剩余期限相同的美式期权的价值不应该低于欧式期权的价值。

（四）无风险利率

无风险利率水平会影响期权的时间价值，也可能会影响期权的内涵价值。

当利率提高时，期权买方收到的未来现金流的现值将减少，从而使期权的时间价值降低；反之，当利率下降时，期权的时间价值会增加。但是，利率水平对期权时间价值的整体影响是十分有限的。

此外，利率的提高或降低会影响标的物的市场价格，如果提高利率使标的物市场价格降低，如在经济过热时期，政府提高利率以抑制经济的过热增长，将导致股票价格下跌，股票看涨期权的内涵价值降低，股票看跌期权的内涵价值提高，此种情况下，看涨期权的价值必然降低，而看跌期权的价值有可能会提高。但是，如果在经济正常增长时期，当利率增加时，股票的预期增长率也倾向于增加，此种情况下得出的结论与前述结论可能相反。

所以，无风险利率对期权价格的影响，要视当时的经济环境以及利率变化对标的物的市场价格影响的方向，考虑对期权内涵价值的影响方向及程度，然后综合对时间价值的影响，得出最终的影响结果。

此外，像股票分红因素主要是对股票期权的价格有影响。随着股利支付日期的临近，股价趋于上升，股票看涨期权的内涵价值趋于升高，而看跌期权的内涵价值趋于减少。当红利支付日期过后，人们预期股票价格会降低，因此，看涨期权价格会降低，看跌期权价格会上涨。

三、权利金的取值范围

(1) 期权的权利金不可能为负。由于买方付出权利金后便取得了未来买入或卖出标的物的权利，除权利金外不会有任何损失或潜在风险，所以期权的价值不会小于0。

(2) 看涨期权的权利金不应该高于标的物的市场价格。如果交易者预期标的物市场价格将上涨，但又担心购买标的物后价格会大幅下跌，当标的物的市场价格跌至0时，其最大损失为标的物市场价格，通常情况下损失会小于标的物的市场价格。如果投资者既希望获得标的物市场价格上涨带来的收益，又希望价格下跌时风险可控，便可通过购买看涨期权的方式持有标的物。价格上涨时，投资者按照约定的敲定价格取得标的物，成本为敲定价格与权利金之和；而价格下跌时，投资者放弃行权，最大的损失为权利金。如果权利金高于标的物的市场价格，投资者的损失将超过直接购买标的物的损失，这便失去了期权投资的意义。投资者便不如直接从市场上购买标的物，损失更小而成本更低。所以权利金不应该高于标的物的市场价格。即通过期权方式取得标的物存在的潜在损失不应该高于直接从市场上购买标的物所产生的最大损失。

(3) 美式看跌期权的权利金不应该高于敲定价格，欧式看跌期权的权利金不应该高于将敲定价格以无风险利率从期权到期贴现至交易初始时的现值。

四、期权的定价

（一）Black-Scholes 期权定价模型

1. Black-Scholes 和 Merton 对前人工作的改进

1997年的诺贝尔经济学奖被授予两位美国经济学家：美国哈佛大学教授 Robert C. Merton 和斯坦福大学教授 Myron S. Scholes，以表彰他们和已去世的 Fischer Black 在期权定价理论中所做的贡献。其主要贡献就是提出了 Black-Scholes 期权定价模型。

在这之前，期权定价模型可以分为两类：第一类是特定模型，即根据实际观测和曲线拟合程度来确定期权价格，这种模型的缺点在于无法反映经济均衡对期权价格的影响；第二类是均衡模型，即根据市场参与者效用最大化来确定期权价格，这方面最早进行研究的是法国数学家兼经济学家 Louis Bachelier。他在 1900 年的博士论文“投机的数学理论”中，给出了一个股票期权定价公式，首次提出了确定期权价格的均衡理论方法。但他的公式是建立在一些不现实的假设之上，如利率为零、股票价格可以为负等。遗憾的是其研究成果在随后五十多年里一直未引起经济学家们的注意。进入 20 世纪 60 年代，期权定价理论的研究开始活跃起来，Case Sprendle、James Boness 等人先后发表文章试图改善 Bechelier 的公式。这些研究在本质上是一致的，即大多数都根据认股权证的思想方法对期权定价。将期权价格等同于期权期望收益的贴现值；但期权期望收益依赖于未来股票价格的概率分布，期望收益的贴现值依赖于贴现率，而实际中未来股票价格的概率分布和贴现率是无法确定的。1969 年 Samuelson 和 Merton 在其合作完成的文章中认识到了这一点，他们将期权价格看做股票价格的函数，并且认为贴现率依赖于投资者所持股票和期权的数量，但是他们导出的公式仍然依赖于特定投资者的效用函数，即投资者是风险厌恶、风险中性还是爱好风险？其程度怎样？这在现实中无法估算。70 年代以前的期权定价公式所具有的共同不足之处，就是不同程度地依赖于股票未来价格的概率分布和投资者的风险偏好，而风险偏好和股票概率分布是无法预测或正确估计的，因而限制了这些公式在实际中的应用。

1973 年，Fischer Black 和 Myron S. Scholes 在美国《政治经济学》杂志上发表了一篇开创性论文“期权和公司债务的定价”，给出了欧式股票看涨期权的定价公式，即今天所称的 Black-Scholes 公式，它与以往期权定价公式最重要的差别就在于它的实际应用价值，即它只依赖于可观察到的或可估计出的变量。同年，Robert C. MettOn 在其“合理期权定价理论”一文中提出了支付红利股票的期权定价公式，进一步完善了 Black-Scholes 公式。Black、Scholes、Merton 三人在改进前人工作的基础上完成了现代期权理论的奠基工作。

2. Black 和 Scholes 的期权定价思想

如前所述，Black-Scholes 模型奠定了现代期权定价理论的基础，具有重要意义。该模型避免了对未来股票价格概率分布和投资者风险偏好的依赖。这是因为 Black 和 Scholes 认识到，股票看涨期权可以用来回避股票的投资风险。通过一种投资策略，买入一种股票，同时卖出一定份额的该股票看涨期权，可以构成一个无风险的投资组合，即投资组合的收益完全独立于股票价格的变化。在资本市场均衡条件下，根据资本资产定价模型，这种投资组合的收益应等于短期利率。因此，期权的收益可以用标的股票和无风险资产构造的投资组合来复制，在无套利机会存在的情况下，期权价格应等于购买投资组合的成本，即期权价格仅依赖于股票价格的波动量、无风险利率、期权到期时间、敲定价格、股票市价。上述几个变量，除股票价格波动量外都是可以直接观察到的，而对股票价格波动量的估计也比对股票价格未来期望值的估计简单得多。这就是 Black 和 Scholes 的期权定价思想。

3. Black-Scholes 微分方程的推导

首先，假定股票和期权市场的"理想条件"是：

(1) 股票价格运动是一种"布朗运动"，即在连续时间内股票价格遵循随机漫步，方差率(单位时间的方差)与股票价格的平方根成比例。因而在任何有限时间间隔末，可能的股票价格的分布是对数正态分布。股票收益率的方差率不变。

(2) 股票不付红利或其他收益。

(3) 期权为欧式期权，到期日才能履行。

(4) 买卖股票或期权没有交易成本。

(5) 无风险利率 r 为常数且对所有到期日都相同。

(6) 证券交易是连续的。

(7) 不存在无风险套利的机会。

根据第一个假设，股票价格遵循数学家 ITO 提出的 ITO 过程：

$$\mathrm{d}S = \mu S\,\mathrm{d}t + \sigma S\,\mathrm{d}z \tag{11.1}$$

其中：μS 为价格瞬时期望漂移率；

μ 为以年复利计的年预期收益率，可取常数；

σ 为股票价格年波动率，可取常数；

ε 为标准正态分布(即均值为 0，标准差为 1 的正态分布)中取得一个随机值；

$\mathrm{d}z$ 为基本维纳过程；

t 为时间。

上式表示，股票价格 S 可用瞬时期望漂移率 μS 和瞬时方差率 $\sigma^2 S^2$ 的 ITO 过程来表达。

假设 f 是依赖于 S 的衍生证券的价格，则变量 f 一定是 S 和 t 的某一函数。由 ITO 定理得到 f 遵循的过程为

$$\mathrm{d}f = \left(\frac{\partial f}{\partial S}\mu S + \frac{\partial f}{\partial t} + \frac{1}{2}\frac{\partial^2 f}{\partial S^2}\sigma^2 S^2\right)\mathrm{d}t + \frac{\partial f}{\partial S}\sigma S\,\mathrm{d}z \tag{11.2}$$

则式(11.1)和式(11.2)的离散形式为

$$\frac{\Delta S}{S} = \mu\Delta t + \sigma\Delta z = \mu\Delta t + \sigma\varepsilon\sqrt{\Delta t} \tag{11.3}$$

$$\Delta f = \left(\frac{\partial f}{\partial S}\mu S + \frac{\partial f}{\partial t} + \frac{1}{2}\frac{\partial^2 f}{\partial S^2}\sigma^2 S^2\right)\Delta t + \frac{\partial f}{\partial S}\sigma S\Delta z \tag{11.4}$$

其中，方程(11.3)与方程(11.4)遵循的维纳过程相同，即 $\Delta z(=\varepsilon\sqrt{\Delta t})$ 相同。所以可以选择某种股票和衍生证券的组合来消除维纳过程。假设某投资者卖出一份衍生证券，同时买入 $\frac{\partial f}{\partial S}$ 份股票，

则该证券组合的价值为

$$\Pi = -f + \frac{\partial f}{\partial S}S \tag{11.5}$$

Δt 时间后，该证券组合的价值变化：

$$\Delta\Pi = -\Delta f + \frac{\partial f}{\partial S}\Delta S \tag{11.6}$$

将方程(11.3)和方程(11.4)代入上式，得

$$\Delta\Pi = \left(-\frac{\partial f}{\partial t} - \frac{1}{2}\frac{\partial^2 f}{\partial S^2}\sigma^2 S^2\right)\Delta t \tag{11.7}$$

因为这个方程不含有 Δz，经过 Δt 时间后证券组合必定没有风险。因此，当 Δt 无限短时，该证券组合的瞬时收益率一定与其他短期无风险证券的收益率相同。否则的话，将存在无风险的套利机会。所以

$$\Delta\Pi = r\Pi\Delta t \tag{11.8}$$

其中 r 为无风险利率。将方程(11.5)和方程(11.7)代入上式可得

$$\left(\frac{\partial f}{\partial t} + \frac{1}{2}\frac{\partial^2 f}{\partial S^2}\sigma^2 S^2\right)\Delta t = r\left(f - \frac{\partial f}{\partial S}S\right)\Delta t \tag{11.9}$$

化简得

$$\frac{\partial f}{\partial t} + rS\frac{\partial f}{\partial S} + \frac{1}{2}\sigma^2 S^2\frac{\partial^2 f}{\partial S^2} = rf \tag{11.10}$$

这就是著名的 Black-Scholes 微分方程。

对应于不同基础证券 S 定义的不同衍生证券，上式有不同的解。解方程时得到的特定的衍生证券取决于使用的边界条件。对于欧式看涨期权，关键的边界条件为

当 $t=T$ 时，

$$f = \max(S_T - X, 0)$$

对于欧式看跌期权，边界条件为

当 $t=T$ 时，

$$f = \max(X - S_T, 0)$$

其中 X 均为敲定价格。

一个非常重要的现象是，方程(11.10)不包含任何受投资者的风险偏好影响的变量，从而它独立于风险偏好。因此，我们在对期权进行定价时可以使用任何一种风险偏好。为了简化分析，可以做一个非常简单的假设：所有的投资者都是风险中性的，这样所有证券的预期收益率都是无风险利率 r，且其衍生证券的目前价值可以用其期末价值的期望值以无风险利率 r 来贴现得到。在这种假设前提下的定价称为风险中性定价。

（二）Black-Scholes 风险中性定价计算公式

根据风险中性定价理论，欧式看涨期权到期日的期望值为

$$\hat{E}[\max(S_T - X, 0)]$$

其中$\hat{E}$表示风险中性定价下的期望值，T 为期权到期时间。S_T 为 T 时刻股票价格。

因此，欧式看涨期权的价格 C 是这个值以无风险利率 r 贴现的结果：

$$C = e^{-r(T-t)}\ \hat{E}[\max(S_T - X, 0)] \tag{11.11}$$

假设股票价格是几何"布朗运动"，运用数学上随机变量函数一些定理，可以得出股价的对数 $\ln S_T$ 服从正态分布。在风险中性的情况下，可将 μ 换成 r，即

$$\ln S_T \sim N\left[\ln S_0 + \left(r - \frac{\sigma^2}{2}\right)T, \sigma\sqrt{T}\right] \tag{11.12}$$

记 $\mu_1 = \ln S_0 + \left(r - \frac{\sigma^2}{2}\right)T, \sigma_1 = \sigma\sqrt{T}$，那么

$$\ln S_T \sim N(\mu_1, \sigma_1)$$

也就是 S_T 服从对数正态分布。设 S_T 的概率密度为 $g_{S_T}(y)$，则

$$g_{S_T}(y) = \begin{cases} \dfrac{1}{\sqrt{2\pi}\sigma_1 y} e^{\frac{(\ln y - \mu_1)^2}{2\sigma_1^2}}, & y > 0 \\ 0, & y \leqslant 0 \end{cases}$$

$$\hat{E}[\max(S_T - X, 0)] = \int_X^{+\infty} (y - X) g_{S_T}(y) \mathrm{d}y = \int_X^{\infty} (y - X) \frac{1}{\sqrt{2\pi}\sigma_1 y} e^{\frac{(\ln y - \mu_1)^2}{2\sigma_1^2}} \mathrm{d}y$$

令 $\ln y = t$，上式 $= \displaystyle\int_{\ln X}^{\infty} \frac{e^t}{\sqrt{2\pi}\sigma_1} \cdot e^{\frac{(t-\mu_1)^2}{2\sigma_1^2}} \mathrm{d}t - \int_{\ln X}^{\infty} \frac{X}{\sqrt{2\pi}\sigma_1} e^{\frac{(t-\mu_1)^2}{2\sigma_1^2}} \mathrm{d}t$

上式中，右边第一项 $= \displaystyle\frac{1}{\sqrt{2\pi}\sigma_1} \int_{\ln X}^{\infty} e^{-\frac{[t-(\mu_1+\sigma_1^2)]^2}{2\sigma_1^2}} \cdot e^{\mu_1 + \frac{\sigma_1^2}{2}} \mathrm{d}t$

$$= e^{\mu_1 + \frac{\sigma_1^2}{2}} \left\{1 - N\left[\frac{\ln X - (\mu_1 + \sigma_1^2)}{\sigma_1}\right]\right\}$$

$$= S_0 e^{rT} \cdot N\left[\frac{\ln\left(\frac{S}{X}\right) + (r + 0.5\sigma^2)T}{\sigma\sqrt{T}}\right]$$

$$= S e^{rT} \cdot N(d_1)$$

第二项 $= X\left[1 - N\left(\dfrac{\ln X - \mu_1}{\sigma_1}\right)\right] = XN\left(-\dfrac{\ln X - \mu_1}{\sigma_1}\right)$

$$= XN\left[\frac{\ln\left(\frac{S}{X}\right) + (r - 0.5\sigma^2)T}{\sigma\sqrt{T}}\right]$$

$$= XN(d_2)$$

其中：$d_1 = \dfrac{\ln\left(\frac{S}{X}\right) + (r + 0.5\sigma^2)T}{\sigma\sqrt{T}}$

$$d_2 = \frac{\ln\left(\frac{S}{X}\right) + (r - 0.5\sigma^2)T}{\sigma\sqrt{T}} = d_1 - \sigma\sqrt{T}$$

所以，

$$\begin{aligned} c &= \mathrm{e}^{-rT} \cdot \hat{E}[\max(S_T - X, 0)] = \mathrm{e}^{-rT}[S\mathrm{e}^{rT}N(d_1) - XN(d_2)] \\ &= SN(d_1) - X\mathrm{e}^{-rT}N(d_2) \end{aligned} \tag{11.13}$$

其中 N 为标准正态分布的累计概率分布函数(即这一变量小于 X 的概率)。式(11.13)就是著名的 Black-Scholes 公式。在其包含变量中，股价波动率 σ 可以通过历史数据估算，$N(d_1)$和 $N(d_2)$概率分布值可以通过查表求得，这样就可以算出无风险利率为 r 时不支付红利股票欧式看涨期权的价格。根据欧式看涨期权 c 与看跌期权 p 之间的平价关系，有

$$c + X\mathrm{e}^{-rT} = p + S$$

欧式看跌期权的价格 P 可用欧式看涨期权类似的方法求出。因此，欧式看跌期权的价格为

$$p = c - X + X\mathrm{e}^{-rT} = X\mathrm{e}^{-rT}N(-d_2) - SN(-d_1) \tag{11.14}$$

【例 11-4】 一种还有六个月的有效期的期权，股票的现价为 42 美元，期权的敲定价格为 40 美元，无风险利率为每年 10%，波动率为 20%，即

$$S = 42, \quad X = 40, \quad r = 0.1, \quad \sigma = 0.2, \quad T = 0.5$$

所以

$$d_1 = \frac{\ln\left(\frac{42}{40}\right) + (0.1 + 0.5 \times 0.2^2) \times 0.5}{0.2 \cdot \sqrt{0.5}} = 0.7693$$

$$d_2 = \frac{\ln\left(\frac{42}{40}\right) + (0.1 - 0.5 \times 0.2^2) \times 0.5}{0.2 \cdot \sqrt{0.5}} = 0.6278$$

$$X\mathrm{e}^{-rT} = 40\mathrm{e}^{-0.05} = 38.049$$

通过查表可得

$$N(0.7693) = 0.7791; \quad N(-0.7693) = 0.2209$$

$$N(0.6278) = 0.7349; \quad N(-0.6278) = 0.2651$$

将上述数据代入公式计算，得

$$c = SN(d_1) - X\mathrm{e}^{-rT}N(d_2) = 4.76$$

$$p = X\mathrm{e}^{-rT}N(-d_2) - SN(-d_1) = 0.81$$

Robert C. Merton 则注意到，基于一种价格为 S，支付连续红利率为 q 的股票的欧式期权，与基于一种价格为 $S\mathrm{e}^{-q(T-t)}$，不支付红利的股票的相应欧式期权有相同的价值。因此，Merton 将股票现价从 S 减小到 $S\mathrm{e}^{-q(T-t)}$，然后代入 Black-Scholes 定价公式中，便得

到了如下支付红利股票的期权定价公式：

$$C = Se^{-q(T-t)}N(d_1) - Xe^{-r(T-t)}N(d_2) \tag{11.15}$$

其中：

$$d_1 = \frac{\ln(S/X) + (r - q + \sigma^2/2)(T-t)}{\sigma\sqrt{T-t}}$$

$$d_2 = \frac{\ln(S/X) + (r - q - \sigma^2/2)(T-t)}{\sigma\sqrt{T-t}}$$

五、看涨—看跌期权的平价关系

（一）欧式看涨期权—看跌股票期权之间的平价关系

设 P 和 C 分别是欧式看跌、看涨期权的价格，考虑以下两个因素。

组合 A：一个欧式股票看涨期权加上金额为 $Xe^{-r(T-t)}$ 的现金；

组合 B：一个欧式股票看跌期权加一股股票。

在期权到期时，组合 A 的价值为

$$\max(S_T - X, 0) + X = \max(S_T, X)$$

组合 B 的价值为

$$\max(X - S_T, 0) + S_T = \max(X, S_T)$$

因此期权到期日，两个组合的价值相等。由于是欧式期权，只有在到期日 T 才能执行，所以现在组合必然具有相等的价值，即有

$$c + Xe^{-rT} = p + S$$

这个关系式就是欧式看涨—看跌股票期权的平价关系。

（二）欧式看涨期权—看跌期货期权之间的平价关系

设 C、P 分别为欧式看涨期权、看跌期货期权的价格，F_T 是到期日的期货价格，考虑以下两个组合。

组合 A：一个欧式看涨期货期权加上金额为 $Xe^{-r(T-t)}$ 的现金。

组合 B：一笔数额为 $Fe^{-r(T-t)}$ 的现金加上一份期货合约，再加上一份欧式看跌期货期权。

在期权到期时，组合 A 的价值为

$$\max(F_T - X, 0) + X = \max(F_T, X)$$

组合 B 的价值为

$$F + (F_T - F) + \max(X - F_T, 0) = \max(F_T, X)$$

由以上分析可以看出，期权到期时，两个组合的价值相等。因为欧式期权不能提前行权，所以现在的价值也相等，现在期货合约的价值为 0，所以有

$$C + Xe^{-r(T-t)} = P + Fe^{-r(T-t)}$$

上式就是欧式看涨期权—看跌期货期权之间的平价关系。

六、外汇期权与期货期权的定价

1. 外汇期权的定价

在为外汇期权定价时，首先假定：

(1) 汇率变动与股价变动一样，遵循几何布朗运动；

(2) r 和 r_f 都是恒定的，对于任何到期日都相同(r，r_f 定义见下)。

并定义：

S——即期汇率；

F——T 时刻的远期汇率；

σ——汇率变动的波动率；

r——美国国内无风险利率；

r_f——其他币种国内的无风险利率；

有 $F=Se^{(r-r_f)(T-t)}$。

外币的持有者具有利息收入，而且收益率为 r_f，所以外币与支付已知红利收益的股票类似，将式(11.15)中的 q 替换成 r_f，并依据看涨—看跌期权的平价关系可推导出相应的欧式外汇看涨期权和看跌期权的公式分别如下：

$$C = Se^{-r_f(T-t)}N(d_1) - Xe^{-r(T-t)}N(d_2) \tag{11.16}$$

$$P = Xe^{-r(T-t)}N(-d_2) - Se^{-r_f(T-t)}N(-d_1) \tag{11.17}$$

其中

$$d_1 = \frac{\ln(S/X) + (r - r_f + \sigma^2/2)(T-t)}{\sigma\sqrt{T-t}}$$

$$d_2 = \frac{\ln(S/X) + (r - r_f - \sigma^2/2)(T-t)}{\sigma\sqrt{T-t}} = d_1 - \sigma\sqrt{T-t}$$

如果 S 未知，F 已知，可以利用 F 与 S 之间的关系式代换。

【例 11-5】 设有一份 3 个月期的英镑欧式看涨期权。目前的即期汇率为 1.600 0 美元/英镑，执行价格 1.600 0 美元/英镑，年利率 $r=8\%$，$r_f=11\%$，$\sigma=10\%$，试计算该看涨期权的价格。

解 按题意有 $T-t=\frac{3}{12}=0.25$(年)

$$\ln(S/X) = \ln\left(\frac{1.6}{1.6}\right) = 0$$

则有

$$d_1 = \frac{(0.08-0.11+0.1^2/2)\times 0.25}{0.1\times\sqrt{0.25}} = -0.125$$

$$d_2 = -0.175$$

通过查表,可得

$$N(d_1) \approx 0.4503 \quad N(d_2) \approx 0.4306$$

则该看涨期权的价格 C 为

$$C = 1.6000\ e^{-0.11\times 0.25} \times 0.4503 - 1.6000\ e^{-0.08\times 0.25} \times 0.4306$$
$$\approx 0.0256(美元/英镑)$$

2. 期货期权的定价

设期货价格为 F,F 与即期价格 S 的关系为 $F=S\ e^{\alpha(T-t)}$,假定其中变量 α 仅为时间的函数,并假定 S 的波动率是常数,则 F 的波动也是常数,且等于 S 的波动率。这样期货价格可以和支付连续红利率 r 的证券同样对待,即有 $q=r$ 代入式(11.15),并根据看涨—看跌期货期权之间的平价关系,可以推导出欧式看涨期货期权与欧式看跌期货期权的权利金计算公式如下:

$$C = e^{-r(T-t)}[FN(d_1) - XN(d_2)] \tag{11.18}$$

$$P = e^{-r(T-t)}[XN(-d_2) - FN(-d_1)] \tag{11.19}$$

其中

$$d_1 = \frac{\ln(F/X) + (\sigma^2/2)(T-t)}{\sigma\sqrt{T-t}}$$

$$d_2 = \frac{\ln(F/X) - (\sigma^2/2)(T-t)}{\sigma\sqrt{T-t}} = d_1 - \sigma\sqrt{T-t}$$

式(11.18)及式(11.19)适合于股指期货期权、外汇期货期权及商品期货期权,但不适于利率期货期权。

【例 11-6】 设有一敲定价 3 美元/蒲式耳的距到期日 3 个月的玉米期货看涨期权,无风险利率为年利 10%,期货价格的波动率是每年 25%,当玉米期货价为 3 美元/蒲式耳时,该看涨期权的价格是多少?

解　按题意有 $F=3, X=3, r=0.10, T-t=\frac{3}{12}=0.25, \sigma=0.25$,则有

$$\ln(F/X) = 0$$

$$d_1 = \frac{(\sigma^2/2)(T-t)}{\sigma\sqrt{T-t}} = \frac{\sigma\sqrt{T-t}}{2} = 0.0625$$

$$d_2 = d_1 - \sigma\sqrt{T-t} = 0.0625 - 0.25 \times 0.5 = -0.0625$$

通过查表,可得

$$N(d_1) = 0.5254 \qquad N(d_2) = 0.4746$$

则看涨期权的价格 C 为

$$C = e^{-0.10\times 0.25}(3 \times 0.5254 - 3 \times 0.4746)$$

$$\approx 0.15(\text{美元 / 蒲式耳})$$

七、股票指数期权的定价

假设股票指数遵循几何布朗运动。在式(11.15)中,令 S 为指数值,σ 为指数波动率,q 为指数的红利收益率。利用式(11.15)就可算出基于股票指数的欧式看涨期权的价值。但须注意的是,用式(11.15)算出的值是对应于一股股票的期权价值。

【例 11-7】 设有 S&P500 欧式看涨期权,还有 3 个月到期。指数现值为 420 点,执行价格为 400 点,无风险利率为年利率 6%,指数波动率为每年 20%,在到期日前 3 个月中期望得到的红利收益率分别为 0.15%,0.25%,0.10%,求该看涨期权的价格。

解 按题意有 $S=420, X=400, r=0.06, \sigma=0.20, T-t=3/12=0.25$,平均红利收益率为每 3 个月 0.5%或每年 2%,即 $q=0.02$,

则有

$$d_1 = \frac{\ln(420/400) + (0.06 - 0.02 + 0.20^2/2) \times 0.25}{0.20 \times \sqrt{0.25}} \approx 0.638$$

$$d_2 \approx 0.538$$

查表,得

$$N(d_1) \approx 0.738\,2 \quad N(d_2) \approx 0.704\,5$$

则看涨期权的价格 C 为

$$C = 420 \times 0.738\,2\, e^{-0.02 \times 0.25} - 400 \times 0.704\,5 e^{-0.06 \times 0.25}$$
$$\approx 30.88(\text{美元})$$

即该看涨期权的费用相当于每股 30.88 美元,每份合约权利金为 3 088 美元。

八、利率期权的定价

通常利率期权的定价较为复杂,这里我们仅介绍债券期权估值的简单方法。

假设债券价格的标准差是常数 σ,债券现价为 B,期权执行价格为 X,在 T 时刻到期的无风险投资的当前利率为 R。

对于零息债券,可由 Black-Scholes 定价模型给出 t 时刻的欧式看涨期权价值 C 为

$$C = BN(d_1) - e^{-R(T-t)} XN(d_2) \tag{11.20}$$

看跌期权的价值 P 为

$$P = e^{-R(T-t)} XN(-d_2) - BN(-d_1) \tag{11.21}$$

其中

$$d_1 = \frac{\ln(B/X) + (R + \sigma^2/2)(T-t)}{\sigma\sqrt{T-t}}$$

$$d_2 = \frac{\ln(B/X) + (R - \sigma^2/2)(T-t)}{\sigma\sqrt{T-t}} = d_1 - \sigma\sqrt{T-t}$$

【例 11-8】 设有一个基于 10 年期债券的 6 个月期的欧式看涨期权，债券面值为 1 000 美元。债券现价为 1 000 美元，执行价格为 1 000 美元，6 个月的无风险利率为每年 6%，债券价格的年波动率为 10%。若标的债券为零息债券，计算该看涨期权的价格。

解　依题意有 $B=1\,000, X=1\,000, \sigma=0.10, R=0.06,\ T-t=6/12=0.5$

根据式(11.21)进行计算：

$$d_1=\frac{\ln(1\,000/1\,000)+(0.06+0.10^2/2)\times 0.5}{0.1\times\sqrt{0.5}}\approx 0.459\,6$$

$$d_2\approx 0.388\,9$$

查表，得

$$N(d_1)\approx 0.677\,1\quad N(d_2)\approx 0.651\,3$$

则得

$$C=1\,000\times 0.677\,1-\mathrm{e}^{-0.06\times 0.5}\times 1\,000\times 0.651\,3\approx 45.05(\text{美元})$$

九、二叉树(二项式)期权定价模型

二叉树期权定价模型(binomial option pricing model, BOPM)是 1979 年 Cox, Ross, Rubinstein 等人提出，因此也叫 Cox-Ross-Rubinstein 模型。

二叉树期权定价模型与 Black-Scholes 模型有许多相似之处，但前者更形象一些。二叉树模型可用来对典型的不支付红利的欧式期权公平定价，也可以将该模型修改后对美式期权及支付红利期权定价。

下面我们用例子来说明二叉树模型的定价方法。若某公司股票现行市价为 100 美元($t=0$ 时)，一年以后价格可能变为 125 美元或 80 美元。年无风险利率 8%(连续复利计)。则一年后该股票的看涨期权(敲定价为 100 美元且到期日是一年后)的价值为 0 或 25 美元，分析如图 11.2(a)。

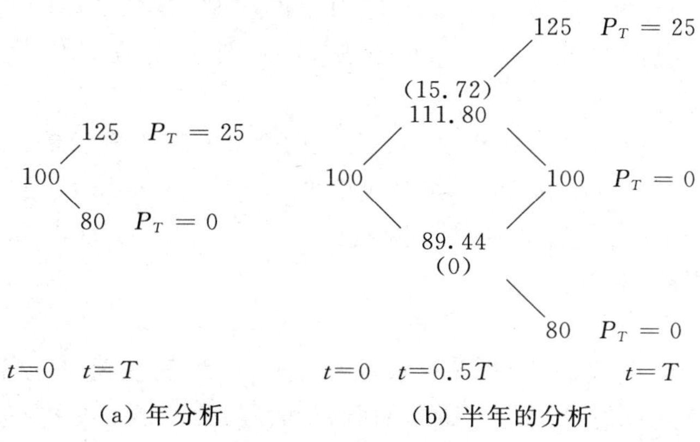

图 11.2　二叉树模型

从图上可看出该模型为什么会被称为二项式或二叉树，因为只有两个分叉代表到期时的价格，即假设标的物价格变动出现两种可能性。

现在的问题是：$t=0$ 时该看涨期权的价格是多少？

设有三种投资：股票、期权和无风险债券。已知股票的价格，且投资于无风险债券的 100 美元一年后收益为 108.33 美元，已知和求解列于表 11.6 中。

根据 Black-Scholes 期权定价思想，该看涨期权可由股票与无风险债券的投资组合来复制，且投资组合的成本就构成了该期权的公平定价。

表 11.6 已知值和求解值 美元

证　券	股价上升时价格	股价下降时价格	现　价
股票	125.00	80.00	100.00
债券	108.33	108.33	100.00
看涨期权	25.00	0.00	?

假设这样的投资组合包含 N_S 股股票和 N_b 张无风险债券，若股价上涨，一年后投资组合的价值为 $125N_S+108.33N_b$；若股价下跌，价值为 $80N_S+108.33N_b$，所以可得如下方程组：

$$\begin{cases}125N_S + 108.33N_b = 25\\80N_S + 108.33N_b = 0\end{cases}$$

解方程可得

$$\begin{cases}N_S = 0.5556\\N_b = -0.4103\end{cases}$$

即需买入 0.555 6 股股票，同时卖出 41.03 美元（0.410 3 张×100 美元/张）的债券（或以无风险利率借入41.03 美元）。

（注意，以上是假定期权只具有购买 1 股股票的权利，若像场内交易的大多数期权一样合约规模是 100 股，则需买入 55.56 股股票，同时卖出票面价值 100 美元的债券 41.03 张。）

为了实现上述投资组合，需花费 55.56 美元购买 0.555 6 股股票（价格 100 美元），而卖出债券所得为 41.03 美元，因此，该组合投资的成本为 55.56−41.03=14.53 美元。这就是该股票看涨期权的价格，即每股的权利金。

以公式表示，看涨期权的价格为

$$C = N_S S + N_b b \tag{11.22}$$

其中，C 代表现在期权的价格，S 为股票的现价，b 为现在无风险债券的价格；N_S 和 N_b 则分别表示复制期权的投资组合所需的股票和债券数。若 N_S 和 N_b 为正，表示买进；为负，则表示卖出。

以下我们再计算该期权的套保比率(即下文所述的 delta 值)。

从上述组合投资讨论可见,无论股价涨或跌,债券无风险年利率为 8%,因而问题就归结为应买多少股票(即上式中的 N_S),能够实现股票价值变化量等于股票期权价值变化量。为此可将上述组合投资方程组中两个方程式相减,得

$$125N_S - 80N_S = 25 - 0$$

则有 $N_S=(25-0)/(125-80)=0.556$,此为股票价格在上述变化情形下的套期保值比率,即下文将述的 delta 值。

从组合投资来讲,也可以认为,无论股价涨或跌,组合投资的价值变化与股票期权价值变化相等。

由此,我们可得股票期权套保比率 h 为

$$h = \frac{P_{ou} - P_{od}}{P_{su} - P_{sd}}$$

其中 P 表示时期末的价格,下标中,o 代表期权,s 代表股票,u 代表股价上涨状况,d 代表股价下跌状态。

因此,用二叉树模型复制看涨期权时,必须买入 h 股股票,同时以无风险利率卖出债券 B 份,其中

$$B = PV(hP_{sd} - P_{od})$$

其中 PV 表示将括号内的值折现,因为括号内的值是期间末债券的价值。

因此,看涨期权的值可以下式来表达:

$$C = hS - B \tag{11.23}$$

其中 h 是期权套保比率,B 是债券的现值。

另外我们考虑一种情况,即价格的变化更复杂、离散时间点更多的情况。

我们将上例加以改变,假设第 6 个月末,股价可能上升至 111.80 美元,也可能降至 89.44 美元。一年末价格可能出现两种情况,即也可能上升 11.8%或下降 10.56%。其价格变化显示如图 11.2(b)的二叉树中。

用逆推法计算。首先,确定半年后,当股价为 111.80 美元时期权的价格,此时

$$h_1 = (25 - 0)/(125 - 100) = 1.0$$

$$B_1 = (1 \times 100 - 0)/1.0408 = 96.08 \text{ 美元}$$

(注:8%的年复利相当于 4.08%的半年离散贴现率。)

所以期权价格$=1\times 111.80-96.08=15.72$ 美元。

同理,当股价降为 89.44 美元时,期权值将为 0,此时

$$h_2 = (15.72 - 0)/(111.80 - 89.44) = 0.7030$$

$$B_2 = (0.7030 \times 89.44 - 0)/1.0408 = 60.41 \text{ 美元}$$

所以,$t=0$ 时,看涨期权的价格为

$$C = 0.7030 \times 100 - 60.41 = 9.89 \text{ 美元}$$

一般来说，具有相同到期日、相同敲定价的同一标的物的看涨期权和看跌期权的套保比率有如下关系：

$$h_c - 1 = h_p$$

其中 h_c 和 h_p 分别为看涨、看跌期权的套保比率。

下面我们用二叉树方法来验证欧式看涨—看跌期权的平价关系。假设某股票期权一年后到期，敲定价 100 美元。有 A，B 两个投资策略。A 策略是买进一个看跌期权和一股股票；B 策略是买进一个看涨期权和无风险债券，债券投资额等于敲定价的现值。

设到期日股价变化可能出现两种情形，即股价高于或低于敲定价，如图 11.2(a)的情形（等于的情形并不影响结果）。计算结果见表 11.7。

表 11.7 看涨—看跌期权平价关系 美元

战略	初始投资	到期日价格	
		$S<X=100$	$S>X=100$
A	$P+S=6.84+100=106.84$	履行权利，获 100	放弃权利，保留股票价值 S
B	$C+X/e^{r(T-t)}=14.53+92.31=106.84$	放弃权利从债券市场获 100	执行权利，得到股票价值 S

从表 11.7 可以得出结论：策略 A 与 B 的投资成本相同，即有

$$P + S = C + X/e^{r(T-t)}$$

其中 C，P 分别表示看涨、看跌股票期权的权利金现价，X 表示敲定价，S 表示股票现价。

十、Black-Scholes 模型与二叉树模型的比较

二叉树模型中的时间段是离散型的，考虑到期前价格变化的时间段不断增加的情况，比如，到期前每天，甚至每小时、每分钟股价都有不同变化，将会得到一个非常大的二叉树。实际上，当时间段被无限细分时，式(11.22)就会变成 Black-Scholes 定价公式。

Black-Scholes 模型与二叉树模型的主要差别有如下几点：

(1) Black-Scholes 模型没有考虑期权提前执行的情况，而二叉树模型并未排斥美式期权的这种情况，因而适用更广泛。正因为这一原因，对于实值期权的定价，Black-Scholes 模型的定价较二叉树模型偏低；但对平值或虚值期权定价时，两者确定的价格差异不太明显。

(2) 二叉树模型在计算机发展的初期阶段比 Black-Scholes 模型计算起来更复杂、更费时，但随着快速大型计算机和模型计算的标准程序的出现，这个问题得到了解决。

(3) 二叉树模型假定标的物价格变化呈二项式分布，而 Black-Scholes 模型假设价格

呈标准对数正态分布，后者的假设更接近于现实。

十一、期权的衍生物

在期权市场上，专业交易商常用一些复杂的工具来衡量权利金的潜在变化，这些工具就是所谓的期权衍生物(option derivatives)，主要有四种：delta，gamma，theta，vega。读者可参阅 J. C. Hull 所著的 *Introduction to Futures and Options Markets*。

1. delta

delta(Δ)定义为期权权利金(一种衍生证券的价格)变化对期权标的物(其标的资产)价格变化的比率。一般来说，它是衍生证券价格与标的资产价格之间关系曲线的斜率；严格讲，是衍生证券价格 f 对标的资产价格 S 的偏导数：

$$\Delta = \partial f/\partial S$$

在实际应用中，常取 $\Delta=\Delta f/\Delta S$。对上述不支付红利的股票期权定价算式(11.11)取偏导数(对 S)可以得到

$$\Delta = \partial C/\partial S = N(d_1) \approx \frac{\Delta C}{\Delta S} = \frac{\text{期权权利金变化}}{\text{期权标的物价格变化}}$$

例如某股票看涨期权的 delta 值为 0.6，这意味着当股票价格变化一个微小量 ΔS 时，该期权价格变化 ΔC 为 $0.6 \cdot \Delta S$。现假设 $C=10$ 美元，股票价格 $S=100$ 美元；若某投资者出售了 20 份该股票看涨期权合约(1 份＝100 股股票)给买方，从买方获得权利金共计 10×20×100＝20 000 美元。这时期权买方预期是看涨，而卖方预期是下跌；若真下跌的话，则买方会放弃权利不履约，卖方则获得这份权利金；但卖方又担心股票会上涨，买方会履约，致使卖方会亏损，于是卖方设法进行保值，即于卖出期权同时，买入其标的物股票，要买多少股票？按上述 delta 的定义和设定的 $\Delta C=0.6 \cdot \Delta S$，表明股票价格若变动 1 美元，期权价则变动 0.6 美元；投资者卖出了 20 份该期权合约，相当于 2 000 股股票，因此要想用买入股票的盈利来抵消卖出股票期权的可能亏损，就必须买入股票 0.6×2 000＝1 200 股，亦即标的物股票 1 200 股×1 美元/股＝期权合约 2 000 股×0.6 美元/股，等号两边盈、亏相等，达到完全保值。可见 Δ 的含义也可理解为股票期权的套期保值比率。从所述例子中可知，该投资者的期权头寸(卖出的)delta 值为 0.6×(－2 000)＝－1 200；为保值，他买入 1 200 股股票(多头头寸)的 delta 值为＋1 200，因此，该投资者保值后总头寸的 Δ＝－1 200＋1 200＝0。标的资产头寸的 delta 冲抵了期权头寸的 delta，delta 值为零的状况为 delta 中性(delta neutral)。[5]

由于股票价格的不断变化和时间的流逝，delta 值也会不断变化，因此投资者的保值头寸保持 delta 中性状态(对冲状态)也只能维持一个相当短暂的时间。假设上例中 delta 值过两天若上升到 0.65，则若要保持中性对冲，则还要额外再购入 0.05×2000＝100 股股票，这种频繁调整的对冲操作称为动态对冲操作。

对于不支付红利股票的欧式看涨期权的 delta 值为

$$\Delta = N(d_1)$$

而对于不支付红利股票的欧式看跌期权的 delta 值则为

$$\Delta = N(d_1) - 1$$

其中符号意义同前述 Black-Scholes 定价算式。

其他期权的 delta 值的算式请读者参阅文献。[5,13]

delta 值有正负之分，买入看涨期权或卖出看跌期权的 delta 为正，相反，买入看跌期权或卖出看涨期权的 delta 为负。实值很大的期权的 delta 趋近于 1，平值期权的 delta 接近于 0.5，虚值很大的期权的 delta 趋近于 0。

delta 是一个动态指标，随市场价格的变动而变动。例如，买进一份敲定价 80 美元的 IBM 股票看涨期权，当 IBM 股票市价为 50 美元时，delta 为 0，因为股价的变动对权利金没有任何影响；若股价涨至 80 美元左右，则 delta 趋近于 50%，因为股价变动 1 美元，权利金大致变动 0.5 美元。

2. gamma

gamma 定义为期权的 delta 的变化与标的资产价格变化之比。例如，买进某期权的 delta 值为 50%，gamma 为 2%，则说明标的物价格每上升 1 点，delta 值即由 50%增至 52%。

3. theta

theta 用来衡量权利金的日损失率，它仅与时间价值相关。例如，某一期权权利金为 8，theta 为 0.08，这说明随着时间的流逝而使每一天损失权利金 0.08。

4. vega

vega 用来衡量当标的物价格波动性变动时，权利金变动的数值，有公式：

$$\text{vega 值} = \frac{\text{权利金变动的数值}}{\text{标的物价格波动性变动的百分比}}$$

例如，某期权目前的权利金为 10，标的物价格的波动性为 40%，其 vega 值为 0.10，若标的物价格的波动性增加为 41%时，这表明权利金将增加为 10.10。反之，若标的物价格波动性减少 1%，则权利金减少的值将为 0.10。

小贴士 境内期权市场概况

2011 年 2 月 14 日国家外汇管理局出台了《关于人民币对外汇期权交易有关问题的通知》，宣布 4 月 1 日在银行间外汇市场推出人民币的期权交易，标志着我国期权市场的诞生。

目前期权交易的品种为人民币对外币的普通欧式期权。交易可以分为以下两个层次。

其一，根据《全国银行间外汇市场人民币对外汇期权交易规则》，其会员可以参与银行间人民币外汇期权交易。目前期权交易的货币对为人民币兑美元、港币、日元、欧元、英镑、林吉特和俄罗斯卢布等。期限为 1 天、1 周、2 周、3 周、1 个月、2 个月、3 个月、6 个月、

9 个月、1 年、18 个月、2 年和 3 年。交易通过系统报价，双边询价并达成交易，期权费以人民币为计价和结算货币。

其二，银行可以代理客户交易。考虑到当时国内企业风险管理能力尚不成熟，为避免企业过度承担交易风险，规定银行代理客户进行期权交易，只能办理客户买入外汇看涨或看跌期权业务，除平仓外，不得办理客户卖出期权业务。2011 年 11 月 8 日，国家外汇管理局下发了《关于银行办理人民币对外汇期权组合业务有关问题的通知》，规定银行可代理客户进行外汇看跌和外汇看涨两类风险逆转期权组合交易。风险逆转组合交易指客户同时买入一个和卖出一个币种、期限、合约本金相同的人民币对外汇普通欧式期权所形成的组合。该交易的特点在于，无论汇率向什么方向和多大幅度的变动，均可将结汇或购汇价格锁定在一个预先设置的区间内。

第三节　期权交易策略

期权具有不对称的风险收益结构，作为投资工具，其选择具有多样性，因而也能以各种不同形式转化风险，满足投资者的不同需要。

一、期权交易的四种基本策略

（一）期权基本策略分析

期权交易有四种基本策略，投资者应根据自身情况以及市场价格变化灵活选用。

1. 买进看涨期权

这种策略风险有限而收益潜力却很大，所以颇受保值者青睐。当保值者预计价格上涨会给手中的资产或期货合约带来损失时，就可买进看涨期权，而回避风险的最大代价就是要支付权利金。随着价格上涨，期权的内涵价值也增加，保值者可通过对冲期权合约获得权利金增值；也可以选择履行合约，获得标的资产（或期货合约）的增值。

2. 卖出看涨期权

很显然，这是收益有限，而潜在风险却很大的方式。卖出看涨期权的目的是赚取权利金，其最大收益是权利金，因此卖出看涨期权的人（卖方）必定预测标的物价格持稳或下跌的可能性很大。当价格低于敲定价时，买方不会履行合约，卖方将稳赚权利金；当价格在敲定价与平衡点之间时，因买方可能履约，故卖方只能赚部分权利金；当价格涨至平衡点以上时，卖方面临的风险是无限的。

3. 买进看跌期权

买进看跌期权是风险有限而收益潜力却很大的策略。看跌期权的买方预测标的物价格将下跌，那么他将获取多于所付权利金的收益；当标的物价格与预测的相反时，他的最大损失也就是权利金。

4. 卖出看跌期权

卖出看跌期权是收益有限却风险很大的策略。当标的物价格上涨或基本持平时，可稳赚权利金；如果标的物价格下跌，发生的损失将开始抵消所收权利金，价格跌至平衡点以下时期权卖方将开始出现净损失。

通过以上四种基本策略的分析我们可以看出，交易者采取何种交易方式是基于他们对标的物价格变动趋势的判断，可总结如下表。

期权交易者	看涨期权	看跌期权
多头	看涨	看跌
空头	价格持稳或略跌	价格持稳或略涨

并且，我们可以看出，其中的多头策略（买入看涨期权或买入看跌期权）具有风险有限、盈利很大的特点，很受保值者的欢迎，因而被广泛用来保值；而空头策略的目的是赚取权利金，主要用来投机，并且只有很有经验的交易者才会采取其中的无保护空头期权策略。下面举例说明这四种策略的运用。

（二）期权基本策略的运用

1. 买入看涨期权保值

选择这种策略的投资者想在市场上投资某种资产（股票、债券、外汇、期货等），但由于资金尚未到位，需在未来某时间才会有足够资金用以购买。由于投资者对资产价格看涨，但又担心价格下降，于是决定买入看涨期权。一般交易者选择的敲定价为期望达到的目标价格，期权到期日则在未来现金流入期之后。

【例 11-9】 7月份某投资者预计9月份将会收到一笔款项，准备用来购买 America Online 股票，由于对该股票价格看涨，决定提前安排买入，以保证在低价位购进。于是买入了America Online 股票的看涨期权，敲定价为30美元，权利金为3美元。到9月份，股票价格果然上涨，期权的价格也上涨了，投资者对冲期权，分析如表11.8。

表 11.8 买入看涨期权保值

现 货	期 权
7月1日股票价格30美元	买进9月到期、敲定价30美元的看涨期权合约，权利金:3美元/股
9月1日股票价格35美元	卖出9月到期、敲定价30美元的看涨期权合约，权利金:7美元/股

结果：股票实际购买成本＝35－4＝31美元/股。

2. 买入看跌期权保值

买入看跌期权也是较为有效的保值策略。当投资者已经拥有某种资产，为了防止行情波动使资产贬值，可以采用这一策略保值。

【例 11-10】　某榨油厂用大豆制成豆油，与某出口商签订了销售合同，由于担心在加工期内豆油价格下跌，使加工利润受影响，买入看跌期权进行保值，其分析如表 11.9。

表 11.9　买入看跌期权保值

现　货	期　权
1月×日豆油价格为 17.5 美分/磅	买入 3 月到期、敲定价格为 18 美分/磅的豆油看跌期权，权利金：1.4 美分/磅
2月×日豆油价格为 14 美分/磅	卖出 3 月到期、敲定价格为 18 美分/磅的豆油看跌期权，权利金：4.4 美分/磅
	盈利 3 美分/磅

结果：通过买入看跌期权，保值者锁定豆油最低销售收入为 14＋3＝17 美分/磅。

3. 卖出看涨期权和看跌期权，赚取权利金

(1) 卖出看跌期权，赚取权利金。

【例 11-11】　9 月份玉米价为 7 美元/蒲式耳，以玉米为饲料的某养鸡场预测 12 月份圣诞节来临前玉米价格将持稳或略有上涨，卖出了 3 个月到期、敲定价为 7 美元/蒲式耳的看跌期权，收取权利金 1.50 美元/蒲式耳。最终可能会有以下情况出现：

① 期权到期时玉米的价格在 7 美元以上，此时买方将放弃权利，养鸡场可以权利金收入冲抵到时购入玉米的成本。

② 若到期时玉米价在 5.5～7 美元，买方可能会行使权利，使养鸡场损失 0～1.5 美元/蒲式耳，这将部分抵消先前收取的权利金。

③ 若到期时价格在 5.5 美元/蒲式耳以下，养鸡场将会损失全部的权利金，并且面临风险。

④ 期权到期前若为虚值期权，则没有内涵价值，且时间价值随到期日临近加速衰减，此时权利金会很低，养鸡场可以乘机低价对冲，赚取权利金差价。

(2) 卖出有保护的看涨期权，赚取权利金。

【例 11-12】　某投资机构以 86.00 的价格购入一批债券，由于预计今后 3 个月债券价格会持稳或在 86.00 上下略有波动，于是卖出 3 个月到期、敲定价为 86.00 的看涨期权合约，收取权利金 1 500 美元(该期权是平值期权，1 500 美元为时间价值)。可能会遇到以下四种情况：

① 期权到期前若是虚值期权(即债券价格在 86.00 以下)，且时间价值已减小，权利金会很低，此时对冲，可获取权利金差价，弥补现货债券价格变动的损失。

② 期权到期时债券的价格为 86.00 以下，此时买方将会放弃权利，卖方获取的权利金可用来弥补持有债券的损失。

③ 期权到期时若债券价格在 86.00～87.50 之间，买方将会行使以 86.00 买入的权

利，投资机构的损失介于 0～1.5 之间，将部分或全部抵消先前收取的权利金。

④ 期权到期时若债券价格高于 87.50，则投资机构有潜在损失。

二、期权的其他交易策略

（一）合成后为期权与合成后为期货的交易策略

合成后为期权是指由期权与期货组合而成的期权，简称合成期权，它具有期权的风险收益特征；而合成后为期货是指由两个期权组合而成的期货，简称合成期货，它具有期货的特性。具体分析如下（在以下合成期货、合成期权的分析中，都暂时不考虑期权的初始权利金收入和支出）。

在图 11.3 和图 11.4 中，X'为期货成交价；X 为期权敲定价；P 为期权权利金。

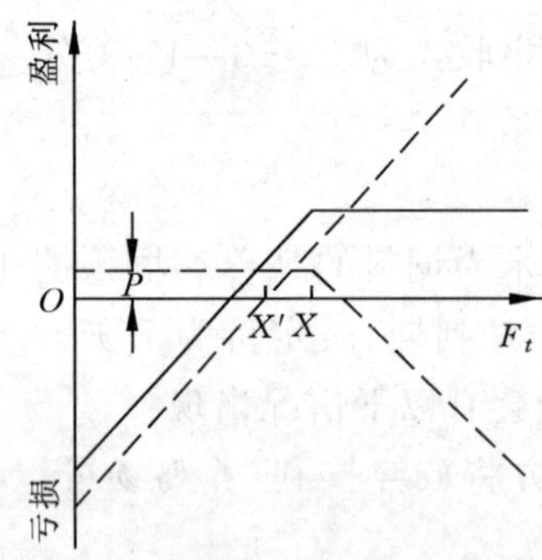

图 11.3　合成后为看跌期权空头

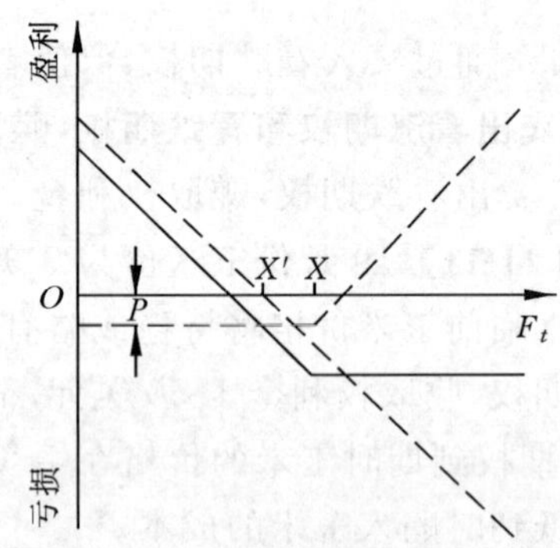

图 11.4　合成后为看跌期权多头

1. 合成期权

一个基本期权和一个期货的合成（基本期权与其他标的资产的合成也与此类似，不再另作分析）具有以下四种形式。

(1) 期货多头和看涨期权空头的合成。如图 6.4 所示，这种合成期权有如下收益特征。

当期货价格 F_t 低于 X 时，看涨期权的买方将放弃履约，合成后收益为 F_t-X'；当期货价格高于 X 时，看涨期权买方将履约，则期权空头的收益为 $-(F_t-X)$，买入期货的收益为 F_t-X'，合成后收益为 $F_t-X'-(F_t-X)=X-X'$，而 $X-X'$是一个固定值。所以两者合成后的结果相当于卖出一个敲定价为 X 的同一到期日的看跌期权，这样权利金就会与原期权不同，很显然，若原期权为实值期权，则合成期权必定是虚值期权，这样必须从原期权权利金中减去内涵价值，才能得到合成期权的价格；若原期权是平值期权，则合成期权也是平值期权，两者权利金就会相同；若原期权是虚值期权，则合成期权必定是实值期权，原期权虚值额就是合成期权的实值额，因此应将原期权权利金加上虚值数额，才得到合成期权的权利金额。

所以合成后的看跌期权空头的权利金为 $P+X-X'$。盈利情况如表 11.10 所示。

表 11.10　合成后的看跌期权空头损益分析

期货价格范围	卖出看涨期权收益	买入期货收益	合成后收益
$F_t \geqslant X$	$X-F_t$	F_t-X'	$X-X'$
$F_t < X$	0	F_t-X'	F_t-X'

下面，我们用实际例子来验证这一结论。

【例 11-13】　买入瑞士法郎期货，成交价 $X'=50$ 美分/瑞士法郎，同时卖出看涨期权，敲定价 $X=52$，权利金 $P=0.50$。

合成后的结果：形成一个卖出看跌期权，敲定价 52，权利金为$(P+X-X')=0.50+52-50=2.5$。验证如表 11.11 所示。

表 11.11　合成后为看跌期权空头

期货价格范围	买入期货收益	卖出看涨期权收益	合成后的收益
46	−4	0	−4
48	−2	0	−2
50	0	0	0
52	2	0	2
54	4	−2	2

(2) 期货空头和看涨期权多头合成。如图 11.4，同理分析，可知合成结果相当于买进敲定价 X 的相同到期日的看跌期权，权利金为 $P+X-X'$。盈利情况如表 11.12 所示。

表 11.12　合成看跌期权多头损益分析

期货价格范围	买进看涨期权收益	卖出期货收益	合成后的收益
$F_t \geqslant X$	F_t-X	$X'-F_t$	$X'-X$
$F_t < X$	0	$X'-F_t$	$X'-F_t$

【例 11-14】　卖出一长期国债期货合约，价格 90.00，同时买进一敲定价 88.00 的相同到期月份的长期国债看涨期权合约，权利金为 3。其合成结果为：买进敲定价 88.00 的长期国债看跌期权，权利金为$(P+X-X')=3+88-90=1$。验证如表 11.13 所示。

表 11.13　合成看跌期权多头

期货到期价格	卖出期货收益	买进看涨期权收益	合成后的收益
84.00	6	0	6
86.00	4	0	4
88.00	2	0	2
90.00	0	2	2
92.00	−2	4	2

(3) 期货多头和看跌期权多头的合成。由图 11.5 的分析可知，合成结果是相同到期日的看涨期权多头，敲定价为 X，权利金为 $P-(X-X')$，损益分析见表 11.14。

表 11.14　合成看涨期权多头损益分析

期货价格范围	买进看跌期权收益	买进期货收益	总收益
$F_t \geqslant X$	0	F_t-X'	F_t-X'
$F_t < X$	$X-F_t$	F_t-X'	$X-X'$

【例 11-15】 买进一豆粕期货合约，价格 150 美元/吨，同时买进敲定价 148 美元/吨的豆粕看跌期权，权利金 0.8。合成结果是：买进敲定价 148 美元/吨的豆粕看涨期权，权利金为 $P-(X-X')=0.8-(148-150)=2.8$。分析见表 11.15。

表 11.15　合成看涨期权多头

期货到期价格	买入期货收益	买进看跌期权收益	合成后的收益
144	−6	4	−2
146	−4	2	−2
148	−2	0	−2
150	0	0	0
152	2	0	2
154	4	0	4

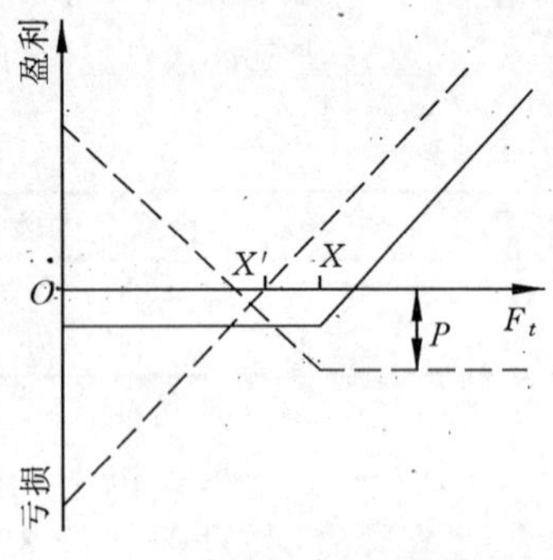

图 11.5　合成后为看涨期权多头

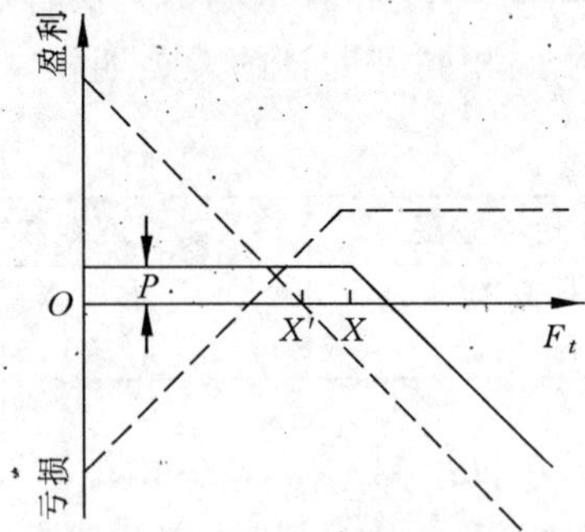

图 11.6　合成看涨期权空头

(4) 期货空头和看跌期权空头的合成情形如图 11.6，合成后为看涨期权空头，损益分析如表 11.16。

表 11.16　合成看涨期权空头损益分析

期货价格范围	卖出看跌期权盈利	卖出期货盈利	合成后的收益
$F_t \geqslant X$	0	$X'-F_t$	$X'-F_t$
$F_t < X$	F_t-X	$X'-F_t$	$X'-X$

从以上分析可知，合成结果相当于一个看涨期权空头（相同到期日、同一敲定价），权利金为 $P-(X-X')$。

【例 11-16】　卖出一张铜期货，价格 2 000 美元/吨；同时卖出一张敲定价 2 010 美元/吨的看跌期权，权利金 64 美元/吨；合成结果相当于卖出一个敲定价为 2 010 美元/吨的看涨期权，权利金为 $P-(X-X')=64-(2\,010-2\,000)=54$，见表 11.17。

表 11.17　合成看涨期权空头

期货到期价格	卖出期货收益	卖出看跌期权收益	合成后的收益
1 990	+10	−20	−10
2 000	0	−10	−10
2 005	−5	−5	−10
2 010	−10	0	−10
2 020	−20	0	−20

2. 合成期货

某投资者买进一看涨期权，同时卖出一看跌期权，如图 11.7 和图 11.8。看涨期权多头与看跌期权空头到期日相同，敲定价为 X，权利金分别为 C，P。当期货价 $F_t \geqslant X$ 时，看涨期权会被履约，同时看跌期权会放弃履约，组合部分的收益应为 $F_t-X+0=F_t-X$；当期货价 $F_t<X$ 时，看涨期权多头收益为 0，看跌期权空头收益为 $-(X-F_t)$，合成后的收益为 F_t-X（另有权利金收益 $P-C$）。可见，合成结果构成了期货多头。因为权利金的收入会降低购买期货的成本，而权利金支出会增加购买期货的成本，所以合成期货的成交价为 $X-(P-C)$。

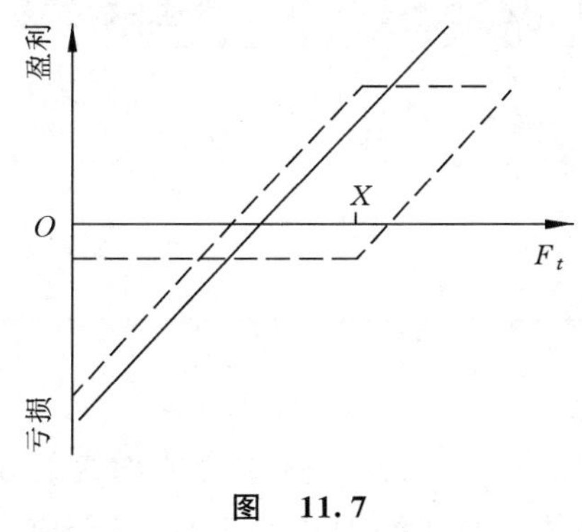

图　11.7

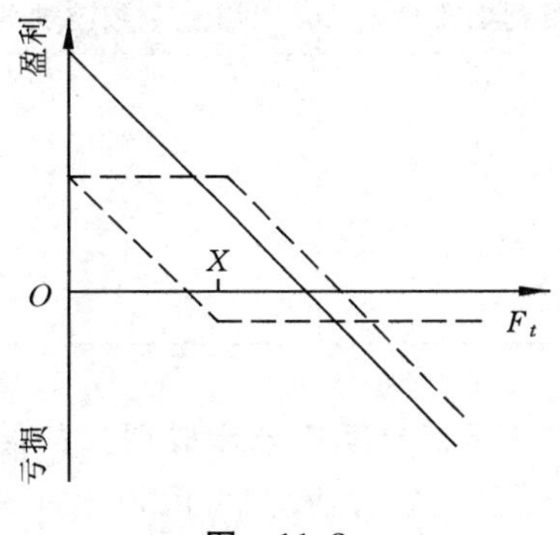

图　11.8

【例 11-17】　当玉米期货价为 268 美分/蒲式耳时，某投资者买入敲定价 260 美分/蒲式耳的看涨期权，权利金为 16.5；同时卖出到期日相同的同一敲定价的看跌期权，权利金

3.25；这样构成了一个合成玉米期货多头，成交价为 $X-(P-C)=260-(3.25-16.5)=273.25$ 美分，如表 11.18。

表 11.18　合成后为多头期货

期货到期价格	看涨期权多头收益	看跌期权空头收益	合成后收益
256	0	−4	−4
258	0	−2	−2
260	0	0	0
262	2	0	2
264	4	0	4

与以上分析类似，若有某品种的看涨期权空头与看跌期权多头组合，到期日相同，敲定价为 X，权利金分别为 C，P。当期货价 $F_t \geqslant X$ 时，合成后的收益为 $X-F_t$；$F_t<X$ 时，合成后的收益亦为 $X-F_t$；另有权利金收益为 $C-P$，所以合成结果为期货空头。又因为权利金收入会增加期货卖出的收入，而权利金支出会减少卖出期货的收入，所以合成期货成交价为 $X+C-P$。

例如，当玉米期货价为 274 美分/蒲式耳时，某投资者卖出敲定价 270 的玉米看涨期权，权利金为 10.5；同时买进同一敲定价，相同到期日的玉米看跌期权，权利金为 7；这样构成了一个合成玉米期货空头，成交价为 $X+C-P=270+10.5-7=273.5$ 美分/蒲式耳，见表 11.19。

表 11.19　合成后为空头期货

期货到期价格	看涨期权空头收益	看跌期权多头收益	合成后的收益
260	0	10	10
265	0	5	5
270	0	0	0
275	−5	0	−5
280	−10	0	−10

3. 关于合成期权与合成期货的结论

综合上文分析，我们可以得出如表 11.20 和表 11.21 的结论。其中合成期权的权利金与状态均决定于原期权。如果原期权是实值期权，则合成期权是虚值期权，且合成期权权利金＝原期权权利金－原期权内涵价值；如果原期权是平值期权，则合成期权也是平值期权，且合成期权权利金＝原期权权利金；如果原期权是虚值期权，则合成期权是实值期权，且合成期权权利金＝原期权权利金＋原期权虚值部分的数额(取绝对值)。

表 11.20　合成期权的形成

合成期权的形成
买入期货＋买入看跌期权＝买入看涨期权
买入期货＋卖出看涨期权＝卖出看跌期权
卖出期货＋卖出看跌期权＝卖出看涨期权
卖出期货＋买入看涨期权＝买入看跌期权

表 11.21　合成期货的形成

合成期货的形成
买入看涨期权＋卖出看跌期权＝买入期货
买入看跌期权＋卖出看涨期权＝卖出期货

其中合成期货的成交价取决于买卖两个期权的权利金差价。如果两个期权是平值期权，它们的权利金正好相等，则合成期货成交价＝期权敲定价；如果期权不是平值期权，其中一个是实值期权，另一个为虚值期权，权利金必不相等，则合成期货成交价＝期权敲定价＋看涨期权权利金－看跌期权权利金。

合成期权与合成期货在实际运用中具有如下特点：

(1) 市场总是处在变化中，而交易者对市场的预测也会因市场变动而发生改变，运用合成期权与合成期货能使交易者迅速有效地重新调整其在市场中所处的地位。如某交易者开始时预测市场是强劲的熊市，因此卖出了期货，但后来某些因素的出现致使市场情况发生了变化，该交易者重新分析价格趋势，判断市场将变为温和的熊市。这时，他便可以做一看跌期权空头，其合成结果将会构成一个看涨期权空头，而这正是温和熊市的交易策略。

(2) 必须注意的是，在直接期权交易中，权利金是真实的，若投资者进行的是有保护的期权交易，其权利金收入可以另行投资。而在合成期权中，合成期权的权利金是虚拟的，仅是相当于某个数量，而实际发生的权利金数额还是原期权的权利金数额。

(二) 价差交易策略

价差交易策略是买入某一类期权(a series of options)中的一种期权，同时卖出同类期权中的另一种期权。该策略常被专业交易商采用。我们知道，一类期权是指同一标的物的看涨期权(或看跌期权)，每一类期权中包含了若干种期权。例如，铜的看涨期权是一类，由于到期日和敲定价不同，铜的看涨期权就有很多种了。买进铜看涨期权中的一种，同时卖出另一种，就构成了价差交易策略。

价差交易策略可分为三种形式：第一种是同时买卖相同敲定价、不同到期月份的期权，称为时间价差交易；第二种是同时买卖相同到期日而敲定价不同的期权，称为价格价差交易；第三种是同时买卖到期日不同、敲定价不同的期权，称为对角价差交易。

在报刊的期权行情表上，期权的月份是水平排列的，而敲定价是垂直排列的。因此，时间价差交易也称水平价差交易，价格价差交易也叫垂直价差交易，而对角价差交易所买卖的期权处在对角线上。

1. 价格价差策略(垂直价差策略)

最常见的价格价差策略有三种形式:牛市价差策略、熊市价差策略和蝶式价差策略。它们适用的市场状况各不相同,其中牛市价差策略是牛市中应用的策略,而熊市价差策略是在熊市中采用的策略,蝶式价差策略则是交易者同时持有三种不同期权。

下面分别对价格价差期权的各种策略进行分析。表 11.22 给出了大豆期权行情。

表 11.22 大豆期权行情

合约规模:5 000 蒲式耳　　美分/蒲式耳

敲定价	看涨期权—收盘价			看跌期权—收盘价		
	3月	5月	7月	3月	5月	7月
525	$52\frac{1}{2}$	$58\frac{3}{4}$	$68\frac{1}{4}$	$\frac{1}{4}$	$1\frac{1}{2}$	$4\frac{1}{4}$
550	28	38	$48\frac{3}{4}$	$1\frac{1}{4}$	$5\frac{1}{4}$	$9\frac{1}{2}$
575	10	22	34	$7\frac{3}{4}$	$13\frac{1}{2}$	18
600	$2\frac{1}{4}$	$12\frac{1}{4}$	23	24	$29\frac{1}{2}$	32
625	$\frac{1}{2}$	7	17	48	$48\frac{1}{4}$	50
650	$\frac{1}{4}$	$3\frac{3}{4}$	$12\frac{1}{2}$	$72\frac{1}{2}$	…	…

(1) 牛市价格价差策略。这是最普遍的价差期权策略。其构造方式有两种:

① 买入一个较低敲定价的看涨期权,同时卖出一个同品种、同到期日的较高敲定价的看涨期权;

② 买入一个较低敲定价的看跌期权,同时卖出一个同品种、同到期日的较高敲定价的看跌期权。分别显示如图 11.9 和图 11.10 所示。

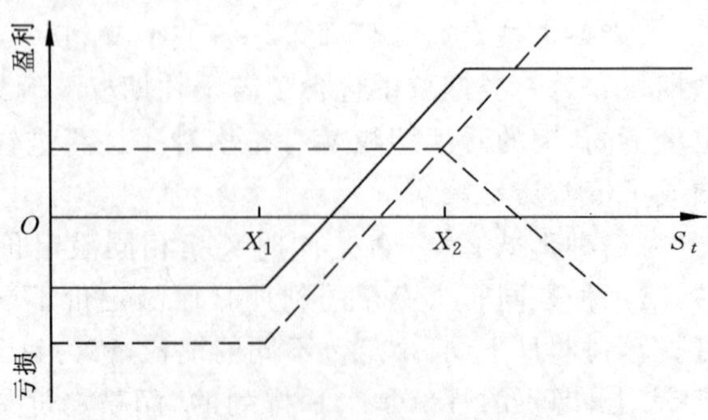

图 11.9 利用看涨期权构造牛市价格价差期权

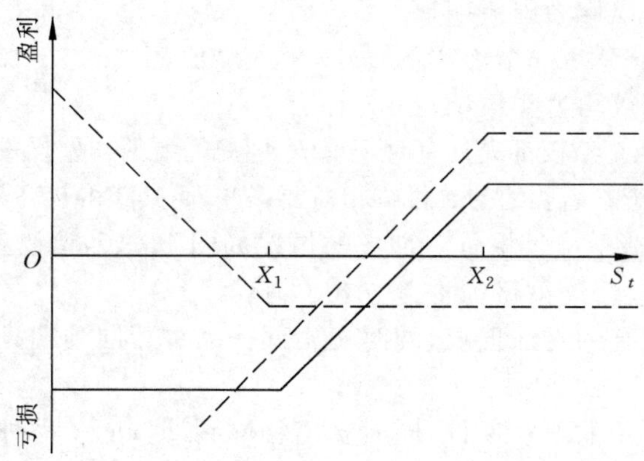

图 11.10　利用看跌期权构造牛市价格价差期权

可对其盈亏结果做如下讨论(以下的分析均不考虑权利金的初始投资),以股票期权为例。

设某交易者买入到期日 t,敲定价 X_1 的某股票的看涨期权,同时卖出到期日 t,敲定价 X_2 的同一股票的看涨期权,其中 $X_1<X_2$。当股市股票价格 $S_t\leqslant X_1$ 时,两个期权都不会履约,组合后总盈利为 0;当 $X_1<S_t<X_2$ 时,低敲定价的期权会被履约,盈利为 S_t-X_1,高敲定价的期权会被放弃履约,收益为 0;当 $S_t\geqslant X_2$ 时,两个期权均会被履约,其中低敲定价期权盈利为 S_t-X_1,高敲定价期权盈利为 X_2-S_t,总盈利为 $S_t-X_1+X_2-S_t=X_2-X_1$,见表 11.23。

表 11.23　牛市价格价差期权的损益

股票价格范围	买入看涨期权盈利	卖出看涨期权盈利	总盈利
$S_t\geqslant X_2$	S_t-X_1	X_2-S_t	X_2-X_1
$X_1<S_t<X_2$	S_t-X_1	0	S_t-X_1
$S_t\leqslant X_1$	0	0	0

由以上分析可知,交易者在预期价格上升时可采用牛市价差策略,其特点是同时限定了最高盈利额和最大亏损额。采用该策略需要有一笔初始投资,因为买进期权的敲定价更低,它多半会具有更多内涵价值。考虑权利金,该策略的最大收益为 X_2-X_1—初始权利金投资,最大亏损即初始权利金投资。

【例 11-18】　买进 1 份 11 月份到期、敲定价 110 美元的某股票看涨期权,权利金 6 美元;卖出 1 份 11 月份到期、敲定价 115 美元的某股票看涨期权,权利金 4 美元。该投资者需要初始权利金投资 2 美元,当市场股价 $S_t\leqslant 110$ 时,上述牛市价差策略收益为 0;当$S_t\geqslant X_2$ 时,该策略将总收益限定为 $X_2-X_1=5$ 美元;当 $110<S_t<115$ 时,总收益为 S_t-110。

有三种不同类型的牛市价差期权:

① 两个原看涨期权均为虚值期权；

② 两个原看涨期权中，一个为实值，另一个为虚值；

③ 两个原看涨期权均为实值期权。

在第一种策略中两个期权都只具有时间价值，因此需要的初始投资很小，但获得较高收益的可能性也小；后两种策略需要的初始投资相对要多些，而其获得较高收入的可能性也大些。

利用看跌期权构造牛市价格价差期权的情况如图 11.10，请读者自行分析。

(2) 熊市价差期权。该策略的构造方式也有两个：

① 买入敲定价较高的看涨期权，同时卖出同一品种相同到期日的敲定价较低的看涨期权；

② 买入较高敲定价的看跌期权，同时卖出相同到期日同一品种的敲定价较低的看跌期权。

在第一种构造方式中，设买入敲定价 X_2 的看涨期权，同时卖出敲定价 X_1 的同一股票相同到期日的看涨期权，其中 $X_1<X_2$。当 $S_t\leqslant X_1$ 时，两个期权都不会被执行，总收益为 0；当 $X_1<S_t<X_2$ 时，只有后一期权被履约，收益为 X_1-S_t；当 $S_t\geqslant X_2$ 时，两个期权均会被履约，前者盈利 S_t-X_2，后者盈利 X_1-S_t，总盈利 X_1-X_2。如图 11.11 与表 11.24 所示。

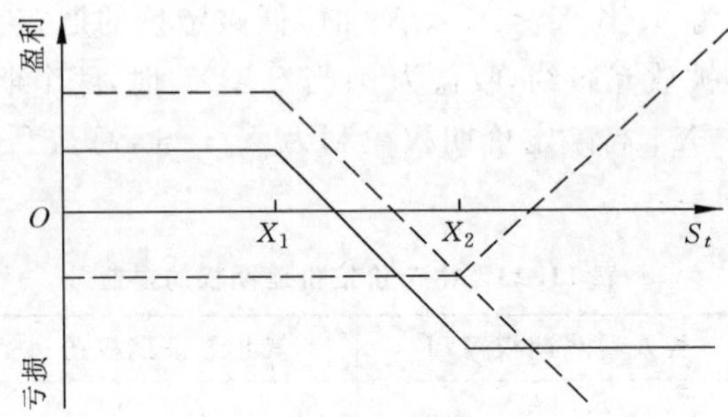

图 11.11 熊市价差期权

可以看出，熊市价差期权策略是预期价格下跌时采用，同时限定了最大盈利和最大亏损。由于买入的期权的内涵价值通常较卖出的期权为低，所以该策略具有初始权利金收入。考虑权利金收入，该策略的最大盈利($S_t\leqslant X_1$)就是初始权利金收入；最大亏损为初始权利金收入$-(X_2-X_1)$。

表 11.24 熊市价差期权的损益

股票价格范围	买入看涨期权盈利	卖出看涨期权盈利	总盈利
$S_t\geqslant X_2$	S_t-X_2	X_1-S_t	$-(X_2-X_1)$
$X_1<S_t<X_2$	0	X_1-S_t	$-(S_t-X_1)$
$S_t\leqslant X_1$	0	0	0

【例 11-19】 买入 11 月到期、敲定价 120 的某股票看涨期权，权利金 $1\frac{1}{2}$，同时卖出 11 月到期、敲定价为 110 的某股票看涨期权，权利金为 $6\frac{1}{2}$，该策略有初始权利金收益 5。当 $S_t \leqslant 110$ 时，收益为 0；当 $S_t \geqslant 120$ 时，收益为 -10；当 $110 < S_t < 120$ 时，收益为 $110 - S_t$（即若考虑权利金，当 $S_t > 115$ 时，出现亏损）。

(3) 蝶式(价格)价差期权。蝶式价差期权策略由三种不同敲定价的期权所组成，有买空蝶式价差期权和卖空蝶式价差期权之分。这样的期权在形式上可分解成一个牛市价差期权和一个熊市价差期权。

买空蝶式价差期权的构造方式有两种：

设 $X_1 < X_2 < X_3$，其中 X_2 为 X_1 与 X_3 的中间值。有：

① 敲定价 X_1 的看跌期权多头 1 个＋敲定价 X_3 的看跌期权多头 1 个＋敲定价为 X_2 的看跌期权空头 2 个；

② 敲定价 X_1 的看涨期权多头 1 个＋敲定价 X_3 的看涨期权多头 1 个＋敲定价 X_2 的看涨期权空头 2 个。

下面我们对①种构造方式进行分析，见表 11.25 与图 11.12。

表 11.25　蝶式价差期权盈亏分析

股票价格范围	第一个看跌期权多头损益	第二个看跌期权多头损益	看跌期权空头损益	组合的损益
$S_t \leqslant X_1$	$X_1 - S_t$	$X_3 - S_t$	$-2(X_2 - S_t)$	0
$X_1 < S_t \leqslant X_2$	0	$X_3 - S_t$	$-2(X_2 - S_t)$	$S_t - X_1$
$X_2 < S_t \leqslant X_3$	0	$X_3 - S_t$	0	$X_3 - S_t$
$S_t > X_3$	0	0	0	0

注：以上运算中运用了关系式 $X_2 = (X_1 + X_3)/2$。

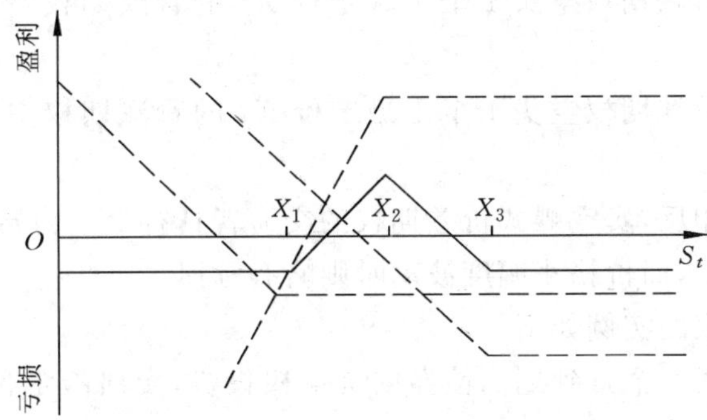

图 11.12　蝶式价差期权

这一期权策略需要少量的初始权利金投资。当价格波动范围较小时可盈利，但最大盈利受到限制；而价格波动范围较大时，则会出现少量亏损，其最大损失就是初始权利金投资。

【例 11-20】 某投资者买进 11 月到期的敲定价 110 和敲定价 120 的某股票看跌期权各一份，同时卖出 11 月到期的敲定价 115 的某股票看跌期权两份，权利金分别为 2，$11\frac{1}{2}$，$5\frac{1}{2}$，构成了买空蝶式价差期权。所需初始投资为 $2+11\frac{1}{2}-2\times5\frac{1}{2}=2\frac{1}{2}$。当 $110<S_t<115$ 时，组合部分盈利 S_t-110；当 $115<S_t\leqslant120$ 时，组合部分盈利 $120-S_t$，当 $S_t\leqslant110$ 或 $S_t\geqslant120$ 时，组合部分收益均为 0。

情形②构造的牛市价差期权，请读者自行分析；另外还可以把②种构造看成一个牛市价差期权与一个熊市价差期权的组合。如："敲定价 X_1 的看涨期权多头 1 个＋敲定价 X_2 的看涨期权空头 1 个"（牛市价差期权）＋"敲定价 X_2 的看涨期权空头 1 个＋敲定价 X_3 的看涨期权多头 1 个"（熊市价差期权）。

下面我们用欧式看涨—看跌期权平价关系来讨论两种构造方式的关系。

设情形①中三个期权的权利金依次为 P_1, P_3, P_2，其相对应的具有平价关系的看涨期权的权利金分别依次为 C_1, C_3, C_2，则有 $P+S=C+Xe^{-r(T-t)}$。情形①组合的牛市价差期权的价格为

$$\begin{aligned}2P_2-P_1-P_3&=2[C_2+X_2/e^{r(T-t)}-S]-[C_1+X_1/e^{r(T-t)}-S]\\&\quad-[C_3+X_3/e^{r(T-t)}-S]\\&=2C_2-C_1-C_3+(2X_2-X_1-X_3)/e^{r(T-t)}\\&=2C_2-C_1-C_3\end{aligned}$$

而上式中，$(2C_2-C_1-C_3)$ 正好是情形②构造的牛市价差期权的价格。因此，可以得出结论：情形①与②构造的期权效果是一样的。

卖空蝶式价差期权的构造方式如下：

① 敲定价 X_1 的看跌期权空头 1 个＋敲定价 X_3 的看跌期权空头 1 个＋敲定价 X_2 的看跌期权多头 2 个。

② 敲定价 X_1 的看涨期权空头 1 个＋敲定价 X_3 的看涨期权空头 1 个＋敲定价 X_2 的看涨期权多头 2 个。

与买空蝶式期权相反，卖空蝶式价差期权的交易者具有少量初始权利金收入，在价格大幅度波动时有利可图，而价格小幅度波动时则略有亏损。

卖空蝶式价差期权的实例如下：

假定某投资者选择 6 个月到期的债券期货期权投资，卖出敲定价 86.00 的债券看涨期货期权合约 5 张，买进敲定价 88.00 的债券看涨期货期权 10 张，同时卖出敲定价 90.00 的债券看涨期货期权 5 张。

2. 时间价差期权

(1) 日历价差期权。日历价差期权是将相同品种、相同敲定价,但不同到期日的期权进行组合,其构造方式为:

① 期限 T_1 的看涨期权空头+期限 T_2 的看涨期权多头(其中 $T_1<T_2$)。

② 期限 T_1 的看跌期权空头+期限 T_2 的看跌期权多头(其中 $T_1<T_2$)。

我们来讨论上述情形①的构造方式,见图 11.13。由于两期权敲定价相同,内涵价值也相同,而到期日长的期权时间价值会更大。因此,该组合需要一初始投资,相当于两期权的时间价值之差。通常情况下,短期期权的时间价值衰减会更快,投资者可以从中对冲获利。

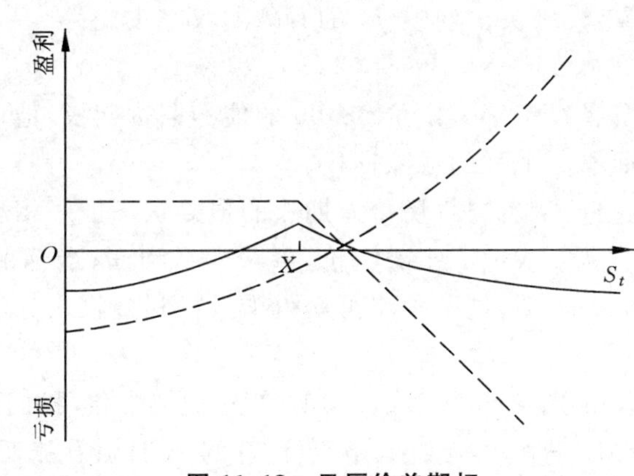

图 11.13 日历价差期权

当短期期权临近到期时,若标的资产市价远低于敲定价,则两期权都只剩时间价值,短期期权价值为 0,而长期期权价值接近于 0,投资者从中的收益微乎其微,只能略微抵消初始权利金投资;当短期期权临近到期时,若标的资产市价远高于敲定价,则两期权包含了很多内涵价值,其时间价值的差异会很小,两相抵消,投资者从中的收益也微乎其微,也只能略微抵消初始投资;当短期期权临近到期时,若标的资产市价与敲定价相近,则短期期权内涵价值与时间价值均很小,长期期权虽然内涵价值也很小,但时间价值会很大,这时若对冲两个期权,投资者会获得较大利润。

【例 11-21】 某投资者预测 9 月中旬,某股票市价将在 110 美元左右,于是卖出 1 份 9 月到期、敲定价 110 美元的某股票看涨期权,权利金 $3\frac{1}{4}$美元;同时买进 1 份 10 月到期、敲定价 110 美元的该股票看涨期权,权利金 $4\frac{1}{2}$美元,构成了日历价差期权,需要初始权利金投资为 $1\frac{1}{4}$美元。如果在 9 月中旬,果真如投资者所料,股价为 110 美元,则由于短期期权已到期，价格为0；而长期期权成为还有1个月到期的平值期权，权利金为4美元。将两个期权对冲，可获利 $3\frac{1}{4}+\left(4-4\frac{1}{2}\right)=2\frac{3}{4}$。

情形②是由看跌期权构造的日历价差期权，其损益状态与情形①类似，大家可自行分析。需注意的是，这里分析时用到了以前学过的知识，即平值期权的时间价值最大，而虚值或实值很大的期权时间价值小，甚至为0。而且随着期权到期日的临近，期权时间价值是加速衰减的。

(2) 逆日历价差期权的构造方式。

① 期限 T_1 的看涨期权多头＋期限 T_2 的看涨期权空头。

② 期限 T_1 的看跌期权多头＋期限 T_2 的看跌期权空头。

其中 $T_1<T_2$。

【例11-22】 某投资者投资于敲定价88.00的债券期货期权，他可以卖出期限6个月的看涨期权，同时买进期限3个月的看涨期权。

逆日历价差期权的损益状态与日历价差期权的损益状态正好相反。当短期期权到期时，如果标的资产市价远高于或远低于敲定价，可获少量利润；当标的资产市价与敲定价相近时，会有一定的损失。当然，这种策略可获得少量权利金收入。

3. 对角价差期权

对角价差期权(diagonal spreads options)有许多不同种类，我们不再具体分析，仅举一例加以说明。其构造如：一个9月到期、敲定价30的A股票看涨期权多头加一个12月到期、敲定价32的A股票看涨期权空头。

4. 运用期权套利策略需注意的几个问题

(1) 从对以上价差交易策略的分析可知：这种策略是对两期权的权利金价差进行投机，利用价差的变化来获利。其风险比单向买卖的风险小得多，但也因此而放弃了单向买卖的高额潜在利润，因而是相对保守的期权投机策略。

(2) 价差交易策略实际上分为三大类，各种策略适用于不同的市场状况，交易者应根据对市场的判断灵活地运用。其中垂直价差期权是市场比较强时采用的策略(如较强的牛市或较强的熊市)；对角价差期权则是市场比较温和时的交易策略；而水平价差期权则是市场趋于中性时采用的策略。

(3) 交易者若想利用价差交易盈利，还必须对组成价差期权的原期权的权利金价差的变化进行较为正确的预期。权利金包含内涵价值与时间价值两部分，对于水平价差套利者来说，其组成的各原期权的敲定价相同，因而内涵价值也相同，所以预期的重点就在于各期权时间价值的变化；对于垂直价差期权而言，其组成的各原期权的到期日相同但敲定价不同，因而预期的重点是各期权内涵价值的变化；而对于对角价差期权来说，由于各原期权的到期日、敲定价均不同，则对内涵价值和时间价值的变化都要关注。

(4) 使时间价值的衰减于己有利。必须注意以下几点：

第一，短期期权时间价值的衰减速度要快于长期期权；

第二，平值、虚值、实值期权的时间价值衰减率不一样，一般而言，平值期权或近似平值期权的时间价值的衰减是加速的，而虚值期权和实值期权时间价值基本上呈线性衰减，如图 11.14 和图 11.15 所示；

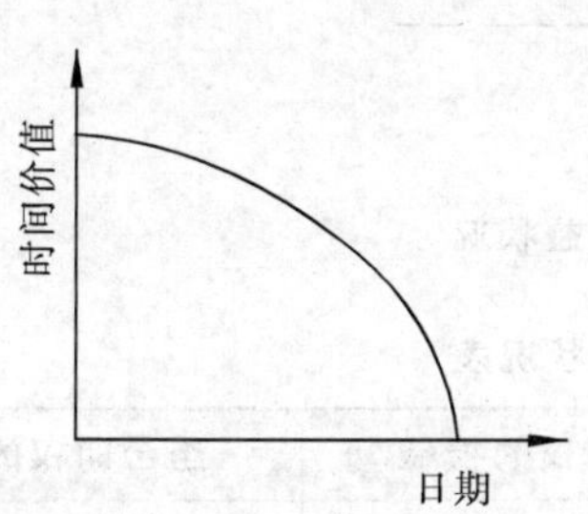

图 11.14　平值期权时间价值衰减图

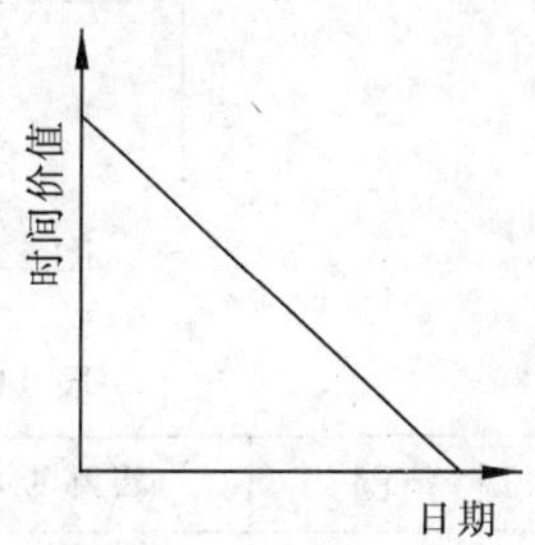

图 11.15　虚值、实值期权时间价值衰减图

第三，虚值很大或实值很大的期权，时间价值几乎近于 0。

所以，一般来说，交易者应卖出期限短的期权，买进期限长的期权；应卖出平值期权，买进实值或虚值期权。这样可以使时间价值的衰减于己有利。

(5) 恰当地构造各种不同的风险—收益结构。每种策略的风险—收益结构均会有所不同，有的策略将有较低的可能性获得较大的收益，有较大的可能性遭受较小的损失；而有的策略将有较大的可能性获得较小的收益，而以较小的可能性遭受较大的损失。交易者必须对各种策略的风险—收益进行研究，以便构造令己满意的组合。同时，在交易中较好地把握对冲机会，使预期利润得以实现。

(三) 组合期权

前述价差交易策略包含买卖相对的交易行为，而组合期权的交易行为则是同向的。

组合期权的构造策略中包括同一标的资产的不同类型的期权，即同时买进(或卖出)看涨期权和看跌期权。组合期权有许多种类，这里主要介绍常见的几种。

1. 跨式期权

跨式期权(straddle)的构造方式有两种：

(1) 同时买入相同敲定价、相同到期日、同种标的资产的看涨期权和看跌期权，也称为买入跨式期权或底部跨式期权；

(2) 同时卖出相同敲定价、相同到期日、同种标的资产的看涨期权和看跌期权，也称为卖出跨式期权或顶部跨式期权。

如图 11.16 是买入跨式期权的损益状况。当标的物市价 S_t 大于期权敲定价时，该组合的盈利为 S_t-X；当标的物市价 S_t 小于期权敲定价时，该组合盈利为 $X-S_t$，分析如表 11.26。

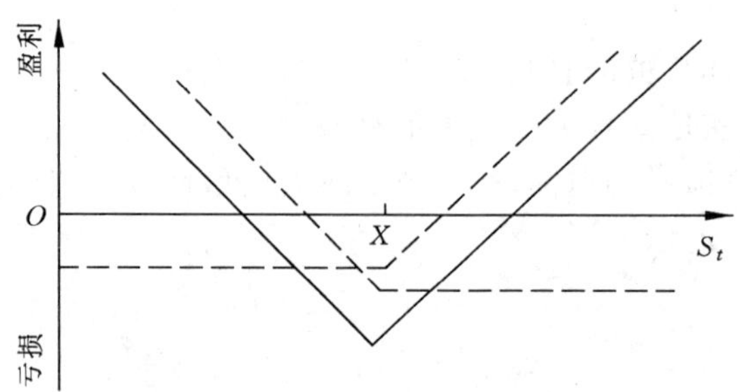

图 11.16 买入跨式期权的损益状况

表 11.26 买入跨式期权损益状况表

标的物价格范围	看涨期权的损益	看跌期权的损益	组合期权的损益
$S_t \leqslant X$	0	$X-S_t$	$X-S_t$
$S_t > X$	S_t-X	0	S_t-X

该策略的特点是要付出初始投资,即买入两个期权的权利金。若标的物价格波动很小,投资者就会亏损,最大亏损就是权利金;而标的物价格大幅度波动时,其盈利潜力很大。

【例 11-23】 8 月份时,某公司股价为 112,该公司三个月后将被购并,因此投资者预测该股票价格三个月后将有重大变化。若购并成功,股价将大幅上涨;若失败股价将大幅下降。投资者决定利用该机会,于是同时买入 11 月到期、敲定价 110 的看涨、看跌期权各一份,权利金分别为 6.5 和 2,初始投资为 8.5。若届时 $S_t \leqslant 110$,组合部分收益 $110-S_t$;若 $S_t > 110$,组合部分收益 S_t-110。考虑到回收权利金投资问题,当 $S_t > 118.5$ 或 $S_t < 101.5$ 时,投资者可获利。

卖出跨式期权的策略与上述情况相反,可获得两个期权的初始权利金收入。当标的物价格小幅波动时,会有一定的盈利;而价格大幅度波动时,其损失的可能性很大。

2. 宽跨式期权

宽跨式期权也叫底部垂直价差组合,是指投资者购买相同到期日但敲定价不同的一个看跌期权和一个看涨期权,其中看涨期权的敲定价高于看跌期权的敲定价。该策略需要初始投资,即购买两个期权的权利金投资。

如图 11.17,设看跌、看涨期权敲定价分别为 X_1,X_2,其中 $X_1 < X_2$。当 $S_t \leqslant X_1$ 时,看跌期权会被履约,而看涨期权会被弃权,组合部分收益为 X_1-S_t;当 $X_1 < S_t < X_2$ 时,两个期权都会被弃权,收益为 0;当 $S_t \geqslant X_2$ 时,只有看涨期权被履约,收益为 S_t-X_2。分析如表 11.27。

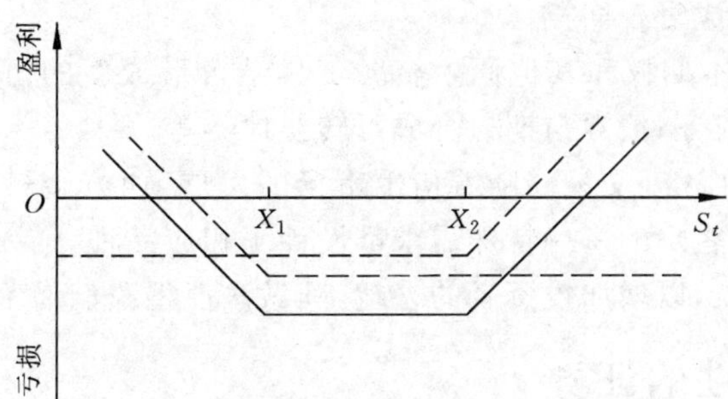

图 11.17 宽跨式期权

表 11.27 宽跨式期权的损益

标的物价格范围	看涨期权的损益	看跌期权的损益	组合期权的损益
$S_t \leqslant X_1$	0	$X_1 - S_t$	$X_1 - S_t$
$X_1 < S_t < X_2$	0	0	0
$S_t \geqslant X_2$	$S_t - X_2$	0	$S_t - X_2$

由此可知，该宽跨式期权策略与跨式期权策略类似，是预测价格会大幅度波动，但不知波动方向时采用的一种策略。该策略最大亏损是买入两个期权的权利金，而盈利潜力很大。

卖出宽跨式期权的策略也叫顶部垂直价差组合，与上述相反，在投资者预测标的物价格波动不大时采用。其最大盈利即卖出两份期权的权利金，而其潜在损失是无限的。

第四节 新型期权

一、新型期权的概念及其衍生方式

从期权的发展来看，可分为第一代产品和第二代产品。

第一代产品叫“plain Vanilla”，即标准的欧式期权和美式期权；第二代产品被称为“exotics”。所谓的“exotic options”即我们所说的新型期权，它实质上是在标准的欧式期权和美式期权的基础上衍生出来的证券。新型期权衍生的方式主要有三种。

(1) 变异，即将第一代产品的若干合约条款加以修改或变通而形成。如在普通期权的基础上变异出的利率上限、利率下限和利率上下限，再如通过敲定价格的变异而形成的亚式期权等。

(2) 组合，即将基本期权与其他基本型衍生金融工具进行组合而形成新的期权。如期权和互换组合形成互换期权；远期外汇合约和期权组合形成可变或分利式远期外汇合约;期权与期货组合形成复合期权。

(3) 合成,即将基本期权和其他原生金融工具结合形成新的衍生金融工具。如股票与股票期权合成认股权证;债券与期权合成可转换债券等。

大多数新型期权在场外交易。随着衍生市场的发展,西方金融机构设计的新型期权越来越多,它们几乎对客户的每一特殊需求都设计了相应品种。有时,国外投资银行还将债券和股票中加入期权,以增加投资者的兴趣,其做法值得我们借鉴。

二、具有期权特性的证券

许多金融工具和协议都带有期权的特性,如果要对其正确定价和灵活运用,就必须要了解其"期权"特性。以下我们对一些常见的金融工具和协议进行分析。

1. 可赎回债券(callable bonds)

大多数公司债券都是可赎回的,即发行时就附有赎回条件,规定公司在债券到期前的某段时间可以一定的价格将债券提前赎回。当市场利率较高时,企业发行债券的票面利率也较高;当市场利率降低时,企业可以发行低利率债券,所筹资金可以用来赎回高利率的可赎回债券。因此,发行可赎回债券对企业有好处。

公司发行一份可赎回债券实质上相当于卖出了一份普通债券(即不可赎回、不可转换)加上买进等数量的该债券的看涨期权。

公司发行可赎回债券也要付出成本,即其票面利率要比相应的普通债券更高一些,才能顺利以票面价值发行。高出的票面利率相当于投资者卖出看涨期权获得的权利金。

2. 可转换证券(包括债券与优先股)(convertible securities)

投资者持有的可转换债券及可转换优先股也带有期权特性。可转换证券的投资者有权在将来把债券或优先股转换成一定数量的普通股,而不论当时股票价格怎样。例如,公司规定面值 1 000 美元的可转换债券可转换成 10 股普通股。若该债券价格为 950 美元,这相当于敲定价 95 美元的股票看涨期权,若当时股价高于 95 美元,则该看涨期权会被履约(即债券转换成股票)。此时,看涨期权为实值期权。

大多数可转换债券发行时都是"虚值很大"的,即只有将来股价涨幅很大投资者才会有利可图。因此可转换债券相当于普通债券加上一个看涨期权。该看涨期权有如下特性:第一,其敲定价随可转换证券价格的变化而不断变化;第二,股票要分红,这使该期权的定价更复杂;第三,大多数可转换债券也是可赎回债券,这样就形成了发行者与持有者互相购买了对方看涨期权的局面。在发行者履行其看涨期权以买回债券之前,往往允许债券持有者在一个月的时间内考虑是否进行转换(即允许持有者考虑是否履行其看涨期权)。

3. 认股权证(warrants)

认股权证类似于公司发行的看涨期权。认股权证与看涨期权的重要区别在于:当期权买方要求履约时,卖方只需交割已发行的股票;而认股权证的买方要求履约时,卖方(发行公司)必须发行新的股票。因此,公司因发行新股而有现金流入。这一差异表明,认股权证与同期限的看涨期权价值会有所不同。

4. 抵押贷款(collateralized loans)

许多贷款协议都要求借方有抵押品以保证贷款的归还。当借方不能按协议还款时,贷方将拥有抵押品的所有权,不可追索抵押贷款,即贷款方对抵押品之外的买方财产不具有追索权。国外常见的抵押品有债券、股票等,其本身价值也是不断变化的。

抵押贷款协议对借方来说,隐含了看涨期权条款。假设借方在贷款到期时必须还款数为 L,抵押品现价为 S,到期时价值 S_T。若到期时有 $S_T<L$,则借方不还款更有利;若 $S_T>L$,则还款(即履行看涨期权)更有利。这相当于一敲定价为 L 的看涨期权。

三、新型期权的分类

由于新型期权的种类很多,且还在随市场的变化而不断推陈出新,所以无法一一列举。这里,我们沿用美国学者 John C. Hull 的分类方法将新型期权进行分类,并重点介绍其中常见的一些品种。

1. 打包期权(packages)

打包期权是由标准欧式看涨期权、标准欧式看跌期权、远期合约、现金及标的资产本身构成的组合。按照此定义,我们在上一节中讨论的价差期权与组合期权都属于打包期权。

美国的金融机构常常设计打包期权使之具有零初始成本,这相当于开始买卖打包期权时不用花钱。范围远期合约就是零成本打包期权,它由一个远期多头与一个看跌期权多头和一个看涨期权空头构成,其中两个期权的初始权利金相同。这样,由于远期合约的价值为零,整个打包期权的初始价值也就为 0。

2. 非标准美式期权

非标准美式期权的所谓非标准有两种情形。一是指并不是像标准美式期权那样在到期日前任何时间都可以履行权利,而是履行权利的时间只限于有效期内特定日期。如 Bermudan 期权和美式互换期权,只能在特定日期或指定日才能履行权利。二是敲定价格在有效期内会有变化,如认股权证。例如,某公司发行 5 年期的认股权证,认股权头两年是 15 元,而在随后两年中为 16 元,最后一年为 18 元。

3. 远期开始期权

顾名思义,即现在支付权利金但在未来某时刻开始的期权。它们有时被公司用来对雇员实施奖励。例如:开发高新技术产品的某公司现有工资水平不高,为了吸引及鼓励专业技术人员努力工作,由董事会决议,1 年后的 3 年内,允许这些雇员以第一年年末的股价购买该公司股票 5 000 股。这实际上是一个 1 年后开始的,有效期 3 年的远期开始期权。

4. 复合期权

即期权的期权，主要有四种类型：

(1) 看涨期权(T_1,X_1)的看涨期权(T_2,X_2)；

(2) 看涨期权(T_1,X_1)的看跌期权(T_2,X_2)；

(3) 看跌期权(T_1,X_1)的看跌期权(T_2,X_2)；

(4) 看跌期权(T_1,X_1)的看涨期权(T_2,X_2)。

复合期权有两个敲定价格和两个到期日。其中前一期权(T_1,X_1)可视作一般期权，而后一期权(T_2,X_2)则是针对前一期权的权利金进行交易，即以前一期权的权利金与后一期权的敲定价作比较而决定是否执行后一期权，履约时以敲定价买或卖前一期权。以上括号内 T_1,X_1 分别表示前一期权的到期日与敲定价；括号内 T_2,X_2 则分别表示后一期权的到期日与敲定价。若以上述看涨期权的看涨期权为例，则当市场上前一看涨期权(T_1,X_1)的权利金 $C \geqslant X_2$ 时，后一看涨期权(T_2,X_2)才会被履约，履约时以 X_2 买入看涨期权(T_1,X_1)。例如：某投资者买入敲定价 X_2(15)、到期日 T_2(9 月)的看跌期权的看涨期权，该看跌期权敲定价 X_1(400)、到期日 T_1(12 月)。只有市场上看跌期权的权利金高于 15 时，投资者才会执行看涨期权，即以 15 买入看跌期权；只有当标的资产价格 X_2 低于 400 时，投资者才会以 400 卖出标的资产。

5. 任选期权(as you like it)

任选期权是赋予购买者将来指定日期选择持有哪一类期权的期权。即经过一段指定时期后，持有者具有选择看涨期权或选择看跌期权的权利。

【例 11-24】 有两个期权，其中看跌期权到期日 T_1、敲定价 X_1，看涨期权到期日 T_2、敲定价 X_2。随着标的物价格的变化及时间的推移，两期权的权利金并不相等，设分别为 P_P,P_C。现在构造一任选期权，将以上两个期权作标的物，即作为选择对象。购买者支付权利金后，经过 T 时间(比方一个月)后，有权选择持有其中任一期权。当然，购买者一定会选择其中权利金大的一个，所以任选期权的价值应当为 $\max(P_P, P_C)$。若购买者选定的看涨或看跌期权的权利金比他支付的任选期权的权利金多，则他有利可图，否则他将亏损。

6. 障碍期权(barrier options)

障碍期权的收益依赖于标的资产的价格在一段特定的时期内是否达到了一个特定水平。目前有两种常见的障碍期权。

一种是封顶期权，典型的如 CBOE 的基于 S&P100 和 S&P500 的封顶期权。所谓“封顶”是指期权的收益封顶。如 CBOE 封顶期权的设计目的是使收益不能超过 30 美元，封顶看涨期权在指数收盘价超过敲定价 30 美元时会自动执行；封顶看跌期权在指数收盘价低于敲定价 30 美元时会自动执行。另外还有许多封顶欧式、美式期权在场外市场进行交易。

另一种是敲出期权和敲入期权。敲出期权与标准期权其他方面都相同，只是当标的资产价格达到一个特定障碍 H 时，该期权作废。敲出期权可分为敲出看涨期权和敲出看跌期权。敲出看涨期权的障碍 H 一般低于敲定价 X，当标的资产价格下降碰到 H 时，该期权作废，所以该期权也被称为下降敲出期权。也就是说，相当于标的资产价格保持在障碍之上或未碰到 H 时，该敲出看涨期权才能存在。同理，敲出看跌期权也叫上升敲出期权，其障碍 H 一般高于敲定价 X，当标的物价格上升碰到障碍 H 时，该期权作废。

敲入期权是指标的资产价格碰到障碍时才可以存在的期权，其他方面亦与标准期权相同。

敲入期权也分为两类。敲入看涨期权也叫下降敲入期权，其障碍值 $H<$ 敲定价 X，只有当标的资产价格碰到 H 时，该期权才存在。同样，敲入看跌期权也叫上升敲入期权，只有当标的资产价格碰到 $H(H>X)$时，该看跌期权才存在。

由以上的分析可知，实际上两个其他条件相同的下降敲出期权和下降敲入期权可构成一个标准的看涨期权；同理，一个看跌期权可分解成两个其他条件均相同的上升敲入期权和上升敲出期权。

一般公司发行的可转换债券中通常包含了一种障碍期权。比如说，某公司发行可转换公司债券时，规定发行公司赎回债券，当股价跨过某个限价时就将投资者手中的债券转换成股票。

7. 两值期权(binary options,"bet" options)

两值期权也叫打赌期权，是具有不连续收益的期权，主要有两种。一种是现金或无价值看涨期权，在到期日股票价格低于敲定价时，两值期权一文不值；而当股票价格超过敲定价时，则期权卖方将支付一个固定数额 Q 给期权买方。另一种是资产或无价值看涨期权，若到期日标的资产低于敲定价，则期权一文不值；若标的资产到期时超过敲定价，则期权卖方将支付等于资产价格本身的款额给期权买方。

8. 回望期权(lookback options)

回望期权的收益依赖于期权有效期内标的资产的最大或最小价格，其标的资产通常是商品。设 S_1 为标的资产曾达到过的最小价格，S_2 为曾达到过的最大价格，S_T 为到期时的最终价格，则回望看涨期权的收益是 $\max(0, S_T - S_1)$，回望看跌期权的收益是 $\max(0, S_2 - S_T)$。由此可见，回望看涨期权实际上是持有者能在期权有效期内以最低价格购买标的资产的期权；回望看跌期权实际上是持有者能在期权有效期内以最高价格出售标的资产的期权。

例如，考虑某商品的回望期权(有效期 3 个月)，如果 3 个月内商品的最低价 18 元，最高价 30 元，期权到期时商品价为 22 元，则在到期日回望看涨期权的收益为 22－18＝4 元；回望看跌期权的收益为 30－22＝8 元。

9. 亚式期权(Asian options)

亚式期权的收益依赖于标的资产有效期内某一段时间的平均价格。

亚式期权有两种：一种是平均价格期权。平均价格看涨期权的收益是 max(0, S_a-X)，平均价格看跌期权的收益是 max(0, $X-S_a$)，其中 S_a 是按预定时期计算的标的资产的平均价。例如：一家美国公司的财务主管期望在明年内平稳地收到来自德国子公司的总额 500 万欧元的现金流，他可以买入亚式期权中的平均价格看跌期权。

另一种的亚式期权是平均敲定价格期权。其中平均敲定价看涨期权收益为 max(0, $S-S_a$)，平均敲定价看跌期权收益为 max(0, S_a-S)，S 为到期时标的资产价格。平均敲定价期权可以保证在一段时间内频繁交易资产所支付的平均购买价格低于最终价格，或所收取的平均销售价格高于最终价格。

10. 资产交换期权

用一种资产交换另外资产的期权，资产可以是货币、股票等。

例如，从美国投资者的观点看(第三国)，使用瑞士法郎购买欧元是把一种外币资产交换成另一种外币资产的期权；股票投资是以一种股票交换另一种股票的期权。

Exercise 思考题

1. 画出期权四种基本策略的风险收益结构图，并举例进行分析。

2. 举例说明什么是实值、平值、虚值期权。

3. 分析影响期权权利金的因素。

4. 投资者买进可赎回债券与卖出有保护的看涨期权有何相似与不同之处？

5. 某投资者预测 A 股票未来 3 个月内围绕 50 美元/股小幅波动，已知 A 股票敲定价 50 美元的 3 个月到期的卖权权利金为 4 美元。

(1) 如果无风险利率为年利 10%，计算 A 股票买权(敲定价 50 美元，3 个月到期)的权利金。

(2) 投资者应采用何种投资策略？试分析其损益状况。

(3) 怎样利用买权、卖权和买入无风险利率的债券来构造一个投资组合，使其在到期日与股票有同样的收益？若 3 个月内 A 股票不分红，该组合的初始投资额是多少？

6. 某投资者卖出一份 9 月份到期、敲定价 45 美元的无保护看涨期权，权利金 2.75 美元，当时股价 42 美元，计算该投资者应付的保证金。

7. 设 $S=47$ 美元，$X=45$ 美元，$r=0.05$，$\sigma=0.40$，请用 Black-Scholes 期权定价模型计算 3 个月后到期的买权的权利金。

8. 某股票现价 50 美元，一年后股价可能为 58.09 美元或 43.04 美元，年无风险利率 5.13%。请用二叉树定价方法计算一年后到期、敲定价 50 美元的买权的权利金。

9. 11 月 8 日，某股票的 3 个看涨期权的行情如下：

敲定价(美元)	买权价(美元)
50	7.5
60	3
70	1.5

某人欲进行蝶式套利,请分析其可能的盈亏状况。

10. 背景:2001 年 9 月 28 日的新闻报道:"在发生恐怖袭击事件前一天,芝加哥期权交易所的美利坚航空股票期权交易额高达平日的 5 倍。恐怖袭击后,该航空公司的股价暴跌。经过一周时间,股票期权价格由恐怖袭击前一天的 220 美元升到了 1040 美元。德国也发生了类似嫌疑。有人预测到恐怖事件后股价会暴跌,从中赚取了巨额利润。美国财政部长奥尼尔指出:'这是国际社会与恐怖组织的金融战争。'"

问题:

(1) 以上新闻报道中提到的股票期权是看涨期权还是看跌期权?为什么?

(2) 分析金融衍生品在现代金融体系中的地位。

11. 美式期权和欧式期权的主要区别是什么?欧式期权的时间价值为什么有可能为负?

12. 设 $S=50$ 美元,$X=48$ 美元,$\sigma=0.30$,$r=0.03$,请用 Black-Scholes 期权定价模型计算 3 个月后到期的卖权的权利金。

13. 敲定价格为 750 美分/蒲式耳的大豆看涨和看跌期权,当标的大豆期货价格为 700 美分/蒲式耳时,看涨期权和看跌期权的内涵价值各为多少?

14. 假设 CBOT2012 年 9 月小麦期权合约最后交易日的情况如下表,当日期货价格为 347,你认为合约哪些会失效,哪些会自动行权?

履约价格	看涨期权空盘量	放弃或自动执行	看跌期权空盘量	放弃或自动执行
220	2			
250			476	
260	1		1 827	
270	4		1 948	
280	95		3 420	
290	568		2 532	
300	1 023		1 882	
310	1 183		3 078	
320	2 035		2 599	
325	8		55	
330	1 541		1 241	
335	119		282	

续表

履约价格	看涨期权空盘量	放弃或自动执行	看跌期权空盘量	放弃或自动执行
340	1 493		838	
345	66		823	
350	1 654		1 683	
355	249		202	
360	1 452		158	
365	31			
370	450			
380	669			
390	1			
400	1 914			
420	110			
合计	14 668		23 044	

15. 设某股票现价 10 美元，一年后股价可能为 8 美元或 12 美元，年无风险利率为 5%。请用二叉树定价方法计算一年后到期、敲定价 10 美元的买权的权利金。

16. 2013 年诺基亚第一季度财务报告即将公布。某公司投资师认为实际情况比市场预计的要差很多。如果分析师的预计是正确的，应当采取哪种期权投资策略使获利的可能性最大？

17. 2013 年 5 月，某投资师认为 IBM 股票价格会停留在历史某一交易水平或者小幅上扬。同时你也认为该股票价格没有下跌空间，应当采用哪种期权投资策略？

18. 某股指期货当前价格为 250，股指的连续复利收益率为每年 4%，无风险利率为每年 6%，假设这一股指的 3 个月期、执行价格为 245 的欧式看涨期权价格为 10 美元。那么一个 3 月期、执行价格为 245 美元的看跌期权价值为多少？

19. 什么是历史波动率和隐含波动率？

20. 为什么提前执行无红利支付的美式看涨期权是不明智的选择？无红利支付的美式看跌期权在何种情况下，投资者应当选择提前执行？

21. 为什么美式期权价格至少不小于同等条件下欧式期权价格？

22. 已知 A 公司股票价格为 20 美元，同时 6 个月期的、执行价格为 22 美元的欧式看涨期权和看跌期权价格均为 1 美元，若该股票不进行分红，无风险利率假定为 10%（连续复利），问该公司股票有无套利机会？若有，怎样进行套利？

23. 价差交易策略有哪几种形式？

24. 解释熊市差价期权的两种构造方式。

25. 画出以下两种投资者交易组合的风险收益结构图（假定期权执行价格等于当前

股票价格）：

（1）持有股票并持有该股票看涨期权空头头寸。

（2）持有股票并持有该股票看跌期权空头头寸。

26. 假设某投资者拥有一个两年期、执行价格为45美元的欧式看涨期权，已知初始股票价格为50美元，连续无风险利率为3%。计算该期权的价格。

27. 时间流逝对哪些持有期权头寸的人有利？请解释原因。

28. 某投资人在5月份以20美分/蒲式耳的权利金买入9月份到期、执行价格为740美分/蒲式耳的小麦看涨期权，同时买入一张9月份到期、执行价格为730美分/蒲式耳的小麦看跌期权，9月份时，相关期货合约价格为750美分/蒲式耳。计算该投资人的投资结果。

29. 欧式看涨期权—看跌期货期权的平价关系是什么？

30. 某投机者在6月份以180点的权利金买入一张9月到期、执行价格为13 000点的股指看涨期权，同时他又以100点的权利金买入一张9月到期、执行价格为12 500点的同一指数看跌期权，理论上来讲该投机者最大亏损为多少？

案例一　巴林银行破产事件

事件简介

1995年2月26日，一条消息震惊了世界金融市场。具有230多年历史，在世界1 000家大银行中按核心资本排名第489位的英国巴林银行，在进行巨额金融衍生品交易中造成9.16亿英镑的巨额亏损，在经过英格兰银行先前一个周末的拯救失败之后，被迫宣布破产。后经英格兰银行的斡旋，3月5日，荷兰国际集团(ING)以1美元的象征价格，宣布完全收购巴林银行。

要求：讨论巴林银行破产的原因、经验与教训。

背景资料

一、巴林银行简介

巴林银行(Barings Bank)由弗朗西斯·巴林爵士创建于1763年，其业务专长是企业融资和投资管理。从20世纪初开始，伊丽莎白女王成为其长期客户。

巴林集团主要包括四个部分：一是巴林兄弟公司，主要从事企业融资、银行业务及资本市场活动；二是巴林证券公司，以从事证券经纪为经营目标；三是巴林资产管理有限公司，主要以资产管理及代管个人资产为目标；四是该集团在美国一家投资银行拥有40%的股份。截至1993年年底，巴林银行的全部资产总额为59亿英镑，1994年税前利润高达1.5亿美元。其核心资本在全球1 000家大银行中排名第489位。1995年还管理着300亿英镑的基金资产、15亿英镑的非银行存款和10亿英镑的银行存款。

然而，这一具有233年历史的银行，竟毁于一个年龄只有28岁的毛头小子尼克·里森(Nick Leeson)之手。

二、新加坡巴林银行期货公司首席交易员尼克·里森

1992年，里森任职巴林新加坡期货公司首席交易员。尼克·里森被视为期货与期权结算方面的专家，国际金融界“天才交易员”，在日经225期货合约市场上，他被誉为“不可战胜的里森”，甚至在每天开盘之前，当地的交易员都要打电话互相询问里森准备做多还是做空。

事实上，在新加坡，里森既是期货交易部经理又是清算部经理，自己监督自己。1992年夏天，伦敦总部的清算负责人乔丹·鲍塞(Gordon Bowser)要求里森另行开设一个“错误账户”，以记录小额差错，并自行处理，以省却伦敦的麻烦。此“错误账户”的代码为“88888”，开户表格上注明此账户是“新加坡巴林期货公司的误差账户”，只能用于冲销错账，但这个账户后来却被用来进行交易，甚至成了里森赔钱的“隐藏所”。

里森通过指使后台结算操作人员在每天交易结束后和第二天交易开始前，在“88888”账户与巴林银行的其他交易账户之间做假账进行调整。通过假账调整，里森反映在总行其他交易账户上的交易始终是盈利的，而把亏损掩盖在“88888”账户上。

例如，1992 年 7 月 17 日，里森手下一名交易员金(King)犯了一个错误：将客户要求买进 20 手日经指数期货合约误解为卖出 20 手，其损失为 2 万英镑，按规定应上报。但在种种考虑下，里森决定利用错误账户“88888”承接 40 手日经指数期货空头合约，以掩盖这个失误。

又如 1993 年 7 月，里森接到了一笔买入 6 000 份期权的委托业务，为了做成这笔业务，他又按惯例用“88888”账户卖出部分期权。后来，他又用该账户继续吸收其他差错。结果，随着行情的不利变化，里森陷入巨额亏损的境地。到 1994 年 7 月份时，亏损额已达到 5 000 万英镑。

尽管里森缺乏约束的行为已经给巴林银行带来了巨额损失，但由于这些损失没有暴露，结果在巴林银行内部，竟被看作一个经营明星。在 1994 年 12 月，即巴林破产的两个月前，于纽约举行的一个巴林金融成果会议上，250 名巴林银行在世界各地的工作者还将里森当成巴林的英雄，对其报以长时间热烈的掌声。巴林伦敦总部的一位高级职员于 1995 年 2 月 8 日飞往新加坡，找里森及其班子核查情况。2 月 20 日，东京地区总部的领导要求里森减少银行持有的日经指数期货，但谁也没有想到一个私设的账户“88888”正在给公司造成巨大的危害，当公司的内部审计有所觉察时，它的透支金额已超出公司的资本。

三、破产事件经过

自 1994 年下半年起，尼克·里森开始在日本东京市场上做日经指数期货。里森认为，日本经济已开始走出衰退，股市将会有大涨趋势。于是大量买进日经 225 指数期货合约和看涨期权。孰料 1995 年 1 月 18 日，日本神户大地震，其后数日日经指数大幅度下跌，里森一方面遭受着更大的损失，另一方面却继续购买更庞大数量的日经指数期货合约，希望日经指数会上涨到理想的价格范围。1 月 30 日，里森以每天 1 000 万英镑的速度从伦敦获得资金，已买进了 3 万手日经指数期货，并卖空日本国债。2 月 10 日，里森已持有 55 000 手日经期货及 2 万手日本国债期货，均为新加坡期货交易所交易史上创纪录的数量。而这所有的交易都通过“88888”账户进行。

至1995年2月23日，日经股价指数急剧下挫276.6点，收报17 885点，此时里森持有的多头合约已达6万余手；而日本国债的价格一路上扬，里森持有的空头合约也多达26 000手。2月24日，交易所发现巴林公司出现巨额亏损，2月26日，英格兰银行宣布巴林银行破产。

附表-1 巴林银行破产经过

时 间	发生的事件
1992年	尼克·里森建立"88888"账户
1992年7月	"88888"账户开始被运用掩盖风险
1993年	里森买空日经225指数期货，卖空日本国债期货
1994年夏	卖出期权63 762张，取得权利金2.28亿英镑。同时开了"88"和"92"两个账户，盈利记入"92"账户，亏损记入"88"账户
1994年底	日本泡沫经济崩溃，日经225指数期货大幅下跌，本应减仓，但他却继续买进；同时日本国债期货节节上升，两方同时亏损，到1994年年底，累计亏损2.28亿英镑
1995年1月30日	日经指数期货反弹700点，国债期货下跌，里森一天赚了0.85亿英镑
1995年2月6日	日经指数期货大跌，里森继续买进
1995年2月23日	里森的期货增加到6.08万手，占市场的49%，这一天日经指数期货大跌，亏损2.5亿英镑
1995年2月24日	交易所发现巴林公司出现巨额亏损，估计为5亿英镑，而巴林的资产为8.6亿英镑，还有大量未平仓合约，各银行不敢帮助
1995年2月26日	英格兰银行宣布巴林银行破产

四、交易策略

巴林新加坡期货公司1995年交易的期货合约是日经225指数期货，日本国债期货和欧洲日元期货，实际上所有的亏损都是前两种合约引起的。

1. 日经225指数期货交易

自1994年下半年起，里森认为日经指数将上涨，逐渐买入日经225指数期货。不料1995年1月17日神户发生了大地震，但里森认为日本经济在大地震后会马上恢复过来，而事实上日本经济已积重难返，神户大地震加快了日本经济的下滑，日本股市反复下跌，里森的投资损失惨重。从1994年6月最高点21 700到1995年7月的最低点14 269点，股指共计下跌了7 431点。

如附图-1所示，里森在斜线突破时建仓做多日经225指数，至横线处再次加仓，但此次突破是一次假突破，至跌破横线时，里森应该无条件止损。但里森在此处犯了一个大错，他没有止损，反而在图示处加仓，且在跌破斜线、长期均线时不止损，导致亏损严重扩大。其日经 225 期货头寸从 1995 年 1 月 1 日的 1 080 张 9503 合约多头增加到 2 月 26 日的 61 039 张多头。其 9503 合约多头平均买入价为 18 130 点，经过 2 月 23 日的日经指数急剧下挫，其 9503 合约收盘价跌至 17 473 点以下，导致无法弥补的损失，累计亏损达到了 480 亿日元。

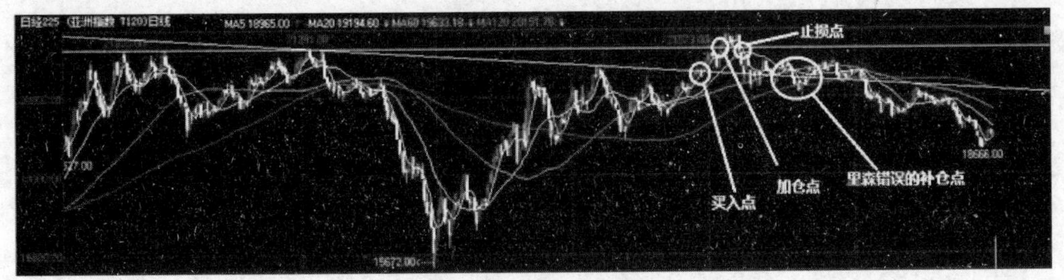

附图-1　里森对日经 225 指数期货的投资

（图片来源于东方财富网）

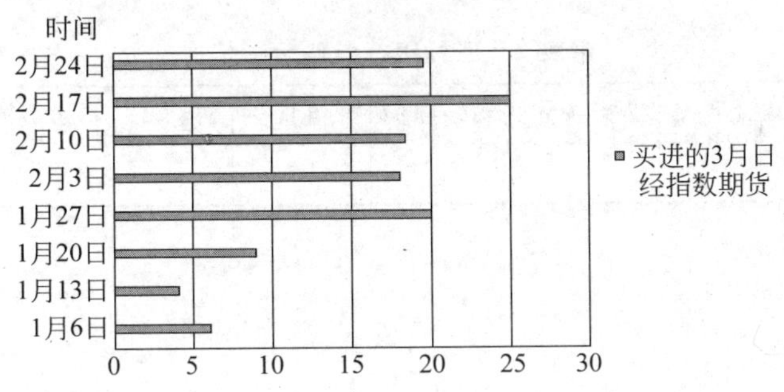

附图-2　巴林 1995 年 1 月 6 日—2 月 24 日的期货头寸

2. 日本国债期货合约交易

里森认为日本股票市场股价将会回升，而日本国债价格将会下跌，因此在 1995 年 1 月 16 日—24 日大规模建立日经 225 指数期货多头仓位，同时，又卖出大量日本国债期货。里森在“88888”账户中未套期保值合约数从 1 月 16 日 2 050 手多头合约转为 1 月 24 日的 26 079 手空头合约，但 1 月 17 日关西大地震后，在日经 225 指数出现大跌的同时，日本国债价格出现了普遍上升，使里森日本国债的空头期货合约也出现了较大亏损，在 1 月 1 日到 2 月 27 日期间就亏损 1.9 亿英镑。

3. 股指期权交易

里森在进行以上期货交易时，还大量卖出 1995 年 3 月、6 月、9 月及 12 月日经指数期货的跨式期权，以获取期权权利金。而其获利的机会是建立在日经 225 指数小幅波动上，因此日经 225 指数出现大跌，里森作为跨式期权的卖方出现了严重亏损，到 2 月 27 日，期权头寸的累计账面亏损已经达到184亿日元。

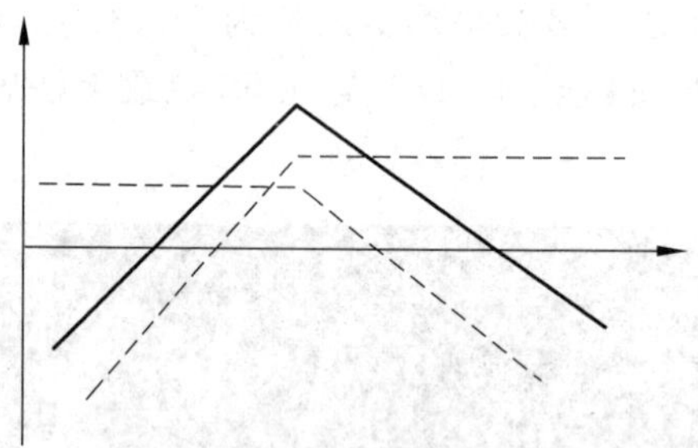

附图-3 卖出跨式期权损益状况

截至1995年3月2日，巴林银行亏损额达9.16亿英镑，约合14亿美元。3月5日，国际荷兰集团与巴林银行达成协议，接管其全部资产与负债，更名为“巴林银行有限公司”；3月9日，此方案获英格兰银行及法院批准。至此，巴林银行230年的历史画上了句号。

附表-2 巴林银行最终亏损情况 百万英镑

1995年2月27日的累计亏损	结束头寸的额外损失	外汇损失	日经225指数成本	清仓后的总亏损额
827	42	55	3	927

案例二 Amaranth 对冲基金破产事件

事件简介

2006 年 1—9 月中旬，Amaranth 基金在纽约商业交易所（NYMEX）天然气期货合约上建立了巨量套利头寸，后因天然气期货价格大幅下跌巨亏逾 30 亿美元。两周后，Amaranth 基金的亏损又进一步扩大至 66 亿美元。这个员工规模 400 余人，在 2006 年 8 月管理资产还高达 96.68 亿美元的大型对冲基金最终宣告破产，该事件遂成为全球商品期货市场及对冲基金行业史上最大一起投机亏损事件。

要求：试从多角度讨论 Amaranth 基金为什么会失败。

背景资料

一、Amaranth 对冲基金简介

Amaranth 基金由精通可转债券交易的交易员 Nicholas Maounis 于 2000 年 9 月创立，起始资金为 6 亿美元，总部设在康涅狄格州。开始时主要做可转换债券套利交易，也涉猎其他一些衍生品交易，属于多策略对冲基金。2001 年开始涉足能源行业。2004 年，其核心领域投资收益不理想，于是增加对能源行业的投入，并聘请了明星交易员 Brian Hunter。2005 年，Brian Hunter 在天然气套利交易中获得惊人收益，Amaranth 基金获利 10 亿美元以上，其本人也获得高达 7 500 万美元奖励，并得到了更大的交易权限。2006 年 8 月 31 日，Amaranth 基金总资产达 96.68 亿美元，员工 400 多名，是世界排名第 39 的对冲基金。

二、事件回顾

因为在天然气期货交易中尝到了甜头，加之可转债套利交易利润微薄，进入 2006 年后，Amaranth 基金继续加大在天然气期货上的投资力度。2006 年 2 月底时，Amaranth 基金已经有 39%左右的资金配置在能源和商品期货期权交易中。而到 5 月底，天然气期货当月产生亏损，Amaranth 基金有一半的资金投在能源期货交易中，另有 6%投在其他商品期货期权市场。5 月底时，Amaranth 基金宣布其能源组合和商品组合的杠杆比率分

别为 5.21 倍和 6.56 倍，交易头寸分别为 6 641 手和 1 700 手。Amaranth 在 6 月份仍在扩大其能源交易的头寸，6—8 月间，期货价格朝有利的方向变化，当时 Amaranth 的资产规模为 70 亿美元，其在能源和其他商品期货市场的投资在 3 个月内带来了超过 20 亿美元的盈利。最终，在天然气期货市场赚来成吨绿色美元让 Amaranth 基金失去了最起码的警惕。

2006 年 9 月中旬，Hunter 早前“赌”天然气期货价格还要上涨而建立的巨量“买 NYMEX 天然气期货 0703 合约同时卖 0704 合约”的套利头寸，并未朝 Hunter 判断的方向发展。因而，Hunter 押下的“重注”遭受重大损失，且“一不小心”拖垮了庞大的 Amaranth 基金。9 月 18 日，Nicholas Maounis 突然给其投资者发了一封信，告知他们 Amaranth 基金因为天然气价格“意外”大跌导致其在能源方面的投资遭受重大损失。9 月 19 日，《纽约时报》披露，Amaranth 基金投机天然气期货亏损了 30 多亿美元。

Amaranth 基金骤然巨亏的消息传开后，其投资者、贷款银行、合作伙伴纷纷要求其退还贷款和保证金，Amaranth 基金被迫将亏损头寸平仓。然而，由于其在天然气期货上的持仓过大，大量平仓盘涌入市场后，期价加速下跌又加重了其原有头寸的亏损度，到 2006 年 9 月底，Amaranth 基金的亏损额扩大到了 66 亿美元，占其总资产的 70%还多。投资 Amaranth 基金的投资者中包括高盛、摩根斯坦利、3M 退休基金、圣迭戈国立退休基金协会等，这些投资者最后无一例外都遭受了严重的损失。最后，摩根大通(J. P. Morgan Chase)和另一家芝加哥的大型对冲基金“要塞”收拾了 Amaranth 的残局。

附表-1 事件时间表

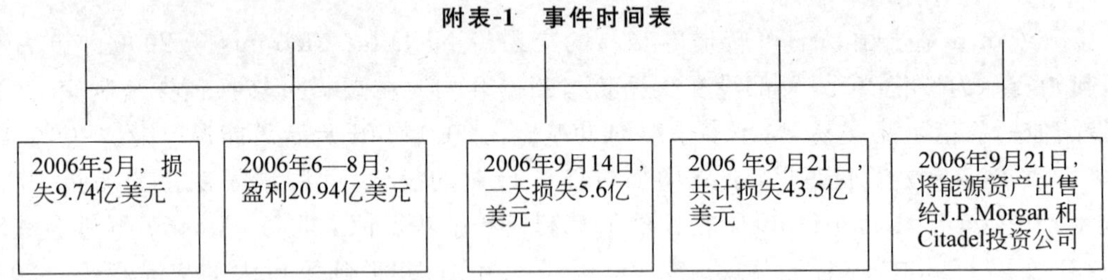

三、Amaranth 基金的交易策略

（一）2005 年天然气看涨期权交易策略

2005 年，Brian Hunter 买入了大量天然气虚值看涨期权。2005 年 1—6 月，由于天然气充足，天然气期货价格保持平缓。8 月末，飓风 Katrina 和 Rita 相继而来，天然气价格暴涨，天然气虚值期权变得极有价值，Amaranth 也正是在这一年猛赚 10 亿美元，Hunter 也拿到了 7 500 万美元的分红。

（二）2006 年天然气期货交易策略

1. Amaranth 基金对天然气期货价格的判断

由于天然气开采和输送困难，使之供给价格弹性非常小，而因其为生活必需品，需求

附图-1　NYMEX 天然气期货指数周 k 线走势图(2005.9—2007.2)

价格弹性也非常小,这种供求特性使得天然气价格波动很大。天然气期货的最大特点是无法储存,在一年中最冷(11 月到 3 月)和最热(5 月到 9 月)的时段,是美国天然气需求的旺季,此时的天然气价格相对较高,其中冬季(11—3 月)价格最高;而在气温温和冷暖转换的时节,如 4 月和 10 月,美国天然气消费则处于淡季,供应相对充足,此时的天然气价格一般也是年内最低的时候。例如,4 月份,夏季将要到来之际,NYNEX 的 4 月份天然气期货价格就会相对于 3 月份的期货价格大幅下跌。所以,4 月合约和 10 月合约在 NYMEX 天然气期货交易中被称做“肩月合约”。Hunter 做的 0703 和 0704 之间的跨期套利也就被称为“肩头套利”(shoulder spread),套利的依据就是 NYMEX 天然气期货的这种特性。

在通常情况下,8 月份和 9 月份左右是墨西哥湾飓风高发的季节,美国能源重镇的炼油厂和天然气供应设施容易受到袭击,美国能源供应也易出现紧张,NYMEX 天然气期货 0703 和 0704 两合约价差会因此扩大,即 0703 合约涨幅大,0704 合约却涨幅小,两者价差“有规律”的扩大,进而,投资者可以从中获取无风险套利利润。

Amaranth 对市场的预测如下:一是对价格的方向性判断,认为天然气期货价格会下降;二是对价差变化的判断,认为会像往年一样,冬季合约与夏季合约的价差会扩大。

2. 交易策略一:滚动期货空头头寸

事实表明,在 2006 年的 1—8 月,天然气期货价格确实是一直走低的,Amaranth 对价格走势的预测是对的,滚动的空头策略也应该是有效的、盈利的。

但策略在执行中,出现了问题,一是交易量太大;二是交易呈倒金字塔结构,换月时,

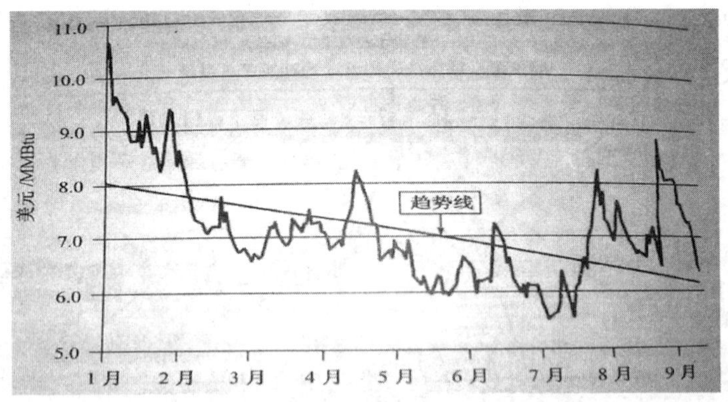

附图-2　2006 年 1—9 月 NYMEX 期货价格

下一个月建立的头寸总是大于上一个月建立的头寸。到了 8 月份，其 9 月期货空头头寸已经达到 105 000 手，这相当于全美居民能源消费量的 22%。其后引发了流动性危机。

3. 交易策略二：多头价差头寸

从 2006 年 1 月开始，Amaranth 构造了三个价差组合。

只要像预测的那样，冬季合约和夏季合约之间的价差扩大，这三个价差套利组合就会盈利；反之就会亏损。

从附图-3 中可以看出，在 2006 年 1 月至 4、5 月期间，价差是稳步扩大的，Amaranth 预计年化收益率将达 114%，于是决定部分平仓，但由于持仓量过大，难以平仓；其后，价差开始缩小，而随着价差缩小，Amaranth 开始出现亏损，若彼时止损，损失为 11 亿美元，但 Amaranth 不甘心，不但没有止损，而是增加了头寸。2006 年 6 月开始，价差又开始持续扩大，Amaranth 头寸盈亏情况好转。Hunter 根据经验"赌"2006 年 9 月份天然气价格会再次因飓风而升高，然后近乎"疯狂地"建立了巨量买 0703 和卖 0704 的"肩头套利"头寸。从 2006 年 8 月中旬开始，受灾害飓风未发生、暖冬气候、供应充足、美国经济放慢、中东局势平缓等多重利空因素的影响，NYMEX 原油和天然气期货价格纷纷从历史高位"快速"且"大幅度"回落，天然气期货 0703 合约的跌幅大于 0704 的跌幅。8 月底，0703 合约的价格是每百万单位 BTU 10.9 美元，0704 合约为 8.3 美元，价格差为 2.6 美元。到 9 月 20 日，纽约商业交易所的 0703 合约价格为 7.8 美元，0704 合约为 7.2 美元，价差缩小到 0.6 美元。Amaranth 被迫卖出部分投资组合，其中包括股票、贷款和债券，以追加 9.44 亿美元的保证金。

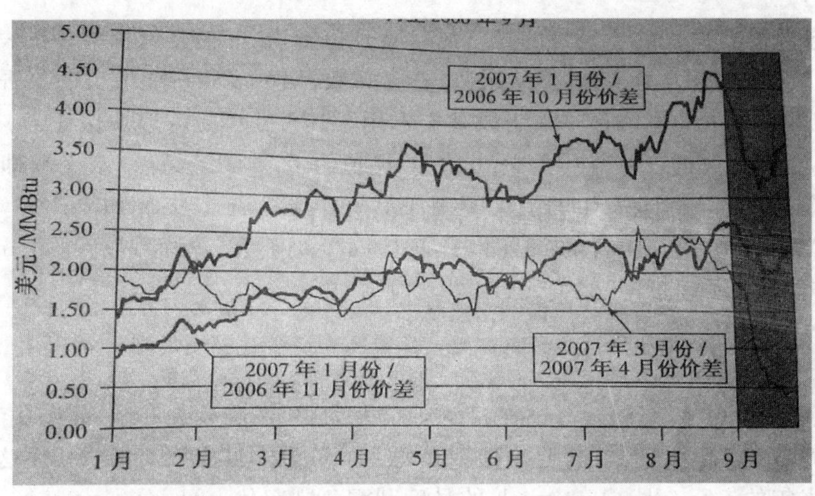

附图-3　2006年1—9月三个组合的价差变化

至2006年9月21日，Amaranth公司在能源市场上损失43.5亿美元，总共损失66亿美元，占其总资产的70%，400多名员工失去工作，至此这家基金正式关门。

四、Amaranth的投资组合

从附表-2中可以看出，在Amaranth 2006年9月的投资组合中，能源产品占的比重最大；从附表-3中可以看出，Amaranth 2006年破产前在天然气市场持有巨量未平仓合约。

附表-2　Amaranth的投资资产组合（2006年9月）

投　资	股权中用于投资的比例/%
能源	56
信用产品	17
波动性	7
多头/空头权益	7
大宗商品	6
统计性套利	4
美国可转换套利	2
合并套利	1
合计	100

附表-3　Amaranth在NYMEX天然气期货合约中的头寸

天然气期货合约	Amaranth占市场未平仓合约的百分比
8月合约	46
9月合约	51
10月合约	60
11月合约	70
12月合约	81
1月合约	60
3月合约	60
4月合约	60

五、Amaranth的风险管理

Amaranth为每一个交易账户指定风险经理，并与交易员同处一个交易室。Amaranth

聘用的12名风险经理采取了大量的日常风险管理措施，比如提交每日头寸报表及相关损益、VaR、风险溢价、压力测试、敏感性系数、杠杆系数、集中度和行业敞口的报告等。在资金管理方面，Amaranth也留存了一定风险资本用于其头寸可能的追加保证金。

根据月度历史数据，Amaranth公司的VaR值为28%（99%置信水平），即每100个月中有99个月，Amaranth发生的损失不高于其资产组合的28%。如果用2006年8月末的数据，Amaranth资产组合的28%相当于损失29亿美元。然而，最后Amaranth在仅仅一周之内就损失了超过46亿美元！

六、投资者和竞争对手的反应

数据显示，2006年1至9月，投资者净支取为7.09亿美元。2006年7月，支取金额特别大，达到了5.67亿美元。看起来似乎是聪明的资金知道应该离场——而这是有充分理由的，在当年的4至6月，Amaranth的月度利润急剧起伏，幅度分别为11%、-24%和17%。使Amaranth免遭更多撤资的是其锁定规定和支取门控规定。

当竞争性的交易商风闻Amaranth的财务困难时，他们立即熟练地作出了预见性的反应，调整资产组合，使市场价格大幅地朝着不利于Amaranth仓位的方向变动。

在9月15日和9月20日之间，Amaranth由于价差的恶化而损失约8亿美元。Amaranth从其不那么多元化的资产组合中出售最具流动性的资产后，变得难以及时对其他的头寸进行清仓来支付其狂飙的保证金。

七、对冲基金本身具有的高杠杆和非透明特性

对冲基金是一种私人合伙制投资机构。在美国，对冲基金是非注册的投资公司，它通过私募或有限股份制向不超过100个高净值个人或机构投资者募集资本而成立。在运作中，融资的高杠杆性和经营的非透明性是其特点。

对冲基金为追求高额利润，仅靠投资合伙人有限的自有资本远远不够，其大部分资本靠募集或举债得来。Amaranth基金可以凭其规模、“明星”交易员、以往不错的盈利从投资银行、养老基金、捐赠基金、保险公司等大机构募集长期（三年以上）资本的注入。募集资本与自有资本存在非常高的杠杆比率，如果经营成功，Amaranth基金的自有资本可以获得非常高的回报；但是，若是投资失败，即使是极小的概率，也会使投资人的损失很大。

根据1996年修订的美国《联邦证券法》，凡少于500名投资者的基金，而投资额以每一机构计逾2 500万美元，个人逾500万美元，可以豁免申报其投资组合、借贷及其他运营情况。因而在管理上，对冲基金作为私募基金，不需像传统的银行和共同基金那样，负有向当局和市场披露其运作、财务及经营状况的责任，而保持基金运营的神秘性。

APPENDIX A

期货专业术语释义（英汉对照）

第 一 章

1. 期货(futures)：与现货相对应，并由现货衍生而来，通常指期货合约。

2. 期货交易(futures trading)：期货合约的买卖，它由现货交易衍生而来，是与现货交易相对应的交易方式。

3. 期货合约(futures contract)：由期货交易所统一制定的、规定在将来某一特定的时间和地点交割一定数量的标的物的标准化合约。

4. 商品期货(commodity futures)：标的物为实物商品的期货合约。

5. 金融期货(financial futures)：标的物为金融产品的期货合约。

6. 期货市场(futures market)：进行期货交易的场所，由远期现货市场衍生而来，是与现货市场相对应的组织化和规范化程度更高的市场形态。广义的期货市场包括期货交易所、结算机构、期货公司和期货交易者。狭义的期货市场仅指期货交易所。

7. 保证金制度(margin system)：交易者在买卖期货合约时按合约价值的一定比率缴纳保证金(一般为5%～15%)作为履约保证，即可进行数倍于保证金的交易。

8. 当日无负债结算：也称为"逐日盯市"(marking-to-market)，是指结算部门在每日交易结束后，按当日结算价对交易者结算所有合约的盈亏、交易保证金及手续费、税金等费用，对应收应付的款项实行净额一次划转，相应增加或减少保证金。如果交易者的保证金余额低于规定的标准，则须追加保证金，从而做到"当日无负债"。

9. 衍生品(derivatives)：从一般商品和基础金融产品(如股票、债券、外汇)等基础资产衍生而来的新型金融产品。代表性的衍生品包括远期、期货、期权和互换。

10. 场内交易(curb trading)：也称为交易所交易(exchange trading)，是在交易所内进行的交易。

11. 场外交易(off-floor trading，over-the-counter trading)：也称为柜台交易或店头交易，是在交易所外进行的交易。

第 二 章

1. 期货佣金商(futures commission merchant,FCM):接受客户委托,代理客户进行期货、期权交易,并收取交易佣金的中介组织。它是美国主要的期货中介机构,可以独立开发客户和接受指令,可以向客户收取保证金,也可以为其他中介提供下单通道和结算指令。

2. 介绍经纪商(introducing broker,IB):主要为期货公司开发客户或接受期货、期权指令,但不能接受客户资金,且必须通过期货公司进行结算的中介组织。在国际上既可以是机构也可以是个人,但一般都以机构的形式存在。

3. 商品交易顾问(commodity trading advisors,CTA):可以向他人提供买卖期货、期权合约的指导或建议,或以客户名义进行操作的自然人或法人。

4. 交割仓库:经交易所指定的为期货合约履行实物交割的交割地点。

5. 商品投资基金(commodity pool):广大投资者将资金集中起来、委托给专业的投资机构,并通过商品交易顾问进行期货和期权交易,投资者承担风险并享受投资收益的一种集合投资方式。

6. 对冲基金(hedge fund):一种私人投资基金,目标往往是从市场短暂快速的波动中获取高水平的回报,常进行高杠杆比率的操作,运用如卖空、互换、金融衍生工具、程序交易和套利等交易手段。

7. 商品基金经理(CPO):商品基金的主要管理人,是基金的设计者和运作的决策者,负责选择基金的发行方式,选择基金主要成员,决定基金投资方向等。

8. 托管人(custodian):为了充分保障基金投资者的权益,防止基金资产被挪用,CPO 通常委托一个有资格的机构负责保管基金资产和监督基金运作,托管人一般是商业银行、储蓄银行、大型投资公司等独立的金融机构。

9. 对冲基金的组合基金(funds of hedge fund):将募集的资金投资于多个对冲基金,通过对对冲基金的组合投资,而不是投资于股票、债券来实现分散风险的目的。

第 三 章

1. 交易单位(trading unit):在期货交易所交易的每手期货合约代表的标的物的数量。

2. 最小变动价位(tick size, minimum price fluctuation):在期货交易所的公开竞价过程中,对合约每计量单位报价的最小变动数值。在期货交易中,每次报价的最小变动数值必须是最小变动价位的整数倍。

3. 每日价格最大波动限制(daily price limit, daily price fluctuation):期货合约中规定的在一个交易日中的交易价格波动不得高于或者低于规定的涨跌幅度。

4. 涨停板(up limit):当日价格上涨的上限,由期货合约上一交易日的结算价加上允许的最大涨幅构成。

5. 跌停板(down limit):当日价格下跌的下限,由期货合约上一交易日的结算价减去允许的最大跌幅构成。

6. 合约交割月份(contract month):某种期货合约到期交割的月份。

7. 最后交易日(last trading day):某种期货合约在合约交割月份中进行交易的最后一个交易日,过了这个期限的未平仓期货合约,必须按规定进行实物交割或现金交割。

8. 交割期(delivery day)：合约以实物交割或现金交割方式了结未平仓合约的时间。

9. 交割等级(deliverable grade)：由期货交易所统一规定的、准许在交易所上市交易的合约标的物的质量等级。

10. 交易手续费：期货交易所按成交合约金额的一定比例或按成交合约手数收取的费用。

11. 持仓限额(position limits)：指交易所规定会员或客户可以持有的、按单边计算的某一合约投机头寸的最大数额。

12. 大户报告制度：当交易所会员或客户某品种某合约持仓达到交易所规定的持仓报告标准时，会员或客户应向交易所报告。

13. 强行平仓：按照有关规定对会员或客户的持仓实行平仓的一种强制措施，其目的是控制期货交易风险。

第 四 章

1. 下单(place an order)：客户在每笔交易前向期货公司业务人员下达交易指令，说明拟买卖合约的种类、数量、价格等的行为。

2. 开仓：也称为建仓，是指期货交易者新建期货头寸的行为，包括买入开仓和卖出开仓。

3. 持仓(open interest)：交易者开仓之后手中持有头寸的情形。若交易者买入开仓，则构成了买入(多头)持仓；反之，则形成了卖出(空头)持仓。

4. 平仓(offset，close out，liquidate)：交易者了结持仓的交易行为，了结的方式是针对持仓方向作相反的对冲买卖。

5. 市价指令(market order)：按当时市场价格即刻成交的指令。客户在下达这种指令时不须指明具体的价位，而是要求以当时市场上可执行的最好价格达成交易。

6. 限价指令(limit order)：执行时必须按限定价格或更好的价格成交的指令。下达限价指令时，客户必须指明具体的价位。

7. 停止限价指令(stop limit order)：当市场价格达到客户预先设定的触发价格时，即变为限价指令予以执行的一种指令。

8. 止损指令(stop order)：当市场价格达到客户预先设定的触发价格时，即变为市价指令予以执行的一种指令。客户利用止损指令，既可以有效地锁定利润，又可以将可能的损失降至最低限度，还可以相对较小的风险建立新的头寸。

9. 触价指令(market-if-touched order，MIT)：在市场价格到达指定价位时，以市价指令予以执行的一种指令。触价指令一般用于开新仓。

10. 限时指令(time limit order)：要求在某一时间段内执行的指令。如果在该时间段内指令未被执行，则自动取消。

11. 长效指令(good-till-cancelled order)：除非成交或由委托人取消，否则持续有效的交易指令。

12. 套利指令(spread order)：同时买入和卖出两种或两种以上期货合约的指令。

13. 取消指令(cancel order)：又称为撤单，是要求将某一指定指令取消的指令。通过执行该指令，将客户以前下达的指令完全取消，并且没有新的指令取代原指令。

14. 立即全部成交否则自动撤销指令(fill-or-kill order，FOK order)：在限定价位下达指令，如果该指令下所有申报手数未能全部成交，该指令下所有申报手数自动被系统撤销。

15. 立即成交剩余指令自动撤销(fill-and-kill order, FAK order)指令：在限定价位下达指令，如果该指令下部分申报手数成交，该指令下剩余申报手数自动被系统撤销。在FAK指令下，可以设定最小成交数量，也可以不设定最小成交数量。如果设定最小成交数量，若可成交的申报手数低于最小成交数量，该指令下所有申报手数自动被系统撤销。

16. 结算准备金：交易所会员(客户)为了交易结算，在交易所(期货公司)专用结算账户预先准备的资金，是未被合约占用的保证金。

17. 交易保证金：会员(客户)在交易所(期货公司)专用结算账户中确保合约履行的资金，是已被合约占用的保证金。

18. 结算价(settlement price)：当天交易结束后，对未平仓合约进行当日交易保证金及当日盈亏结算的基准价。

19. 交割(delivery)：期货合约到期时，按照期货交易所的规则和程序，交易双方通过该合约所载标的物所有权的转移，或者按照结算价进行现金差价结算，了结到期未平仓合约的过程。

20. 实物交割(physical delivery)：期货合约到期时，根据交易所的规则和程序，交易双方通过该期货合约所载标的物所有权的转移，了结未平仓合约的过程。

21. 集中交割：也称一次性交割，是指所有到期合约在交割月份最后交易日过后一次性集中交割的交割方式。

22. 滚动交割：在合约进入交割月以后，在交割月第一个交易日至交割月最后交易日前一交易日之间进行交割的交割方式。

23. 实物交割结算价：在实物交割时商品交收所依据的基准价格。交割商品计价以交割结算价为基础，再加上不同等级商品质量升贴水以及异地交割仓库与基准交割仓库的升贴水。

24. 标准仓单：由交易所统一制定的，交易所指定交割仓库在完成入库商品验收、确认合格后签发给货主的实物提货凭证。

25. 现金交割(cash delivery)：合约到期时，交易双方按照交易所的规则、程序及其公布的交割结算价进行现金差价结算，了结到期未平仓合约的过程。

第 五 章

1. 开盘价(opening price)：又称开市价，是指某一期货合约每个交易日开市后的第一笔买卖成交价格。

收盘价(closing price)：某一期货合约在当日交易中的最后一笔成交价格。

2. 成交量(volume)：开盘后到目前为止某一期货合约的买卖双方达成交易的合约数量。

3. 持仓量(open interest)：到目前为止某一期货合约交易中未平仓合约的数量。

4. 双开：表明买卖双方都是入市开仓，一方买入开仓，另一方卖出开仓。

5. 双平：表明买卖双方都持有未平仓合约，一方卖出平仓，另一方买入平仓。

6. 多换：多头换手的简称，表明在买卖双方中，一方为买入开仓，另一方为卖出平仓，意味着“新的多头换出旧的多头”。

7. 空换：空头换手的简称，表明在买卖双方中，一方为卖出开仓，另一方为买入平仓，意味着“新的空头换出旧的空头”。

8. K 线图(candlestick chart):期货行情图类型之一,又称蜡烛图。按时间单位不同,K 线图又分为分钟图、小时图、日线图、周线图、月线图。

9. 竹线图(bar chart):期货行情图类型之一,又称条形图,与 K 线图的表示方法不同,但内容构成完全一样。

10. 基本分析(fundamental analysis):基于供求决定价格的理论,从供求关系出发分析和预测期货价格变动趋势。

11. 技术分析(technical analysis):通过分析技术数据来对期货价格走势做出预测的分析方法。技术数据的表现形式主要是各种图形和指标,其实质内容主要是价格和数量。

12. 支撑线(support line):价格在波动过程中的某一阶段,往往会出现两个或两个以上的最高点和最低点,用一条直线把这些价格最低点连接起来,就形成支撑线。支撑线对价格有一定的支撑作用,阻止价格下降。

13. 阻力线(resistance line):价格在波动过程中的某一阶段,往往会出现两个或两个以上的最高点和最低点,用一条直线把这些价格最高点连接起来,就形成阻力线。阻力线对价格上升有一定的抑制作用,阻碍价格上升。

14. 整理形态:表示市场暂时休整,下一步市场运动将与此前趋势的原方向一致,而不是反转。主要的整理形态包括三角形、旗形、矩形等。

15. 反转形态:表示价格趋势将与此前趋势的原方向相反。主要的反转形态包括头肩顶、头肩底、双重顶、双重底。

16. 移动平均线(moving average, MA):以统计学的平均数原理为理论基础,将一系列不规则的微小的价格波动予以剔除,来反映价格的主要变动趋势,从而帮助预测未来的价格走势。根据计算方法,移动平均线分为简单移动平均线、加权移动平均线和指数平滑移动平均线等。根据计算期的长短,又可分为短期、中期和长期移动平均线。

17. 相对强弱指数(relative strength index, RSI):反映市场气势强弱的指标。通过计算某一段时间内价格看涨时的合约买进量,占整个市场中买涨与卖跌合约总量的份额,来分析市场多空力量对比态势,从而判断买卖时机。

18. 波浪理论:由艾略特(R. Eliott)创立的一种价格趋势分析工具。波浪理论认为,股票价格的涨跌波动,如同大自然的潮汐和波浪一样,一波接一波,一浪接一浪,周而复始,循环不息,具有规律性和周期性。

19. 便利收益率(convenience yield):当存在市场交易限制时,在远期无套利定价模型中,对持有成本进行的调整。反映了市场对未来商品可获得性的预期。在期货合约有效期间,商品短缺的可能性越大,则便利收益就越高。

20. 持有成本(cost of carry):指持有某项资产直至到期日发生的成本,等于存储成本加上融资购买资产所支付的利息,再减去该资产的收益。

21. 乖离率(BIAS):测量期货价格偏离移动平均线大小程度的指标。当价格偏离市场平均线太远时,都有一个回归的过程,即所谓的“物极必反”。

22. 心理线(PSY):主要是从投资者的买卖趋向的心理方面,对多空双方的力量对比进行分析。它是以一段时间收盘价涨跌天数的多少为依据。

第 六 章

1. 套期保值(hedging):又称避险、对冲等,是指交易者在一个或一个以上的工具上进行交易,预期全部或部分对冲其现货市场中所面临的价格风险的方式。

2. 期货的套期保值(futures hedging):指企业通过持有与其现货市场头寸相反的期货合约,或将期货合约作为其现货市场未来要进行的交易的替代物,以期对冲价格风险的方式。

3. 交叉套期保值(cross hedging):指选择与被套期保值商品或资产不相同但相关的期货合约进行的套期保值。

4. 套期保值者(hedger):指通过持有与其现货市场头寸相反的期货合约,或将期货合约作为其现货市场未来要进行的交易的替代物,以期对冲现货市场价格风险的机构和个人。

5. 套期保值比率(hedge ratio):指套期保值中期货合约所代表的数量与被套期保值的现货数量之间的比率。

6. 卖出套期保值(selling hedging):又称空头套期保值,是指套期保值者通过在期货市场建立空头头寸,预期对冲其目前持有的或者未来将卖出的商品或资产的价格下跌风险的操作。

7. 买入套期保值(buying hedging):又称多头套期保值,是指套期保值者通过在期货市场建立多头头寸,预期对冲其现货商品或资产空头,或者未来将买入的商品或资产的价格上涨风险的操作。

8. 完全套期保值(perfect hedging):指期货头寸与现货头寸盈亏完全冲抵的套期保值。

9. 不完全套期保值(imperfect hedging):指期货头寸与现货头寸盈亏只是在一定程度上相抵的套期保值。

10. 套期保值有效性:度量风险对冲程度的指标,可以用来估计或评价套期保值效果。

11. 基差(basis):某一特定地点某种商品或资产的现货价格与同种的某一特定期货合约价格间的价差。

基差走强(strengthen):也称基差变强,即基差变大。

基差走弱(weaken):也称基差变弱,即基差变小。

12. 持仓费(carrying charge):又称为持仓成本,是指为拥有或保留某种商品、资产等而支付的仓储费、保险费和利息等费用总和。

13. 正向市场(normal market, contango):又称正常市场,是指期货价格高于现货价格或者远期期货合约大于近期期货合约的市场状况。

14. 反向市场(inverted market, backwardation):又称为逆转市场、现货溢价,是指现货价格高于期货价格或者近期期货合约大于远期期货合约的市场状况。

15. 期货转现货交易(exchange of futures for physicals, EFP):简称期转现交易,是指持有方向相反的同一品种同一月份合约的会员(客户)协商一致并向交易所提出申请,获得交易所批准后,分别将各自持有的合约按双方商定的期货价格(该价格一般应在交易所规定的价格波动范围内)由交易所代为平仓,同时,按双方协议价格与期货合约标的物数量相当、品种相同、方向相同的仓单进行交换的行为。

16. 期现套利(arbitrage):指交易者利用期货市场与现货市场之间的不合理价差,通过在两个市场上进行反向交易,待价差趋于合理而获利的交易。

17. 点价交易(pricing):指以某月份的期货价格为计价基础,以期货价格加上或减去双方协商同意的升贴水来确定双方买卖现货商品的价格的交易方式。

18. 基差交易(basis trading):指企业按某一期货合约价格加减升贴水方式确立点价方式的同时,在期货市场在同一期货合约上进行套期保值操作,从而有效规避套期保值中的基差风险的操作。

19. 展期(rolling):指在对近月合约平仓的同时在远月合约上建仓,用远月合约调换近月合约,将持仓移到远月合约的交易行为。展期与套期保值相结合的操作被称为展期套期保值(rolling hedging)。

第 七 章

1. 买空(long):指投机者预测期货行情上涨时先买进期货合约,希望等它上涨后平仓获利。

2. 卖空(short):指投机者预测期货价格行情将下跌而先卖出期货合约,希望等价格下跌后平仓获利。

3. 期现套利(arbitrage):指交易者利用期货市场和现货市场间不合理价差,通过在这两个市场上进行反向交易,待价差趋于合理而获利的交易活动。

4. 期货套利(spread):指同时买进和卖出两种或以上不同品种但价格有相关性的期货合约,以期今后利用期货合约间的价差变动来获利。

5. 期货价差(spread):指相关期货合约之间的价格差。计算建仓时的价差,用价格较高的一"边"减去价格较低的一"边"。

6. 边(legs):价差交易中建立的多头和空头头寸被形象地称为套利的"腿",也可称为"边"或"方面"。

7. 价差扩大(widen):进行套利交易时,如果当前(或平仓时)价差大于建仓时价差,则价差是扩大的。

8. 价差缩小(narrow):进行套利交易时,如果当前(或平仓时)价差小于建仓时价差,则价差是缩小的。

9. 卖出套利(sell spread):套利者卖出相关合约中价格较高的合约,同时买进价格较低的合约。

10. 买入套利(buy spread):套利者买入相关合约中价格较高的合约,同时卖出价格较低的合约。

11. 牛市套利(bear spread):指入市时买进近月合约的同时卖出远月合约的跨期套利形式。

12. 熊市套利(bear spread):指入市时买进远月合约的同时卖出近月合约的跨期套利形式。

13. 蝶式套利(butterfly spread):由一个熊市套利和一个牛市套利组成。由于近期和远期月份的期货合约分居于居中月份的两侧,形同蝴蝶的两个翅膀,因此称为蝶式套利。

14. 组合投资(portfolio investment):指投资者将资金按一定比例分别投资于不同种类的有价证券或同一种类有价证券的多个品种上,以分散风险的交易行为。

15. 程序化交易(program trading,basket trading):又称程式化交易,篮子交易,是指所有利用计算机软件程序制定交易策略并实行自动下单的交易行为。

16. 量化交易(quantitative trading):指以先进的数学模型替代人为的主观判断,利用计算机技术从庞大的历史数据中海选能带来超额收益的多种"大概率"事件以制定策略。

17. 统计套利(statistical arbitrage):用统计方法发掘套利机会的投资策略。其核心指用数量统计的方法建立金融变量的时间价格序列模型,识别资产组合之间错误定价的动态变化,以此制定和实施统计套利策略。

18. 算法交易(algorithmic trading)：又称自动交易、黑盒交易或机器交易，是指通过设计算法利用计算机程序发出交易指令的方法。在交易中，程序可以决定的范围包括交易时间的选择、交易的价格，甚至包括最后需要成交的资产数量。

19. 被动型算法交易(passive algorithmic trading)：也称结构型算法交易。该交易算法除利用历史数据估计交易模型的关键参数外，不会根据市场的状况主动选择交易的时机与交易的数量，而是按照一个既定的交易方针进行交易。该策略的核心是减少滑价(目标价与实际成交均价的差)。

20. 主动型算法交易(active algorithmic trading)：也称机会型算法交易。这类交易算法根据市场的状况做出实时的决策，判断是否交易、交易的数量、交易的价格等。主动型交易算法除了努力减少滑价以外，把关注的重点逐渐转向了价格趋势预测上。

21. 综合型算法交易(comprehensive algorithmic trading)：该交易是前两者的结合。这类算法常见的方式是先把交易指令拆开，分布到若干个时间段内，每个时间段内具体如何交易由主动型交易算法进行判断。两者结合可达到单独一种算法所无法达到的效果。

第 八 章

1. 外汇期货(foreign exchange futures)：以货币为标的物的期货合约。

2. 远期外汇交易(forward exchange transaction)：指交易双方在成交后并不立即办理交割，而是事先约定币种、金额、汇率、交割时间等交易条件，到期才进行实际交割的外汇交易。

3. 外汇保证金交易(foreign exchange margin trading)：也称按金交易，是指利用杠杆投资的原理，在金融机构之间以及金融机构与个人投资者之间通过银行或外汇经纪商进行的一种即期或远期外汇买卖方式。

4. 货币对(pairs)：由两个 ISO 代码加分隔符"/"表示，其中前一代码代表基本货币，后一代码代表目标货币，表示一个单位基本货币可以兑换多少目标货币。

5. 即期外汇交易(spot exchange transaction)：又称现汇交易，指买卖双方成交后，在两个营业日内办理交割的外汇买卖。其对应的汇率为即期汇率或现汇汇率。通常所说的汇率，如无特别说明，一般指即期汇率。

6. 无本金交割远期外汇(non-deliverable forward，NDF)：到期时不须交割本金，只需以美元结算双方议定的汇率与到期时即期汇率间的差额。

7. 即期对远期(spots-forward swaps)：买进或卖出现汇的同时，卖出或买进一笔期汇。

8. 隔日掉期交易(overnight swaps)：一笔交易是在成交后第一个营业日交割，另一笔交易则于成交后第二个营业日交割的掉期交易。

9. 远期对远期掉期(forward-forward swaps)：指对不同交割期限的期汇双方做货币金额相同而方向相反的两笔交易。

10. 货币互换(currency swap)：指两笔金额相同、期限相同、计算利率方法相同，但币种不同的债务资金之间的调换，同时也进行不同利息额的货币调换。

11. 套利(arbitrage)：利用两个国家外汇市场的利率差异，把短期资金从低利率市场调到高利率的市场，从而赚取利息收入；或者利用货币即期汇率与远期汇率差额的变化，进行即期和远期外汇买卖，以牟取利润。

第 九 章

1. 利率期货(interest rate futures):指以利率类金融工具为标的物的期货合约。

2. 欧洲美元(eurodollar):指美国境外金融机构的美元存款和美元贷款。

3. 欧洲银行间欧元同业拆借利率(European Interbank Offered Rate,EURIBOR):指在欧元区资信较高的银行间欧元资金的拆放利率,自1999年1月开始使用。

4. 利率互换(interest rate swap):指交易双方将同种货币不同利率形式的资产或者债务相互交换,是一项常用的债务保值工具,用于管理中长期利率风险。

5. 主权债券(sovereign bond):各国政府在国际市场以外币(如美元、欧元等主要货币)所发行的政府债券。

6. 3个月欧元利率期货合约(three-month Euro (EURIBOR) interest rate futures contract):全称为3个月欧元银行间同业拆放利率(EURIBOR)期货合约,最早在1998年由LIFFE推出,目前交易量排在全球短期利率期货交易的前列。

7. 欧洲美元伦敦同业银行拆借利率(London Interbank Offered Rate,LIBOR):反映了新发行的欧洲美元定期存单的利率行情。

8. 转换因子(conversion factor):将单位面值的可交割债券折成一定的标准息票利率时的现值。

9. 最便宜可交割债券(cheapest-to-deliver-bond):由于可交割债券之间存在票面利率和到期日的差异,尽管使用了转换因子,在交割时,各可交割债券之间还是有差异的,合约卖出方可以选择最便宜、对他最为有利的债券进行交割,该债券便是所谓的最便宜可交割债券。

10. 久期(duration):用来衡量债券的持有者在收到现金付款之前,平均需要等待的时间。也可以理解为债券在存续期间内现金流量的加权平均期间,其权重为债券现金流量的现值。

11. 交叉保值(cross hedge):运用利率期货不仅可以为标的相同的利率工具进行保值,也可以为标的不同的利率工具如公司债券、抵押债券、其他国家的债券等进行保值,这种保值就是利率期货的交叉保值。

12. 跨期套利(calendar spread):针对同一品种但不同交割月份的期货合约间的价差进行交易。

13. 买入跨期套利交易(long or buy calendar spread):指买入一个近期月份期货合约的同时卖出一个远期月份期货合约。

14. 卖出跨期套利交易(short or bull calendar spread):指买入一个远期月份期货合约的同时卖出一个近期月份期货合约。

第 十 章

1. 股票价格指数:衡量和反映一揽子特定股票价格变动的指标,分为综合指数、成分指数和分类指数。综合指数一般以所有上市股票为编制样本;而成分指数的编制须遵循一定的规则且选择有代表性的样本股票,并定时对样本进行调整;分类指数的样本股是某一类股票中的所有股票。

2. 股票指数期货(stock index futures):一种以股票价格指数作为标的物的金融期货。

3. 合约乘数:由交易所在指数期货合约中规定。对于股指期货,有合约价值=股指期货指数点×

合约乘数。若合约乘数设定得过大，则入市门槛高，意味着投资者需要更多的保证金才能进入市场，将影响市场流动性；反之，小的合约乘数更方便小投资者入市，有利于提高市场流动性。

4. β系数：测量系统风险大小的一个指标，可以度量个股收益率对市场收益率的敏感程度。

5. 正向套利(cash and carry arbitrage)：在完全市场条件下，当市场价格不同于理论价格时，即出现了无风险的套利机会。当股指期货价格高于理论价格时，卖出期货、买入现货(与指数对应的股票组合或该指数对应的 ETF)并持有到期，在到期日或到期日前出现有利情况时，将股指期货头寸与现货头寸同时平仓了结，即正向套利。

6. 反向套利(reverse cash and carry arbitrage)：在完全市场条件下，当市场价格不同于理论价格时，即出现了无风险的套利机会。当股指期货价格低于理论价格时，买入股指期货并卖出现货(与指数对应的股票组合或该指数对应的 ETF)，在到期日或到期日前出现有利情况时，同时了结期货与现货头寸，即反向套利。

7. 模拟误差(simulation error)：股指期现套利时，如果实际交易的现货股票组合与指数的股票组合不一致，势必导致两者未来的走势或回报不一致，从而导致一定的误差。这种误差，通常称为模拟误差。

8. 股指期货的无风险套利区间上界：完全市场下的理论价格(使用借款利率计算资金占用成本)＋交易成本＋冲击成本＋现货拟合跟踪误差(使用 ETF 或股票组合替代指数时产生的误差)。

9. 股指期货的无风险套利区间下界：完全市场下的理论价格(使用贷款利率计算资金占用成本)－交易成本－冲击成本－现货拟合跟踪误差(使用 ETF 或股票组合替代指数时产生的误差)。

10. 股票期货(stock futures)：一种以股票为标的物的期货合约。

11. 多头(买入)套期保值(buy hedge, long hedge)：指交易者通过在股指期货市场买入股票指数的操作，来对冲股票市场价格上涨的风险。

12. 空头(卖出)套期保值(sell hedge, short hedge)：指交易者通过在股指期货市场卖出股票指数的操作，来对冲股票市场价格下跌的风险。

第十一章

1. 期权(options)：也称为选择权，指期权的买方有权在约定的期限内，按照事先确定的价格，买入或卖出一定数量的某种特定商品或金融工具的权利。

2. 看涨期权(call options)：指期权的买方向卖方支付一定数额的权利金后，即拥有在期权合约的有效期内或特定时间，按执行价格向期权卖方买入一定数量的标的物的权利，但不负有必须买进的义务。看涨期权又称为买入期权或认购期权。

3. 看跌期权(put options)：指期权的买方向卖方支付一定数额的权利金后，即拥有在期权合约的有效期内，按执行价格向期权卖方卖出一定数量标的物的权利，但不负有必须卖出的义务。看跌期权又称卖出期权或认沽期权。

4. 美式期权(american option)：期权买方在期权有效期内的任何交易日都可以行使权利的期权。

5. 欧式期权(european option)：期权买方只能在期权到期日行使权利的期权。

6. 执行价格(exercise price)：也称履约价格、敲定价格或行权价格，是期权买方行使权利时，买卖双方交割标的物所依据的价格。

7. 权利金(premium):也称为期权费、期权价格,是期权买方为取得期权合约所赋予的权利而支付给卖方的费用。

8. 期权的买方(taker):购买期权的一方,即支付权利金,获得权利的一方,也称为期权的多头方。

9. 期权的卖方(grantor):出售权利的一方,获得权利金,因而具有接受买方选择的义务。期权的卖方也称为期权的空头方。

10. 行权(exercise):期权买方按照期权合约约定的价格买入或卖出标的资产的行为。

11. 标的资产(underlying assets):也称标的物,是期权买方行权时从卖方手中买入或出售给卖方的资产,期权买方在未来买或卖的标的物由期权合约事先约定。

12. 通知日(declaration date):当期权买方要求履行标的物(或期货合约)的交货时,他必须在预先确定的交货和提运日之前的某一天通知卖方,以便让卖方做好准备,这一天就是"通知日"。

13. 到期日(prompt date):也称"履行日",在这一天,一个预先做了声明的期权合约必须履行交货。通常,对于期货期权而言,期权的到期日应先于其标的资产——期货合约的最后交易日。

14. 有保护的期权(covered option):如果期权的卖方拥有可以用来抵偿期权风险的头寸,则其持有的期权就称为有保护的期权。

15. 无保护的期权(naked option):如果期权的卖方没有拥有用来抵偿期权风险的头寸,则其持有的期权就称为无保护的期权,也称裸露期权。

16. 期权的内涵价值(intrinsic value):指在不考虑交易费用和期权费的情况下,买方立即执行期权合约可获取的行权收益。

17. 期权的时间价值(time value):又称外涵价值,指权利金扣除内涵价值的剩余部分,它是期权有效期内标的物市场价格波动为期权持有者带来收益的可能性所隐含的价值。

18. 实值期权(in-the-money option):也称期权处于实值状态,是指执行价格低于标的物市场价格的看涨期权和执行价格高于标的物市场价格的看跌期权。在不考虑交易费用和期权权利金的情况下,买方立即履行期权合约能够获得行权收益。

19. 虚值期权(out-of-the-money option):也称期权处于虚值状态,是指执行价格高于标的物市场价格的看涨期权和执行价格低于标的物市场价格的看跌期权。在不考虑交易费用和期权权利金的情况下,买方立即履行期权合约将产生亏损。所以,虚值期权不具有内涵价值,其内涵价值等于0。

20. 平值期权(at-the-money option):也称期权处于平值状态,是指执行价格等于标的物市场价格的期权。在不考虑交易费用和期权权利金的情况下,买方立即履行期权合约收益为零。

21. 期权头寸(options position):期权交易者的持仓被称为期权头寸。

22. 期权多头头寸(options long position):买入期权者的持仓被称为期权多头头寸,包括买入看涨期权和买入看跌期权,分别称为看涨期权多头头寸和看跌期权多头头寸。

23. 期权空头头寸(options short position):卖出期权者的持仓被称为期权空头头寸,包括卖出看涨期权和卖出看跌期权,分别称为看涨期权空头头寸和看跌期权空头头寸。

24. 要价(asked price):卖方所报出的出售期权的价格。

25. 询价(bid price):买方所报出的购买期权的价格。

APPENDIX B

全球主要衍生品交易所一览表

国家或地区	交易所名称	代　码	英文名称
中国	上海期货交易所	SHFE	Shanghai Futures Exchange
	大连商品交易所	DCE	Dalian Commodity Exchange
	郑州商品交易所	CZCE	Zhengzhou Commodity Exchange
	中国金融期货交易所	CFFEx	China Financial Futures Exchange
	香港交易所	HKEX	Hong Kong Exchanges and Clearing Limited
中国台湾	台湾期货交易所	TAIFEX	Taiwan Futures Exchange
美国	芝加哥期货交易所	CBOT	The Chicago Board of Trade
	芝加哥商业交易所集团(由 CME、CBOT、NYMEX、COMEX、KCBT 五个交易所组成)	CME GROUP	Chicago Mercantile Exchange Group
	芝加哥商业交易所	CME	Chicago Mercantile Exchange
	芝加哥商业交易所国际货币市场	IMM	International Monetary Market
	芝加哥期货交易所	CBOT	Chicago Board of Trade
	芝加哥期权交易所	CBOE	Chicago Board of Options Exchange
	纽约商业交易所	NYMEX	New York Mercantile Exchange
	纽约期货交易所	NYBOT	New York Board of Trade

续表

国家或地区	交易所名称	代　码	英 文 名 称
美国	美国(纽约)金属交易所	COMEX	Commerce Exchange
	堪萨斯期货交易所	KCBT	Kansas City Board of Trade
	纽约证交所-泛欧期货交易所集团	NYX	New York Stock Exchange Euronext
	美国洲际交易所	ICE	Intercontinental Exchange
	美国 BATS 交易所	BATS	BATS Exchange
加拿大	加拿大蒙特利尔交易所	ME	Montreal Exchange
	多伦多证券交易所集团	TMX	Toronto Stock Exchange
英国	伦敦国际金融期货及期权交易所	LIFFE	London International Financial Futures and Options Exchange
	欧洲期货交易所	Euronext	Euronext
	伦敦商品交易所	LCE	London Commerce Exchange
	英国国际石油交易所	IPE	International Petroleum Exchange
	伦敦金属交易所	LME	London Metal Exchange
	伦敦证券交易所	LSE	London Stock Exchange
法国	法国期货交易所	MATIF	
德国	德国期货交易所	DTB	Deutsche Boerse
意大利	意大利米兰期货交易所	MIFE	Milan Italiano Futures Exchange
瑞士	瑞士选择权与金融期货交易所	SOFFEX	Swiss Options and Financial Futures Exchange
欧洲	欧洲期权与期货交易所	Eurex	The Eurex Deutschland
瑞典	瑞典斯德哥尔摩期权交易所	OM	OM Stockholm Options Exchange
西班牙	西班牙固定利得金融期货交易所	MEFFRF	MEFF Renta Fija
	西班牙不定利得金融期货交易所	MEFFRV	MEFF Renta Variable
	西班牙期货和期权交易所		Mercado Español de Futurosy Opciones Financieros
日本	日本东京国际金融期货交易所	TIFFE	The Tokyo International Financial Futures Exchange
	日本东京工业品交易所	TOCOM	The Tokyo Commodity Exchange
	日本东京谷物交易所	TGE	The Tokyo Grain Exchange

续表

国家或地区	交易所名称	代 码	英 文 名 称
日本	日本大阪纤维交易所	OTE	
	日本前桥干茧交易所	MDCE	
	大阪证券交易所	OSE	Osaka Securities Exchange
	东京证券交易所	TSE	Tokyo Stock Exchange
	东京金融交易所	TFX	Tokyo Financial Exchange
新加坡	新加坡国际金融交易所	SIMEX	Singapore International Monetary Exchange
	新加坡商品交易所	SICOM	Singapore Commodity Exchange
	新加坡交易所	SGX	Singapore Exchange
澳大利亚	澳大利亚证券交易所集团	ASX Group	Alexium International Group
	澳洲悉尼期货交易所	SFE	Sydney Futures Exchange
	澳大利亚金融期货交易所	AFFM	Australian Financial Futures Market
新西兰	新西兰期货与期权交易所	NZFOE	New Zealand Futures & Options
南非	南非期货交易所	SAFEX	South African Futures Exchange
	约翰内斯堡证券交易所	JSE	Johannesburg Stock Exchange
韩国	韩国期货交易所	KOFEX	Korea Futures Exchange
	韩国证券期货交易所	KRX	Korea Exchange
印度	印度国家证券交易所	NSE	National Stock Exchange of India
	印度大宗商品交易所	MCX	Multi Commodity Exchange of India
	孟买证券交易所	BSE	Bombay Stock Exchange
巴西	巴西证券期货交易所	BM&Fbovespa	Bolsa de Valores，Mercadorias & Futuros de São Paulo
俄罗斯	俄罗斯 Micex-RTS 交易所	Micex-RTS	Moscow Exchange
土耳其	土耳其衍生品交易所	TDE	Turkish Derivatives Exchange
以色列	特拉维夫证券交易所	TASE	Tel-Aviv Stock Exchange
阿根廷	阿根廷罗萨里奥交易所	ROFEX	ROFEX Exchange
墨西哥	墨西哥衍生品交易所	MexDer	mexican derivatives exchange
澳大利亚	澳大利亚证券交易所	ASX 24	Australian Stock Exchange
	澳大利亚金融期货交易所	AFFM	Australian Financial Futures Market
	悉尼期货交易所	SFE	Sydney Futures Exchange

参 考 文 献

1. 中国期货业协会.期货市场教程[M].8版.北京：中国财政经济出版社，2012.
2. 杨艳军.投资学[M].北京：清华大学出版社，北京交通大学出版社，2005.
3. 陈晓红，杨艳军，王宗润.金融期货投资学[M]. 北京：清华大学出版社，2007.
4. Hull J C.期权与期货市场基本原理[M].4版.机械工业出版社，2001.
5. 李一智，罗孝玲，杨艳军.期货与期权教程[M].4版.北京：清华大学出版社，2010.
6. 胡俞越.沪深股指期货十大热点问题[M].北京：机械工业出版社，2011.
7. 朱国华，褚玦海.期货市场学[M].上海：上海财经大学出版社，2004.
8. 郑州商品交易所网站，www. czce. com. cn.
9. 大连商品交易所网站，www. dce. com. cn.
10. 上海期货交易所网站，www. shfe. com. cn.
11. 中国金融期货交易所网站，www. cffex. com. cn.
12. 中国期货业协会网站，www. cfachina. org.
13. 中国期货网，www. qhdb. com. cn.
14. 和讯网，www. hexun. com.
15. 美国期货业协会网站，www. futuresindustry. org.
16. CME集团网站，www. cmegroup. com.
17. 洲际交易所网站，www. theice. com.